高职高专土木与建筑规划教材

建筑企业管理
(第2版)

刘心萍　主　编
范秀兰　副主编

清华大学出版社
北京

内 容 简 介

本书是高职高专土木与建筑规划教材之一，全书主要以建筑企业为对象，结合建筑企业管理的特点，比较详细地介绍了建筑企业管理的一般原理、原则和方法，并根据当前建筑企业发展的新形势，有针对性地增加了一些新的专业内容，用以提高学生理论联系实际的能力。

本书共 11 章，主要内容包括：建筑企业管理概论、建筑企业经营管理、建筑企业计划管理、建筑企业生产要素管理、建筑企业施工管理、建筑企业技术管理、建筑企业一体化管理、建筑企业财务管理、建筑企业信息管理、建筑企业投标及合同管理、建筑企业国际工程管理。

本书具有实用性和可操作性强的特点，可供一般高校、高职高专学校、成人高校的土建专业学生使用，也可供从事建筑企业管理的人员和有关专业的技术人员学习之用。

本书封面贴有清华大学出版社防伪标签，无标签者不得销售。

版权所有，侵权必究。举报：010-62782989，beiqinquan@tup.tsinghua.edu.cn。

图书在版编目(CIP)数据

建筑企业管理/刘心萍主编. —2 版. —北京：清华大学出版社，2016 (2022.8重印)
高职高专土木与建筑规划教材
ISBN 978-7-302-44445-9

Ⅰ.①建… Ⅱ.①刘… Ⅲ.①建筑企业—工业企业管理—高等职业教育—教材 Ⅳ.①F407.96

中国版本图书馆 CIP 数据核字(2016)第 169622 号

责任编辑：桑任松
装帧设计：杨玉兰
责任校对：吴春华
责任印制：宋 林

出版发行：清华大学出版社
网　　址：http://www.tup.com.cn, http://www.wqbook.com
地　　址：北京清华大学学研大厦 A 座　　邮　编：100084
社 总 机：010-83470000　　邮　购：010-62786544
投稿与读者服务：010-62776969, c-service@tup.tsinghua.edu.cn
质量反馈：010-62772015, zhiliang@tup.tsinghua.edu.cn
课件下载：http://www.tup.com.cn, 010-62791865

印 装 者：三河市君旺印务有限公司
经　销：全国新华书店
开　本：185mm×260mm　印　张：25.75　字　数：626 千字
版　次：2007 年 3 月第 1 版　2016 年 8 月第 2 版　印　次：2022 年 8 月第 6 次印刷
定　价：59.00 元

产品编号：053549-02

第2版前言

本书第1版成书于2007年，从出版至今已有9年了。受到许多兄弟院校的欢迎并选择作为教材使用。在这期间，我国现代化和城市化进程步伐加快，建筑业迅猛发展，建筑市场规模不断扩大，建筑市场发生了巨大的变革，如施工技术规范全方位修订、招标投标法及实施条例的修订和施行、新国标的颁布施行、BIM技术的迅速推广和应用，以及"营改增"的全面铺开等变革，无一不在改变着建筑企业的管理理论和实践。本教材在一些内容上，已严重滞后。因此，针对新形势下建筑企业管理实际状况进行了修订。主要体现在以下几个方面。

(1) 教材的架构进行了重新整合。由原来的12章改为11章，原第5章的建筑企业生产管理改为建筑企业施工管理。第8章、第9章整合为要素管理，更加贴近建筑行业的实际。

(2) 教材内容做了较大调整。所有的内容都按照新规范进行编写，吸收了许多新的国标、规范、条例的内容，如招标投标实施条例等内容。

(3) 增加了BIM技术方面的内容。修订后的教材紧跟行业的发展前沿，既兼顾建筑企业的管理现状，又为建筑企业管理的发展奠定基础，具有一定的前瞻性。

(4) 增加了"营改增"的内容。"营改增"对建筑企业的管理影响深远，关系到建筑企业管理的方方面面。

本书在再版过程中，查阅了大量的资料和文献，得到了许多同行的支持和帮助，在此一并表示由衷的感谢。由于时间仓促，水平有限，不当之处敬请有关专家、同行指正。

编　者

前　言

"建筑企业管理"是高等院校建筑类专业的专业基础课。为了适应21世纪高职高专建筑专业及相关专业学生学习及教学改革的需要，我们组织编写了本书。其主旨是满足教学的需要，同时又能反映建筑企业管理的发展现状及方向，强化学生的应用能力和动手能力，使学生通过本课程的学习，初步掌握建筑企业管理原理，并能通过运用这些基本原理进行分析来解决实际管理问题。

本书在内容的编排上力图满足高职高专学生学习的要求及适应学习特点，力求做到理论的完整性和系统性，内容的可操作性和新颖性，同时兼顾同其他专业课程的相关性，克服了教材之间重复过多的缺陷。本书概念准确，章节顺序合理，重点突出，信息量大，并紧跟国家政策、行业政策和行业发展现状。

本书内容丰富，涉及面较广，适合与建筑业有关的各类专业学生的需要。每章都是完整独立的内容，在教师授课过程中可根据专业的需要和学时的多少来取舍相关内容。

本书由南京交通职业技术学院的刘心萍拟定大纲并担任主编，由洛阳大学的范秀兰担任副主编。其中第1、2、4、7章由刘心萍编写，第3、10章由范秀兰编写，第5章由陈扬编写，第6、11章由张世海编写，第8、9章由马文军编写，第12章由张建设编写。

本书在编写过程中，参考了大量国内外书籍、资料和文献，在此向它们的作者表示衷心的感谢！在编写本书的过程中我们也得到了相关部门和个人的大力支持，在此一并表示由衷的谢意！

由于水平所限，在编写过程中难免出现这样或那样的不足，敬请有关专家和学者批评指正，不胜感激！

编　者

目 录

第1章 建筑企业管理概论 1

- 1.1 企业与建筑企业 2
  - 1.1.1 企业 2
  - 1.1.2 建筑企业 3
- 1.2 建筑企业管理概述 6
  - 1.2.1 建筑企业管理的概念 6
  - 1.2.2 建筑企业管理的性质和任务 7
  - 1.2.3 建筑企业管理的特点及内容 7
- 1.3 建筑企业管理的职能和作用 10
- 1.4 现代企业制度 11
  - 1.4.1 企业制度及其主要内容 11
  - 1.4.2 现代企业制度及其特征 11
  - 1.4.3 现代企业制度的形式 13
  - 1.4.4 建筑企业建立现代企业制度的内容 15
  - 1.4.5 国有建筑企业制度的改造 15
- 1.5 建筑企业管理的组织体系 20
  - 1.5.1 建筑企业组织管理的概念和原则 20
  - 1.5.2 组织管理结构的类型 23
- 1.6 建筑企业管理的基础工作 29
  - 1.6.1 企业管理基础工作的概念及意义 29
  - 1.6.2 建筑企业管理基础工作的主要内容 29
- 1.7 建筑企业的企业文化 32
  - 1.7.1 企业文化的概念 32
  - 1.7.2 企业文化的特征 32
  - 1.7.3 企业文化的作用 33
  - 1.7.4 建筑企业的企业文化建设的特殊性 34
  - 1.7.5 建设建筑企业的企业文化的途径 35
- 本章小结 39
- 练习与作业 39

第2章 建筑企业经营管理 41

- 2.1 建筑企业经营管理概述 42
  - 2.1.1 企业经营管理的概念 42
  - 2.1.2 企业经营目标 45
  - 2.1.3 企业经营方针 45
- 2.2 建筑企业战略管理 46
  - 2.2.1 建筑企业战略管理的概念及特点 46
  - 2.2.2 企业经营战略的类型 48
  - 2.2.3 建筑企业战略的实施 52
- 2.3 建筑企业经营预测 55
  - 2.3.1 预测的概念与作用 55
  - 2.3.2 建筑企业经营预测的内容 55
  - 2.3.3 建筑企业经营预测的方法 56
- 2.4 建筑企业经营决策 67
  - 2.4.1 经营决策的概念 67
  - 2.4.2 决策在企业管理中的地位 67
  - 2.4.3 企业经营决策的分类 68
  - 2.4.4 经营决策的程序 69
  - 2.4.5 经营决策的方法 71
- 本章小结 78
- 练习与作业 78

第3章 建筑企业计划管理 81

- 3.1 建筑企业计划管理概述 82
  - 3.1.1 计划管理的概念 82
  - 3.1.2 计划管理的任务及特点 82

3.1.3 计划管理工作的内容 83
3.2 建筑企业计划管理体系和指标
    体系 84
    3.2.1 建筑企业的计划体系 84
    3.2.2 建筑企业的计划指标体系 84
3.3 建筑企业计划的编制 88
    3.3.1 长期经营计划 88
    3.3.2 年度经营计划 90
    3.3.3 施工计划 91
3.4 建筑企业计划的实施与控制 92
    3.4.1 建筑企业计划的实施 92
    3.4.2 建筑企业计划的控制 93
    3.4.3 建筑企业计划的修正 93
本章小结 94
练习与作业 94

第 4 章 建筑企业生产要素管理 95

4.1 人力资源管理概述 96
    4.1.1 人力资源 96
    4.1.2 人力资源管理 98
    4.1.3 建筑企业人员招聘、录用、
          培训及考核 99
    4.1.4 建筑企业人力资源开发 109
4.2 建筑企业物资管理概述 114
    4.2.1 物资管理的概念 114
    4.2.2 材料管理概述 115
    4.2.3 材料消耗定额管理 116
    4.2.4 材料供应计划的编制与
          实施 118
    4.2.5 库存管理 122
    4.2.6 材料管理评价 132
4.3 建筑企业机械设备管理 134
    4.3.1 建筑企业机械设备管理
          概述 134
    4.3.2 机械设备的合理装备 135

4.3.3 机械设备的使用及维护
      管理 139
4.3.4 机械设备的更新改造 144
4.3.5 机械设备的技术经济指标 147
4.3.6 设备综合工程学 150
本章小结 152
练习与作业 153

第 5 章 建筑企业施工管理 155

5.1 施工管理概述 156
    5.1.1 施工管理的概念和任务 156
    5.1.2 施工管理的主要内容 156
5.2 施工项目管理 159
    5.2.1 施工项目管理的概念 159
    5.2.2 施工项目管理的过程 160
    5.2.3 施工项目管理的内容 161
5.3 施工作业管理 162
    5.3.1 施工作业计划管理 162
    5.3.2 计划技术 166
5.4 施工项目管理组织 178
    5.4.1 施工项目管理经理部 179
    5.4.2 项目经理部管理制度 183
    5.4.3 项目经理部的解体 184
    5.4.4 施工项目经理的工作 185
    5.4.5 施工项目经理责任制 186
本章小结 190
练习与作业 190

第 6 章 建筑企业技术管理 193

6.1 技术管理概述 194
    6.1.1 技术管理的概念及任务 194
    6.1.2 技术管理工作的内容 194
    6.1.3 技术管理的基本要求 194
    6.1.4 建筑企业技术管理的基础
          工作 195
6.2 建筑企业技术管理的主要工作 196

- 6.2.1 图纸会审 196
- 6.2.2 技术交底 198
- 6.2.3 材料、构件试验检验 199
- 6.2.4 安全技术及施工公害防治 199
- 6.3 技术改进与技术开发 201
  - 6.3.1 技术改进 201
  - 6.3.2 技术开发 202
- 6.4 标准化管理和工法制度 204
  - 6.4.1 标准化管理 204
  - 6.4.2 工法制度 206
- 本章小结 207
- 练习与作业 207

第7章 建筑企业一体化管理 209

- 7.1 建筑企业一体化管理概述 210
- 7.2 ISO 9000 质量管理体系标准概况 210
  - 7.2.1 实施 ISO 9000 系列标准的意义 211
  - 7.2.2 ISO 9000 系列标准质量管理原则 211
  - 7.2.3 ISO 9000 系列标准的文件结构及认证步骤 212
- 7.3 ISO 14000 环境管理体系标准概况 ... 216
  - 7.3.1 实施 ISO 14000 系列标准的意义 216
  - 7.3.2 ISO 14000 系列标准的分类 ... 217
  - 7.3.3 目前已颁布的环境管理体系标准、ISO 14001 标准的地位和特点 217
  - 7.3.4 建筑企业进行 ISO 14000 认证的基本步骤 219
- 7.4 OHSMS 18000 职业安全卫生管理体系概况 221
  - 7.4.1 实施 OHSMS 18000 标准的意义 221
- 7.4.2 职业安全卫生管理体系的特征及实施原则 222
- 7.4.3 职业安全卫生管理体系的建立 223
- 7.5 一体化管理体系的建立 225
  - 7.5.1 三大标准体系的异同 225
  - 7.5.2 全面一体化管理体系的建立 228
  - 7.5.3 建立一体化管理体系需要注意的问题 230
- 本章小结 231
- 练习与作业 231

第8章 建筑企业财务管理 233

- 8.1 财务管理概述 234
  - 8.1.1 财务管理的目标 234
  - 8.1.2 财务管理的对象及内容 234
  - 8.1.3 财务管理的环境 236
- 8.2 建筑企业资产运营与管理 240
  - 8.2.1 流动资产管理 241
  - 8.2.2 固定资产管理 252
  - 8.2.3 无形资产及其他资产管理 258
- 8.3 建筑企业资金的筹集与运用 259
  - 8.3.1 资金筹集概述 259
  - 8.3.2 普通股筹资 261
  - 8.3.3 长期负债筹资 263
  - 8.3.4 短期负债筹资 265
  - 8.3.5 资金成本与资本结构 266
- 8.4 建筑企业成本、费用管理 272
  - 8.4.1 成本费用概述 272
  - 8.4.2 工程成本预测 273
  - 8.4.3 工程成本计划 276
  - 8.4.4 工程成本控制 277
  - 8.4.5 工程成本分析 279
- 8.5 建筑企业销售收入和利润管理 279
  - 8.5.1 利润的总构成 279

8.5.2　企业利润分配的原则 281
　　　8.5.3　利润分配的秩序 282
　　　8.5.4　常见的股利政策 283
　8.6　建筑企业财务评价 286
　　　8.6.1　财务报表分析 286
　　　8.6.2　财务比率分析 291
　　　8.6.3　财务状况综合分析 295
　本章小结 296
　练习与作业 296

第 9 章　建筑企业信息管理 297

　9.1　建筑企业信息管理概述 298
　9.2　建筑企业施工项目管理中的信息
　　　分类 300
　9.3　建筑企业施工项目信息管理 301
　　　9.3.1　施工项目信息管理的基本
　　　　　　要求 301
　　　9.3.2　施工项目信息的内容 303
　　　9.3.3　施工项目信息管理系统 304
　9.4　计算机在建筑企业项目管理中的
　　　应用 306
　　　9.4.1　建设工程信息管理系统
　　　　　　概述 306
　　　9.4.2　基于互联网的建设工程
　　　　　　项目信息管理系统 308
　　　9.4.3　建设工程项目管理软件的
　　　　　　分类 310
　　　9.4.4　常用的项目管理软件 312
　本章小结 319
　练习与作业 319

第 10 章　建筑企业投标及合同管理 321

　10.1　建筑企业招投标概述 322
　　　10.1.1　招标投标概述 322
　　　10.1.2　招标方式 323
　10.2　招标投标的法律规定 324
　　　10.2.1　建设项目招标的条件 324
　　　10.2.2　建设单位招标应具备的
　　　　　　　条件 324
　　　10.2.3　投标企业应具备的条件 325
　10.3　工程投标的程序 325
　　　10.3.1　投标准备工作 326
　　　10.3.2　投标技巧 332
　10.4　建设工程施工合同管理 334
　　　10.4.1　建设工程施工合同的概念 ... 334
　　　10.4.2　建筑施工合同的特点 336
　　　10.4.3　《建设工程施工合同文本》
　　　　　　　简介 337
　　　10.4.4　建设工程承包合同的管理 ... 338
　10.5　工程索赔 354
　　　10.5.1　工程索赔的概念和分类 354
　　　10.5.2　索赔的程序 357
　　　10.5.3　索赔报告的编写 358
　　　10.5.4　对索赔人员的素质要求 359
　本章小结 360
　练习与作业 360

第 11 章　建筑企业国际工程管理 361

　11.1　建筑企业国际工程管理概述 362
　　　11.1.1　国际工程 362
　　　11.1.2　国际工程的特点 362
　　　11.1.3　国际工程市场的运行机制 ... 363
　11.2　国际工程的承包 366
　　　11.2.1　国际工程的承包 366
　　　11.2.2　国际工程的招投标 367
　11.3　国际工程项目管理 369
　　　11.3.1　国际工程项目的项目各方 ... 369
　　　11.3.2　国际工程项目的开发周期
　　　　　　　和建设程序 370
　　　11.3.3　国际工程项目的管理模式 ... 371
　11.4　国际工程合同管理 375
　　　11.4.1　国际工程合同 375

11.4.2 国际工程合同的分类............376
11.4.3 总价合同、单价合同和成本补偿合同.........................376
11.4.4 国际工程的合同管理............379
11.4.5 国际上常用的合同条件简介..................................384
11.5 国际工程的风险管理保险...............387
11.5.1 风险管理概述........................387
11.5.2 国际工程的风险的防范与对策..................................389
11.5.3 国际工程的保险....................394

本章小结 399

练习与作业 399

参考文献 400

第 1 章　建筑企业管理概论

【本章学习目标】

- 了解建设项目的组成及其建设程序。
- 掌握技术资料准备、施工现场准备、资源准备、季节性施工准备。
- 了解建筑产品及其生产特点与施工组织的关系。
- 熟悉组织施工的原则及施工准备的工作内容。
- 了解施工项目管理的目标和施工项目管理的任务。

1.1 企业与建筑企业

1.1.1 企业

1. 企业的含义

企业是指从事生产、流通和服务等经济活动,为满足社会需要并获取盈利,实行自主经营、自负盈亏,独立核算和承担风险,具有法人资格的基本经济单位。它是国民经济的基本单位,是商品经济生产和流通过程中的一种科学的经济组织形式。

关于企业,有各种不同的表述,但企业必须具备以下基本要素:拥有一定数量、一定技术水平的生产设备和资金;拥有一定数量、一定技能的劳动者和管理者;从事生产或流通活动来满足社会需要并获取利益;具有健全的组织机构,依法进行登记注册并得到批准,具有法人资格。

因此,企业是集合生产诸要素(人力、财力、物力、技术、信息等),按照社会的某一种或多种需要,从事有组织、有计划、有效率的生产或流通的经济组织。

2. 企业的基本特征

1) 企业是一个经济组织

企业从事的活动主要是经济活动,即从事有关社会生产、交换、分配、消费等活动。这是区别企业与国家机构和行政机关的重要标志。

2) 企业以营利为目的

企业不仅要为社会提供需要的产品,而且要为社会经济的发展提供积累,以保证扩大再生产。这是区别企业与事业单位的主要依据。企业从事经济活动的直接目的是追求利润,创造利润是其生存的条件。

3) 企业实行自主经营和自负盈亏

以营利为目的决定了企业必须具有独立性,即实行独立核算,力争以尽可能少的人力、物力、财力和时间的投入,获得尽可能多的利润。但盈亏的结果,取决于企业经营管理水平。企业在经济活动中可能盈利,也可能亏损。如果企业盈利,企业就将得到发展;如果出现亏损,企业必须扭亏为盈,否则将会倒闭、破产。

4) 企业必须承担社会责任

企业对社会承担责任的目的在于满足社会需要,并获取利润。

5) 企业必须是经济法人

"法人"是相对于自然人而言的。经济法人是指依法成立,并能按有关法律规定行使法定权力和履行法定义务的社会经济组织。

3. 企业的组织形式

在实行市场经济的国家,企业在法律上主要有如下三种组织形式。

1) 个人业主制企业

个人业主制企业是指个人出资兴办，由业主自己直接经营的企业。业主享有企业的全部经营所得，同时对企业的债务负有完全偿债责任，也称个人企业或独资企业。

2) 合伙制企业

合伙制企业是由两个或两个以上的企业主合作立约，共同出资，合伙经营，盈利共享，债务共偿的经济组织。

3) 公司制企业

公司制企业是由许多人集资创办并组成一个法人的企业，在法律上具有独立人格，这是公司企业与个人企业、合伙企业的重要区别。个人企业和合伙企业都是自然人企业。公司制企业主要是指有限责任公司和股份有限公司。

1.1.2 建筑企业

1. 建筑企业的定义

建筑企业是指依法自主经营、自负盈亏和独立核算，从事建筑商品生产和经营，具备法人资格的经济实体。具体地讲，建筑企业是指从事铁路、公路、隧道、桥梁、堤坝、电站、码头、机场、运动场、房屋(如厂房、剧院、旅馆、医院、商店、学校、住宅等)等土木工程建筑活动，从事电力、通信线路、石油、燃气、给水、排水、供热等管道系统和各类机械设备、装置的安装活动，从事对建筑物内外装修和装饰的设计、施工和安装活动的企业。建筑企业又称建筑施工企业，它通常包括建筑公司、建筑安装公司、机械化施工公司、工程公司及其他专业性建设公司等。

根据工程专业特点，建筑企业有不同的名称，如工程局、工程处、建设公司、工程公司、市政公司、房修公司、建筑安装公司、机械施工公司、基础公司、装饰公司等。建筑企业(施工企业)是其总称。

从事建筑安装生产经营活动的企业，必须具备以下几个基本条件。

(1) 有独立组织生产的能力和独立经营的权力。

(2) 有与承担施工任务相适应的技术人员、管理人员和生产技术工人。

(3) 有与承接工程任务相适应的注册资本。

(4) 有健全的会计制度和经济核算办法，能独立进行经济核算。

(5) 有保证工程质量和工期的手段和设施。

2. 建筑企业的类型

建筑企业有多种类型，可以按照以下标准进行分类。

(1) 按企业制度不同，建筑企业可分为个人业主制企业、合伙制企业和公司制企业。

(2) 按资产所有制不同，建筑企业可分为国有企业、集体所有企业、个体企业，以及各种资产混合所有的企业(如中外合资企业和国家参股、控股的企业等)。

(3) 按经营范围不同，建筑企业可分为综合性建筑企业和专业性建筑企业。

(4) 按企业规模不同，建筑企业可分为大型建筑企业、中型建筑企业、小型建筑企业和微型建筑企业。大型、中型、小型、微型建筑企业的划分标准如表1.1所示。

(5) 按资质条件不同，建筑企业可分为不同级别的企业。如：房屋建筑工程施工总承包企业分为特级、一级、二级、三级；专业承包企业资质分为一级、二级、三级；劳务分包企业资质分为一级、二级。其他类型的建筑企业也都按相应的标准分成不同等级的企业。

表 1.1　建筑企业大型、中型、小型、微型划分标准

行业名称	指标名称	计量单位	大　型	中　型	小　型	微　型
建筑业	营业收入(Y)	万元	$Y \geqslant 80\,000$	$6000 \leqslant Y < 80\,000$	$300 \leqslant Y < 6000$	$Y < 300$
	资产总额(Z)	万元	$Z \geqslant 80\,000$	$5000 \leqslant Z < 80\,000$	$300 \leqslant Z < 5000$	$Z < 300$

【知识链接 1.1】房屋建筑工程施工总承包企业资质等级标准

1．特级资质标准

(1) 企业注册资本金 3 亿元以上。

(2) 企业净资产 3.6 亿元以上。

(3) 企业近 3 年年平均工程结算收入 15 亿元以上。

(4) 企业其他条件均达到一级资质标准。

2．一级资质标准

(1) 企业近 5 年承担过下列 6 项中的 4 项以上工程的施工总承包或主体工程承包，工程质量合格。

① 25 层以上的房屋建筑工程。

② 高度 100 米以上的构筑物或建筑物。

③ 单体建筑面积 3 万平方米以上的房屋建筑工程。

④ 单跨跨度 30 米以上的房屋建筑工程。

⑤ 建筑面积 10 万平方米以上的住宅小区或建筑群体。

⑥ 单项建安合同额 1 亿元以上的房屋建筑工程。

(2) 企业经理具有 10 年以上从事工程管理工作经历或具有高级职称；总工程师具有 10 年以上从事建筑施工技术管理工作经历并具有本专业高级职称；总会计师具有高级会计职称；总经济师具有高级职称。

企业有职称的工程技术和经济管理人员不少于 300 人，其中工程技术人员不少于 200 人；工程技术人员中，具有高级职称的人员不少于 10 人，具有中级职称的人员不少于 60 人。

企业具有的一级资质项目经理不少于 12 人。

(3) 企业注册资本金 5000 万元以上，企业净资产 6000 万元以上。

(4) 企业近 3 年最高年工程结算收入 2 亿元以上。

(5) 企业具有与承包工程范围相适应的施工机械和质量检测设备。

3．二级资质标准

(1) 企业近 5 年承担过下列 6 项中的 4 项以上工程的施工总承包或主体工程承包，工程质量合格。

① 12 层以上的房屋建筑工程。

② 高度 50 米以上的构筑物或建筑物。
③ 单体建筑面积 1 万平方米以上的房屋建筑工程。
④ 单跨跨度 21 米以上的房屋建筑工程。
⑤ 建筑面积 5 万平方米以上的住宅小区或建筑群体。
⑥ 单项建安合同额 3000 万元以上的房屋建筑工程。

(2) 企业经理具有 8 年以上从事工程管理工作经历或具有中级以上职称；技术负责人具有 8 年以上从事建筑施工技术管理工作经历并具有本专业高级职称；财务负责人具有中级以上会计职称。

企业有职称的工程技术和经济管理人员不少于 150 人，其中工程技术人员不少于 100 人；工程技术人员中，具有高级职称的人员不少于 2 人，具有中级职称的人员不少于 20 人。

企业具有的二级资质以上项目经理不少于 12 人。

(3) 企业注册资本金 2000 万元以上，企业净资产 2500 万元以上。

(4) 企业近 3 年最高年工程结算收入 8000 万元以上。

(5) 企业具有与承包工程范围相适应的施工机械和质量检测设备。

4. 三级资质标准

(1) 企业近 5 年承担过下列 5 项中的 3 项以上工程的施工总承包或主体工程承包，工程质量合格。

① 6 层以上的房屋建筑工程。
② 高度 25 米以上的构筑物或建筑物。
③ 单体建筑面积 5000 平方米以上的房屋建筑工程。
④ 单跨跨度 15 米以上的房屋建筑工程。
⑤ 单项建安合同额 500 万元以上的房屋建筑工程。

(2) 企业经理具有 5 年以上从事工程管理工作经历；技术负责人具有 5 年以上从事建筑施工技术管理工作经历并具有本专业中级以上职称；财务负责人具有初级以上会计职称。

企业有职称的工程技术和经济管理人员不少于 50 人，其中工程技术人员不少于 30 人；工程技术人员中，具有中级以上职称的人员不少于 10 人。

企业具有的三级资质以上项目经理不少于 10 人。

(3) 企业注册资本金 600 万元以上，企业净资产 700 万元以上。

(4) 企业近 3 年最高年工程结算收入 2400 万元以上。

(5) 企业具有与承包工程范围相适应的施工机械和质量检测设备。

承包工程范围如下。

特级企业：可承担各类房屋建筑工程的施工。

一级企业：可承担单项建安合同额不超过企业注册资本金 5 倍的下列房屋建筑工程的施工。

① 40 层及以下、各类跨度的房屋建筑工程。
② 高度 240 米及以下的构筑物。
③ 建筑面积 20 万平方米及以下的住宅小区或建筑群体。

二级企业：可承担单项建安合同额不超过企业注册资本金 5 倍的下列房屋建筑工程的施工。

> ① 28 层及以下、单跨跨度 36 米及以下的房屋建筑工程。
> ② 高度 120 米及以下的构筑物。
> ③ 建筑面积 12 万平方米及以下的住宅小区或建筑群体。
> 三级企业：可承担单项建安合同额不超过企业注册资本金 5 倍的下列房屋建筑工程的施工。
> ① 14 层及以下、单跨跨度 24 米及以下的房屋建筑工程。
> ② 高度 70 米及以下的构筑物。
> ③ 建筑面积 6 万平方米及以下的住宅小区或建筑群体。
> 注：房屋建筑工程是指工业、民用与公共建筑(建筑物、构筑物)工程。工程内容包括地基与基础工程、土石方工程、结构工程、屋面工程、内、外部的装修装饰工程、上下水、供暖、电器、卫生洁具、通风、照明、消防、防雷等安装工程。

1.2 建筑企业管理概述

1.2.1 建筑企业管理的概念

马克思曾经说过："管理是一种生产劳动，是每一种结合的生产方式中必须进行的劳动。"这就是说，管理是由共同劳动所决定的。只要有许多人在一起共同劳动，就会存在各个劳动者之间分工与协作，为了使他们之间的动作协调，步调一致，进行有序的、有成效的劳动，就必须有管理。管理是组织生产不可缺少的条件。

1. 管理的概念

管理是人们在从事某项工作或某一领域活动时，为了实现某一目标而进行的预测、决策、计划、组织、指挥、协调、激励、控制等的总称。

对企业的生产经营活动进行预测、决策、计划、组织、指挥、协调、激励、控制的总称叫作企业管理。通过管理才能保证企业生产经营活动的顺利进行，取得良好的经济效益和社会效益，最终实现企业目标。

2. 建筑企业管理

建筑企业是为社会提供建筑产品或建筑劳务的经济组织，是由许多人结合在一起，相互配合共同完成建筑产品。因此，就必须做好建筑企业管理工作。

建筑企业管理，是按照生产资料所有者的利益和意志，对建筑企业的生产、技术和经济活动进行决策、计划、组织、指挥、监督和协调的一种有组织、有目的的活动的总称。

随着现代化科学技术的发展、人民的物质文化生活水平的不断提高，对建筑物的功能、造型等有了更高的要求，建筑企业必然向现代化和专业化方向发展，机械化程度越来越高，势必使建筑企业内部分工越来越细，各方面的协调显得越来越重要，同时市场竞争愈演愈烈。在这种客观情况下，建筑企业管理就显得尤为重要，就更需要科学的管理。

1.2.2 建筑企业管理的性质和任务

1. 企业管理的二重性

企业管理具有二重性质：一方面具有同生产力和社会化大生产相联系的自然属性；另一方面又具有与生产关系和社会制度相联系的社会属性。管理的二重性是马克思分析资本主义企业管理时指出的。管理的二重性是客观存在的。

建筑企业管理是企业管理的一部分，所以建筑企业管理也具有管理的二重性。

2. 建筑企业管理的任务

1) 树立正确的经营思想

经营思想是指企业在整个生产经营活动中的指导思想。它决定着企业的经营目标、方针和经营战略。企业管理的首要任务，就是要确立企业正确的经营思想，其核心就是为社会、用户、职工和出资者服务，提高整个社会的经济效益。为此企业必须遵守国家的方针、政策、法律和法规，讲究经营道德，反对生产经营中违法乱纪、唯利是图、投机取巧、损人利己、破坏国家经济和妨碍社会发展的各种不正当行为。

2) 根据企业的外部环境和内部条件，正确制定企业的发展目标、经营方针和经营战略

企业的发展目标或经营目标是企业在一定时期内，在生产、技术和经济等方面应达到的规模、水平和发展速度。

企业的经营方针是指导企业生产经营活动的行动纲领。

企业的经营战略是为实现其经营目标，通过对外部环境和内部条件的全面估计和分析，从企业全局出发而做出的较长期的、总体性的谋划和活动纲领。它涉及企业发展中带有全面性、长远性和根本性的问题，是企业经营思想和经营方针的集中表现，是确定规划和计划的基础。

3) 合理组织生产力

合理组织生产力，就是要使劳动力、劳动手段、劳动对象达到优化配置和充分利用，以取得企业的综合经济效益。

4) 不断调整生产关系，以适应生产力发展的需要

生产关系必须适应生产力的发展要求，才能促进生产的发展。企业管理的过程就是协调生产关系的过程，以调动各方面的积极性和创造性。

5) 不断调整上层建筑，以适应生产关系的改善和生产力的发展

这就要根据实现企业的经营目标和提高企业经济效益的需要，不断调整和改革管理体制和规章制度，改进领导方法等。

1.2.3 建筑企业管理的特点及内容

建筑产品与其他产品相比具有自身的特点，我们在研究建筑企业管理时必须了解建筑产品和生产的特点及其对企业管理的影响。

1. 建筑产品的特点

1) 建筑产品地点的固定性

任何建筑产品，都是在选定的地点建造和使用的，不能移动，如：住宅建筑、道路、隧道、桥梁等。

2) 建筑产品类型的多样性

社会对建筑产品的用途和功能要求多种多样，因此生产出来的产品类型也就多种多样。同时由于建筑产品的特殊性，即使使用功能相同，但建在不同的气候区、不同的地质条件下的建筑产品，在其规模、结构、样式、基础处理等方面也会有所不同。

3) 建筑产品体积的庞大性

无论是综合性的建筑产品还是单项工程，其体形都是庞大的。建筑产品工程量大，需要大量物资，占据广阔的空间。

4) 建筑产品使用周期的长久性

建筑产品一旦建成，其使用的时间都很长，少则几十年，多则上百年才会丧失使用功能。

2. 建筑产品生产的特点

由于建筑产品自身的特点，建筑产品的生产也具有其独有的特点，这些特点主要表现在以下几个方面。

(1) 由于建筑产品的固定性，从而造成建筑生产的流动性强的特点。

(2) 由于建筑产品的体积大，结构复杂，生产过程中不仅要占用大量的人力、财力和物力，还需要比较长的生产周期来完成，这就造成建筑生产的周期性长的特点。

(3) 由于建筑产品体积庞大，地点固定，这就造成建筑生产过程中的高空作业和露天作业多的特点。

(4) 由于建筑产品类型繁多，建筑要求差别很大，以及建筑地点的固定，这就造成建筑生产的单件性特点。

(5) 由于建筑生产需要多工种的配合作业，工程量也不均衡，这就造成建筑生产的不均衡性。

(6) 由于建筑产品生产自身工艺的制约，建筑生产机械化、自动化水平发展较慢，手工作业较多，劳动强度大，劳动条件艰苦。

(7) 建筑生产涉及面广，协作关系多。在企业内部，要在不同时期、不同地点和不同产品上组织多工种综合作业；在企业外部，要同建设单位、勘察设计单位、房地产单位、各专业化施工企业、材料、运输、机具租赁企业、铁路、道路、水、电、环保、劳动、财政、银行、公安等许多部门和单位协作配合，这就造成了建筑生产的社会综合性。

3. 建筑企业管理的特点

1) 经营环境多变化

建筑产品的固定性和生产的流动性，使建筑企业的经营环境经常处于变动之中。企业的经营环境分为自然环境和社会环境。不同的施工地点，其工程地质、气候条件差异很大；当地的政策、用户心理、物资供应、道路运输、价格变动、协作条件等社会环境也有较大差异。建筑企业经常处于这样一种变化的经营环境之中，增大了经营管理的难度，使之预见性及可控性差。

2) 业务不稳定

建筑产品类型繁多，无法批量生产，造成建筑企业的经营业务不稳定，管理对象多变化。今天施工工业建筑，明天又施工民用建筑；此时大量施工钢筋混凝土结构工程，彼时又可能施工土石方工程等。另外，建筑企业的经营业务受国家固定资产投资政策的影响，市场的需求随基本建设投资的大小而波动，更加剧了建筑企业经营业务的不稳定性。所以建筑企业经营管理必须具备较强的环境适应能力和应变能力。

3) 机构变动大

为了适应经营环境多变、经营业务不稳定等特点，建筑企业必须建立灵活、善于变化的组织机构。表现在企业的组织规模要根据市场的容量来变化，组织机构的形式要依据施工对象的特点和地点而定，基层劳动组织的形式要依据任务的性质和多少而定，人员的结构比例要依据施工实际的需要来变化。

4．建筑企业管理的内容

1) 对建筑市场的调研与预测

建筑市场的调研是为建筑企业进行经营预测制定正确的经营方针和经营决策提供可靠的依据，而预测是市场调研的必然延续。如果不了解建筑市场的动态和发展趋势，企业经营决策缺乏根据，盲目经营，势必带来损失。

2) 树立创新观念

由于管理环境多变，建筑企业必须运用新技术、新理论、新方法，开创经营管理的新局面，这样才能适应环境变化，在竞争中获胜。因此，在建筑企业生产管理上，要注重新工艺、新技术、新材料、新设备的管理方法；在经营管理上，要多出新点子、新路子，运用新的管理经验和方法，力争在管理制度、管理理论上有所创新。

3) 建立企业管理的价值观

现代企业所具有的正确的价值观念是社会效益、经济效益和社会信誉的统一。因此，对建筑企业的管理，在追求企业经济效益的同时，要把社会效益和企业信誉放在首要地位来考虑。

4) 树立竞争观念

建筑生产特殊的投标承包方式决定了建筑企业管理最终要以提高建筑产品和服务质量，降低成本和缩短工期，提高企业经济效益，适应社会的需要为目的。因此，建筑企业管理必须加强质量管理、人才管理、技术管理、成本管理等。

5) 建立科学的管理体系

建筑企业的管理必须适应建筑企业生产的特点，依据建筑企业的客观规律，适应现代生产力发展的客观要求，运用科学的思想、组织、方法和手段，对企业的生产经营活动进行有效的管理，创造最佳的经济效益。因此，建筑企业的管理，还必须运用科学的管理思想，建立科学的管理组织，应用科学的管理方法，培训科学的管理人才，实现企业管理的科学化。

1.3 建筑企业管理的职能和作用

建筑企业管理的职能是指建筑企业管理的作用和功能。企业管理职能包括的范围很广，并随着科学技术的发展、生产社会化程度的提高以及其他主客观条件的变化而发展变化。管理职能有一般职能和具体职能之分。一般职能源于管理的二重性，即合理组织生产力和维护生产关系的职能。实际上，生产过程是生产关系和生产力的统一体，不容分割，两种基本管理职能是结合在一起作用于生产过程的。在实践中，企业管理的基本职能要通过具体管理工作体现出来，根据对企业管理工作的基本内容或过程的理论概括，企业管理可划分为下列几个具体职能。

1. 计划职能

计划职能是指人们通过调查研究和预测对企业生产经营活动达到的目标的预先设想，以及为实现这些目标所预先做出的谋划与安排。有了计划才能减少生产的盲目性，增强主动性，提高工作效率，创造良好的经济效益和社会效益。

2. 组织职能

组织职能是指为了实现企业的共同任务和目标，对人们的生产经营活动进行合理的分工和协作，合理配备和使用企业的资源，正确处理人们相互关系的管理活动。

组织在一切管理活动中居于中心地位，是行使其他各项管理职能的依托。任何一个单位，为了实现预定的目的，都要借助组织职能将总任务加以分解，设置工作(职务)岗位，委派人员确定责权范围，建立管理机构，协调人员间、部门间及单位间的关系，以实现人员间的协作和工作、人员、物料三者的结合。否则，就不会形成有效的集体活动。

3. 领导职能

领导职能是指领导者对企业中各类人员发出命令，指派任务，提出要求，限期完成的管理活动。

领导在管理中处于主导地位，起着关键性的作用。任何组织都要有领导者来率领和指导全体成员进行社会实践活动，以达到组织的目标；否则，就是一盘散沙。卓越的领导者，能够创造良好的工作环境，激励全体成员，发挥主动性和创造性，努力做好工作，从而推动事业的发展。领导是事业成败的关键。任何组织都应有一个好的领导，任何组织成员都希望在好的领导者的正确领导下工作。

4. 控制职能

控制职能是指保证实际工作及其结果能与计划和目标一致而采取的一切管理活动。

控制处在企业管理职能体系的最终环节，是使企业计划转化为现实的职能。控制的内容包括生产控制、质量控制、库存控制、成本控制和人员控制。

5. 协调职能

为了有效地控制企业活动的成果，还需要进行协调。所谓协调，也就是调节，是指对企业内部各部门、各单位的工作，对各项生产经营活动，通过联系、磋商和调度等方式，谋求形成良好的配合关系。有上下级领导人员和职能部门之间活动的纵向协调，还有同级各单位、各部门之间的横向协调。只有通过协调，分析矛盾，解决矛盾，才能消除和克服彼此脱节的现象，争取卓有成效地实现企业的目标和任务。

6. 激励职能

激励是指一个有机体在追求某些既定目标时的愿意程度。作为心理学的术语，激励是指激发人的动机，诱导人的行为，使人产生一股内在的动力，朝着所期望的目标前进的心理活动过程。也就是通常所说的调动人的积极性的过程。

激励职能是办好企业的重要措施。美国哈佛大学教授威廉·詹姆士通过对员工的激励的研究发现，在按时计酬的条件下，职工只要发挥20%～30%的能力，就可保住工作而不被解雇；如果受到充分的激励，则职工的能力可以发挥到80%～90%，甚至更高。

这就是说，人的工作绩效取决于他的能力和激励水平，即积极性的高低。能力固然是取得绩效的基本保证，但是，不管能力多强，如果激励水平低，也难以取得好的绩效。

1.4 现代企业制度

1.4.1 企业制度及其主要内容

企业制度一般是指以企业产权制度为核心，包括企业经营制度(经营方式)、管理制度等的总称。它是在一定历史条件下形成的一种企业经济关系，也是一定社会经济制度的重要体现，并受到一定经济管理体制的制约。

企业制度所包含的内容比较广泛，概括起来大致包括：企业的经济形态、经营形态、法律形态和管理制度。

(1) 企业的经济形态，即通常所说的所有制形态，它是以出资的主体来划分的，其核心是产权问题。企业的经济形态是企业制度最基本的内容，它对企业制度的其他方面具有决定性作用。

(2) 企业的经营形态，即通常所说的企业经营方式，它包括企业由谁经营及如何经营，即所有者与经营者之间的责、权、利关系问题。

(3) 企业的法律形态，是指对一定经济形态的企业通过立法，依法确立企业形态，以便使企业具有法律的保护和约束。

(4) 企业的管理制度，主要是指企业内部的治理组织结构、领导与管理体制，以及各种基本经营管理制度，如劳动人事制度、分配制度、财务会计制度等。

1.4.2 现代企业制度及其特征

1. 现代企业制度的含义

现代企业制度是以企业法人制度为基础，以企业产权制度为核心，以产权清晰、权责明确、政企分开、管理科学为条件而展开的，由各项具体制度所组成的用来处理企业基本经济关系的企业软件系统。它是为适应我国国有企业制度创新的需要而提出来的特定概念，是企业制度的现代形式。公司制是现代企业制度的典型形式。

现代企业制度包括以下几层含义。

1) 现代企业制度是企业制度的现代形态

企业制度是处于发展变化之中的，现代企业制度是从原始企业制度发展而来的，是商品经济或市场经济及社会化大生产发展到一定阶段的产物。现代企业制度具有动态性和可变性，而不是一种固定、僵化的模式。

2) 现代企业制度是由若干具体制度相互联系而构成的系统

现代企业制度不是一个孤立的制度，而是现代企业法人制度、现代企业产权制度、现代企业组织领导制度、现代企业管理制度等有机组合的统一体。不能把建立现代企业制度简单地理解为公司化的倾向，我们应该用新的观点来审视我国已经改建成的股份有限公司和有限责任公司，以及正在进行的企业转换机制实践，加深对建立现代企业制度的复杂性和艰巨性的理解。

3) 产权制度是现代企业制度的核心

构成产权的要素有所有权、占有权、处置权和收益权等。现代企业制度是以终极所有权与法人财产的分离为前提的。现代企业产权制度就是企业法人财产权制度，在此制度下，终极所有权的实现形式主要是参与企业重大决策，获得收益；法人企业则享有其财产的占有权、处置权等。这是用建立现代企业制度去改造我国国有企业的核心所在。因为只有建立现代企业产权制度，才能使国家公共权力与法人企业民事权利分离开，才能使全民所有权(国家所有权)与法人企业财产权分离开，才能使政企真正分开。

4) 企业法人制度是现代企业制度的基础

现代企业法人制度是企业产权的人格化。企业作为法人，有其独立的民事权利能力和民事行为能力，是独立享受民事权利和承担民事义务的主体。规范和完善的法人企业享有充分的经营自主权，并以其全部财产对其债务承担责任，而终极所有者对企业债务责任的承担仅以其出资额为限。所以，正是在现代企业法人制度的基础上，才产生了有限责任制度。我们强调建立现代企业制度，转换国有大中型企业经营机制，实质内容之一就是在我国确立规范、完善的现代企业法人制度，使国有大中型企业成为自主经营、自负盈亏、自我发展的市场竞争主体，使作为终极所有者的国家承担有限责任。

5) 现代企业制度以公司制为典型形式

现代公司制主要是指股份有限公司和有限责任公司。建立现代企业制度主要是公司化。值得强调的是，公司制只是现代企业制度的典型形式。这里包含两层意思：①不能认为建立了公司制就建成了现代企业制度，因为它还有其丰富的内容；②股份有限公司和有限责任公司只是现代企业制度的典型形式，并非其他符合现代企业制度内容的形式就不算现代企业制度。

2. 现代企业制度的基本特征

1) 产权清晰

企业的设立必须有明确的出资者，必须有法定的资本金。企业中的国有资产权属于国家，企业拥有包括国家在内的一切出资者投资形成的全部法人财产权。企业的法人财产是其进行生产的保障，企业只能在一定权限内占有和使用，财产的所有权及其增值部分都属于出资者，企业破产清算时，其剩余财产也属于出资者所有。产权关系明晰化、所有权和法人财产权的界定，既有利于保证出资者资产的保值增值，又赋予企业独立的法人地位，使其成为享有民事权利、承担民事责任的法人实体。

2) 权责明确

现代企业制度有效地实现了权责关系的辩证统一。出资者一旦投资于企业，其投资额就成为企业法人财产，企业法人财产权也随之而确定。企业以其全部法人财产依法自主经营，自负盈亏，照章纳税，同时对出资者承担资产保值增值的责任。这就解决了传统的企业制度下，企业权小责大、主管部门权大责小，权责脱节的问题，从而形成了法人权责的统一。

3) 政企分开

政企分开有以下两层含义。

(1) 职能分开。即政府的行政管理职能与资产管理职能分开。国有资产管理职能仅仅是针对国有资产的，而不是针对所有社会资产的。行政职能是属于政府行政权力，而所有权职能是一种财产权利，两者范围不同，性质不同，遵循的法律也不一样，政府行政职能由行政法来调整，而所有权职能由民法来调整。

(2) 政企职责分开。政府不直接干预企业的生产经营活动，而是通过宏观调控来影响和引导企业的生产经营活动；企业摆脱政府行政机构附属物的地位，不再依赖政府，而是根据市场需求组织生产经营，以提高劳动生产率和经济效益为目的。企业在市场竞争中优胜劣汰，长期亏损、资不抵债的依法破产。实行政企分开后，政府与企业的关系体现为法律关系，企业依法经营，不受政府部门的直接干预。

4) 管理科学

现代企业制度确立了一套科学完整的组织管理制度。首先是通过规范的组织制度，使企业的权力机构、监督机构、决策机构和执行机构之间职责分明、相互制约。在公司制企业中，实行董事会领导下的经理负责制，所有者通过股东大会选出董事会、监事会，董事会再聘任经营者(经理或厂长)，这样就形成了一套责权明确的组织体制和约束机制。其次是建立科学的企业管理制度。

1.4.3 现代企业制度的形式

公司制是现代企业制度最主要的形式。2005年10月27日第十届全国人大常委会第十八次会议审议通过了新的《公司法》，此法于2006年1月1日起正式实施。我国目前的公司制包括两种，即有限责任公司和股份有限公司。

1. 有限责任公司

有限责任公司是由一定人数的有限责任股东集资组成的公司。这类公司具有以下几个特点。

(1) 公司股东以其出资额为限对公司承担责任，公司以其全部资产对公司债务承担责任。

(2) 公司的资本无须划为等额的股份，也不发行股票。股东各自的出资额一般由他们协商确定，交付其应付的股金，并在有限责任公司成立后，由公司向股东签发出资证明书，作为股东在公司中享有权益的凭证，但不能自由买卖。

(3) 公司的股份一般不得任意转让。股东之间可以相互转让其全部或者部分股权。股东向股东以外的人转让股权，应当经其他股东过半数同意。经股东同意转让的出资，在同等条件下，其他股东有优先购买权。其他股东半数以上不同意转让的，不同意的股东应当购买该股东要转让的股权；不购买的，视为同意转让。

(4) 公司的股东人数较少，《公司法》对有限责任公司股东人数规定有最高限额。如我国《公司法》规定为50个。

(5) 在有限责任公司中，董事和高层经理人员往往具有股东身份。大股东亲自经营企业，大部分股东积极参与管理公司的业务活动，使所有权和经营权分离程度不如股份有限公司那样高。

(6) 有限责任公司成立、歇业和解散的程序比较简单，管理机构也简单，同时公司账目无须向公众公开披露。

在我国，凡国家授权投资的机构或国家授权的机构，均可单独设立国有独资的有限责任公司，它是有限责任公司的一种特殊形式。过去已设立的国有企业，凡符合《公司法》规定具备设立有限责任公司条件的单一投资主体，均可改建为国有独资的有限责任公司。另外，我国《公司法》增加了"一人有限责任公司"的特别规定："本法所称一人有限责任公司，是指只有一个自然人股东或者一个法人股东的有限责任公司。"

由于有限责任公司所具有的上述特点，许多中小型企业往往都采用这种公司形式。

2. 股份有限公司

股份有限公司是指由一定人数以上的股东所设立的，全部资本分为等额的股份，股东以其认购的股份为限对公司的债务承担责任的公司。

1) 股份有限公司的特点

(1) 公司的股东必须达到法定人数。如法国、日本规定股份有限公司的最低人数为7人，德国不少于5人。我国《公司法》规定："设立股份有限公司，应当有2人以上200人以下为发起人，其中须有半数以上的发起人在中国境内有住所。"

(2) 公司的总资本由若干均等的股份所组成。股票是一种有价证券，具有可以自由认购、自由转让的特性。这是股份有限公司区别于其他公司形式的重要特征之一。股份有限公司可以通过向社会发行股票而筹集资本，人们可以通过认购股票而取得相应的股份。股东不能要求退股，但可以通过买卖股票而随时转让股份。

(3) 公司的财务状况必须向公众公开。为了保护投资者的利益，各国公司法一般都规定，股份有限公司必须在每个财务年度终了时公布公司的年度报告，其中包括董事会的年度报告、公司损益表和资产负债表。

2) 股份有限公司的优点

(1) 它是筹集大规模资本的有效组织形式，为企业提供了筹资渠道，为广大公众提供了简便、灵活的投资场所。

(2) 股份有限公司有一套更为严密的管理组织，能够保证大型企业的有效经营。
(3) 股份有限公司有利于资本产权的社会化和公众化，把大企业的经营置于社会监督之下。

由于股份有限公司具有上述诸多优点，使它成为现代市场经济中大型企业的主要组织形式。

3) 股份有限公司较之其他形式公司的缺点
(1) 股份有限公司作为公众公司，开设和歇业的法定程序较为复杂。
(2) 所有权和经营权的分离程度更高，经理人员往往不是股东，因此产生了出资者和经理人员之间复杂的委托代理关系。
(3) 公司经营情况必须向公众披露，难以保住经营秘密。

1.4.4 建筑企业建立现代企业制度的内容

建筑企业建立现代企业制度的主要内容如下。
(1) 国有建筑企业产权多元化改造。
(2) 确定企业固有资产投资主体，确立法人财产权。
(3) 建立完善的公司治理结构。
(4) 深化公司内部劳动、人事和工资三项制度改革。
(5) 建立现代企业财务会计制度。
(6) 发挥党组织的政治核心作用，改善工会工作和职工民主管理。
(7) 建立与现代企业相适应的具有行业特色的企业文化。

从传统企业制度向现代企业制度推进，任重而道远，需要有一个逐渐完善的阶段。由于各个企业条件不同，市场千变万化，建筑企业改革必然有先有后，有快有慢，不能急于求成，强求一致，而应在制度创新、管理创新上下功夫。

对于全国性或区域性国有大型建筑企业实行股份制改造，打破地区、部门和行业的限制，组建股份公司，并以其为骨干，实现规模化和网络化经营。

对于地区性国有建筑企业实行公司化改造，组建有限责任公司，明确企业产权关系，健全经营机制，重构企业行为，使企业真正成为独立的经济实体。

对于小型国有建筑企业应通过拍卖、转让、兼并等方式，实现民营化，明确其产权关系，独立经营，在建筑市场上作为大型建筑企业的补充，发挥其应有的作用。

1.4.5 国有建筑企业制度的改造

1. 建立健全市场体系

我国建筑市场还有待规范。建筑市场缺乏规范化、法制化，存在大量的"寻租"现象和不公平竞争行为，还没有形成统一、开放、竞争、有序的建筑市场。因此，建筑企业应建立完善的市场体系，主要包括以下几个方面。

1) 产权交易市场

现代企业制度是法人财产权的制度。在这一制度中，出资者对法人行为的制约，除了行使重大决策权和管理者选择权外，还有一个重要的权利——"退出"的权利。由于当初投入的资本金已形成法人财产，所以这种"退出"实际上是一种产权的退出。企业法人依法享有法人财产的占有、使用、收益和处置权，其中处置权也是以产权交易和转让方式进行处置。这两个机制得以发挥作用的条件，便是产权交易市场的存在。

我国产权交易市场起步较晚，正处于发展之中。目前产权市场交易范围主要是企业兼并、闲置调剂和小型企业拍卖，交易方式有契约式交易、竞价拍卖、租赁和托管。为了使产权交易市场尽快发展，应该制定统一的政策法规，规范交易行为，还应建立全国产权交易信息网络系统，建立有效的企业产权交易的监控、管理体系，这样才能拓展产权交易市场的功能，扩大交易范围，增加交易形式，从而适应现代企业制度发展的需要。

2) 股票市场

现代企业制度的运作不仅要依托间接融资渠道，更要立足于直接融资的资本市场，尤其是实行股份制的现代企业制度，更直接依赖于股票市场。股票市场不仅是股份公司筹资、接受市场评价和约束的场所，也是实现产权重组、产业结构调整的有效途径。因此，股票市场的发展与完善，也是现代企业制度得以确立的一个重要的市场基础。

我国的股票市场经过几年的发展，取得了很大成就，推动了我国股份制的进程和产权制度的改革。尤其是颁布了《证券法》之后，股票市场运作走向规范化，促使股市走向成熟，进入良性发展的轨道。

3) 经理人市场

在现代企业制度中，由于出资者所有权与法人财产权相分离，就形成了资产所有者与资产使用者之间的委托—代理关系。这种关系实际上是一种经济契约关系，其核心是形成对代理人(经理)的有效激励和约束机制，从而保证代理人尽可能按委托人的利益和意愿行事。要形成这一机制，很重要的一点是应该通过市场来选择经理。只有通过市场选择机制，"经理"才会形成一种专业化的职业；只有通过市场竞选，才能使经理承担竞争风险，同时享有高薪。因此，经理人市场也是现代企业制度的一个重要的市场基础。

4) 劳动力市场

风险型就业制度是现代企业制度的一个重要组成部分，其基本的经济含义在于增强劳动力的流动性。这种流动建立在劳动者个人偏好最大化基础上，以劳动者与企业双向选择为条件。这不仅可以使整个社会劳动力资源配置优化，提高就业选择效率，而且通过就业的有效竞争，为企业有效配置经济资源创造条件，并激励职工提高劳动效率。这种风险型就业制度的市场基础就是劳动力市场。

2. 进行产权制度改革

国有建筑企业建立现代企业制度的关键是明晰产权，分离企业的出资人所有权和法人财产权。国有建筑企业改造成公司，如果只是换了个外壳或招牌，而在产权关系上没有实质的变化，还不能说是建立了现代企业制度。现代公司制企业应最终实现"三权分立"，即股东享有终极所有权，董事会行使法人财产权，董事会聘请总经理行使生产经营权。正确把握建筑企业的改制，既要看到改制的不利条件，也要看到改制的有利条件。由于机制落后、竞争过度等主客观因素的影响，近年来，许多建筑企业的债务负担严重地妨碍着建筑企业改制的步伐。然而，建筑企业改制也有得天独厚的优势。建筑企业成立时间较短，使用的工人大多数是农民，企业负担和富余人员安置压力较轻；建筑产品的社会需求量和需求结构比较稳定；建筑企业施工机具的投入量和构成相对稳定，技术改造及由此带来的融资压力较轻。

国有建筑企业产权结构调整要面对两个实际情况：一是建筑行业竞争激烈，在市场条件下单一的所有制结构已危机四伏；二是国有企业长期受传统观念与体制的影响，变革存在着渐进性。

(1) 针对建筑行业的特点，结合国企改革近年来的实践，国有建筑业大中型企业一般不宜采取国有独资形式的改制形式。要积极吸纳其他资本，形成多元化投资主体，同时，有能力的要争取上市。大多数国有大中型建筑骨干企业应多方吸收社会股本和企业法人股，实行国有股、社会法人股及企业职工股等并存的多元化资本结构，以便改为规范的股份有限公司或有限责任公司。一般国有大中型企业可由内部职工全部买断或购买部分净资产，根据企业情况，可改制为股份制或股份合作制，促进资产的所有权和经营权分离。要建立出资人制度，明确出资人的责、权、利关系，认真做好国有资产的界定和评估，防止国有资产流失。

单一国有资产的企业难以适应激烈的市场竞争，要争取改造为多元投资主体交叉的有限责任公司。省、市级建筑总公司(建工集团)可以在取得授权为国有资产主体的基础上，向多元股东的有限责任公司或股份有限责任公司过渡。同时，明确纵向的资本纽带，分层次、有计划地对子公司进行改组，凡条件适宜的子公司或劳务层，应该改为股份制或股份合作制。

(2) 国有小型和集体建筑企业要因地制宜，因企制宜，采取联合租赁、承包经营、股份合作制、出售或转让等多种经济成分共同发展。根据企业的具体情况，可采取以下几种方式。

① 有专业优势，市场潜力和负债率不太高，职工承受能力较强的企业可采取"售股转制"的办法改造为股份合作制企业。

② 对规模不大或规模较大但负债率较高、净资产较小的企业，可由企业全员、部分职工或其他企业、个人出资买断，对原公司净资产进行置换。

③ 对净资产较大的企业，职工难以全部买断的，可采取部分置换的办法同时保留部分公有股权。

3. 建立高效率的组织结构

企业内部建立高效率的组织机构，根据建筑企业的特点，应实行董事会、经营管理层、项目经理部三级治理的组织结构。这是保证企业具有竞争实力的重要条件。

(1) 董事会是代表资产所有者行使资产管理和处置的决策机构，其主要职能就是要使公司的资产保值、增值、积累、发展和扩张，站在长远利益上为公司制定发展战略规划，选拔和聘用优秀的经营管理者，并进行授权、监督和检查。

(2) 经营管理层受命于董事会，执行公司的发展战略，对日常的企业活动进行经营管理，实行总经理负责制。建筑企业的管理特点是以项目管理为出发点和立足点，因此，经营管理层对外面向市场，搜集信息，参与工程投标，为企业承揽更多的施工任务，同时还要不断地寻找市场机会，开拓经营业务，使企业获得更多的发展机会；对内主要是根据施工任务组建项目经理部，向项目经理授权，由项目经理作为企业经理的代理，全权负责施工项目的管理。

(3) 项目经理部是代表企业履行工程承包合同的主体，是在项目经理的领导下，负责施工项目从开工到竣工的全过程施工生产的管理层，同时还有选择作业层，对作业层进行直接管理与控制的双重职能。目前，我国的建筑企业基本都推行项目管理制度，面对市场经济的发展，项目管理制度应该有所创新。第一，企业经理与项目经理就施工项目签订内部承包合同或项目责任书，明确项目经理的地位和责、权、利的关系。第二，施工项目应实行单独核算制，以促进项目经理部加强科学管理，降低成本，把经济效益直接与项目经理及成员的收益挂钩。第三，公司负责给项目经理部建立起完善的质量保证体系，并监督项目经理部认真实施，把创造优良工程、树立企业形象作为考核项目经理部的重要指标。第四，项目经理部应建立完善的管理制度、分配制度和灵活的用工制度，采用科学的项目管理方法，按施工承包合同的规定完成施工任务，为企业赢得利润。

4. 完善领导制度

要建立科学健全的领导制度，就必须完善公司治理结构。公司治理结构是现代公司制的核心，其目标是在产权关系明晰和责、权、利统一的基础上，实现对公司控制权的合理配置，在公司所有者和经营者之间形成相互制衡的机制，以最大限度地提高公司的运营效率。

公司治理结构完善与否对建立现代企业制度有着重要影响，国有建筑企业向现代公司改制的过程中要注意解决好以下问题。

1) 股权过分集中

国有建筑企业公司制改造过程中，有时甚至片面强调国有股的绝对控股地位。国有股代表仍如以往一样，多为政府官员。政府在国有建筑企业公司制改造中仍然扮演着重要角色。因此，国有建筑企业公司制改造中，要注意合理配置股权，使投资主体多元化，并形成多元产权主体制衡机制。同时，要注意加强股东大会的职能，健全股东大会制度，使在行政干预下"有名无实"的股东大会真正成为最高权力机构。

2) "内部人控制"问题

除了行政干预的公司治理结构模式外，另一种是由于经营自主权的下放，加上监控失效使企业处于"内部人控制"状态。在大部分国有企业改制中，董事会、监事会和经理层都产生于原企业，它们利害相关，使董事会、监事会代表出资人进行决策、监督的功能大大削弱。在这种情况下，一是要强化监督机制，国家委派专职监督人员成为公司监事会人员，建立公司信息披露制度，对弄虚作假的人员给予严厉制裁，建立财务信息监测体系，通过计算机分析和人工分析发现企业财务的异常现象；二是要完善董事会制度，正确发挥董事会的决策功能，选择得力的领导班子，优化董事的构成，从制度上保证董事会职权由董事会集体行使，而不是董事长一人说了算；三是加强职工参与民主管理，完善职工民主管理形式。

5. 建立完善的企业内部管理制度

改革开放以来，不少国有建筑企业仍未摆脱困难局面，其根本的出路在于加强管理。管理是企业发展的永恒主题，应把实现管理创新放在首位。

1) 推行自我改善的柔性管理

自我改善的柔性管理是以科学管理为目标，把"创造无止境的改善"作为经营理念，坚持创新，不断把企业的管理和发展提高到一个新的水平。柔性管理与传统的依靠"铁腕"和权力的刚性管理相比，其根本区别在于以下几个方面。

(1) 柔性管理从塑造价值观和企业精神入手，用启发和诱导的方式，动之以情，晓之以理，最大限度地激励和发挥员工的积极性、自主性和创造力，并形成全员的"自我改善"精神和"创造无止境改善"的经营理念。

(2) 采用"柔性"的管理组织。强化计算机网络的管理手段，灵活设置组织机构，倡导员工一专多能，实施立足本岗位自我管理的基础组织管理，以使企业形成一种能适应市场复杂多变的"快速反应"能力。

(3) 推行一种"虚拟化"的企业经营。以各参与方的资源为依托，以技术和品牌为结合点，实行优势互补，从而形成强大的产品力、市场力和形象力，在竞争中获得超常的经济效益和社会效益。

2) 先进管理模式的引进

长期以来，我国建筑企业受计划经济的影响，存在着一些管理观念落后、组织结构僵化及工作流程混乱等现象，企业管理现状与国际先进水平相距甚远。学习和引进先进的企业管理模式，无疑是摆在建筑企业面前的任务和要求。

建筑企业具有生产流动性、产品多样性、人员松散性等特点，应采用精干的企业管理机构控制广泛的项目法人机构的管理模式。所谓项目法人机构，是指以工程经营技术管理人员为主体的小的经营集团。其功能是能建立自己的资本聚合，发挥自己灵活机动的经营管理才能，自主地进入市场竞争，以自己的资本聚合承担市场风险，去追求市场份额和项目施工的优秀成绩。而建筑企业的管理机构应以自己的资质、信誉和严格的管理、优化的服务尽可能地把多个项目法人组织吸引到自己的企业中来，利用其资本聚合扩大企业资本金，也利用其资本聚合解决项目包盈不包亏的矛盾，同时根据其项目管理的水平和业绩进行优化选择，优胜劣汰，解决企业人员能进不能出的矛盾。具体的运作方式是：松散的项目法人机构自主与企业联合去招揽施工任务，并以自己的资本聚合抵押给公司作为项目亏损的风险资金。而公司则以对项目法人的严格管理去实现公司的经营生产目标，利用项目施工中取得的收益确保国家税费上缴和项目人员的教育培训，确保持证上岗，不断提高项目法人机构的素质。在相互依存的契约化管理中，国家取得企业的税费收入，企业也要以自己的严格规范管理和良好的服务取得项目法人机构的拥护和支持，帮助项目法人机构在市场竞争中不断地提高档次。

3) 建立完善的企业内部管理制度

在采用适合于本企业管理模式的基础上，要进一步建立完善的企业内部管理制度，包括财务会计制度、人事制度、分配制度、施工管理制度等，使企业在完善的制度下规范化地运转。要探讨现代企业制度下的项目管理制度，落实项目经理负责制和项目成本核算制，促进企业生产要素的优化配置与动态管理；要树立高度的质量意识，建立完善的工程质量管理体系。

6. 做好企业文化建设

建筑企业是劳动密集型企业，大多是手工操作，劳动条件艰苦，人员素质参差不齐，工人的操作质量直接影响工程质量和企业效益。因此，要建立以人为本的企业文化制度，强化现场文明施工和安全生产，建立起统一的价值观，以增强企业的凝聚力。要注意培养和造就优秀企业家，尽快完善企业经营者的激励和约束机制。

7. 健全法律制度并建立社会保障体系

1) 健全法律制度

市场经济和市场法制有着内在的联系。公平竞争、等价交换是市场经济的本质要求。竞争就需要有规则。市场本身就是一种全方位开放的竞争场所，现代企业制度的确立将使这种竞争更加激烈，如果没有规则将会使市场发生混乱。市场经济中经济主体之间的契约化、经济实体的多样化、经济活动的自主化、公平竞争的有序化、宏观调控的间接化以及经济管理的制度化，都必须通过系统、完备和成熟的法律制度来调节、制约和规范。因此，市场经济的发展，现代企业制度的建立，必须要有健全的法律制度。

2) 建立社会保障体系

社会保障享有"安全网"和"减震器"之美誉，它既是对公民基本生存权利的保障，也是对社会经济体制运行的一种保障。要建立现代企业制度，就要为企业创造一个良好的社会环境。其中，最重要的内容之一就是要建立和健全有效的社会保障体系，包括建立失业保险制度、养老保险制度、工伤保险制度、医疗保险制度以及死亡保险制度等。国有建筑企业的社会保险与配套体系还不完善，原来企业的离退休人员要新的公司来负担其生活问题，明显会侵犯公司股东的利益。目前推行的行业保险或部门统筹只是一个过渡，应尽快走社会统筹之路，尽早建立社会保障体系。

1.5 建筑企业管理的组织体系

1.5.1 建筑企业组织管理的概念和原则

1. 企业组织管理的概念

企业组织管理是指为了实现企业的共同任务和目标，对人们的生产经营活动进行合理的分工和协作，合理配备和使用企业的资源，正确处理人们之间相互关系的管理活动。

组织管理的内容一是设计出科学有效的组织系统，如管理层次的划分，部门或单位的设置，明确各个机构的职权和规章制度，明确各层次、单位、管理人员之间的相互关系。二是使组织系统能正常地、信息流畅地运行，以建立各种信息的沟通渠道。三是根据内外环境的变化，分析原组织的缺陷、适应性和效率性，适时调整和改革组织结构和组织行为，促进组织的发展。

企业组织管理的概念有以下几层含义：第一，它是管理职能中的一个职能，是实现企业目标的一种手段；第二，它要建立企业组织系统，主要表现为人与人、人与事之间关系的相对稳定的结合形式；第三，它所追求的目标是以最大的管理效率实现企业的目标，要求整个企业人员分工协作，共同努力，造成组织的高效行为。

2．建筑企业建立组织管理系统的原则

建筑企业管理组织系统是指为了实现企业的总目标，对所需一切资源进行合理配置而建立的组织机构。建立适合建筑企业特点的管理组织机构，首先必须考虑施工生产单件和一次性的特点，使生产要素的配置按施工生产的需要处于动态组合状态，这样有利于施工项目一气呵成。同时，要符合建筑企业体制改革的总体思路。面对复杂多变的市场环境，组织机构设置应有利于企业走向市场，从而提高企业承揽任务、项目估价及投标决策的能力。此外，还要有利于企业内部多个项目之间的协调和企业对各项目的有效控制，有利于合同管理，强化履约责任，有效地处理经济纠纷。因此，建立建筑企业组织管理系统要坚持以下几项原则。

1) 适应企业战略目标的原则

企业组织系统的确立是为实现企业发展战略与经营目标服务的，要做到与目标相一致，与任务相统一。管理组织结构的建立必须有利于企业目标的实现和任务的完成。

2) 集权和分权相统一的原则

这是组织系统设计的基本原则。统一领导要适当地集权，分级管理体现为适当地分权，正确处理好集权和分权的关系是搞好组织管理的关键。

企业内部的集权主要是指生产经营的决策指挥权、评价奖惩权必须相对集中于相应的领导者手中。不论是全企业范围，还是企业内各个层次、各个部门，凡是一个单位都只能由一位领导者来运权，一切副职都是他的助手。集中领导不仅能够提高工作效率，而且可以提高各级各部门领导者的责任感，使他们能够独立负责，敢于负责，有利于培养企业家和管理人才。但是，由于现代建筑企业承担的工程任务、技术及经济情况十分复杂，为了防止指挥失误和失灵，一是要加强咨询、参谋机构的作用，或者配备得力的助手；二是要形成一个指挥等级链，实行逐级授权。这两者要求把集权和分权结合起来。

集权和分权同样都是组织社会化大生产和现代企业经营管理的需要。分权要通过授权来实现。授权要有适当的程度。授权程度是指授予下级可以自己做主不需要事先请示的权力范围。授权程度取决于企业规模大小、施工地区分散情况、工程技术复杂程度、业务渠道多少、上层控制手段和健全程度以及各级领导能力的强弱等。

3) 分工与协作协调统一的原则

专业分工是社会化大生产的特点，不但生产要分工，企业管理工作也要实行专业分工，以提高管理工作的质量和效率，有利于创新。分工是把企业的任务作垂直和横向分解，并配备适当的人员从事工作。企业的分工包括：部门或单位的划分，职位或岗位的设置，地区的分工，按施工或生产的专业分工，按工程任务分工等。分工要适当，过细的分工容易造成机构重叠，各自为政，不利于互相配合，共同完成任务。

协作是指在分工基础上的协调和配合。要达到分工基础上的良好协作，第一，必须有高度的集权，没有高度的集权就没有统一的意志和行动。第二，必须进行目标管理，使部门、岗位和层次的分目标成为总目标的有机组成部分，然后促成企业总目标的实现。第三，责任界限划分要明确，否则出现问题容易互相推诿，妨碍企业目标的实现。同时还须明确各个部门、岗位、层次之间上、下、左、右的关系，关系不明确也很难协调配合好。

4) 管理幅度和管理层次合理化的原则

管理组织的指挥系统是在划分管理层次的基础上建立起来的，而管理层次的划分在组织规模相对稳定的情况下，又是根据适当的管理幅度来确定的。

所谓管理层次，是指将企业内最高领导到基层员工之间划分成的隶属关系的数量，或者说是企业纵向管理系统从最高管理层到最低管理层划分的等级数量。管理层次应适当，不应过多，层次多，所需人员设施多，费用就多；层次多，信息上下传递慢，指令常常走样，而且增加协调上的困难。由于企业的规模、生产技术情况、管理基础和管理人员的素质等条件不同，管理层次也不同。通常，大中型企业的管理组织有三个层次，即企业最高管理层或称经营决策层、中间管理层和作业管理层。

所谓管理幅度，是指一个领导者直接有效地指挥下属的人数。管理幅度应适当，如果过大，领导者由于时间、精力等原因可能管不过来；如果过小，又会造成人才浪费和管理层次的增多。

5) 精干高效的原则

在组织系统设计时，部门、层次和岗位的设置，上下左右关系的安排，各项责任制及规章制度的建立，都必须有明确的目的。要因事设职，因职设人，尽量减少管理层次。只有机构精简、人员精干，管理工作效率才能提高。

6) 责权对等、才职相称的原则

职责是在一定职位上对完成工作任务所负的责任。为了保证任务的完成，必须授予管理者一定的职权。职权是指一定职位上的管理者所拥有的权力，主要是指决策或执行任务时的决定权。职责和职权对等是指根据一定职位上的管理者所承担的责任，应在相应的程度上授予他保证完成任务的权力。职权大于或小于职责都是不恰当的，职权大于职责会产生不恰当干涉职责范围以外的活动，职权小于职责不能保证完成职责范围内的工作。因此要求责权对等。

管理者在一定职位上履行职责、完成任务，不仅需要相应职权的保证，而且还需要管理者本身的才智、能力和责任心的保证。这就要遵守才职相称的原则。如果管理者才大于职，会有屈就之感而产生消极情绪，影响本职工作；如果管理者才小于职，会产生力不从心或无能为力之感，影响任务完成和目标的实现。因此，要做到才职相称，既不能大材小用，也不能小材大用。

7) 均衡原则与稳定原则

均衡原则是指同一级机构和人员之间在工作量、职责、职权等方面要大致均衡，不宜偏多或偏少，否则，苦乐不均、忙闲不均等都会影响管理人员的积极性和工作效率。

稳定原则是指组织系统一旦形成，便应保持相对稳定，不要轻易变动。这和组织随内外条件变化做出相应的调整和改革并不矛盾。组织系统没有相对的稳定性，容易造成人心浮动，也不利于提高工作效率。

8) 有利于信息沟通的原则

信息沟通包括信息的交流、传递、下达、反馈、汇集等活动。及时准确地沟通信息是使企业各项生产经营管理活动协调一致的基本手段。只有这样，各级、各部门主管人员才能依据它做出正确的决策和决定，进行有效的控制。为此，就必须设计有效的信息沟通系统。信息沟通系统包括：沟通方式，如会议制度、文件收发制度、请示报告制度等；传递渠道，如上下垂直的传递和平行交流；信息的分类，如计划信息、控制信息、业务信息等。

1.5.2 组织管理结构的类型

组织管理结构的类型是指企业管理组织机构的具体形式或模式，是企业管理层次、跨度、部门和职责等的不同结合。组织管理结构的类型是多种多样的，现将不同的组织管理结构的类型及其特点分述如下。

1. 直线制组织结构

直线制组织结构是从古代军队移植而来的，在管理权和所有权完全一致的早期企业一般运用这种形式。其特点是企业的生产行政领导者直接行使指挥和管理职能，不设专门的职能机构，一个下属单位只接受一个上级领导者的指令，如图1.1所示。

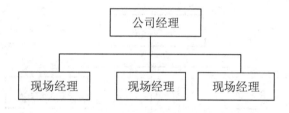

图 1.1 直线制组织结构

这种组织结构具有机构简单、权责分明、命令统一、决策迅速、指挥及时和工作效率高等优点。其缺点是要求企业领导者是"全能式"人物，要亲自处理公司的所有业务，有时会顾此失彼，出现失误。这种组织结构一般适用于那些产品单一，生产技术简单，无须按职能实行专业化管理的小型企业，或者是现场的作业管理。

2. 职能制组织结构

职能制组织结构是泰罗最早提出的。其特点是在公司经理之下，设置专业分工的职能机构和职能人员，并授予相应的职权。这些职能机构和专业管理人员，在协助经理工作的同时，又在各自的业务范围内有权向下级单位或人员下达命令和指示。因此，下级领导人或执行人除接受公司经理的领导外，还必须接受上级各职能机构或人员的领导和指示，如图1.2所示。

这种组织结构由于采用按职能实行专业分工的管理方法，适应了企业生产技术和经营管理复杂化的特点，有利于发挥职能机构的专业管理作用和专业管理人员的专长。但突出的缺点是，由于实行多头领导，下属常常无所适从，妨碍了企业的统一指挥，容易造成管理混乱，不利于责任制的建立。因此，在实践中这种管理组织结构并未得到推广应用。

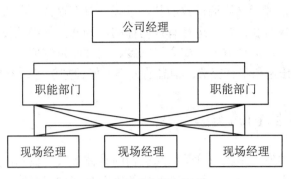

图 1.2　职能制组织结构

3. 直线参谋制组织结构

直线参谋制组织结构的特点是将企业管理机构和人员分为两类：一类是直线指挥人员，他们拥有对下级指挥和命令的权力，并对主管的工作全部负责；另一类是参谋人员和职能机构，他们是直线指挥人员的参谋和助手，无权对下级发布命令、进行指挥，如图 1.3 所示。

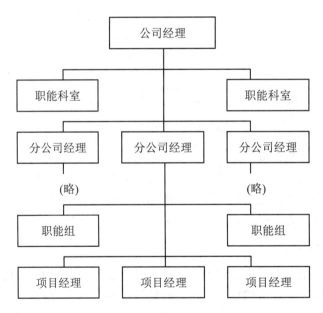

图 1.3　直线参谋制组织结构

直线参谋制组织结构吸收了直线制和职能制的优点，克服了两者的缺点。一方面，它保持了直线制权力集中、统一指挥的优点；另一方面，各级行政领导又有相应的参谋和助手，可以发挥专业管理职能机构和人员的作用。问题是这种组织结构过多地强调直线集中指挥，而专业职能机构的作用未能充分发挥；同时，各专业职能机构之间横向联系较差，不利于职能机构之间意见沟通，不利于协同解决问题。这种组织结构对中小型企业比较适用。

4. 直线职能参谋制组织结构

直线职能参谋制组织结构结合了直线参谋制和职能制的优点，是在保持直线指挥的前提下，为了充分发挥专业职能机构的作用，直线主管授予某些职能机构一定程度的权力，如对生产调度、经营销售、人事财务和质量检验部门授予相应的职权，以提高管理的有效性。直线职能参谋制组织结构如图 1.4 所示。

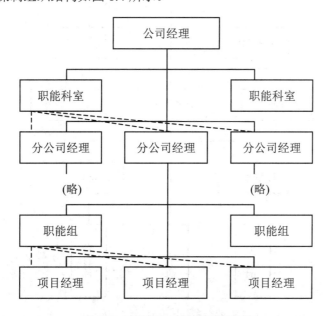

图 1.4　直线职能参谋制组织结构

直线职能参谋制组织结构比直线参谋制更加完善和有效。因此，各国企业采用这种组织结构比较广泛，采用的时间也较长，但是仍不能克服原直线参谋制的某些缺点。这种组织结构在企业规模不大、产品简单、生产技术不复杂、市场较稳定的情况下，能够显示其优点。但是，随着市场经济的不断发展，企业规模不断扩大，特别是大型企业品种多样、业务复杂，这种把企业管理权力高度集中在企业最高领导层的"集权式"管理组织结构的缺点就会越来越突出，"集权式"管理向"分权式"管理方向的变革，就成了一种客观的必然要求。

5. 事业部制组织结构

在规模大、产品多样，分布地区又广的企业里，如果过多地强调集权，往往延误决策的时间，丧失机会，有时也会脱离实际而导致失误，因而产生了事业部制组织结构。它首创于 20 世纪 20 年代的美国通用汽车公司，第二次世界大战后被日本松下电器公司采用，目前在欧美日等地区已被广泛采用。

事业部制组织结构又称分权组织结构，是从直线职能参谋制转化而来的。其特点是：在总公司的领导下，按产品或地区设立经营事业部，各事业部都是相对独立的经营单位。总公司只负责研究和制定全公司的方针政策、企业发展总目标和长期计划，规定财务利润指标，对事业部的经营、人事和财务实行监督，不管日常的具体行政事务。各事业部在公司统一领导下实行独立经营，独立核算，自负盈亏。每个事业部都有一个利润中心，都对总公司负有完成利润计划的责任，同时在经营管理上拥有相应的权利。实际上事业部相当于一个小公司。这种组织结构如图 1.5 所示。

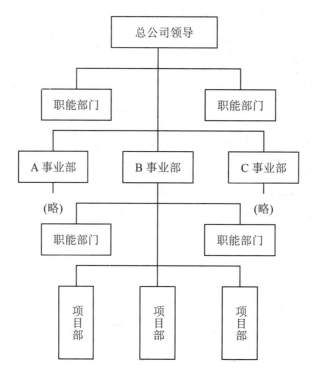

图 1.5　事业部制组织结构

事业部制组织结构的优点是：有利于总公司领导摆脱日常行政事务，使精力集中于企业战略决策和长远规划；有利于增强各事业部领导的责任心，发挥其搞好本单位生产经营管理的主动性和创造性，积极研究开发市场，提高企业对环境变化的适应能力；有利于培养经营管理人才。它的缺点是：各事业部独立性较强，不利于事业部之间的横向联系和协作，职能部门重复设置，管理人员增多而增加了管理费用。

6. 矩阵制组织结构

矩阵制组织结构又称项目管理制组织结构，如图 1.6 所示。其特点是：把按职能划分的管理部门和按产品或项目划分的小组结合起来形成类似数学上的矩阵；每个产品或项目小组由项目经理和从各职能部门抽调的专业管理人员组成，项目完成后仍回原所属单位；每个项目经理在公司经理的领导下进行工作，具有一定的责、权、利；各项目小组的成员受双重领导，既接受项目经理的领导，又同原职能部门保持组织和业务上的联系。

矩阵制组织结构的优点是：比较富有弹性，适应性较强，特别适合建筑企业项目管理。实行了集权和分权较优的结合，有利于调动项目管理人员的主动性和积极性，有利于项目的统一指挥和协调；加强了各职能部门的横向联系，有利于发挥专业人员的才能和潜力。它的缺点是：由于这种组织结构是实行纵向、横向的双重领导，处理不当，会由于意见分歧而造成工作中的扯皮现象和矛盾；由于项目人员流动性大，在培训考核上会产生特殊问题，另外还具有临时性特点，也容易导致人心不稳。

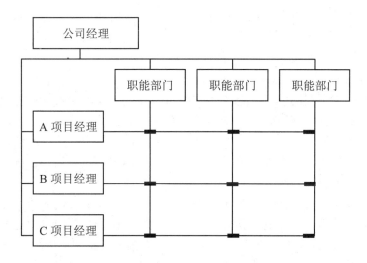

图 1.6 矩阵制组织结构

7．多维立体制组织结构

多维立体制组织结构由美国道·科宁化学工业公司(Dow Corning)于 1967 年首先创建，它是矩阵制组织结构形式和事业部制组织结构形式的综合发展。这种结构形式由三方面的管理系统组成。

(1) 按产品(项目或服务)划分的部门(事业部)，是产品利润中心。
(2) 按职能如市场研究、生产、技术、质量管理等划分的专业参谋机构，是职能利润中心。
(3) 按地区划分的管理机构，是地区利润中心。

多维立体制组织机构的优点是：每一系统都不能单独做出决定，而必须由三方代表，通过共同的协调才能采取行动。因此，多维立体制组织结构能够促使每个部门都能从整个组织的全局来考虑问题，从而减少了产品、职能、地区各部门之间的矛盾。

适用范围：最适用于跨国公司或规模巨大的跨地区公司。

8．虚拟组织结构

虚拟组织结构是指临时把人员召集起来，以利用特定的机遇，待目标完成后即行解散的一种临时组织。虚拟组织结构，也称网络型组织，是一种只有很精干的核心机构，以契约关系的建立和维持为基础，依靠外部机构进行制造、销售或其他重要业务经营活动的组织结构形式。

虚拟组织具有以下几个特征。

(1) 虚拟组织具有较大的灵活性。

虚拟组织具有较大的适应性，在内部组织结构、规章制度等方面具有较大的灵活性。

虚拟组织是一个以机会为基础的各种核心能力的统一体，这些核心能力分散在许多实际组织中，它被用来使各种类型的组织部分或全部结合起来以抓住机会。当机会消失后，虚拟组织就解散。所以，虚拟组织可能存在几个月或者几十年。

(2) 虚拟组织共享各成员的核心能力。

虚拟组织是通过整合各成员的资源、技术、顾客市场机会而形成的。它的价值就在于能够整合各成员的核心能力和资源，从而降低时间、费用和风险，提高服务能力。例如，波音 777 型客机开发小组的某些成员具有互补性核心能力，某些成员具有协同操作能力，而另一些成员则能提供进入非波音公司市场的途径。

(3) 虚拟组织中的成员必须相互信任。

合作是虚拟组织存在的基础。但由于虚拟组织突破了以内部组织制度为基础的传统的管理方法，各成员又保持着自己原有的风格，势必在成员的协调合作中出现问题。但各个成员为了获取一个共同的市场机会结合在一起，他们在合作中必须彼此信任。当信任成为分享成功的必要条件时，就会在各成员中形成一种强烈的依赖关系。否则，这些成员无法取得成功，顾客也不会同他们开展业务。

有些企业通过拥有突出的能力处于虚拟组织的中心，并对其他成员产生有力的影响，使虚拟组织的协调变得相对容易。例如，耐克公司凭借设计和营销方面的卓越能力，将负责生产的亚洲的合作伙伴紧密地联系在一起，实施有效的控制和协调。

以上介绍了几种主要的和基本的组织结构的类型，就其本身来说各有其优点和缺点。企业在选择其组织结构形式时，必须根据企业的规模、生产技术复杂程度、专业化水平、工程分布情况、企业管理水平、外部环境等因素采用适当的形式。一个大中型企业往往不能单独采用其中一种，而是选择不同的形式加以组合运用。

【综合应用案例 1.1】鼎立建筑公司的管理问题

鼎立建筑公司原本是一家小企业，仅有十多名员工，主要承揽一些小型建筑项目和室内装修工程。创业之初，大家齐心协力，干劲十足，经过多年的艰苦创业和努力经营，目前已经发展成为员工过百的中型建筑公司，有了比较稳定的顾客，生存已不存在问题，公司走上了比较稳定的发展道路。但仍有许多问题让公司经理胡先生感到头疼。

创业初期，人手少，胡经理和员工不分彼此，大家也没有分工，一个人顶几个人用，即项目管理，与工程队谈判，监督工程进展，谁在谁干，大家不分昼夜，不计较报酬，有什么事情饭桌上就可以讨论解决。胡经理为人随和，十分关心和体贴员工。由于胡经理的工作作风以及员工工作具有很大的自由度，大家工作热情高涨，公司因此得到快速发展。

然而，随着公司业务的发展，特别是经营规模不断扩大之后，胡经理在管理工作中不时地感觉到不如以前得心应手了。首先，让胡经理感到头痛的是那几位与自己一起创业的"元老"，他们自恃劳苦功高，对后来加入公司的员工，不管他们在公司职位的高低，一律不放在眼里。这些"元老"们工作散漫，不听从主管人员的安排。这种散漫的作风很快在公司内部蔓延开来，对新来者产生了不良的示范作用。鼎立建筑公司再也看不到创业初期的那种工作激情了。其次，胡经理感觉到公司内部的沟通经常不顺畅，大家谁也不愿意承担责任，一遇到事情就来向他汇报，但也仅仅是通事汇报，很少有解决问题的建议，结果导致许多环节只要胡经理不亲自去推动，似乎就要"停摆"。另外，胡经理还感到，公司内部质量意识开始淡化，对工程项目的管理大不如从前，客户的抱怨也正逐渐增多。

上述感觉令胡经理焦急万分，他认识到必须进行管理整顿。但如何整顿呢？胡经理想抓纪律，想把"元老"们请出公司，想改变公司激励系统……他想到了许多，觉得有许多事情要做，但一时又不知道从何处入手，因为胡经理本人和其他"元老"们一样，自公司创建以来一直一门心思地埋头苦干，并没有太多地琢磨如何让别人更好地去做事，加上他自己也没有系统地学习管理知识，实际管理经验也欠丰富。

出于无奈，他请来了管理顾问，并坦诚地向顾问说明了自己遇到的难题。顾问在做了多方面调研之后，首先与胡经理一道分析了公司这些年取得成功和现在遇到困难的原因。

归纳起来，促使鼎立建筑公司取得成功的因素主要有：①人数少，组织结构简单，行政效率高；②公司经营管理工作富有弹性，能适应市场的快速变化；③胡经理熟悉每个员工的特点，容易做到知人善任，人尽其才；④胡经理对公司的经营活动能够及时了解，并快速做出决策。

对于鼎立建筑公司目前出现问题的原因，管理顾问归纳为：①公司规模扩大，但管理工作没有及时地跟进；②胡经理需要处理的事务增多，对"元老"们疏于管理；③公司的开销增大，资源使用效率下降。

对管理顾问的以上分析和判断，胡经理表示赞同，并急不可耐地询问解决问题的"药方"。

你认为这位管理顾问会向胡经理提出什么具体可行的改进建议呢？

1.6 建筑企业管理的基础工作

1.6.1 企业管理基础工作的概念及意义

企业管理的基础工作是指为了顺利而有效地进行管理活动，对建立正常的管理秩序提供资料数据、共同准则、基本手段及前提条件的必不可少的各种工作。它既是企业管理工作的重要组成部分，又是实施各项专业管理工作的重要前提，所以它对整个企业管理工作的好坏具有十分重要的意义。

首先，企业管理基础工作是进行企业管理工作的条件。例如，在一定的企业组织系统中进行各项管理工作，必须按事先规定的工作范围、内容、职责和权限进行，需要有大家共同遵守的规章制度，否则就会造成管理混乱、生产中断、人身伤亡等。建立健全企业的规章制度是进行企业管理工作的基本条件。其次，企业管理基础工作是进行企业各种决策和编制计划的依据。再次，企业管理基础工作为企业进行组织和控制提供了手段和标准。例如，企业的技术规范是进行生产组织的重要手段；技术标准是对生产技术进行控制的标准。总之，企业管理基础工作不仅是进行企业管理工作的基础，而且更重要的是提高管理水平和技术水平的基础，是向现代化管理过渡的必要前提。

1.6.2 建筑企业管理基础工作的主要内容

1. 建立健全以责任制为核心的各项规章制度

规章制度是指对企业各部门和职工在生产经营管理活动的例行工作中所应遵守的有关

要求、程序、方法和标准所做的规定。它是企业职工的行为规范和标准，是企业的法规。健全的规章制度，能维护生产经营活动的正常秩序，保证其顺利进行。它是指挥的基础、监督的依据和控制的标准，是促进生产经营发展的有力工具。

企业的规章制度大致可分为责任制和各项管理工作制度。

(1) 责任制是规定企业内部自上而下各部门、各类人员的工作范围、所担负的责任和相应的权力、考核标准以及相互协作要求的制度。这种制度能使各部门和全体人员按自己的职责有秩序、协调地工作，以保证实现共同的目标。责任制是制定各项管理工作制度的基础。责任制主要有各级领导、职能人员、生产工人等的岗位责任制和生产、技术、成本、质量、安全等管理业务责任制。建立责任制必须明确由谁承担责任、对谁负责、负什么责和衡量标准四个问题，这样才能做到有效和有序管理。

(2) 管理工作制度包括：经营管理方面有市场调查预测制度、合同管理制度、交工验收及工程回访技术服务制度等；施工生产管理方面有生产计划管理制度、施工调度制度、统计报告制度、技术管理制度、质量管理制度和安全管理制度；物资管理方面有入库验收制度、库存保管领发制度、回收利废制度、机械设备管理制度等；劳动人事管理方面有职工考勤制度、职工工资及奖惩制度、培训制度、劳保制度等；经济管理方面有财务管理制度、成本管理制度、经济核算制度等。总之，凡是企业内部各项专业管理，都必须按照生产技术活动的客观要求建立必要的规章制度，作为管理的准则和依据。

在企业的生产经营管理工作中，要认真贯彻执行上述各项制度，同时要严格检查、考核、评比和奖罚；并且在执行中根据客观情况的变化发展，不断地修订和完善各项规章制度。

2．标准化工作

标准化工作是指技术标准、技术规程和管理标准的制定、执行和管理工作。推行标准化工作可以使企业的生产技术、经营管理活动科学化、规范化和制度化。它是保证企业各项工作正常执行、提高效率和获得良好经济效益的重要手段。

推行标准化工作要求做到：建立健全并严格执行技术标准和技术规程。技术标准通常是指产品的技术标准。技术标准通常有国家标准、行业标准、地方标准和企业标准等。建筑安装工程的技术标准是对建筑安装工程的质量、规格及其检验方法所做的技术规定。如建筑安装工程质量检验评定标准、工程施工及验收规范、建筑材料及半成品的技术验收标准等。技术规程则是为了执行技术标准，保证生产有秩序地进行，对工艺过程、操作方法、设备机具的使用和安全技术的要求所做的技术规定。建筑生产中的技术规程有：①施工工艺规程，用以规定各类工程的施工工艺、步骤和方法；②操作规程，用以规定进行某种工艺或使用某种机械设备必须遵守的操作方法或注意事项；③设备维护和检修规程，用以规定机械设备的维护、修理的要求和方法；④安全技术规程，规定在生产过程中保证人身安全和设备安全运行的要求和应采取的防范措施。没有统一的技术标准和技术规程，工程质量、产品质量的检验控制就缺乏统一的依据，生产的配合协作也就无法进行，安全生产就受到影响。所以，建立技术标准和技术规程，是企业在技术管理、质量管理、机械管理、材料管理、安全管理等方面重要的基础工作。

3. 定额工作

定额工作是指各类技术经济定额的制定、执行和管理工作。定额是在一定的生产技术组织条件下，完成各种生产经营工作所规定的人力、物力、财力、时间和空间的利用和消耗方面应遵守和达到的数量标准。它是用数量控制和促进生产经营活动的一种手段，是编制计划的基础、经济核算的依据，是贯彻责任制的标准、按劳分配的重要依据。所以，没有定额，也就没有科学管理。

定额工作要求做到：企业应建立健全各类技术经济定额，要求定额齐全配套，具有先进性。建筑企业管理中需要的定额很多，按用途分有消耗定额、状态定额和效率定额。消耗定额是用以规定劳动的消耗量，如时间定额或产量定额、工资定额、材料消耗定额、机械台班定额、设备修理定额等。状态定额是与期量标准有关的定额，如库存量定额和设备有效工时定额等。效率定额是用以反映劳动产出成果的定额，如劳动生产率、产品合格率、优良率等。

凡是能用定额考核的劳动、物资、机械、资金、工期等都应实行定额管理。企业要配备劳资和材料等专职的定额人员，专门负责定额的制定、执行、考核、修订、补充等工作。

4. 计量工作

计量工作是指计量检定、测试和化验分析等方面的计量技术和计量手段的管理工作，主要是用科学的方法和器具对生产经营活动中的各种物质要素的数量和质量进行控制和管理。企业的计量工作是获得生产经营活动各种信息的重要手段，加强计量工作，提高其水平，及时、准确、全面地提供检测计量数据，对确保工程质量、节约能源和降低消耗都有十分重要的作用。

计量工作要求做到：企业应建立由经理和总工程师直接领导的计量检测管理机构。配备相应的计量检测人员，建立健全计量检测管理制度；要配备齐全计量器具，不断提高能源、大宗材料、施工工艺过程和工程质量主要参数的检测率；要加强计量技术素质；积极改革计量器具和计量检测方法，逐步实现检测手段和计量技术的现代化。

5. 信息工作

信息工作是指企业生产经营管理活动所必需的资料数据的收集、处理、传递、存储等管理工作。信息是企业生产经营决策、制订计划、进行施工、技术、财务活动的可靠依据，是实行有效控制的工具，也是联系企业各职能部门和各方面工作的纽带。

信息工作要求做到：要收集、整理、分析企业生产经营活动全过程，供、产、销各个环节有关信息，即企业内部和外部的一切有关信息。如：企业外部市场动态、行业情况、用户要求及反映等；企业内部的资源、生产经营能力，以及原始记录、凭证、统计报表、经济技术情报和技术经济档案等。信息工作基本要求是全面、准确和及时，并有统计分析。

6. 教育与培训工作

教育与培训是使企业的每个成员具备从事本职工作、履行岗位责任所必需的知识和技术业务能力而进行的基础知识教育和基本技能训练的管理工作。教育和培训的内容包括思想、职业道德教育、文化教育、生产操作和管理知识技能等基本功的训练等。

1.7 建筑企业的企业文化

1.7.1 企业文化的概念

广义的文化是指人类在社会历史发展过程中所创造的物质文明和精神文明的总和,即物质文化和精神文化。这种物质文化和精神文化不是一般水平的文化,而是体现了该群体(一个国家、一个组织或一个企业)在某个历史阶段内生产力发展水平及其与之相适应的科学技术水平和意识形态。狭义的文化可以称之为次文化、亚文化或软文化,是一种群体意识形态的文化,即精神文化,一般是指群体的意识、思维活动和心理状态。

综上所述,企业文化是在一定的历史条件下,企业及其员工在生产经营和变革的实践中逐渐形成的共同思想、作风、价值观念和行为准则,是一种具有企业个性的信念和行为方式。它包括价值观、行为规范、道德伦理、习俗习惯、规章制度、精神风貌等。可见,企业文化是亚文化。而价值观在企业文化中处于核心地位。

企业文化从外延来看,包括诸如经营文化(信息文化、广告文化)、管理文化、教育文化、科技文化、精神文化、娱乐文化以及企业与文化单位、文艺团体联合开展的"互利"文化活动等;从内涵来看,包括企业精神、企业文化行为、企业文化素质、企业文化外壳四个方面的内容。企业文化由以企业精神文化为内核的三个层次构成。第一是物质文化层,包括企业生产经营的物质基础,诸如厂容、厂貌、建筑设施、机械设备、产品造型、外观、质量等构成的所谓"企业硬文化",是企业精神文化的物质体现和外在表现。人们首先从这些物质形态上体现出某一企业的精神状态。第二是制度文化层,包括企业领导体制、组织形式、人际关系以及为开展正常生产经营活动所制定的各项规章制度。它是企业物质和精神文化的中介。企业精神通过中介层转化为物质文化层。第三是精神文化层,包括生产经营哲学、以人为本的价值观念、管理思维方式、企业的群体意识、职工素质等构成的所谓企业的"软文化",是企业文化的内核。企业的物质文化、制度文化和精神文化是密不可分的。它们相互影响、相互作用,共同构成企业文化整体。由此可见,企业文化实质上是企业内部的物质、制度和精神诸要素间的动态平衡和最佳结合。它的精髓是提高人的文化素质,重视人的社会价值,尊重人的独立人格。企业文化是以物质文化为载体的精神文化,以精神文化为核心的大众文化,以理论文化为指导的应用文化。

1.7.2 企业文化的特征

1. 整体性

企业文化以企业作为整体阐述企业内部各个子系统之间的内在联系。通过树立企业的整体形象去影响和规范每个职工的观念和行为,为实现共同目标而工作。

2. 内聚性

企业文化在企业管理过程中起着"黏合剂"的作用，企业通过各种形式的文化活动，把团结友爱、合作互助、奋发进取的价值观念逐步渗透到广大职工的工作和交往之中，把企业内部分散的力量凝聚到企业的总目标上来，形成的巨大的合力。

3. 稳定性

企业文化的形成总是与企业的发展相联系，是一个长期渐进的过程。企业一旦形成具有自身特点的文化之后，就必然相对稳定地存在，不会轻易消失，不会因企业领导人的更换、组织制度、经营策略和产品方向的改变而发生大的变化，只能在发展中逐步完善。

4. 人本性

企业文化非常重视员工的主体性，要求员工意识到自己是企业的主人。它强调人的理想、道德、价值观、行为规范等在企业管理中起核心作用；在生产经营管理过程中尊重人、关心人、信任人，使全体员工互相尊重，团结奋进，积极参与企业管理，推动企业发展。大量调查研究表明，对员工的尊重和信任，会激发员工的积极性，提高员工的创新精神；当企业领导者不尊重和信任员工，把他们视为无关紧要人员时，他们也会按无关紧要人员的要求给你回报；若你把他们看作核心人员时，他们更会自尊、自强并以核心人员的要求，尽最大的努力实现你的愿望，为企业做出优异的成绩来。

5. 时代性

企业文化受时代政治、经济、文化和社会形势的影响，在生产经营过程中形成的企业文化必然带有时代特色，体现时代的精神。因而必须以新的思想观念来丰富企业文化的内容，并紧跟时代步伐，使企业文化具有明显的时代特征。

6. 民族性

不同的民族有着不同的历史文化背景，每个民族都有着自己独特的进化方式与文化特征。企业文化作为生存于民族文化体系中的亚文化，必然受到民族文化的影响，表现出企业文化的民族特性。

1.7.3 企业文化的作用

1. 凝聚功能

通过重视人的价值，珍惜和培养人的感情，促进职工内部团结，增强集体观念，把企业的每一个成员紧紧地联结在一起，形成一个统一体。企业文化是一种能使企业职工逐步形成一致的价值指向，能在企业经营管理中起黏合作用，统一企业职工的信念和意志，激发企业职工的积极性和创造力，形成共同的价值观念和思维、行为方式。因而可以促进企业形成凝聚力，使全体职工把自己的切身利益与企业的生存发展紧密联系起来，把个人目标与企业目标统一起来，把感情和行为同企业整体联系起来，凝聚成企业活力的源泉。

2. 激励功能

企业文化能产生一种激励机制，通过奋发向上的价值观的熏陶和良好文化氛围的引导，企业的宗旨和目标被确立起来并加以具体化。有了共同的目标，在榜样和模范人物的示范作用下，全体员工的使命感和责任心进一步增强。这绝不是金钱和物质刺激所能达到的效果，只有社会主义企业文化建设才能激发并培育出当代员工的主人翁态度。

3. 协调功能

企业的员工队伍来自各方面，由具有不同知识和不同技能的人所构成。员工从事许多不同种类的工作，带有各种各样的个人动机和需求。企业文化能在员工中间起到沟通协调的作用。在融洽的企业文化氛围中通过各种正式、非正式的交往，管理人员和员工加强了联系，传递了信息，沟通了感情，不仅能改变人们头脑中的等级观念，而且能使人们协调地融合于集体之中。

4. 约束功能

企业文化通过共有价值观念，把职工引导到确定的目标方向上来。通过厂规厂法、厂风、厂貌、人际伦理关系原则等一些企业的"法规"形成对每个职工思想和行为的有效约束。企业文化建设中的这种功能，特别表现出一种由内心心理约束而起作用的对行为的自我管理，是用发自内心的动力替代强制压力，它更具有自觉性和主动性。

5. 辐射功能

企业文化不但在本企业中发挥作用，而且还会通过各种渠道对社会产生作用。企业员工在社会各方面的交往过程中，会反映出该企业的文化特征。

6. 育人功能

企业文化建设有利于加强企业的思想政治工作，促进社会主义精神文明建设。通过这项工作，培养企业职工热爱企业、关心集体、积极工作、热情服务的工作态度和良好的职业道德，提高他们的精神素质和思想觉悟。从培养热爱企业、热爱本职工作的职工开始，最终把职工培养成社会主义的"四有"新人，可以说企业文化建设是思想政治工作要重点完成的工作任务。

1.7.4 建筑企业的企业文化建设的特殊性

建筑企业的企业文化的特殊性包括以下几个方面。

（1）建筑企业多是劳动密集型企业，生产力构成中人的因素所占比例大，劳动者个人的质量意识、协作意识、责任意识都直接对产品质量构成影响。建筑产品质量问题历来较多，而人为的质量问题占绝大部分。因此，企业文化建设工作亟待加强。

（2）建筑产品的生产过程是各工序、工种协同合作的过程，大量的隐蔽工程除靠有限的检查把关之外，主要靠工人的负责精神和自觉性。在这个问题上，工人的主动与被动是造成工程质量优与劣的根源，必须通过企业文化建设杜绝那些"明明能干好却不好好干"的不良现象，重点在职业道德上做好工作。

(3) 施工现场的分散性造成企业文化建设的离散性。临时用工较多，异地施工较多，作业强度大，使建筑企业文化建设难度更大，需要企业文化建设工作更灵活、更有声势、更富有感染力，要把企业文化建设工作做到施工现场去。

(4) 近年来建筑市场竞争一直异常激烈，企业文化建设特别是为外界树立的企业形象在企业竞争中起着很大作用。一个建筑施工企业能艰苦奋斗、吃苦耐劳、科学管理、勇攀高峰，在不利的环境下建设起用户满意的优质工程，就能得到建设单位的好评，就能把企业文化的精神财富转化成物质财富。

建筑企业的文明施工是企业文化的直接体现，通过文明施工，带动、促进和完善企业整体管理，改善生产环境和生产秩序，培养企业人员尊重科学、遵守纪律、团结协作的生产意识，从而促进了企业的精神文明建设。企业对施工现场各要素所处状态不断地进行以整理、整顿、清扫、清洁和提高素养为内容的"5S"现场管理制度，以及通过合理定置，实现人与物、人与场所、物与场所和物与物之间的最佳结合，是企业群体意识与制度化管理的有机结合，使施工现场秩序化、标准化和规范化，其结果是高度的文明带来高度的效率与效益。

在管理实践中，各建筑企业也都在策划和树立企业形象，把企业优秀的工作作风作为企业精神提出来成为企业共同一致的行为准则。

1.7.5　建设建筑企业的企业文化的途径

在市场经济条件下，建筑企业面临着优胜劣汰的激烈竞争，这就要求建筑企业必须加强管理，充分调动职工的生产积极性，以增强企业的凝聚力和活力。而企业文化恰恰是内在吸引力和外在向心力高度集中的产物，它能增强职工的集体荣誉感、工作责任心、开拓进取精神以及对企业的信任和依赖性，树立良好的企业形象，提高企业的竞争力。同时，企业文化建设是建筑企业在一定环境下生存和发展的需要。

每个建筑企业在发展企业文化的过程中，都有自己的实际情况和实践经验。一般来说，建设建筑企业文化主要有以下几条途径。

1. 领导重视，做出榜样

培育企业文化，首先要提高企业领导者的认识，制订企业文化的建设规划，采取有效的措施才能收到成效。建筑企业文化是人们意识的能动产物，而不是对客观环境的消极反映。当组织产生某种文化需要时，出于人们的意识不同，一开始只有少数人觉悟，他们提出反映客观需求的企业文化，倡导改变旧的观念和行为方式，而他们的素质和精神状态对职工有着一种示范力和导向力。因此，在日常工作中，企业领导只有以身作则，不断地让自己的行为符合他们所树立的价值标准，才能通过自己的言行和影响力向广大职工灌输这种价值观念，最终形成建筑企业文化。

2. 培养职工的责任感和归属感

建筑企业是劳动密集型企业，生产力构成中人的因素比重大，劳动者的个人素质、协作意识、责任意识直接影响工程进度、成本与产品质量。因此，要坚持以人为本的原则，

"关心人、尊重人、培育人、塑造人",让人成为企业建设的主体。对建筑企业来说,要有意识地培养职工的责任感和对企业的归属感。

3. 树立"百年大计,质量第一"的价值观

质量是推动企业发展的主要驱动力,已渗透到社会生活的各个方面。对建筑企业来说,由于建筑产品质量直接影响人民生命财产的安全和社会稳定,更应树立"百年大计,质量第一"的价值观,以质量求信誉,以信誉求市场,以市场求发展。要强化全员质量意识,树立一切让用户满意的质量观,建立有效的质量保证体系和运行机制,努力构筑上下参与、全员认可和持续发展的质量文化。

4. 以多种形式宣传和推行企业文化

企业根据自身情况,可以运用多种形式和手段,具体有以下形式。

(1) 通过标语、现场广播、板报和内部刊物为广大职工提供传播和扩散企业文化的阵地。

(2) 奖励先进,批评落后。通过奖惩可以强化职工行为,先进职工的行为是企业价值标准和企业精神最直接的体现,表彰先进的本身就是宣传企业文化。

(3) 把 QC 小组活动、合理化建议活动与企业文化建设活动联系起来。通过这一形式,沟通职工与管理部门之间的联系,缓和企业内部矛盾,培养职工的主动精神,提高职工的自信心和责任感。

(4) 开展各种文化活动,传播企业文化,深化企业文化。这些企业文化活动就是企业文化的创造、培养、建设、传播和产生影响的企业管理活动,具体包括以下几种形式。

① 思想教育型文化活动。即企业为向职工灌输文化信息、企业精神,提高职工素质的思想觉悟而开展的各种活动。如政治学习、文化教育、观念宣传等活动。

② 生产技术型文化活动。即由企业组织或自发组织的围绕生产经营问题而展开的各种群众性技术活动。如技术攻关、技术合作、操作比赛、QC 小组、节能活动等。

③ 文体娱乐型文化活动。即文体及带有文体娱乐性质的庆典活动和传统风俗活动。如运动会、球赛、棋赛、联欢晚会等。

④ 生活福利型文化活动。即企业从物质生活和福利保健等方面关心职工的各种活动。如改善工作和生活环境、美化厂区、为职工提供优良的医疗保健及其他服务设施和项目。

⑤ 帮助新职工熟悉和了解企业。通过介绍和参观等形式,让新职工了解企业发展、企业现状、企业的优良传统和作风,目的是使新职工尽快适应企业环境,消除陌生感,接受企业的价值观念,真正成为企业的一员。

5. 树立企业形象,实施完善企业形象的策略

建筑企业应重视企业形象的树立,通过开展树立优秀企业形象活动来推动企业文化建设。

企业形象是社会公众对企业、企业行为以及企业产品所给予的整体评价,是企业文化的外在表现。良好的企业形象是一种无形资产,对外部来说,可以增强用户的信赖,提高工程投标时的中标率,增强企业的竞争力;对内部来说,可以使全体职工产生与企业同呼吸、共命运的价值观念,最大限度地调动职工的积极性。随着市场经济的发展,建筑企业也逐渐认识到"品牌"作用，纷纷争创省优工程、部优工程和国优工程。因为良好的"品牌"不仅代表优秀的企业形象，而且能大大提高企业的知名度和美誉度。

6. 搞好文明施工，严格现场管理

建筑企业施工现场的分散性，带来企业文化建设的离散性。因此，要把企业文化建设工作做到施工现场去，狠抓文明施工。制定严格的现场管理制度，实现人与物、物与物、人与场所和物与场所的最佳结合，使施工现场标准化、秩序化、规范化，其结果是高度的文明带来高度的效率和效益。

建筑企业的文明施工是企业文化的直接表现，通过文明施工，安全生产，改善生产环境和生产秩序，培养团结协作的大生产意识，从而促进企业文化的建设。

建筑企业生产条件艰苦，体力劳动繁重，要坚持艰苦创业、吃苦耐劳和勤俭节约的优良品质，树立认真务实、精益求精的工作作风，并把它们当作企业文化建设的重要任务之一，贯穿始终。

总之，建筑企业文化建设是一项综合性很强的系统工程，是企业发展壮大的基础。只要企业上下团结一心，脚踏实地，长期不懈地共同努力，就一定能建设成优良的建筑企业文化。

【综合应用案例1.2】上海隧道股份企业文化建设案例

上海隧道工程股份有限公司(以下简称"隧道股份")在企业发展过程中，通过构筑企业精神、培育企业价值观、塑造企业形象、创建学习型企业，"用企业精神凝聚人""用企业价值引导人""用企业形象鼓舞人"，培育了特色浓厚的企业文化，使企业具备很强的向心力和团队精神，使隧道股份始终处于中国软土隧道施工领域领头羊的地位。尤其是近年来，隧道股份的施工技术不断提高、施工领域不断拓展、经营理念不断提升、产值利润屡创新高，都得益于企业文化的影响和支撑。

1. 用企业精神凝聚员工

隧道股份长期以来在众多重大工程建设中形成了"拼搏奉献，争创一流"的企业精神，把员工的工作提升到奉献社会、造福社会的高度，从而凝聚员工。这一企业精神是隧道股份30多年发展历史的积淀、提炼和升华。

20世纪60年代，在"备战备荒"的思想指导下，一批转业军人和大学生组成了隧道股份的前身——上海地铁筹建处。1965年，在周恩来总理的直接关心下，中国第一条越江公路隧道——上海打浦路隧道开始建设。在外国专家"上海建越江隧道是豆腐里打洞，不可能"的断言下，第一代隧道人硬是依靠顽强的创业精神和无私的奉献精神，操纵简陋笨重的设备，用了近8年的时间建成了隧道，实现中国软土隧道零的突破。

在此后的20年时间里，隧道人在交通、能源等领域承建了众多工程项目，企业的技术实力也不断加强，一种强烈的责任感和使命感深深地植于隧道人的心底。在这样的基础上，公司提炼、确立了"拼搏奉献，争创一流"的企业精神。企业精神确立后，进一步激发了隧道人的奉献意识和创新意识。

20世纪80年代中期，上海延安东路隧道投入建设，隧道人在企业精神的激励和鼓舞下，采用自行设计的大型水力机械盾构，克服了江底超浅覆土层等重重困难，用了5年时间建成了隧道，工程还获得了鲁班奖，大大缩短了中国隧道施工技术与世界先进技术的距离。

20世纪90年代末，在广州地铁二期越珠江段隧道施工中，由于盾构在软硬交杂的土层中穿行，而珠江下丰富的裂隙水更加增添了盾构掘进的困难，盾构施工面的温度超过35℃，积水有1米多深。隧道施工人员每天在这样的环境中工作十多个小时，很多人的手上和身上都溃烂了，他们的体力和意志都经受着严酷的考验。然而隧道员工没有退缩，他们用"拼搏奉献，争创一流"的企业精神激励着自己，把建设工程当作对社会的创造和奉献，把战胜困难看作是体现上海建设者风采的最好行动，从而战胜了恶劣的自然环境，驾驭盾构成功穿越珠江，为广州地铁二号线全线建成取得了关键的胜利。

2. 用企业形象鼓舞员工

无论是在繁华的都市还是在荒寂的郊外，无论是在上海还是在外地，凡是隧道股份的工地，都具有个性十足的形象：鲜艳的公司司旗、ISO系列认证旗、工程业主司旗高高飘扬，统一的大门、统一的围护、统一的临建、统一的服装，就连员工宿舍的布置和用具都格外的整齐划一。无论是在闹市还是在郊外，无论是在上海还是在外地，"隧道股份"工地的形象，总会令人啧啧称赞。

长期以来，隧道股份一直把倡导、实施文明施工作为企业形象建设的一部分。随着企业的发展，随着文化理念和底蕴对施工管理的逐步注入，隧道股份的施工管理渐入佳境，使管理和文化融汇成一个整体，并初步形成了"施工文明"的文化，良好的企业形象有效地推动了企业经营发展，加强了工程质量、安全、成本控制，创造了显著的社会效益和经济效益。

隧道股份还把企业形象的塑造延伸到与社会的沟通、交融中去。1998年，我们首先尝试在上海市头号重点工程——延安中路高架工程工地开设展示厅。在近百平方米的展示厅里，用展板介绍工程概况和工地员工的精神风貌。用工程模型展现即将建成的高架。墙上还挂满了施工队历年来获得的奖牌和红旗。大型投影电视滚动播放展示着市政建设成就的录像。结果，展示厅一开放就吸引了大量普通市民。在延中高架展示厅开放的3个月中，有近2万人次前来参观。展示厅既成为展示企业形象的特殊工具，也在工程建设者与普通市民中间架起了理解沟通的桥梁。在了解工程建设意义后，市民对工程给予了更大的理解和支持。施工队在混凝土浇捣后一时找不到养护水，居民会拽着水管往自家水龙头上接；中秋来临之际，沿线居民竟然自发排练节目到工地慰问建设者；春节前夕，居民又送来了书籍和慰问品。在取得显著的社会效益的同时，展示厅更对奋战在工地的员工产生了影响。普通建设者因为成了展示厅里的"明星"，增添了投身工程建设的自豪感和责任感，"隧道股份、为民造福"的企业价值观无形中灌输到员工的心里。工程展示厅，作为一个旨在"双赢"的企业文化新形式，既向社会宣传、展示了企业风采，又激励了员工不断尊重自我、超越自我，充分体现了实效性。

思考题：

1. 上海隧道股份企业精神是如何形成的？
2. 在企业形象建设方面，该公司做了哪些工作？

本 章 小 结

本章阐述了企业、建筑企业、建筑企业管理的定义及特点；建筑企业管理的性质及任务；建筑企业的类型及组织体系；建筑企业管理的职能；现代企业制度及企业管理基础工作。

练习与作业

1. 简述企业的基本特征。
2. 现代企业制度的特征有哪些？
3. 简述建筑企业管理的职能。
4. 建筑产品的特点有哪些？
5. 建筑产品生产的特点有哪些？
6. 建筑企业管理的特点是什么？
7. 企业文化有哪些特征？
8. 为什么要建设企业文化？
9. 建筑企业管理基础工作的主要内容是什么？
10. 简述组织管理结构的类型。
11. 简述建筑企业建立组织管理系统的原则。
12. 论述如何对国有建筑企业制度进行改造。
13. 论述建筑企业的企业文化有哪些特殊性，如何建设建筑企业的企业文化。

第 2 章　建筑企业经营管理

【本章学习目标】

- 掌握建筑企业经营管理的概念、建筑企业战略管理的概念及特点。
- 明确经营目标、经营方针、经营观念的概念和内容。
- 熟悉并掌握建筑企业管理经营预测、决策的方法。

2.1 建筑企业经营管理概述

2.1.1 企业经营管理的概念

1. 企业经营管理

企业经营管理有广义和狭义之分。广义的企业经营管理是指企业为实现其目标,对企业的各种重要的经济活动进行运筹和谋划的总称。它要解决的问题是使企业的产品和服务不断适应市场需要,增强企业的市场竞争能力,合理地选择企业从事的业务范围和目标市场,不断提高企业的经济效益。一般来说,企业经营管理包括经营决策、产品开发、生产管理、市场营销和财务管理等,即包括生产活动在内的企业供、产、销等一切活动的总体。狭义的企业经营管理是指企业生产所需要资源的供应及产品销售活动的管理,不包括企业的生产管理。

所谓企业经营管理,是指企业在市场经济条件下,对企业经济活动具有支配能力的人面向市场和用户的需要,平衡企业内外一切条件和可能,自觉利用价值规律等,通过一系列的运筹和谋划活动去达到企业目标的过程。

建筑企业的全部经济活动大体上可分为两大部分:一部分主要是在企业内部进行的,是以生产为中心,它的基本要求是充分利用企业内部的一切条件,用最经济的办法按计划来完成建筑安装工程的施工任务,这部分活动叫作生产活动。企业的另一部分活动涉及外部条件,与市场有密切联系,它的基本要求是使企业的生产技术经济活动适应企业外部环境的变化,根据外部环境的变化制定企业的目标、方针和策略。这部分活动叫作经营活动。对前者的管理叫作建筑企业生产管理,对后者的管理叫作建筑企业经营管理。

生产管理和经营管理是整个企业管理中的两个不可分割的组成部分,它们相互联系,但又各有不同的作用和侧重点。经营管理主要是确定企业的经营目标、经营方针以及解决同实现企业目标有关的重大问题,主要在于提高经济效益。生产管理则是在经营管理指导下,完成生产任务,以保证经营目标和经营方针的实现,主要在于提高生产效率。以经营管理指导生产管理,才能提高企业的经济效益。

2. 企业经营思想

企业经营思想是指反映一定生产力水平下形成的观念。企业经营思想是企业从事生产经营活动,解决各种问题,实现企业目标,求得企业生存和发展的指导思想。它是支配企业生产经营活动的思想基础,是企业行动的指南。因此,确立正确的经营指导思想,是企业经营管理的首要问题。

企业的经营活动是在一定的社会环境中进行的,它脱离不开社会的各个方面。所以,企业经营思想的形成与发展首先是由所处的社会政治制度、经济体制和市场需求等企业外部的客观环境决定的,同时也受企业领导人决策水平、科学知识、实践经验、思想方法、工作作风等主观因素影响。

1979年以后,我国逐步进行经济体制改革,企业先后走过放权让利、经营承包和机制转换等几个发展时期，特别是建立社会主义市场经济以来，我国企业逐步从传统体制向现代企业制度过渡，由生产型管理转向经营型管理，这是改革开放深入发展的直接结果，是市场经济和市场竞争发展的必然趋势，是我国企业管理的一个历史性和战略性的转变。

实现企业经营管理的现代化，包括五个方面的内容：第一，经营管理观念或称经营管理思想的现代化。即确立现代经营管理思想，包括战略观念、市场观念、竞争观念、时间观念、信息观念、创新观念和效益观念等。第二，管理人才的现代化。它是经营管理现代化的保证，即培养一大批掌握现代化领导艺术和管理知识，并懂得专业知识的管理人才。第三，管理组织的现代化。即根据生产关系适应生产力，上层建筑适应经济基础的原则，遵循现代管理组织的原则，建立高效管理体制，合理设置组织机构。第四，管理方法的现代化。就是要在现代企业经营管理的过程中采用一系列现代方法，包括经济方法、行政方法、法律方法和系统方法等。第五，管理手段的现代化。这主要是指技术设施的现代化，包括配备电子计算机、建立管理信息系统等。

树立现代企业经营观念，对我国企业管理者或领导者来说显得尤为重要和迫切。必须解放思想，实事求是，清醒地认识到面对的新形势和发展趋势，不断地改造和转变自己的管理思想、原则和方法。只有这样，才能跟上时代前进的步伐，才能把自己所管理的企业推向先进的行列。

现代企业经营观念的主要内容有以下几点。

1) 市场观念

它是企业经营管理思想的中心。市场是企业生存和发展的空间，必须从以产定销、生产中心型的企业走向以销定产、消费中心型的现代企业，牢固树立以市场为中心的思想，一方面根据市场需求组织生产，另一方面发挥企业优势，以创造性的经营去引导消费，创造市场。

建筑产品市场开放，建筑安装工程施工逐步实行招标投标承包以后，建筑企业必须树立市场观念，千方百计占有建筑产品市场，招揽工程任务；同时不论企业工程任务是否饱满，都要牢固树立用户观念，改变不良作风，端正服务思想，提高在用户中的信誉。

2) 竞争观念

竞争是与市场经济密切相连的。它是社会生产力发展到一定阶段的必然产物，是市场经济的客观规律。一方面，竞争将给企业注入强大的动力，是促使企业增强实力、提高企业素质的基本手段；同时竞争也给企业带来了强大的外在压力，促使企业提高产品质量和劳动生产率。目前的竞争既是产品的竞争、服务的竞争，也是人才的竞争、技术的竞争，更是管理的竞争。企业要在竞争中求得生存和发展，就必须树立竞争观念，敢于面对市场竞争，自觉抵制各种不正当竞争。

每个企业都要置身于竞争环境之中，勇于竞争，善于竞争，做到质量以优取胜，造价以低取胜，竣工以快取胜，服务以好取胜；要扬长避短，发挥优势，在竞争中求发展。

3) 创新观念

随着技术更新的加快和人们需求的变化，必然要求企业在经营过程中具有创新思想，具体包括以下几点。

(1) 技术创新。企业应尽可能地进行技术和设备的更新，吸收国外的先进技术，树立"改造一代，研制一代，预测一代"的思想。

(2) 营销创新。这主要是指通过营销策略上的创新，不断扩大原有市场份额，开拓新的市场。

(3) 组织创新。变革原有组织形式，建立新的经营组织。创新是现代企业提高经济效益的重要途径，是企业适应市场的必然选择，是企业生存和发展的根本要求。

4) 战略观念

战略不是为了某个事件的成败或短期发展而制定的，它是一个较长历史时期内的相对稳定的行动指南，它需要经营者坚忍不拔地长期奋斗与不懈努力。长期发展，从长计议，需要管理者一方面正确选择经营战略目标，落实各项措施，动员一切力量去为之奋斗；另一方面需要处理好眼前利益和长远利益的关系，做到二者有机的统一。

5) 效益观念

企业的经营活动必须以提高企业经济效益为中心，企业经营的中心任务就是要保证企业能够取得良好的经济效益，提高经济效益并不是单纯为了赢利，而是要以企业的产品和服务为社会和消费者带来直接和间接的利益为宗旨，根据社会需要和消费者的利益采用最有效的技术，生产最适用的产品，在此前提下为企业创造更多的利润。企业经营要求企业的经济效益和社会效益二者的统一。

以施工企业为例，施工企业经营的社会效益主要体现在两个方面：一是工程施工中由于施工活动对社会产生的影响；二是工程竣工交付使用后该工程在社会上发挥的作用。

施工中的社会效益常常被一些人疏忽或遗忘。比如，在城市人口密集地区进行施工，施工用地、废渣土弃置、噪声、震动、场容等，处理不好都会影响附近居民生活及城市交通等；树木迁移、生态环境的保护、历史遗迹保存、文物的保护和保存；此外，施工中当地劳动力的使用，安全问题等，这些都是施工过程中要考虑到的。

工程竣工后的社会效益是指因该工程交工使用后，对社会产生的有益效果，集中反映为投资效益。但是工程的投资效益并不完全取决于施工单位，甚至可以说，主要不取决于施工企业。比如，工程投产后原料不足、厂址不当、管理不善、产品滞销等由此导致投资无法正常收回，这是投资者、项目设计者或者国家审批部门的责任。对投资者来说，投资效益还有直接效益和间接效益之分。上面所说的就属于直接效益；工程竣工投产后，还可能促进当地经济文化繁荣，扩大城市就业范围，这些又是间接的效益。这一层次间接效益中也会有消极的因素，如由于工厂开工造成空气或水质污染，高楼密集阳光受阻，产生电波干扰，生态平衡遭到破坏，由此产生治理公害以改善环境的社会投资。

对施工企业而言，工程投资效益与工程质量、投产日期、造价直接有关。所以施工企业生产经营的间接效益，又可分质量效益、工期效益和成本效益。

(1) 质量效益。任何一项工程在设计说明或合同文件中都有一定的保证质量的技术要求和质量标准。工程交工是指符合质量要求的工程交付投产，质量优良，才能保证工程的使用功能和长期发挥效益。但施工的特点是许多工序的综合成果，缺陷被隐蔽、掩埋，表面上看不出来。质量监督不严，留下无穷的隐患，不但使用寿命受到影响，而且加大了维修费用或改建费用。

(2) 工期效益。这是指以合同工期或工期定额为界限的拖延或缩短工期带来的社会影响。一项工程提前投入使用，就能提前收回投资，有的工程还因此而产生一系列非数字可以计算的社会效果。以一个 12.5 万千瓦的发电厂为例，提前一天发电就可以提前一天供应

300万千瓦·时的电能,而300万千瓦·时的电力资源所产生连锁的工业和农业生产、生活上的效益,更是难以估量。要实现提前或按期竣工,牵涉的问题是多方面的,即使在正常情况下,也要应用统筹法和网络图等控制工程进度。但科学方法同样要以全体职工的时间观念为基础,否则也将事倍功半。

(3) 成本效益。它直接体现为工程造价对投资者产生的影响,由于成本减少,因此降低了工程造价,节约了国家投资。降低成本,又源于物质消耗水平的下降,不论在财力、物力上还是在人力上都为社会间接创造了价值;成本降低还可增加企业的利润,通过向国家增交税金,也是企业为社会创造的效益。正确处理国家、企业和职工三者利益分配关系,也是体现经济效益和社会效益统一的标志。

2.1.2 企业经营目标

经营目标是指一定时期内建筑企业生产经营活动所要达到的要求。它是根据企业外部环境和内部条件制定的,并要正确体现企业的经营思想。每个企业都有其总体经营目标。总体经营目标一般包括以下几个方面内容。

(1) 贡献目标。即对社会和国家所做贡献的目标,包括竣工工程产值、房屋竣工面积和上缴税金等。

(2) 市场目标。即扩大建筑产品市场占有份额、提高市场信誉的目标。有条件的建筑企业,要走向其他省市和国际市场。

(3) 发展目标。即企业自身不断壮大、发展的目标,包括扩大企业规模,增加固定资产和流动资金,提高生产能力,提高机械化和装配化程度,提高技术水平和管理水平等。

(4) 利益目标。即谋取企业和职工利益的目标,包括利润总额、利润率和由此决定的利润留成、税后留利、职工奖励、福利基金等。

企业的总体目标应有5年、10年的长远目标,也应有根据长远目标规定的年度和季度短期经营目标。

经营目标要有目标值。建筑企业的目标值一般应包括:总产值及其增长率,施工产值及其增长率,竣工工程产值,竣工率,竣工面积,合同履约率,工程优良品率,技术装备率,劳动生产率及其增长率,工程成本降低率,利润及其增长率,产值资金率,资金利润率,产值利润率,职工福利提高幅度,职工文化技术提高程度等。

企业总体经营目标要通过企业各部门和各环节的生产活动经费去实现,各部门都应围绕企业的总体目标制定本部门目标,形成一个以总体目标为出发点的,由层层目标组成的目标体系。

目标体系可以划分为若干中间目标和若干具体目标,目标体系中的上下层次目标,是目的和手段的关系。即中间目标是总体经营目标的保证手段,具体目标是中间目标的保证手段。

2.1.3 企业经营方针

建筑企业的经营方针是企业实现经营目标、进行经营活动所遵循的基本原则,包括经营活动方向、途径和范围。总体来说，它是以完成建设工程任务为出发点，按照国家的政策、法令和计划的要求，周密地分析企业的外部环境和内部条件，以最少的消耗来取得最大的经济效益。它是针对某一时期经营管理所要解决的一些重大问题所采取的行动方针。建筑企业经营方针的主要内容如下。

1. 经营方向的方针

企业的经营方向是指企业承包工程对象或生产服务方向，如向智力密集型的设计施工一体化的工程总承包公司发展，还是向劳务型建筑企业发展；向一般化建筑企业发展，还是向专业化建筑企业发展；向承包本地区工程发展，还是向承包其他地区工程或国外工程方向发展；向承包工业建筑工程方向发展，还是向承包民用建筑工程方向发展；向承包基本建设工程方向发展，还是向承包更新改造或维修工程方向发展等。企业在决定经营方向的方针时，一方面要分析客观形势和外部环境，从长计议；另一方面，要考虑企业内部条件，尽可能扬长避短。

2. 技术发展的方针

企业的技术发展，涉及发展水平、发展速度、发展方式、资金筹措等方面。就发展水平讲，企业可以采用一般技术、先进技术或最新技术。就发展速度讲，对技术装备和工艺手段等技术要素，可10年更新一次或15年更新一次。就发展方式讲，可以采用自行研制、与其他单位合作研制、购买技术专利或从国外引进技术等方针。就资金筹措讲，可以采取自筹、银行贷款、发行债券股票、联合投资和引进外资等方针。这些都要有相应方针的指导。

3. 市场竞争的方针

积极参与市场竞争，可以采取"以提高工程质量取胜""以降低工程造价取胜""以缩短工期取胜""以提高用户信誉取胜"等。

2.2 建筑企业战略管理

2.2.1 建筑企业战略管理的概念及特点

1. 建筑企业发展战略

建筑企业发展战略是指企业的高层领导在现代市场经济观念的指导下，为实现企业的经营目标，通过对外部环境和内部条件的全面估量和分析，从企业发展全局出发而做出的较长时期的总体性的谋划和活动纲领。它涉及企业发展中带有全局性、长远性和根本性的问题，是企业经营思想和经营方针的集中表现。其目的是使企业的经营结构、资源和经营目标等因素，在可以接受的风险限度内，与市场环境所提供的各种机会取得动态平衡。

2. 建筑企业战略的特点

1) 全局性

企业战略是企业整体的发展规划。企业战略是以企业全局发展为研究对象的。它是与企业未来时期的发展相关的带有全局性、根本性的谋划和对策，涉及企业发展过程中各个部分、各个方面相互联系的重大问题，而不是某一个局部的问题。"战略"一词最早用于军事，原意就是研究战争全局的规律性问题。

2) 方向性

企业战略这一特征又称为指导性。企业战略规定了企业发展的方向，赋予了企业理想与活力。为实施战略，企业应制定指导性政策，包括如何对待顾客、供应商、竞争者以及政府和其他重要的群体，有时还要考虑进行组织内部的改革和运用适当的改革措施。企业战略的意义就在于规定了企业在一定时期内基本的发展目标，以及实现这一目标的基本途径，指导和激励着企业全体职工为实现企业战略目标而努力。因此，经营战略不仅为企业的经营管理提供了原则，而且还可以通过战略目标的设置，激发、调动企业员工为实现企业目标而工作的积极性。已为企业家们所熟知的企业目标管理就是通过企业目标设置产生激励作用的。

3) 长期性

企业战略中所确定的目标是企业要在相当长的时期内所要完成的根本任务。涉及一个较长时期企业发展的面貌和所要达到的目的，以及实现这个目的而应采取的重大方针、政策和措施。一般来说，它与规划、计划有相同之处，即战略、规划、计划都是对未来发展的预期和谋划；但也有不同之处，即战略在时间上可能更长；在内涵上战略所表示的是人的纲领性问题，而规划和计划则相应地要详细和具体一些。

4) 系统性

企业战略管理的系统性包括以下三个方面的内容。

(1) 企业内部经营战略和系统性。企业内部总体战略主要是决定企业从事哪些事业，重点发展哪些部门，决定企业的长期经营目标，建立何种竞争优势，以及如何发挥这些优势等。

(2) 企业战略强调战略与战术的配合和手段的统一。企业战略目标是总体性的、长远性的。但企业战略目标又总是通过一个个局部的、短期的战术措施和行动才得以贯彻实施，战略目标是战术行动的目的，战术则是实现战略目标的手段。

(3) 企业战略管理是一个持续的过程。一方面，由于企业战略具有长期性，必须经过一段时期的努力，才能最终实现企业的战略目标。不可能设想企业能够在一夜之间就实现战略目标。因此，企业战略管理是一个持续的、系统的过程。另一方面，企业战略管理又可分为战略规划、战略实施、战略再制定等不同阶段，其中每一个阶段又包含若干步骤，如企业环境研究、企业内部分析、战略目标设定、战略计划的制订、战略形成、战略实施与控制等。战略管理的各个阶段是不断循环和继续的，是一个连续不断的分析、计划与行动过程。

5) 竞争性

制定企业经营战略的目的就是要在激烈的竞争中壮大自己的实力，使本企业在与竞争对手争夺市场和资源的斗争中占有相对优势。因此，企业经营战略就是针对来自环境及竞争对手等各方面的冲击、压力、威胁和困难，为迎接这些挑战而制订的长期行动方案。企业必须使自己的经营战略具有竞争性特征，以保证自己战胜竞争对手，保证企业的生存和发展。

6) 未来性

从企业发展的角度来看，企业今天的行动是为了执行昨天的经营战略，今天制定的战略正是为了明天更好的行动。因此，企业战略的拟定要着眼未来的生存和发展。当然，未来要以当前作为出发点，未来发展趋势的预测也要以企业的过去和现在作为依据。作为企业领导者要高瞻远瞩，面向未来，只有这样才能使企业经营战略具有未来性。

7) 相对稳定性

企业经营战略必须在一定时期内具有稳定性，才能在企业经营实践中具有指导意义。如果朝令夕改，就会使企业经营发生混乱，从而给企业带来损失。当然，企业经营实践又是一个动态过程，指导企业经营实践的战略应该是动态的，以适应外部环境的多变性。

3. 企业经营战略的作用

企业经营战略对企业经营活动和各项工作起着决定性的作用，具体表现在以下几个方面。

1) 促使企业顺利发展

企业制定经营战略可以对当前和长远发展的经营环境、经营方向和经营能力有一个正确的认识，能够全面了解自己的优势和劣势、认清机遇和挑战，从而做到"知己知彼"，不失时机地把握机会，利用机会，扬长避短，求得生存和发展。

2) 提高生产经营的目的性

企业有了自己的经营战略，就有了发展的总纲领，就有了奋斗的目标，在此基础上，就可以进行人力、物力、财力等资源的优化配置，就可以统一全体职工的思想，调动广大职工的积极性和创造性，实现企业的经营战略目标。

3) 增强企业活力

企业推行经营战略，既可以理顺内部职能部门的关系，又可以顺应外部的环境变化，以审时度势，正确处理"企业目标与外部环境""经营方向与市场需要""生产与资源""竞争与联合"等一系列关系，通过强化企业系统各部分、各构成要素的具体机能，增强企业整体实力，培养企业竞争、应变、盈利、创新等各项能力。

4) 培养和造就高层次的管理人才

企业经营战略的制定过程，是经营决策者战略思维的过程。战略思维需要有一种独特的思考方式，真正的战略家就在于将系统的分析方法和智力创造的灵活性相结合。用战略头脑去发挥创造性，需要凭借正确的、有洞察力的分析；而正确的分析，又需要以战略头脑和探索精神提出恰当的问题，并最终形成解决问题的方案。要想产生成功的战略，需要在分析和决策之间找到一个良好的结合点，就必须培养和造就一大批高层次的管理人才。

2.2.2 企业经营战略的类型

企业经营战略可以按其层次、态势、规模和行业市场竞争特性等几个方面进行分类。

1. 企业经营决策层次分类

企业经营战略是一个庞大复杂的大系统，可以分解为不同层次的子系统。一般来讲，企业经营战略包括三个层次：第一层次是公司级战略；第二层次是事业部级战略；第三层次是职能级战略。

第一层次是由主要管理人员组成的公司级，负责企业整体的生产、财务、信誉和社会责任。这一层次对下述问题进行决策：本企业存在的理由是什么？企业的根本目的是什么？企业应从事什么业务？希望企业的员工有什么样的理想和价值观？企业应承担哪些责任、追求什么样的声誉？怎样组织资源以实现企业的目的？

第二层次是事业部级，主要由业务经理组成，负责将战略决策分解为各业务部门的具体目标和战略。它确定下列事项：本部门制造什么产品或向社会提供哪些服务？本部门应进入哪些有利可图的市场？本部门应树立什么样的特色？本部门如何才能在市场上竞争获胜？本部门怎样才能与整个企业的理想和价值观保持一致，并支持企业实现目标？

第三层次是职能级，主要由生产、销售、人事、财务等职能部门管理人员组成，负责制定、研究与开发有关财务、销售、人事等方面的短期目标和短期战略，以执行和贯彻企业的战略决策为最大责任。

三个战略层次的比较如表 2.1 所示。

表 2.1　三个战略层次的比较

特　点	战略层次		
	公　司　级	事业部级	职　能　级
性质	观念性	中间	执行型
明确程度	抽象	中间	确切
可衡量程度	以判断评价为主	半定量化	通常可定量
频率	定期或不定期	定期或不定期	定期
时期	长期	中期	短期
所起作用	开创性	中等	改善增补性
对现状的差距	大	中	小
承担的风险	较大	中等	较小
盈利潜力	大	中	小
代价	较大	中等	较小
灵活性	大	中	小
资源	部分具备	部分具备	基本具备
协调要求	高	中等	低

2. 按企业经营态势分类

按企业经营的态势，企业经营战略可分为发展型战略、稳定型战略和紧缩型战略。

1) 发展型战略

这种战略适用于企业有发展和壮大自己的机会，其特点是：投入大量资源，扩大产销规模，提高竞争地位，提高现有产品的市场占有率或用新产品开辟新市场。这是一种进攻型的态势。企业发展型战略主要有：企业产品—市场战略(见表 2.2)，企业联合战略，企业竞争战略，国际化经营战略等。

表 2.2　企业产品—市场战略

	现有产品	新产品
现有市场	市场渗透	产品开发
新市场	市场开发	多样化

(1) 市场渗透战略。市场渗透战略是由企业现有产品和现有市场组合而产生的战略，其要点在于扩大现有产品的销售量。通过扩大产品使用者的数量、扩大产品使用者的使用频率、改进现有产品的特性以吸引新用户达到上述目的。这种战略表面上看风险最小，但如果市场发展对企业产生一些不利因素时，可能成为风险最大的一种战略。这些因素有：该企业在市场上只有微弱优势，出现了多个强有力的竞争对手；管理者把精力集中在现有事务的处理上，可能错过了更好的投资机会；顾客需求的改变导致现有目标市场需求的缩减；某项重大技术突破使原有产品的销路化为乌有。

(2) 市场开发战略。市场开发战略由现有产品开辟新市场组合而成。它至少包括以下两个方面。

① 扩大市场半径，即企业在巩固原有市场的基础上千方百计使产品从某一地区走向全国，由城市深入农村，甚至打入国际市场等。

② 在原有市场上挖掘潜在的需求，主要是根据消费者的需要，对产品结构、性能等方面的因素进行改进或提高。这种战略比市场渗透战略的风险大。

由于这种战略不能降低因客户减少或技术落后而导致的风险性，因此，只能作为一种短期战略。

(3) 产品开发战略。产品开发战略是在原有市场上，改进产品、增加品种、以新产品取代老产品。

实施这一战略时，当企业推出的新产品不适合原有市场顾客的需要时，会产生较大的风险。因此，当企业决定采取这一战略之前，一定要对顾客是否会接受新产品进行市场调查，做出较准确的判断。

(4) 多样化战略。多样化战略是用新开发出的产品去占领新开拓的市场。采用这种战略应考虑以下两个方面。

① 现有的资源及市场情况，要深入研究应采用哪种类型的多样化战略，企业领导要高瞻远瞩，坚决抵制某些经营领域的短期利益诱惑。

② 要处理好多样化经营与专业化生产的关系。

2) 稳定型战略

这种战略强调的是投入少量或中等程度的资源，保持现有的产销规模和市场占有率，稳定和巩固现有的竞争地位。这种战略适用于效益已相当不错，暂时又没有进一步发展的机会，其他企业进入屏障又较大的企业。

3) 紧缩型战略

这种战略适用于外部环境与内部条件都十分不利，企业只有采取撤退措施才能避免更大的损失的情况。企业紧缩型战略主要有缩小规模、转让、归并和清理等措施。

作为企业的领导，一般都希望发展和壮大自己的企业，采取发展型战略。但是，如果环境不允许，主客观条件不具备，还不如采取稳定型战略甚至紧缩型战略，以保存实力，等待机会。一个好的指挥员未必总是强调进攻。在激烈的市场竞争环境中，企业领导人应以企业的利益为重，不能轻易冒险。

3. 按企业规模分类

1) 中小型企业经营战略

随着市场的发育不断完善、市场交易费用的不断降低，中小企业由于专业化强、管理方便，在国民经济发展中占据了重要地位。适合中小企业的经营战略如下。

(1) 小而专、小而精战略。即通过细分市场，选择能发挥企业自身专业化优势而进行生产经营的战略。

(2) 钻空隙战略。即通过调查，发现市场供应空缺之处，凭借中小企业快速灵活的优势，进入空隙市场。

(3) 经营特色战略。由于中小企业容易接近顾客，能够通过使自己的产品或服务具有与众不同的特色来吸引消费者，从而取得成功。

(4) 承包、联营战略。即中小企业紧密地依附于一个大企业或企业集团，成为它们的一个加工承包单位或联营企业。

2) 大型企业经营战略

大型企业一般都有经济规模的要求，即生产或加工过程要达到一定规模才能显示其经济效益。

4. 按市场竞争特性分类

按经济学原理，我们一般可以把市场模式分为完全垄断、完全竞争、垄断竞争和寡头竞争等几种。显然，处于不同市场模式下的企业，其经营战略的侧重点也不同。

1) 垄断型企业

企业垄断市场是反效率的。一般国家都有法律防止垄断的形成。但是有些行业具有自然垄断的属性，如铁路运输、城市公用设施(供水、供煤气、供电和公共交通)以及邮电通信等，因其生产供应的规模经济的要求，自然地形成垄断的特征。因此，这类企业一般在政府直接控制下经营。垄断型企业一般都依赖于进入的屏障，不存在竞争的威胁，容易形成效率低下的局面。此外，这类企业的产出需求都具有稳定增长的趋势，不存在产品更新换代或被替代的危险。因此，这类企业一般采取稳定型战略。

2) 完全竞争型企业

完全竞争是与完全垄断相反方向的一种市场模式，其产品具有同质性，难以区分是哪家企业生产，并有众多企业供应。每家企业仅占市场的很小份额。商品的价格由市场供求决定，企业只是价格的接受者。企业进入或退出的屏障较小。这类企业面对的主要是价格的竞争。企业在竞争面前，只有不断地降低成本才能避免被挤出市场的危险。因此，这类企业一般都先采取成本领先战略，如果实施有困难，则有可能选择产品差异化战略或集中战略等。

3) 垄断竞争与寡头竞争型企业

在现实社会中，严格意义上的垄断型企业或完全竞争型企业不多。即便某种商品由一家企业独家生产和供应，该企业可以利用技术或社会经济屏障阻止其他企业进入该领域，但是却往往难以阻止其他企业开发相似的或可以形成替代的商品(或服务)与其竞争，使原来垄断的企业也面临竞争的威胁。另一类市场竞争模式叫寡头竞争。由于生产和供应的规模经济要求，企业的规模有不断扩大的趋势，但由于国家法律等因素的限制，不允许形成独家垄断，最终由少数几家企业来供应市场，从而形成寡头竞争的局面。垄断竞争和寡头竞争企业的竞争对象明确，竞争的手段也多种多样，在考虑经营战略时也面临多种方案的选择。

2.2.3 建筑企业战略的实施

建筑企业经营战略一经制定，即应付诸实施，并对实施过程进行严密的计划、组织和控制。

1. 制订战略实施计划

根据企业战略所规定的各项目标，制定出较为详细的战略项目和行动计划、资金资源筹措计划、市场开拓计划等，以便重点推行企业战略。

2. 改变人们的行为

适应企业战略目标的要求，制定符合战略实施所需要的行为规范、工作方法和价值观念。

3. 建立与新战略一致的战略组织

分析各类战略组织的优缺点，选择符合战略实施所需要的组织机构，并且明确相应的责任和权力，以及建立各种有效的规章制度，把企业战略同经理任期目标责任制结合起来，并纳入企业经济责任制之中。

4. 合理选择负责人

对于不同性质的战略要选拔不同的人来负责，并且要根据责任的大小、完成的好坏及时予以适当的奖励和惩罚。必要时对有关人员进行培训，以保证企业战略得以正确推行。

5. 正确地分配资源

在战略实施过程中，资源分配的好坏与否将直接影响企业战略的实施，有限的资源应该用到最能发挥效能的地方，努力做到物尽其用。

6. 定期对经营战略进行评价

评价对企业经营战略具有导向作用，使经营战略在实施过程中不断完善，评价按年度和季度进行。年度评价要全面一些，季度评价可评重点。评价内容一般包括以下几个方面。

(1) 企业自我发展的能力是否提高。
(2) 企业适应外部环境的能力是否提高。
(3) 企业的市场占有率和企业信誉是否提高。
(4) 企业的经济效益和社会效益是否提高等。

7. 及时调整经营战略

企业经营战略是指导中长期发展的，应当在相当长的时期内具有稳定性。但企业外部环境和内部条件是经常变化发展的，因而经营战略也不是一成不变，而应有它的灵活性，即应根据市场需求、环境变化和企业内部条件的变化，及时调整自己的经营战略，以保证企业经营战略的正确性。

【综合应用案例 2.1】索尼：为何你的品牌套路开始失效

没有任何一家公司有权利永远生存下去，而不需要通过不懈的奋斗来争取。这一原则同样适用于索尼。现在看来想完全依靠一块光鲜亮丽品牌而维持自己的生意是不现实的，也是不可能的，搞不好亮丽的品牌也会失去光泽。

索尼这个最有战略号召力的公司在众多领域开始遭遇失败。在等离子彩电市场，先锋、日立的技术已经逐渐超越了索尼，先锋和索尼在日本国内的销售比达到了4：1。在液晶彩电领域，韩国三星已经在索尼的传统领地北美地区将索尼封住，索尼开始节节败退。

在手机领域，诺基亚、摩托罗拉共同把持了市场；在中国，三星手机一直占据高端市场，在全球，更是挤进了全球手机五强之列；而索尼的手机则处于萎靡窒息状态。在中国，三星手机和液晶显示器等电子类产品的市场占有率逐年攀升，索尼爱立信手机一直在亏损。

今年春季(1～3月)，索尼电子业务出现1161亿日元巨额营业赤字，加上市场对索尼的前途感觉模糊，引发了日本股市的巨幅震荡。有舆论认为这象征着日本经济已经面临一个重大转折，实际上我们真正应该考虑的是，索尼这种标杆型的公司在新的竞争年代遇到了什么样的挑战，我们还应不应该继续把它作为榜样，新的竞争年代企业到底需要什么样的新战略？

索尼一直被理论界认为是独特的战略赢得了独特的胜利，尤其是在日本的公司大多匍匐在效率面的竞争而不能突围的时候，索尼的经验更加难能可贵。它的胜利在于它有独特的战略：针对不同顾客生产不同的电子产品然后高价销售，并用独特的方法进行市场营销，强调产品技术的原创性。

经营效率竞争要求把相同或者相似的活动做得比竞争对手更好，而战略竞争的本质是以区别于竞争对手的方法展开商业竞争活动。如果生产所有品种的产品满足所有市场的需求，占有所有顾客的最好的方法是相同的，那么经营效率决定公司的业绩效率，然而对经营活动进行取舍可以使公司能够在它选定的位置上取得独特的成本与价值。

索尼50年来的胜利其实就是这种战略的胜利，但是，在50年后索尼各条战线遇到了麻烦。是战略理论出现了问题，还是索尼出现了问题？实际上是索尼对待战略的方式上出现了问题。

战略从来都不是静态的，因为市场是变化的。一种战略不可能保持一个静态企业的持续胜利。这个公司必须进行持续的、新的定位，以保持自己永久的战略差异性，这才是企业获得胜利的根本。

索尼的战略已经遇到了挑战，它的战略已经开始模糊，这是因为在很多领域内它与其他很多公司已经没有什么两样，并且有很多公司已经超过索尼。索尼是进行重新战略定位的时候了。索尼在几十年前率先从日本大公司杂货铺式的经营模式中突围，获得了几十年的胜利，面对新的竞争必须进行新的产业取舍和原有产业的突破，也就是说必须进行新的战略定位，任何修修补补都没有用。因为从现在看，索尼实际上在众多对手的围攻下掉进了效率面竞争的陷阱，在这样的环境中索尼是没有任何优势的，因为它的成本是最大的障碍。

索尼的战略优势的衰退给信息时代的全球竞争提供了五点启示。

第一是市场已经转变为"不间歇化的市场"。市场创新主体增多，具有技术优势的企业都不可能垄断技术，消费者接受新产品的速度加快。这个新的市场是一个速度的市场，也是一个创新的市场，这样的市场不可能给一个企业更多的时间让你一劳永逸，没有，根本就没有了，进入这样一个新的市场就等于开始了一场没有终点的速度与创新的比赛。

第二是永远的有活力的新产品。成功的企业首先是产品的成功，失败的企业也就是产品的失败，索尼的衰落的实质就是其产品竞争力的衰落。优秀的品牌保证不了没有竞争力的产品的胜利，有竞争力的产品却能保证品牌的久盛不衰，一个企业要久盛不衰，必须保证自己的产品永远有竞争力，永远不要期待自己的著名品牌会保佑自己的产品什么，品牌对产品的信用担保期限是零秒。因此，我们千万不要认为我们创造了一个好品牌，然后就可以在产品创新上休息一下，这已经是历史的陈旧的观念了。

第三是永远的低成本。设定好的战略，找到差异化的市场空间，并不意味着就找到了高成本的理由。即使你有独特的东西，品牌的溢价幅度正在变小，即使你独特，更独特与成本更低的产品已经在一边等着你了。新的市场要求更大的创新与更低的成本，即使是研发的成本难以缩减。但是，索尼以往的高成本高价格的模式肯定是落后了。

第四是最快的速度。光有创新和低成本是不够的，必须具有超前的速度。速度已经成为像技术、成本等物质要素一样或者说是更为重要的要素。在这样的时代，产品、成本有竞争力但没有速度，所有的活动也都是白搭。优秀的企业不是在市场上与竞争对手搞肉搏战，而是在你还没有反应的时候我已经行动，在你行动的时候我已经收获了，速度保证了自己永远不跟竞争对手待在一起。索尼到现在为止仍然具有超常的创新能力，但是，这种能力并没有保证自己在很多产品上胜利，缺少的东西就是速度。

第五，品牌营销是持续的沟通流，而不是想起来就沟通，忘记了就不沟通的散打战役。品牌的优势永远是在现在，现在有优势并不等于今后就有优势。索尼就犯了这样的毛病，创造出一个好的品牌，然后停下来期待这块金字招牌照耀未来，现在看是极大的错误。

根据上述案例，请回答以下问题。

1. 索尼品牌套路失败的原因是(　　)。
   A. 忽视了战略的全局性　　　　B. 忽视了战略的创新性
   C. 忽视了战略的应变性　　　　D. 忽视了战略的长期性
2. 索尼品牌采用的独特战略是(　　)。
   A. 重点集中战略　　　　　　　B. 市场开发战略
   C. 维持战略　　　　　　　　　D. 差异化战略
3. 索尼公司摆脱目前困境的重点在于(　　)。
   A. 进行新的战略定位　　　　　B. 加强质量管理
   C. 降低成本　　　　　　　　　D. 提高生产效率
4. 从该案例可以看出索尼应采取的具体措施有(　　)。
   A. 不断创新的战略　　　　　　B. 永远有活力的新产品
   C. 永远低的成本　　　　　　　D. 最快的反应速度

2.3　建筑企业经营预测

2.3.1　预测的概念与作用

1. 预测的概念

预测是根据历史资料和现实情况，运用科学的方法和手段，来估计客观事物未来的发展，并对这种估计加以评价，以指导和调节人们的行动。预测研究的对象是未来。但它立足的是现在和过去，它是以变化、联系的辩证观点，研究事物的今天，预测它的明天。预测的目的在于做出决策，为未来的不确定因素提供信息和数据，为制定政策、拟订规划和确立经营目标等重大事项服务。

预测在企业经营管理中起着重要作用。在市场经济条件下，企业经营条件瞬息万变，如何使企业具有弹性，适应环境，在竞争中取胜就变得至关重要。预测是预见事物发展的未来趋向，为决策和计划提供依据。只有经过适时精确的预测，才能抓住机遇，做出决策。

2. 预测的作用

(1) 预测是决策的前提。通过预测，可以了解和掌握建筑市场的动态和发展趋势，提供一定条件下生产经营各个方面未来可能实现的数据，为决策提供依据。没有准确、科学的预测，要做出符合客观实际的决策是不可能的。

(2) 预测是拟订企业经营计划的依据。通过预测，掌握建筑产品的投资方向、类型及构成比例，掌握企业的资源需求情况与供应条件，对企业未来的生产能力和技术发展有所估计，才能确立正确的经营目标，制订出切实可行的经营计划。

(3) 预测有助于提高企业的竞争能力。在实行招标承包制的情况下，建筑企业的竞争能力主要表现为得标率的高低。企业依据科学的预测，充分了解竞争的形势和竞争对手的情况，才能采取合理的投标策略，在竞争中争取主动。

(4) 预测能增强企业的应变能力。通过对外部环境、施工条件变化及各种不可控因素的充分估计，针对不同情况多准备几套应变方案，就可以提高企业对各种情况的应变能力。

2.3.2　建筑企业经营预测的内容

(1) 建筑市场预测。在市场调研的基础上，对建筑市场的需求和供应进行预测；对市场的竞争形势及竞争势态的变化趋势进行预测；对企业工程任务来源进行预测；单位对建筑产品的质量要求、配套性要求进行预测。

(2) 资源预测。对企业所需材料、资源的需求数量、供应来源、配套情况、满足程度和供应条件等进行预测。

(3) 生产能力预测。企业生产能力预测是对企业人员、机械设备的需求变化情况的估计，也包括对劳动需求和劳动力供应条件的估计。

(4) 企业的技术发展预测。它包括建筑施工技术、管理技术、企业技术改造和设备更新的预测，即新产品、新技术、新工艺、新机械和新材料的预测。

此外还有利润和成本预测，多种经营方向预测等内容。

2.3.3 建筑企业经营预测的方法

1. 经营预测的基本程序

(1) 确定预测目标和要求。预测目标的确定直接影响着预测对象、范围、内容以及预测方法的选择等一系列工作的安排。不同的预测目标有不同的要求，因此，确定预测目标和要求是预测全部工作的关键，对以下各步骤起指导作用。预测目标和要求应尽量详细具体，操作时才能具体实施。

(2) 收集资料。预测资料的数量和质量直接关系到预测结果的精确度。因此，在收集资料时，一方面要考虑资料的准确性；另一方面还要考虑资料的相关性。对收集到的资料还要进行加工整理，整理资料要尽量做到数字资料和文字资料相结合，宏观资料和微观资料相结合，动态资料和静态资料相结合，使资料发挥更大的作用。

(3) 选择预测方法。选择预测方法是整个预测工作的核心。各种预测方法都有其不同的原理、特点和适用性，要根据预测目标和资料的占有情况，综合分析。预测方法的选择标准有：预测期的长短，信息资料的多少，历史数据的类型和预测费用，预测结果和精度要求以及预测方法的实用性等。

(4) 进行预测。利用现有的资料和选定的预测方法进行预测。由于客观经济现象错综复杂，在预测时尽量同时采用几种预测方法，进行比较和验证，这样可以减少预测失误，提高预测的准确性。

(5) 预测结果分析。对预测结果进行分析，检查是否达到预期目标。预测误差是否在允许的范围之内，预测结果是否合理等。如果得出否定的结论，则需重新确定预测目标或选择其他预测方法，再次进行预测。预测结果产生一定的误差是必然的。因此，就需要一方面分析预测模型中没有考虑到的因素，把它加到预测结果中进行修正；另一方面还要根据自己的经验、推理和知识去判断预测结果是否合理并进行修正。有时在原来的模型不能如实地反映客观事物发展时，还需重新进行追踪预测。

(6) 提出预测报告。预测结论得以确认后，便可以提出预测报告，供决策者参阅，预测报告中至少应包括预测结论及建议等。

(7) 追踪与反馈。提出预测报告后，还要追踪预测报告的结论及建议是否被采用、实际结果如何等，对追踪的结果进行反馈，以便在下一次预测时，纠正偏差，改进预测方法，如图 2.1 所示。

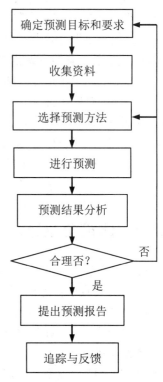

图 2.1 经营预测的基本程序

2. 经营预测的方法

1) 定性预测方法

随着科学技术的发展，社会现象日益复杂，市场情况瞬息万变。企业在进行经营预测时，有许多问题无法定量化，或难以获得充足的数据资料作为依据，也有许多问题定量化所费的代价非常昂贵。对于此类情况，只能依靠人的主观经验和综合分析能力，对未来事物的发展状况做出判断，这就要应用定性预测方法。下面介绍几种常用的定性预测方法。

(1) 个人判断法。

个人判断法是凭借个人的知识、经验和综合分析能力，对预测对象未来发展变化趋势做出的推断。这种方法简便易行，能迅速得到预测结果，但有一定的片面性，且易受当时环境气氛的影响。实践中常和其他预测方法结合使用。

(2) 专家会议法。

专家会议法又称专家意见法。它是根据预测的目标和要求，向有关专家提供一定的背景资料，通过会议的形式对某一经济现象及其发展趋势进行推断。这种方法简便易行。有的信息资料和考虑的影响因素较多，可以充分发挥集体智慧的作用，弥补个人知识及经验的不足。但受专家个性和心理因素或其他专家的意见的影响或左右，同时受参加人数及讨论时间的限制，会影响预测的科学性和准确性，为此要注意专家的选择和操作技巧。

(3) 德尔菲法。

德尔菲法又称专家意见征询法。这是采用匿名的方法，就预测的问题，征询有关专家的看法和意见，然后将所得的意见加以综合、归纳和整理，再反馈给各个专家。经过多次这样的反复和循环，直到预测的问题得到较为满意的结果。一般情况下，经过两次征询与反馈，预测的问题基本趋于明朗，可以总结处理。如有必要，还可以用同样方法继续反复征询，直到专家意见基本一致或预测组织者满意为止。

采用这种预测方法，专家互不见面，因而可以消除相互间心理上的影响，做到自由充分地发表意见；这种方法不仅建立在集体判断基础上，也运用了一定的统计方法，如图 2.2 所示。

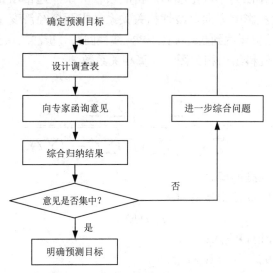

图 2.2 德尔菲法预测的工作过程

(4) 德比克法。

德比克法的具体做法是：把专家请来分成小组，每人发一张小卡片，用书面形式回答问题，专家之间互不通气，小组负责人收集书面答案后，公布出各种意见，请专家考虑，然后再进行投票，得出小组意见，最后将各种意见集中，召开全体会议进行讨论，重新投票得出总的意见分布，交给决策人参考。这种意见比德尔菲法节省时间，但组与组之间可能产生压力，致使分析有某种程度的倾向性。

2) 定量预测法

定量预测法，是根据历史统计数据，应用数理统计的方法，建立数学模型，推断事物的发展状况，或者利用事物内部发展因素的因果关系建立模型，推断未来。定量预测法主要有两大类方法：一类是因果关系分析法；另一类是时间序列分析法。

(1) 因果关系分析法。

因果关系分析预测法是根据事物内在的因果关系来预测事物发展趋势的方法。它的基本思想是事物的发展变化总是有原因的，即某一经济变量的变化，总是以与它有关的另一些经济变量的发展变化为依据的。例如，企业利润水平的发展变化是以企业完成施工产值的发展变化为依据；施工企业承包经营额的变化是以国家基建规模的变化为依据；某一商品销售量的变化是以工人工资水平的变化为依据；等等。因果关系分析法中的原因为自变量，结果为因变量，它们构成因果关系。因此也可以说，因果关系分析法是处理变量之间相关关系的一种数理统计方法。这种方法是先从变量的统计资料中找出其内在联系，建立变量之间的数学模型，再用自变量数值的变化去预测因变量数值的一种预测方法。因果关系分析预测法一般又称回归分析预测法。下面介绍几种简单的方法。

① 一元线性回归分析。

一元线性回归分析是因果分析中最简单、最常用的一种方法，是以事物发展的因果关系为依据，通过证明两个经济变量之间存在相关关系，抓住其主要矛盾及其相互关系建立数学模型，从而得出一个变量的变动对另一个变量的影响程度的预测方法。所谓相关关系，是指两个经济现象之间存在的不确定和非严格的依存关系，通常用相关系数来表明它们之间相关关系的密切程度和影响方向。线性相关关系是指两个经济变量之间存在严格的线性相关性，通常其相关系数值要达到 0.8 以上。一元线性回归分析法的预测步骤大致分为四步。

第一步，根据统计资料绘出相关图，计算相关系数 r。

其计算公式为

$$r = \frac{\sum XY - \frac{1}{n}\sum X \sum Y}{\sqrt{\sum X^2 - \frac{1}{n}(\sum X)^2}\sqrt{\sum Y^2 - \frac{1}{n}(\sum Y)^2}} \tag{2-1}$$

第二步，建立经营预测模型。

建立一元线性回归经营预测模型为

$$Y = a + bX \tag{2-2}$$

式中：Y——因变量，如销售收入；

X——自变量，如施工面积；

a——回归常数，是一元线性回归方程的截距；

b——回归系数，是一元线性回归方程的斜率。

第三步，待定参数。

利用最小二乘法，待定参数 a，b 由下列方程组确定：

$$\left. \begin{array}{l} \sum Y = na + b\sum X \\ \sum XY = a\sum X + b\sum X^2 \end{array} \right\} \quad (2\text{-}3)$$

则

$$\left. \begin{array}{l} b = \dfrac{n\sum XY - \sum X \sum Y}{n\sum X^2 - (\sum X)^2} \\ a = \dfrac{\sum Y - b\sum X}{n} \end{array} \right\} \quad (2\text{-}4)$$

第四步，应用模型进行预测。

将 X_i 值代入一元线性回归方程中可以得到各个回归值 Y_c。如果需要预测，代入 X_0 的数值，就可得到对应的经营预测值 $\hat{Y}(X=X_0)$。

【例 2.1】 假设某房地产开发企业 1992—2001 年的统计资料如表 2.3 所示。试建立一元线性回归方程，并预测 $X_0=5.1\text{km}^2$ 时的销售收入是多少？

表 2.3　1992—2001 年某房地产开发企业商品房开发情况

年　份	1992	1993	1994	1995	1996	1997	1998	1999	2000	2001	$\sum$
开发面积 (X/km^2)	0.65	0.76	1.03	1.01	0.88	1.27	1.90	3.65	3.75	4.86	19.76
销售收入 ($Y/$百万元)	101	110	148	164	202	244	450	856	1019	1320	4596

解：a. 根据表 2.3 可以绘出关于开发面积—销售收入的散点图，如图 2.3 所示。可以看出数据点的分布趋势。

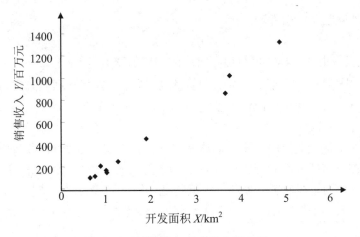

图 2.3　开发面积—销售收入散点图

b. 计算相关系数 r。根据式(2-1)和表 2.3 资料列表计算,如表 2.4 所示。

$$r = \frac{15\,083.34 - \frac{1}{10} \times 19.76 \times 4596}{\sqrt{60.083 - \frac{1}{10} \times (19.76)^2} \sqrt{3\,840\,242 - \frac{1}{10} \times (4596)^2}} = 0.9954$$

说明开发面积与销售收入为强相关,变化方向相同,即开发面积增大时,销售收入也增大;开发面积减小时,销售收入也减小。

表 2.4 相关系数计算表

年 份	开发面积(X/km²)	销售收入(Y/百万元)	X^2	Y^2	XY	Y_c
1992	0.65	101	0.4225	10 201	65.65	81.31
1993	0.76	110	0.5776	12 100	83.60	112.69
1994	1.03	148	1.0609	21 904	152.44	187.72
1995	1.01	164	1.0201	26 896	165.64	184.01
1996	0.88	202	0.7744	40 804	177.76	146.92
1997	1.27	244	1.6129	59 536	309.88	258.18
1998	1.90	450	3.6100	202 500	855.00	437.92
1999	3.65	856	13.3225	732 736	3124.40	937.17
2000	3.75	1019	14.0625	1 038 361	3821.25	965.70
2001	4.86	1302	23.6196	1 695 204	6327.72	1282.38
Σ	19.76	4596	60.0830	3 840 242	15 083.34	4596

c. 根据表 2.4 资料,可计算出一元线性回归方程的待定参数 b 和 a:

$$b = \frac{15\,083.34 \times 10 - 19.76 \times 4596}{60.083 \times 10 - (19.76)^2} = 285.29$$

$$a = \frac{4596 - 285.29 \times 19.76}{10} = -104.13$$

则一元线性回归预测方程为

$$Y = -104.13 + 285.29X$$

将 X_i 各值代入上述方程,可得出相对应的回归值(Y_c),详见表 2.4。

d. 应用模型预测。依题意,已知开发面积 $X_0 = 5.1$ km²,代入回归方程得到销售收入为

$$Y_c = -104.13 + 285.29 \times 5.1 = 1350.85(百万元)$$

② 非线性回归分析。

在实际问题中某些变量的关系并非线性变化,而是呈曲线分布,这时应采用非线性回归分析进行预测。非线性回归分析比较复杂,常采用的一种方法是进行变量变换,把许多拟合曲线问题变换为直线问题来处理,也就是把非线性问题转化为线性问题来处理。

常见的一元曲线方程转化为一元直线方程如表 2.5 所示。

表 2.5 常见的一元曲线方程转化表

序 号	曲线名称	曲线方程	换元形式	直线方程
1	双曲线	$\dfrac{1}{Y}=a+\dfrac{b}{x}$	$Y'=1/Y$ $X'=1/X$	$Y'=a+bX'$
2	幂函数	$Y=aX^b$	$Y'=\lg Y$ $X'=\lg X$ $A'=\lg a$	$Y'=A+bX'$
3	指数函数	$Y=ab^x$	$Y'=\lg Y$ $A=\lg a$ $B=\lg b$	$Y'=A+BX$
4	对数函数	$Y=a+b\lg X$	$X'=\lg X$	$Y'=a+bX'$

对于拟合曲线回归方程的问题，求解步骤如下。

a. 应根据数据点的分布情况，确定变量 X 与 Y 之间的函数类型，选择适当曲线与数据点拟合。

b. 应确定 X 与 Y 之间相关函数的未知参数。某些特殊类型的函数，可以通过换元法，把非线性问题转化为线性问题来处理。

应该指出，非线性回归问题的相关系数不能用式(2-1)直接求得，必须通过先求相关指数，相关指数的平方根才是相关系数，计算公式为

$$r_{(y,x_1 x_2 \cdots x_m)} = \sqrt{1-\dfrac{\sum(Y-Y_c)^2}{\sum(Y-\overline{Y})^2}} \tag{2-5}$$

其中

$$\overline{Y}=\dfrac{1}{n}\sum_{i=1}^{n}Y_i \tag{2-6}$$

为了确定可信度，还需计算估计标准离差，计算公式为

$$S(Y)=\sqrt{\dfrac{\sum(Y_i-Y_c)^2}{n-m}} \tag{2-7}$$

式中：Y_c——回归值；

m——回归方程的待定系数个数。

(2) 时间序列分析法。

时间序列分析预测方法，就是根据某一经济现象按时间顺序排列起来的历史统计数据，应用数学方法分析它随时间变化的趋势和规律，进而推断未来的一种方法。该法的基本数学模型为：$Y=f(t)$。分析法的基本依据：承认事物发展的延续性和事物发展的不规律性，即既承认事物发展遵循惯性原则，但又不是简单的重复。时间序列方法很多，下面介绍几种常用的方法。

① 算术平均法。

它是以历史统计数据的平均值作为预测值，其模型为

$$\overline{X} = \frac{\sum X_i}{n} \tag{2-8}$$

式中：$\overline{X}$——平均值，即预测值；

X_i——以 i 为序的时间序列的历史数据；

n——历史数据的期数。

该法适合于变动趋势不大的预测项目，或者说历史数据仅在某一数据值附近变动的预测项目，例如气象预测、材料需要量、劳动力预测等。如果用于趋势变动较大的预测项目，则很难表示出预测对象发展的趋势。

② 加权平均法。

根据历史各期数据的重要程度分别给予不同的权数，求其加权平均值作为预测值。其模型为

$$\overline{X} = \frac{\sum X_i C_i}{C_i} \tag{2-9}$$

式中：$\overline{X}$——加权平均值，预测值；

X_i——时间序列的各期历史数据；

C_i——各期数据的权数。

注意，当式(2-9)中的权数相等时，即：当 $C_1 = C_2 = \cdots C_n \cdots = C_i$ 时，式(2-9)变为式(2-8)。因此，该方法不仅适合于发展变动趋势较大的项目，也适合变动趋势不大、较平稳的预测项目。

【例 2.2】 某企业欲判断竞争对手 2006 年度的经营规模，已获得对手企业前 5 年的加工产值如表 2.6 所示。假定 2001—2005 年的权数分别为 1～5。

表 2.6 某企业前 5 年产值统计表

年度	2001	2002	2003	2004	2005
施工产值/万元	9100	9300	9400	9700	9900

竞争对手企业 2006 年的施工产值为

$$\overline{X} = \frac{9100 \times 1 + 9300 \times 2 + 9400 \times 3 + 9700 \times 4 + 9900 \times 5}{1+2+3+4+5} = 9613.33(万元)$$

若用算术平均法，则预测值为 9480 万元，显然反映不出发展变化的趋势。

加权平均法进行预测的思路是科学的，但如何准确地确定各期数据的权数，尚无科学的方法。目前确定权数的办法，一般运用专家意见，或者根据历史数据接近预测期的距离远近等主观的方法来确定。如最靠近预测期的历史数据权数最大，其余依次递减。权数的表现形式可以是小数、等差级数、等比级数，或者按专家意见给定的权数。

③ 移动平均法。

这是在算术平均法基础上发展起来的一种方法。该方法的基本思路是：对历史统计数据，按一定的项数分段平均，计算起点逐期推移，形成一个平均数的时间序列，据此进行预测。移动平均法既能反映出预测对象的发展趋势，又能消除偶然因素的影响。它适用于受长期变动趋势作用的预测项目，一般应用于短期或近期预测。移动平均法按其计算移动

平均数的次数不同，分为一次移动平均法和二次移动平均法、三次移动平均法等。

a. 一次移动平均法。该法是对历史数据进行一次移动平均而进行预测的一种方法，一次移动平均值的计算公式为

$$M_t^{(1)} = \frac{1}{n}\sum_{i=t-n+1}^{i=t} Y_i \qquad (2\text{-}10)$$

式中：$M_t^{(1)}$——第 t 期的一次移动平均值；

n——移动平均的项数；

Y_i——第 i 期的历史数据。

在一次移动平均法中，第 t 期的一次移动平均值就是第$(t+1)$期的预测值，用符号表示则为 $\hat{Y} = M_t^{(1)}$。

当时间序列的历史数据较多时，为减少计算工作量，一次移动平均值可按式(2-11)(递减公式)进行计算：

$$M_t^{(1)} = M_{t-1}^{(1)} + \frac{Y_t - Y_{t-n}}{n} \qquad (2\text{-}11)$$

利用一次移动平均法进行预测，关键是移动项数 n 值的选择。当 n 值过小时，敏感性很强，但反映不出事物变化的趋向；当 n 值过大时，虽然能消除不规则因素的影响，但敏感性不高。因此，必须选择适合的移动项数 n 值。选择的依据主要是根据预测的目的，历史数据的特征，如总的数据期数，有无季节变动和周期变动等。通常 n 的取值范围为 3～10。

【例 2.3】 某构件厂 1～7 月份销售构件数据如表 2.7 所示。试用一次移动平均法预测 8 月份的售量。假定移动项数 $n=5$。移动平均值的计算结果如表 2.7 所示。

表 2.7　1～7 月份销售构件统计表

月份/t	销售额/万元	$M_t^{(1)}$/万元 $n=5$
1	119	
2	125	
3	133	
4	125	
5	125	125.4
6	128	127.2
7	130	128.2

表 2-7 中的 $M_t^{(1)}$ 列数据为 $M_5^{(1)}$、$M_6^{(1)}$、$M_7^{(1)}$，它们分别是 6 月份、7 月份和 8 月份的预测值。8 月份的预测值 $\hat{Y}_8 = M_7^{(1)} = 128.2$ 万元。

由于一次移动平均法直接将移动平均值作为预测值，故有人称它为单纯移动平均法，它仅适用于比较平稳的历史数据和做短期预测。

当历史数据有明显的线性变化趋向时，用单纯移动平均法做出的预测结论滞后或超前，偏差将会很大。因此，在一次移动平均法基础上又派生出一些其他方法，如加权移动平均法、平均相对误差率修正法、平均增减趋势修正法等，这里不再详述。

b. 二次移动平均法。该法是利用一次移动平均的数据再进行一次移动平均。这种方法主要是利用一次移动平均值、二次移动平均值，建立直线模型，进行预测。它可以消除滞后偏差。二次移动平均值计算公式为

$$M_t^{(2)} = \frac{1}{n}\sum_{i=t-n+1}^{i=t} M_t^{(1)} \tag{2-12}$$

式中：$M_t^{(2)}$——第 t 期的二次移动平均值；

$M_t^{(1)}$——第 t 期的一次移动平均值；

n——移动项数。

当 $M_t^{(1)}$ 的数据很多时，二次移动平均值可按递推公式进行计算：

$$M_t^{(2)} = M_{t-1}^{(2)} + \frac{M_t^{(1)} - M_{t-n}^{(1)}}{n} \tag{2-13}$$

利用一次移动平均值、二次移动平均值建立的直线模型为

$$\hat{Y}_{t+T} = a_t + b_t \cdot T \tag{2-14}$$

式中：$\hat{Y}_{t+T}$——第 $t+T$ 期的预测值；

t——当前时期数；

T——由 t 起算的预测时期数；

a_t——纵轴截距；

b_t——直线的趋势，即直线的斜率。

建立直线模型的依据是：假定时间序列的历史数据呈线性变化趋势，尤其是最后若干项看作是直线规律变化，并且延续到将来。

$$\left.\begin{array}{l} a_t = 2M_t^{(1)} - M_t^{(2)} \\ b_t = \dfrac{2}{n-1}(M_t^{(1)} - M_t^{(2)}) \end{array}\right\} \tag{2-15}$$

当直线模型的系数求出后，代入式(2-14)，就可以进行预测。

二次移动平均法适用于具有趋势性变动的预测对象。由于采用的当前期不同，会导致具体直线方程不同，对未来同一预测期的预测值也不相同。同时预测的时期数越大，则偏差越大，因此该法通常以距预测期最近的一期作为当前时期数且只适合短期预测。

④ 指数平滑法。

指数平滑法是以指数形式的几何级数作为权数来考虑不同时间数据的影响，并将这些数据加权移动平均进行预测的一种方法。其经营预测模型为

$$\hat{X}_{t+1} = \hat{X}_t + \alpha(X_t - \hat{X}_t) \tag{2-16}$$

或

$$\hat{X}_{t+1} = \alpha X_t + (1-\alpha)\hat{X}_t \tag{2-17}$$

式中：$\hat{X}_t$、$\hat{X}_{t+1}$——分别为第 t 期、第 $t+1$ 期预测值；

$\hat{X}_t$——第 t 期观察值；

α——平滑系数，$0<\alpha<1$。

a. 指数平滑法的优点。需要储存的数据少，只需要储存上期对本期的经营预测值一个数据就够了；对各历史时期观察值进行了合理的加权，近期值的权数较远期值的权数大，较符合外推经营预测要求；通过对平滑系数 α 的控制，使经营预测结果较准确。

b. 指数平滑法的缺点。没有考虑到影响该时间数列变动的其他因素，这也是所有时间序列外推经营预测共有的缺点；平滑法只能一期一期地外推，宜做逐期经营预测，不能做远期经营预测；没有充分考虑时间序列的长期趋势和季节变动；经营预测值落后于观察值，预测值 X_{t+1} 是用 t 期及以前各期观察值的平均数计算的，没有考虑 $t+1$ 期的实际情况。

c. 使用指数平滑法应注意的问题。主要注意初始值的确定和平滑系数 α 的取值。如果资料项数 n 大于50时，可用第一期水平 X_1 作为初始值；资料项数 n 较小时可利用研究时期以前一段时间的资料，求其平均数作为初始值。在原数列波动不大时，α 可取最小值，如 0.1～0.3，以加重旧预测值的权数；在原数列波动较大时，α 可取较大值，如 0.6～0.8，以加重新观察值的权数。

【例 2.4】 假设初始值 $X_0=0.65 km^2$，平滑系数 α 分别取 0.5、0.8、0.9 三个方案，试根据表 2.3 资料预测 2002 年的开发面积。

解： 根据式(2-17)进行指数平滑预测，其计算过程如表 2.8 所示。

表 2.8 指数平滑法计算表

开发面积/km^2	甲方案(α=0.5)	乙方案(α=0.8)	丙方案(α=0.9)
0.65	0.650	0.650	0.650
0.76	0.650	0.650	0.650
1.03	0.705	0.738	0.749
1.01	0.868	0.972	1.002
0.88	0.939	1.002	1.009
1.27	0.910	0.904	0.893
1.90	1.090	1.197	1.232
3.65	1.495	1.759	1.833
3.75	2.573	3.272	3.468
4.86	3.162	3.655	3.722

甲方案 $\hat{X}_{t+1}=0.5×4.86+(1-0.5)×3.162=4.011(km^2)$

乙方案 $\hat{X}_{t+1}=0.8×4.86+(1-08)×3.655=4.619(km^2)$

丙方案 $\hat{X}_{t+1}=09×4.86+(1-0.9)×3.722=4.746(km^2)$

⑤ 长期趋势预测法。

长期趋势是指经济现象在某一个相当长的时期内持续发展变化的趋势。用下述适当的方法测定一个经济变量在一定时间内持续发展变化的趋势，以配合一条趋势线，用以预估或推测它未来发展趋势的方法，称为长期趋势预测法。长期趋势预测法也可看成是因果分析法的特例，它是以时间为起因，以所研究的经济变量为结果，通过时间与经济变量的因果关系，求得未来的发展趋势。我们这里只研究线性趋势预测。

当经济变量在某一时期内近似呈直线趋势时，可以把时间的期数作为自变量 t，把所研究的经济变量在各个时期的数值作为因变量 X，应用最小二乘法求得回归待定系数，建立经济变量发展趋势的线性回归方程，然后将经营预测的时间周期数代入模型，即可进行预测。

设趋势方程为 $X_c=a+bt$，待定系数由式(2-18)确定

$$\left.\begin{array}{l}b=\dfrac{n\sum X_t-\sum t\sum X}{n\sum t^2-(\sum t)^2}\\[2mm] a=\dfrac{\sum X-b\sum t}{n}\end{array}\right\} \quad (2\text{-}18)$$

由于时间序列的时间间距是相等的,因而可以将 X 轴平移到时间序列的中间位置,使 $\sum t=0$,这时计算待定系数 a 和 b 的问题得到简化。

如果历史资料项数 n 为奇数,可将 X 轴移到 $(n+1)/2$ 期的位置,$(n+1)/2$ 期以前的 t 值为负,$(n+1)/2$ 期以后的 t 值为整,则 $\sum t=0$;如果历史资料项数 n 为偶数,可将 X 轴移到中间两期的中点,为了使数字取整,使 $X_{t+1}-X_t=2$,也使 $\sum t=0$。从而使式(2-18)简化为

$$\left.\begin{array}{l}b=\dfrac{\sum X_t}{\sum t^2}\\[2mm] a=\dfrac{\sum X}{n}=\bar{X}\end{array}\right\} \quad (2\text{-}19)$$

【例 2.5】 试根据表 2.3 资料建立线性趋势方程,并预测 2002 年的开发面积。

解: 建立线性趋势方程为 $X_c=a+bt$,其计算过程如表 2.9 所示。

根据式(2-19)可计算出待定系数 b 和 a:

$$\begin{cases}b=\dfrac{\sum X_t}{\sum t^2}=\dfrac{74.98}{330}=0.227\\[2mm] a=\dfrac{\sum X}{n}=\dfrac{19.76}{10}=1.976\end{cases}$$

则
$$X_c=1.976+0.227t$$

由此可以预测,2002 年的开发面积为 $X=1.976+0.227\times11=4.473(\text{km}^2)$。

表 2.9 长期线性趋势预测

年 份	t_i	开发面积 X_i/km^2	t_i^2	X_it_i	趋势值 X_c	$(X_i-X_c)^2$	$(X_c-\bar{X})^2$
1992	−9	0.65	81	−5.85	−0.067	0.5141	4.1738
1993	−7	0.76	49	−5.32	0.387	0.1391	2.5249
1994	−5	1.03	25	−5.15	0.841	0.0357	1.2882
1995	−3	1.01	9	−3.03	1.295	0.0812	0.4638
1996	−1	0.88	1	−0.88	1.749	0.7552	0.0515
1997	1	1.27	1	1.27	2.203	0.8705	0.0515
1998	3	1.90	9	5.70	2.657	0.5731	0.4638
1999	5	3.65	25	18.25	3.111	0.2905	1.2882
2000	7	3.75	49	26.25	3.565	0.0342	2.5249
2001	9	4.86	81	43.74	4.019	0.7073	4.1738
$\sum$	0	19.76	330	74.98	19.76	4.0009	17.0044

⑥ 季节性变动预测法。

季节性通常是指某些社会经济现象每年随着季节更换而表现出比较稳定的周期性变动。它的变动主要是自然条件和生产条件等客观因素影响引起的。房地产需求量的变化，在一年之中随着时间的推移、季节的不同呈现出有规律的变化，而且房屋的开发也受自然条件如气候、温度等变化和生产条件的影响。因此，季节不同，房地产供给量也呈现出周期性变动。对未来房地产季节性变动的测算、分析和研究，就是季节经营预测。季节经营预测的方法很多，这里不做详细介绍。

2.4 建筑企业经营决策

2.4.1 经营决策的概念

企业的决策是指为实现一定目标、解决一定的问题，有意识地寻求多种实施方案，按决策者的智慧、经验、胆识和决策标准，进行比较分析，确定较理想的方案，并予以实施及跟踪的过程。

这个概念包括以下五层含义。

(1) 决策是一个动态过程。决策活动包括确定目标、方案比选、方案实施跟踪及方案修正的全过程。没有一系列过程，决策就容易陷于主观、盲目，导致失误。

(2) 决策的目的是实现企业的一定目标，或解决企业发展中某一问题。企业经营管理中每个时期都有它的目标，为实现企业的目标，要解决许多问题，要想正确解决这些问题，使企业的经营有更好的经济效益，就必须进行科学的决策。

(3) 决策的核心问题是如何进行多方案的选择。凡是要做决策，都必须有意识地拟制不同的实施方案，然后根据决策的标准选出较理想的方案。只有通过比较和鉴定，才能做出正确的决策。

(4) 决策要有科学的标准和依据。决策要提倡用科学的数据说话，排除主观成见，但又要体现决策者的智慧、经验和胆识。这样才能做到大胆的开拓精神和实事求是精神的相互结合。

(5) 决策选择结果一般应是较理想的方案。影响一项事物发展的因素十分复杂，在有限时间内、有限条件下，不可能对所有因素都给予同样的考虑，因此，决策只能做到尽可能的圆满，而不可能做到完美无缺。

2.4.2 决策在企业管理中的地位

决策在企业生产经营管理中处于核心地位，这是由市场经济环境所决定的。其一，在市场经济条件下，每个企业都面临四个必须自主解决的基本问题：生产什么；生产多少；如何生产；如何销售。这些问题实质是：确定生产经营方向的目标；确定数量界限；采用何种生产工艺、技术和方法，使产品质量、成本和价格处于最佳状态，确定销售方式和销售渠道，使企业在竞争中处于有利地位。对于上述基本问题，都需要企业做出正确的决策，否则将危及企业的生存和发展。其二，如果将决策作为企业管理的一种职能，它先于和重于其他一切职能。首先，决策用于计划职能范畴，而计划又是行动的纲领，因此说决策是行动的基础，正确的行动来源于正确的决策。其次，决策行为贯穿于企业管理工作的各个方面，如企业高层的经营战略决策、中层的管理决策、基层的实务性决策。不论管理人员的地位如何，决策是他们日常工作经常面临的、不可缺少的重要组成部分。决策的正确与否，对企业的关系很大，且地位越高，决策在企业管理工作中的作用越重要。因此，管理的关键在于决策，正确决策是企业生产经营管理的核心。

决策在企业管理中如此重要，作为一个企业的领导(高层管理者)应当不断根据企业外部环境的变化，应用决策科学的理论和方法，集中各方面的意见和建议，及时做出科学的决策。作为企业的一般管理人员，应熟练地掌握和运用决策分析方法，在复杂的情况下，提供可行的备选方案和必要的定量数据，协助高层管理者做出正确的决策，使企业的管理决策逐步成为各级管理人员的自觉行为，使决策逐步走上科学化、民主化和系统化的轨道。

2.4.3 企业经营决策的分类

在企业生产经营管理活动中所进行的决策是十分广泛的，按不同的标志可将企业经营决策划分为如下类型。

(1) 按计划时间划分，可分为长期决策和短期决策。长期决策是指与确定企业经营战略目标和发展方向有关的重大安排。如投资方向与生产规模的选择，技术开发、技术革新发展方向的选择，长时期发展速度的选择等。这种决策与企业长期发展规划有关，并较多注意企业外部环境的发展变化，由企业最高决策层做出；短期决策是指为实现经营战略目标所采取的具体手段的决策，它比长期决策更具体，考虑的时间也短，其着眼点是如何组织和动员企业内部力量，即通过生产要素优化配置和动态管理，实现战略目标。

(2) 按决策问题的重要程度或者按决策层次分工划分，分为战略决策、中间管理决策和实务决策。战略决策是指对企业发展方向、远景规划、经营目标、产品结构、市场开拓等方面带有全局性、长期性的重大问题所做的决策，它是由企业最高决策层做出的。中间管理决策是指根据战略决策的要求，为战略决策各个阶段性目标的实现而进行的决策。这类决策多以年度为期，以企业内部生产要素的优化配置和动态管理为途径，以项目施工的工期、质量和成本为主要目标，进行企业内部的协调与控制，实现系统优化。这类决策主要由企业中间管理层做出。实务决策又称业务决策，是由操作者或业务工作者，为提高日常工作效率、降低消耗、确保质量所进行的决策。这种决策一般由实务层做出。

(3) 按决策问题出现的频率划分，分为程序性决策和非程序性决策。程序性决策亦称例行性决策，是指决策的问题出现的频率大，已经形成既定的解决程序，或用数学公式求解，或通过相应的规章制度、责任制去解决企业管理中经常重复出现的问题。这类决策主要由中下层管理人员承担。非程序性决策亦称例外性决策，是指决策问题出现的频率小，是没有先例可依据的新问题，是一次性决策。非程序性决策往往是有关企业重大战略问题的决策，无法用常规的办法处理，除采用定量分析以外，还需要依靠决策者的知识、经验、洞察力、判断力、信念、胆略等直觉做出决策。这类决策主要由高层管理人员承担，按照决策的一般程序进行决策。

(4) 按决策的问题可否量化划分，分为定量决策和定性决策。定量决策是指以建立数学模型进行数学计算而进行的决策。定性决策是指不用或少用数据与数学模型，而凭借决策者的经验、知识和判断力所进行的决策。在实际工作中常常是采用定量和定性相结合的方法，凡可以用数量表示决策的条件和结果的，应尽量用定量方法来辅助决策者的决策。这是现代管理用数据说话的基本特征所要求的。但数据毕竟不能代替决策者的观念和逻辑思维，所以定性的分析判断对于决策而言也是至关重要的。因此，采用定量方法与定性方法相结合，互相补充、互为所用，可以提高决策的科学性和可靠性。

(5) 定量决策按信息掌握程度划分，分为确定型决策、风险型决策和不确定型决策。信息掌握程度是指决策所依据的信息(条件)和决策实施预期结果的信息的多少。确定型决策是指决策所依据的条件和决策的预期结果都是明确肯定的。风险型决策又称随机型决策，是指决策所依据的条件信息不足，决策的结果有两种以上的自然状态难以确定，但人们可以通过历史统计资料，或主观判断获得每种状态出现的概率，这种把概率因素放在决策中考虑的决策称为风险型决策。不确定型决策是指决策依据的信息不足，决策中所遇到的自然状态无法完全事先断定(即出现的概率无法断定)，这类决策称为不确定型决策。这里所说的自然状态是指决策方案遇到的未来环境，这是决策者无法控制的。从这个意义上讲，三种类型决策可以这样区分：自然状态是肯定的、唯一的；自然状态有多个，但其出现概率可以判断出；自然状态有多个，但其出现概率无法判断出来。

(6) 按企业管理决策的内容划分，分为企业组织决策、企业经营决策和企业生产决策。

企业管理决策还可以以其他标志来分类。如按企业的投入和产出来划分，分为资源决策和经营业务决策；按决策者的价值判断来划分，分为稳健型决策、进取型决策和内向型决策；按决策的主体划分，分为独断式、授权式、专家咨询方式、临时工作小组决策方式和集体决策方式；按决策的目标划分，分为单目标决策和多目标决策等。总之，分类方式很多，但其目的都是使决策人员系统地认识不同类型的决策，便于在决策时采取不同的方法和态度。

2.4.4 经营决策的程序

1. 明确经营问题

进行经营决策，是为了解决必须解决已经发生和将要发生的经营问题。经营上实际达到的状况与应该达到的状况或希望达到的状况之间存在着差距，这个差距的存在就是经营问题。

首先，要发现问题：①明确企业应当达到的和希望达到的经营状况；②确定企业实际的经营状况；③对比上述两项经营状况，找出差距。

其次，要确定问题，即通过对经营问题产生的时间、地点和条件等情况的分析，确定问题的特点、范围和发展趋势。

最后，在确定问题的基础上分析产生问题的原因，尤其要查找产生问题的主要原因，寻找解决问题的办法。

2. 确定经营目标

经营目标是经营决策的出发点和归宿。根据经营目标做出经营决策，而经营决策又必须保证经营目标的实现。

经营目标是国家、社会、建筑企业和职工等各方利益和要求的综合反映。因此，在确定经营目标时，必须深刻了解和正确处理各种经济利益关系，满足各方面的要求。在确定经营目标时，一般应注意以下几个方面的问题：①要把经营目标建立在需要与可能的基础上。②要使经营目标明确、具体、尽可能数量化，便于衡量经营决策的实施效果。对不能以数量化表示的目标，要采用间接的表示方式，使其具有相对的计量性。③要弄清必须达到和希望达到构成的主要目标和次要目标，并设法减少目标项数，以便于决策。

3. 制订可行性经营方案

所谓经营决策的可行性方案，就是指能够解决某个经营问题、保证经营目标实现和具备实施条件的经营方案。

经营方案的制订过程从提出设想开始，经过收集整理加工设想，组成几种初步方案。对初步方案进行筛选，去掉不合要求或不具备实施条件的方案，再加以补充修改完善，初步预估一下执行结果，形成可行性方案。

4. 评价和优选经营方案

一旦有了经营决策的可行性方案，就要对决策方案进行全面细致的评价，从中优选方案。

在优选方案时，一般要做好以下几个方面的工作。

(1) 要考虑企业经营环境的变化，预测各个可行方案的经济效果和社会效果。可行性方案都是面向未来的方案，它的效果要经过一定时期后才能实现。决策时只能通过预测求得方案的效果，而方案效果实现与否与执行期间的客观环境变化有着密切的关系。因此，在预测方案的效果时，就要预测客观环境的可能变化，特别对那些决定企业成败的环境因素，更应认真考虑。

(2) 要确定决策方案的评价标准。一般来说，可把经营目标作为评价标准，或把经营目标具体化后的指标作为评价标准，看经营方案的作用和经济效果、社会效果是否接近标准。同时要看企业面临什么样的经营环境。经营环境不同对影响决策方案效果的因素的要求也不相同，有的可能从主要地位下降到次要地位，有的可能从次要地位上升到主要地位。如工程质量影响到工程投标的中标时，质量就是需要考虑的因素。

(3) 采用合理的评价方法。决策方案的选择，通常可采用：①经验判断法。这是依人们的实际经验和判断能力来选择方案的方法。②数学分析法。这是用数学方法来选择方案的方法，即将有些方案的变量与变量、变量与目标的关系通过数学模型来反映并依此进行优选。③试验法。这是根据试验的过程及结果来选择方案的方法。因为有些经营方案的决策，既缺乏经验，又无法用数学方法分析选择，就只能选择几个典型单位进行试验，如新施工工艺、新材料、新制度的试用和试行，都是一种试验。凡经营方案经过反复讨论、计算、比较、思考仍然没有较大把握时，可用这种方法来做最后选择。

不论采用什么方法对方案进行评价优选，都要注意到技术上的可行性和经济上的合理性。如果方案需要较大的一次性投资的，还要考虑企业的财力是否能够承受，如向银行贷款必须考虑到是否有偿还能力，以确保经营决策的顺利实施。

5. 经营决策方案的执行和反馈

根据经营决策编制经营计划。在编制和执行计划时还会发生新问题，需要找出原因，制定措施。解决新问题，实际上也是一种决策。经营决策的反馈，主要是指在决策执行过程中，通过执行情况与目标的比较来发现新问题。发现问题就要查明原因，制定相应措施解决问题，以保证决策目标的实现。经营决策的过程如图 2.4 所示。

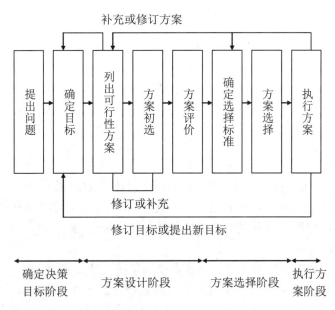

图 2.4　经营决策的过程

2.4.5　经营决策的方法

经营决策的方法有两大类：定性方法和定量方法。前面我们在分类里已经介绍了定性方法。下面主要介绍经营决策的定量方法。

1. 确定型决策方法

确定型决策是指信息比较完备，只存在一个确定的目标，决策的未来(自然)状态和各种不同的方案结果均可计算确定。这类决策的评价准则是根据不同的决策方案的经济效益，加以比较、择优选取。

1) 效益费用比较法

效益费用比较法是以各方案实现决策目标的经济效果作为评价方案优劣的尺度，是单目标确定型决策最基本的方法。其模型为

$$E_i = \frac{V_i}{C_i} \tag{2-20}$$

式中：E_i——i 方案的经济效果，效益费用比；
　　　V_i——i 方案的劳动成果，效益指标；
　　　C_i——i 方案的劳动消耗，费用指标。
方案优选原则：E_i 最大的方案为满意方案。

【例 2.6】 某项目有两个投资方案，投资分别为 400 万元和 200 万元，假设建设周期和经营期限相同，两方案的收益分别为 1200 万元和 500 万元，哪个方案更优？

解：
$$E_1 = \frac{V_1}{C_1} = \frac{1200}{400} = 3$$

$$E_2 = \frac{V_2}{C_2} = \frac{500}{200} = 2.5$$

显然第一个方案优于第二个方案。

式(2-20)的含义为：单位劳动消耗所产生的劳动效果，表示的是经济效率正向指标，其逆指标为

$$E = \frac{C}{V} \tag{2-21}$$

式(2-21)表示的是：获得单位劳动成果所需要的劳动消耗。经济效果还可用下述模型表示：$E=V-C$ 表示劳动成果的净效果，如利润、净产值等。总之，式(2-20)为评价方案经济效果的基本模型，可结合具体决策问题灵活使用其余经济效果模型。

2) 线性规划法

线性规划法是一种特殊的解决单目标确定型决策的方法。它的决策过程是：确定问题、明确目标和约束条件；建立模型；模型求解，得到最优的配置方案。这一决策过程，似乎看不到方案设计和方案选择的基本环节，其实它已隐含在模型求解的过程中了。完成某项任务所需的资源可有多种配置方案，但最优的只有一个，而这个最优方案又是直接由所建立的数字模型导出的。

线性规划模型的基本结构包括以下几项。

(1) 变量。这是决策问题需要控制的因素，也称为决策变量，用 X_i 或 X_{ij} 表示。一个变量表示一个需控制的因素。模型的变量越多，就越能反映实际，但模型求解也越复杂。

(2) 目标函数。这是决策者对决策目标的数学描述，是一个极值问题，即极大值或极小值。如经营管理中常见的目标有产值最大、利润最大、效率最高，或者成本最低、费用最小、时间最短、距离最近等。

(3) 约束条件。这是实现目标的限制因素，如生产领域中可以利用的设备能力、原材料供应数量、产品的计划产量、产品的质量和运输领域中的供销数量等。这些因素反映到模型中，就是需要满足的基本条件，用约束方程表示。约束条件具有 3 种基本类型：大于或等于；等于；小于或等于。

【例 2.7】 某承包商有六个零售商店和三个加油站共九个工程可供选择。这些工程要求同时开工，而承包商人力有限，不宜同时承包。承包商估计商店工程每座可获利润 7000 元；加油站工程每座可获利润 5000 元。承包商当前拥有四种技工，可利用的瓦工工时为 35 000 个，普工工时为 50 000 个，木工工时为 25 000 个，钢筋工工时为 25 000 个。承包商

对于修建零售商店及加油站所耗用的工时估计如表 2.10 所示。问：承包商承包两类工程各几个才能争取更大的利润？

表 2.10　两类工程工时估计表

工　种	所需工时	
	一个零售商店	一个加油站
瓦工	6600	4800
普工	7500	5600
木工	4000	4000
钢筋工	3000	3000

解：该例决策变量有两个。即两类工程各应承包的个数。设 X_1 表示承包零售商店的个数，X_2 表示承包加油站的个数。

承包商欲获得利润最大为目标，目标函数为

$$E_{max} = 7000X_1 + 5000X_2$$

式中，E 为利润。

约束条件：

瓦工：$6600X_1+4800X_2 \leqslant 35\,000$　普工：$7500X_1+5600X_2 \leqslant 50\,000$

木工：$4000X_1+4000X_2 \leqslant 25\,000$　钢筋工：$3000X_1+3000X_2 \leqslant 25\,000$

决策变量的非负性和取整性

$X_1 \geqslant 0$，且 $X_1=0$，1，2，3，4，5，6。

$X_2 \geqslant 0$，且 $X_2=0$，1，2，3。

以上各式合起来就构成线性规划的数学模型。

关于线性规划模型的求解：对于只有两个变量的模型，可用图解法；对于三个以上变量的模型需用单纯形法求解。具体求解方法，本教材不做介绍。

2. 风险型决策方法

1) 最大概率法

最大概率法的基本思想是将风险型决策变换为确定性决策。根据概率论的知识，一个事件概率越大，发生的可能性就越大。因此，在风险决策中选择一个概率最大的自然状态进行决策，其他自然状态可以不管，它就变成了确定型决策问题。

例如，某房地产开发公司拟就项目开发规模进行决策，根据咨询部门所提供的资料及房地产市场走势预测，得出住宅商品房市场销售好、中、差三种情况概率，如果市场销售中间状态的概率为最大，就将这个概率定为"已知的自然状态"来决策，以确定其开发规模。

最大概率法适用于在一组自然状态中某一状态出现的概率，比其他状态出现的概率大得多，而它们相应的损益值差别不是很大的决策问题。如果在一组自然状态中，所发生的概率差别都很小，就不宜采用此法。

2) 期望值法

期望值法是一种最常用的方法。期望值就是同时考虑经济指标取值及其发生概率的度

量。期望值法就是计算出每个方案的损益期望值为最优方案。其公式为

$$E(A) = \sum_{i=1}^{n} p_i a_{ij} \quad (j=1,2,\cdots,n) \tag{2-22}$$

式中：p_i——第 i 种自然状态出现的概率；

a_{ij}——第 j 种行动方案在第 i 种自然状态下的损益值。

期望值法一般按如下步骤进行分析计算。

(1) 任选一个不确定因素为随机变量，具体分析这个随机变量的各种可能取值。

(2) 计算在随机变量各种取值情况下的经济评价指标值(净现值、年等值等)。

(3) 由历史统计资料分析或由分析人员依据资料和经验判断不确定因素各种取值的发生概率(可能性)。

(4) 计算在不确定因素下，项目经济评价指标的期望值 $E(x)$。

(5) 由期望值计算结果，对项目方案进行综合性分析。

【例 2.8】 某房地产企业编制出开发建设居住小区的两个方案。方案 A_1 为大面积开发，方案 A_2 为小面积开发。两方案的建设经营期限为 6 年。其中，大面积开发需要投资 5000 万元，小面积开发需要投资 3000 万元。根据市场预测，市场商品住宅需求量的概率及两个方案年损益值如表 2.11 所示。试问选用哪个方案收益最大？

表 2.11 各方案的年损益值

行动方案	自然状态		$E(A)$
	需求量高 $P_1=0.70$	需求量低 $P_2=0.30$	
大面积开发 A_1	2000	-400	2680
小面积开发 A_2	900	600	1860

解： 分别计算出两个开发建设方案在 6 年内的净收益期望值。

$E(A_1)=[2000×0.7+(-400)×0.3]×6-5000$

$\qquad =2680$(万元)

$E(A_2)=(900×0.7+600×0.3)×6-3000$

$\qquad =1860$(万元)

由于 $E(A_1) > E(A_2)$，故选择大面积开发方案为收益最大方案。

3) 决策树法

决策树是用来表示决策过程中各备选方案和各方案可能出现的状态及其结果之间的关系以及进行决策的一种树状结构，它是风险型决策的一种辅助决策工具。前面介绍的风险型决策方法一般称为收益矩阵表法，它只适合单阶段决策问题，而决策树法不仅可以解决单阶段决策问题，而且可以解决收益矩阵表法不易表达的多阶段序列决策问题。

决策树法也是利用期望值进行决策，只不过决策树技术运用状态的图形帮助决策，带有直观性、形象性，更便于使用。它的最大优点是可使决策主体针对决策局面采用一个有秩序的合理决策过程，尤其适用于多级决策问题。因而，决策树法更适用于房地产经营决策。

决策树的结构如图 2.5 所示。决策树由四个元素构成。

(1) 决策点：用符号"□"表示。从它引出的直线分枝叫作方案分枝，方案分枝数表示决策行动方案数。

(2) 状态点：用符号"○"表示，其上方的数字表示决策方案的期望值，从它引出的分枝叫作状态分枝，每条分枝上面写明自然状态下所发生的概率，分枝数反映可能出现的自然状态。

(3) 结果点：它边上的数字是每个决策行动方案在相应自然状态下的损益值。

(4) 分枝：连接决策点、状态点、结果点之间的直线段表示分枝，根据其所处的位置，代表方案分枝或状态分枝。

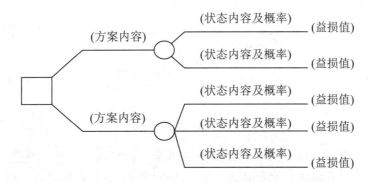

图 2.5　决策树结构图

一般情况下，方案名称写在方案枝的上方，当方案有追加投资时，标在方案枝的下方；自然状态及概率标在概率枝的上方；每个方案不同状态下的收益值标在概率枝末端的右侧；各方案的期望收益值标在各方案的自然状态点上方；对决策点和自然状态点编号的顺序是由左至右、由上而下按不同号码类型分别编定；当决策问题属多阶段决策时，应在相应概率枝上引入新的决策点。

当各方案的期望值计算完后，应按规定标于图上，据此进行方案选择。定案的标准仍然是期望收益最大或期望损失最小，未被选定的方案应剪枝，用符号"┿"表示。

【例 2.9】 将【例 2.8】的建设经营期分为前 3 年和后 3 年。根据市场调查，预测该地区前 3 年商品住宅房需求量较高的概率为 0.7，如果前 3 年市场销量较高，则后 3 年需求量较高的概率为 0.9；若前 3 年市场销量较低，则后 3 年需求量肯定低。试问：在这种情况下哪个方案为最优方案？

解： 该决策问题较为复杂，但采用决策树法，便可化繁为简。

首先，绘制决策树如图 2.6 所示。

其次，计算结点期望值。

点④：$[2000 \times 0.9 + (-400) \times 0.1] \times 3 = 5280$(万元)

点⑤：$[(-400) \times 1.0 \times 3] = -1200$(万元)

点②：$[2000 \times 0.7 + (-400) \times 0.3] \times 5280 \times 0.7 + (-1200) \times 0.3 - 5000 = 2176$(万元)

点⑥：$600 \times 1.0 \times 3 = 1800$(万元)

点⑦：$(600 \times 0.1 + 900 \times 0.9) \times 3 - 2610$(万元)

点③：(900×0.7+600×0.3)×3+2610×0.7+1800×0.3-3000=1797(万元)

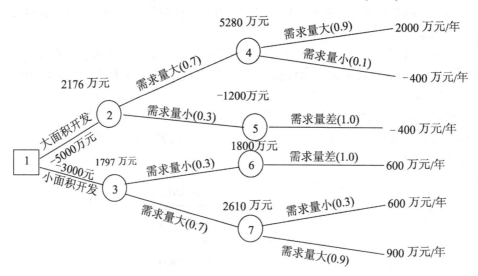

图 2.6　决策树

将计算出的各节点期望值标在图 2.6 的相应位置，经比较，大面积开发建设方案为最优。

决策树列出了决策问题的全部备选方案和可能出现的各种自然状态，以及在不同状态下的收益值(或损失值)，能形象地显示出整个决策问题在时间上或决策顺序上的不同阶段的决策过程。特别对于复杂的、多阶段决策，层次清楚，阶段明显，便于决策机构集体研究和讨论，有利于做出正确的决策。因此，决策树方法是经营管理人员进行决策的一种十分有效的决策工具。

3. 不确定型决策方法

确定型、风险型和不确定型三类决策的主要区别在于决策方案遇到的未来环境(自然状态)的确定程度。当自然状态是唯一、明确的则为确定型决策；当自然状态有多种可能，但其出现的概率可知则为风险型决策；当自然状态有多个，但其出现的概率无法估计出则为不确定型决策。因此，这便决定了不确定型决策的基本特征是状态的不完全可知，其方法特征必然是根据决策者价值观念或价值判断进行决策。

不确定型决策的基本思路：一是把不确定型决策转化为风险型决策。这就需要决策者根据自己的知识、经验，对方案遇到的自然状态给一个主观概率(例如机会均等)，然后按照风险型决策理论进行决策。二是按照决策者的价值观念或者对风险的态度进行决策。由于决策者的价值观念不同，在同样信息量的条件下，对决策采用的方法和定案标准都会有不同的选择。决策者对风险的态度有喜好稳妥保险的，有喜欢冒险的，有总爱后悔的等。对风险的不同态度，实际就是决策者的价值观念。按照决策者的价值观念进行决策，并非决策者随意胡乱决策，而是把不同类型的价值观念归纳为不同的决策模型，供决策者选择使用。

不确定型决策有以下几种方法。

1) 乐观准则

乐观准则又称最大值准则、赫威兹准则或大中取大法。采用乐观准则时,决策主体从最乐观的角度出发,找出每种决策方案在各种自然状态的最大效益值,然后再从这些效益值中选择最大值所对应的方案,即为最优方案。该准则往往被偏好冒险的决策者所推选。

【例 2.10】 某房地产开发企业拟在外地投资兴建一住宅小区,3 年建完。由于缺乏资料,企业对该地市场住宅商品房需求量只能估计为较高、一般、较低三种情况。而对每种情况出现的概率又无法预测。企业提出了本地集资建设、独资建设、由当地有关部门集资建设和与外商合资建设四个方案。并计算出每个方案在 3 年内的收益值,如表 2.12 所示。试据此进行方案决策。

解:从表 2.12 所列四个方案的收益值,可以看出各方案的最大收益值分别为 800 万元、600 万元、350 万元和 300 万元。决策者从最理想的状态出发选择收益 800 万元,即独资开发建设方案(B)为最优方案。

表 2.12 各方案的损益值 单位:万元

方案自然状态	本地集资(A)	独资(B)	外地集资(C)	与外商合资(D)
较高	600	800	350	300
一般	400	220	220	250
较低	−150	−50	50	90

2) 悲观准则

悲观准则又称瓦尔德准则或最大最小准则,或小中取大法。该准则是一种保守决策方法。决策人从谨慎的观点出发,对每个决策方案只考虑最坏的可能收益,以此作为标准,再从最坏的可能收益中取最大者的方案。该决策准则虽然没有风险,但可能失去获得更高收益的机会。

【例 2.11】 以表 2.12 所示资料为例,试按悲观准则进行方案决策。

由表 2.12 可知,该项目的最小收益值分别为:−150 万元、−50 万元、50 万元和 90 万元,决策者从最不乐观状态出发选择收益值最高(90 万元)的与外商合资的开发建设方案(D)为最优方案。

3) 等可能准则

等可能准则又称拉普拉斯准则或机会均等准则,是在决策者无法预知系统状态发生概率的情况下,每种状态发生的概率相同。如果有 n 个自然状态,则每个自然状态出现的概率为 $1/n$。然后再按照风险型决策的损益最大期望值进行决策。

【例 2.12】 把等可能准则应用于【例 2.10】中,求最佳决策方案。

解:设各状态的发生概率为 $1/n$,则各方案的期望值分别为

$E_{(A)}=(600+400-150)\times 1/3=283.3(万元)$

$E_{(B)}=(800+220-50)\times 1/3=323.33(万元)$

$E_{(C)}=(350+220+50)\times 1/3=206.6(万元)$

$E_{(D)}=(300+250-90)\times 1/3=213.3(万元)$

经比较,决策者选择独资开发建设方案(B)为最优方案。

4) 后悔值准则

后悔值准则又称塞维厅准则或最小遗憾准则。决策者在进行方案决策后,如果发生的自然状态没有达到最理想的效果,就会有后悔的感觉。后悔值准则的出发点就是要使决策者在事后感到后悔的程度达到最小,即以对自己决策的遗憾程度低的最小限度为准。用该准则时,首先要计算出各个状态下采取不同方案的后悔值,方法是用各种状态下的最大收益值分别减去该状态下所有方案的收益值,从而得出对应的后悔值;然后从每个方案中选取最大后悔值;最后在已选的最大后悔值中选出最小后悔值,其对应的方案为最优方案。

【例 2.13】 以【例 2.10】条件为例,按后悔值准则进行方案决策。

解:计算不同自然状态下的后悔值,如表 2.13 所示。

表 2.13 后悔值计算　　　　　　　　　　　　　　　单位:万元

自然状况最大收益值		后 悔 值			
		本集 A	独资 B	外集 C	合资 D
需求量较高	800	200	0	450	500
需求量一般	400	0	180	180	150
需求量较低	90	240	140	40	0
每种方案的最大后悔值	—	240	140	450	500

从表 2.13 中可以看出,四个方案的最大后悔值分别是 240、140、450 和 500。由此可知,独资方案的最大后悔值为最小,该方案为最优方案。

本 章 小 结

本章阐述了建筑企业经营管理的概念和特点;建筑企业战略管理的内容;经营预测和决策的概念及预测、决策方法。

练 习 与 作 业

1. 什么是企业经营管理?
2. 现代企业经营观念的主要内容是什么?
3. 什么是企业经营目标?企业总体目标包括哪些内容?
4. 建筑企业经营方针有哪些?
5. 建筑企业发展战略的特点有哪些?
6. 什么是预测?预测应遵循的程序是什么?
7. 预测有哪些常见的方法?这些方法有哪些特点?
8. 什么是经营决策?决策的步骤是什么?

9. 决策的方法有哪些？

10. 决策的类型有哪些？

11. 某企业 2015 年 1～11 月份商品销售量情况见表 2.14。试用移动平均法预测 2015 年 12 月和 2016 年 1 月的销售量(移动期为 3)。

表 2.14　某商品销售量资料　　　　　　　　　　　单位：万件

月份	1	2	3	4	5	6	7	8	9	10	11
销售量	44	42	43	41	44	42	43	44	43	45	46

12. 某地区施工面积如表 2.15 所示。试用指数平滑预测法预测 2016 年的房屋建筑面积。

表 2.15　某地区房屋建筑施工面积　　　　　　　　　单位：m^2

年份	2006	2007	2008	2009	2010	2011	2012	2013	2014	2015
面积	1400	1500	1180	1650	1810	2000	2300	3000	3750	4500

13. 某公司拟投资一个项目，投资方案及有关参数如表 2.16 所示。分别用悲观准则、乐观准则、等可能准则和后悔值法决策投资方案。

表 2.16　决策参数表

自然状态	收益/(万元/年)		
	投资 1000 万元	投资 600 万元	投资 400 万元
销路好	360	220	120
销路一般	120	150	100
销路差	-80	50	90

14. 上题中，如果销路好、销路一般、销路差状态出现的概率分别为 0.45、0.25、0.30，那么，试用决策树法决策投资方案。

第 3 章 建筑企业计划管理

【本章学习目标】

- 掌握计划管理、计划指标体系的概念、内容和特点。
- 熟悉计划指标体系的分类,了解建筑企业计划的实施、控制和修正。
- 掌握长期计划、施工计划的编制方法及内容。

3.1 建筑企业计划管理概述

3.1.1 计划管理的概念

企业计划管理就是通过计划编制,确定企业的计划,组织计划的实施,并以计划为标准进行控制,根据实施及控制中的信息反馈,对计划进行调整的周期性的生产经营管理活动。具体来说,就是以国家对企业要求为指导,遵循社会主义市场经济发展的客观规律,通过对市场环境的调查预测,按照社会需要,结合企业自身条件来合理确定企业生产经营目标,并对未来生产经营活动进行部署、组织实施的综合性管理工作。

通过计划管理,企业才能合理配置资源,有效地运用所掌握的人力、物力和财力,保证企业生产经营活动的有序性和高效率,完成企业的生产经营任务,实现企业生产经营目标,以不断提高企业的经济效益和社会效益。

3.1.2 计划管理的任务及特点

计划管理的基本目的,在于协调企业内外关系,安排企业资源,完成企业经营目标。为此,计划管理的基本任务主要有以下几个方面。

1. 制定目标

依据市场需求及企业经营战略目标,制定企业在计划期内应达到的经营目标,确定这些目标的重要层次;逐项、逐级分解目标,并用它来落实岗位责任,动员与协调企业全体职工的行动。

2. 资源配置优化

按照已落实的目标任务,通过综合平衡,协调企业生产经营活动各环节、各部门间的关系,合理配置企业的人和财物等资源条件,以确保经营目标的实现。

3. 协调生产经营活动

从事生产经营活动的企业是一个复杂的开放系统,在整个经营活动过程中,既要协调系统内各部门间的关系,又要协调企业与外部环境的关系。而在协调过程中,计划的安排与分析则是一种有力的工具。通过计划安排,使企业的产、供、销实现平衡,使企业内部的人、财、物实现平衡,即协调企业生产经营活动的所有方面和一切环节。

4. 提高经济效益

提高经济效益是企业生产经营活动的核心,计划也离不开这个核心。计划对目标制定、资源配置、协调生产经营的作用,归根结底,就在于追求更好的经济效益。

建筑企业的计划管理,既是一项专业管理,又是综合性管理。为了突出它的综合性,将它叫作全面计划管理。全面计划管理的主要特征,就是要求企业全部生产经营活动都纳入计划轨道，企业各部门、各生产环节和每个职工，不但要制订各专业计划进度，而且还要拟订工作计划进度，并严格按计划进度进行生产和工作，相互协调配合。以保证企业经营目标的完成。因此，它是一个全公司的计划管理，也是一个全员的计划管理。

3.1.3 计划管理工作的内容

1. 计划的编制

通过计划额编制，把社会及用户需要和企业的条件、企业利益统一起来；把企业的长期目标与短期目标衔接起来；把企业的整体目标与企业内部各级的目标以及每个员工的个人目标联系起来。

在计划编制中要做好综合平衡，使企业与外部的环境保持协调；使企业内部生产经营活动的各个环节和各个要素间保持正常的比例关系。

在计划编制中还要通过计划额优化，选择最优的计划方案，保证最有效地利用人力、物力和财力，以取得理想的经济效果。

2. 计划的实施

计划的实施是企业各部门、各级机构，根据计划的内容和要求，组织落实，认真执行，使企业的各项生产经营活动在计划指导下协调进行。实质上，这也就是计划的"组织"职能。

3. 计划的控制

在计划的实施过程中，通过检查与调节，消除实施计划过程中的薄弱环节和不协调因素。

上述计划管理工作的内容构成了一个管理工作体系和管理工作循环，如图 3.1 所示。

图 3.1　计划管理工作环节

3.2 建筑企业计划管理体系和指标体系

3.2.1 建筑企业的计划体系

计划按照不同的标准有多种形式,主要有以下几种。

(1) 按照计划时间不同,建筑企业计划可分为长期(5 年以上)计划、中期(2 年以上 5 年以下)计划和短期(1 年及 1 年以下)计划。

(2) 按计划对象不同,建筑企业计划可分为按企业编制的计划和按工程对象编制的计划。

(3) 按性质不同,建筑企业计划可分为经营计划和作业计划。经营计划是以提高经济效益为中心,在经营环境制约下,制定经营目标,规划企业的全部生产经营活动,实现经营决策目标。作业计划是经营计划的具体化。

以上各类计划是有机紧密联系、相互补充的,构成了建筑企业的计划体系,如图 3.2 所示。

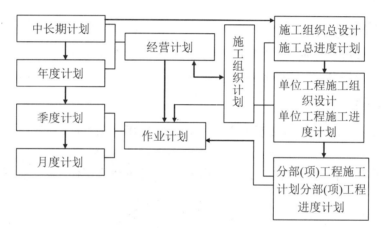

图 3.2 建筑企业的计划体系

3.2.2 建筑企业的计划指标体系

1. 计划指标及计划指标体系的概念

企业的计划指标是反映计划期内企业某一方面的经营活动所要达到的目标的具体化和数量表现,它由指标名称和指标数值两部分组成。指标的数值可以是绝对数,也可以是相对数。企业的计划内容绝大部分都要通过具体的计划指标来表示。计划指标随计划期的具体情况可以适当调整,但应保持相对稳定,以便于前后时期进行对比。

由于每一种指标只能反映企业某一方面的技术经济情况,要想全面反映企业各方面的发展状况,就需要采用一系列相互联系和相互制约的计划指标,即指标体系。

计划指标体系是由一系列相互联系和相互制约的从不同侧面反映企业经营状况的各项指标构成的有机整体。需要说明的是,列入指标体系的指标不宜过多。因为指标过多,一方面容易出现相互之间难以衔接的矛盾；另一方面，过细的指标体系也不宜充分发挥企业的积极性和主动性。

2. 计划指标的分类

企业的计划指标可以从不同的角度进行不同的分类。

1) 按指标的表现形式，可分为实物指标和价值指标

实物指标是用重量、体积、长度或个数等实物计量单位来表现产品使用价值量的指标，钢产量××万吨、布匹××万米、洗衣机××千台等都属于实物指标。实物指标是编制企业计划的基本依据，可用来规定企业具体的生产经营任务，确定各种产品之间的结构和比例，建立企业内部以及企业之间的物质联系和比例关系。有直观性和直接性的特点。实物指标也是计算价值指标的基础。作为反映经济与社会发展水平的基础性指标，实物指标在计划指标体系中占有极其重要的地位。

价值指标是以货币为计量单位来表现产品价值量的指标，销售额××万元、工资总额××万元或单位产品成本××元等都属于价值指标。由于具有综合性和可比性的特点，价值指标是企业进行综合平衡和各项考核的重要指标，在企业计划工作中的应用十分广泛。价值指标采用统一的货币计量单位对各种不同的实物指标进行综合的计算和分析，便于比较不同实物计量单位产品的生产经营状况。因此，价值指标和实物指标常常结合起来使用，互相补充，共同反映企业的生产经营状况。

2) 按指标反映的内容，可分为数量指标和质量指标

数量指标是指企业计划期内生产经营活动在数量上应达到的目标，通常用绝对数来表示，如产量、产值、总成本、生产能力、职工人数、固定资产原值、销售收入等。它是反映某一现象规模的一种指标。

质量指标是指企业计划期内生产经营活动在质量上应达到的目标，通常用相对数来表示，如劳动生产率、产品合格率、资金利润率、职工出勤率、设备利用率、一等品率等。它是反映某一现象质量的状况的一种指标。

3) 按指标发挥的作用，可分为考核指标和核算指标

考核指标是指定期检查考核完成情况的计划指标。企业目前主要考核利税、产量、质量、成本和合同执行情况等指标。

核算指标是指企业在编制计划过程中供分析、研究和参考采用的指标。如生产能力利用情况及测算目标市场购买力的大小等指标。

3. 建筑企业主要计划指标

1) 建筑产品产量指标

建筑产品产量指标是表示企业在计划期内要完成的建筑产品实物量的指标，一般有以下几项。

(1) 竣工房屋建筑面积，简称竣工面积，是指计划期内房屋建筑按设计要求全部完工达到使用条件，经检查验收鉴定合格的房屋建筑面积的总和。

(2) 房屋建筑面积竣工率，是综合反映企业的施工进度和竣工程度的指标。其公式为

$$房屋建筑面积竣工率 = \frac{计划期内竣工的房屋竣工面积}{计划期内施工的房屋建筑面积} \times 100\%$$

(3) 实物工程量，是指企业在计划期内要完成的、以物理或自然计量单位表示的各种工程数量，如土方工程(立方米)、道路工程(平方米)和安装工程(吨/台)等。它是编制和检查施工作业计划，确定劳动力、材料和机械设备需要量的重要依据，又是计算建筑业施工产值和实物劳动生产率等指标的基础。

(4) 工程形象进度，一般用文字结合实物量或百分比，简明扼要地反映计划期内施工的单位工程所要达到的形象部位或进度情况。它一般按单位工程中的分部分项部位表示，如土建工程可分为基础工程、结构工程、屋面工程、装饰工程等，还可细分为各工种工程即分项工程，如土建工程中的砌筑工程等。

2) 建筑产品产值指标

建筑产品产值指标是指以货币表现的企业在计划期内要完成的建筑安装生产活动的成果的指标。它一般有以下几项。

(1) 建筑业总产值，即自行完成的施工产值，是以货币表现的企业在计划期要生产的建筑产品的总和。包括建筑工程产值和设备安装工程产值。它是反映建筑企业生产规模、发展速度和经营成果的一项重要指标，是计算劳动生产率和产值利润率等指标的依据。施工产值的计算方法一般按"单位法"计算，即按计划期内要完成的实物工程量乘以单价，再加上一定比例的费用计算。

(2) 建筑业增加值，是企业在计划期内以货币表现的建筑生产经营活动的最终成果。计算方法有两种：一是生产法，即建筑业总产出(即建筑业总产值)减去中间投入(即在建筑施工活动过程中要消耗的外购物质产品和对外支付的服务费用)；二是分配法(收入法)，其具体构成项目有固定资产折旧、劳动者报酬、生产税净额、营业盈余等。

(3) 增加值率，是企业在计划期内新创造的价值占自行完成的施工产值的比例。其计算公式为

$$增加值率 = \frac{计划期增加值}{计划期总产值} \times 100\%$$

(4) 竣工产值，即竣工工程产值，是指企业在计划期内要完成的以货币表现的最终建筑产品的总和。它是反映企业的施工速度和经济效益的依据之一。利用竣工产值可以计算其产值竣工率。

(5) 销售率，是反映企业的产销衔接和市场状况指标。其计算公式为

$$销售率 = \frac{交工工程产量}{建筑业总产值} \times 100\%$$

3) 全员劳动生产率指标

全员劳动生产率是表示计划期内劳动效率的指标，它是反映企业经济效益的指标之一，它是以建筑产品的产量或产值和其相适应的劳动消耗量的比值来表示。其计算方法如下。

(1) 用产值表示的全员劳动生产率(元/人)：

$$全员劳动生产率 = \frac{计划期内自行完成的施工产值}{计划期内全部职工平均人数} \times 100\%$$

(2) 用竣工面积表示的全员劳动生产率(m^2/人)：

$$全员平均竣工面积 = \frac{计划期内竣工面积}{计划期内全部职工平均人数} \times 100\%$$

4) 工程质量指标

工程质量指标是反映企业在计划期内完成最终建筑产品的质量情况,是综合反映企业的施工技术管理水平和经济效益的一项重要指标。它一般用工程质量优良品率表示。其计算公式为

$$工程质量优良品率=\frac{计划竣工的单位工程优良品个数(或面积)}{计划竣工的全部单位工程个数(或面积)}×100\%$$

5) 利润指标

利润指标是反映企业计划期内生产经营管理效果的重要的综合性指标。一般用以下几个指标表示:

$$利润总额=工程估算利润+其他业务利润-管理费用-财务费用+投资收益-投资损失+营业外收入-营业外损失$$

$$产值利润率=\frac{计划期利润总额}{计划期自行完成施工总额}×100\%$$

$$销售利润率=\frac{计划期利润总额}{计划期建筑产品销售收入}×100\%$$

$$人均利润率=\frac{计划期利润总额}{计划期全部职工平均人数}×100\%$$

$$总资产报酬率=\frac{计划期利润总额+利息支出}{计划期平均资产总数}×100\%$$

总资产报酬率指标反映企业全部资产的获利能力,是企业管理水平和经营业绩的集中体现,是评价和考核企业盈利能力的核心指标。

6) 工程成本降低率指标

工程成本降低率是反映建筑企业生产经营活动质量、企业管理水平和施工技术水平的综合性指标。其计算公式为

$$工程成本计划降低率=\frac{工程成本计划降低额}{工程预算成本}×100\%$$

7) 流动资产周转率指标

流动资产周转率是反映企业流动资产的周转速度和营运状况,是企业在生产经营过程中资产利用和发挥水平的体现。其计算公式为

$$流动资产周转率=\frac{计划期建筑产品销售收入}{计划期流动资产平均余额}×100\%$$

该指标反映企业出资及向企业投入全部资本金的获利能力。

8) 安全生产指标

安全生产指标是企业在计划期内工伤事故的内部控制指标,一般用通常企业在对历年工伤事故频率分析的基础上,采取相应的对策措施,计划指标。其计算公式为

$$工伤事故频率=\frac{工伤事故人数}{全部职工平均人数}×100\%$$

9) 机械设备完好率和利用率

机械设备完好率和利用率是反映企业机械设备管理水平的指标,除对机械设备进行计算外,还应按20种主要施工机械进行综合计算。完好率和利用率的计算公式分别为

$$\text{机械设备完好率} = \frac{\text{计划期内机械设备完好台班数}}{\text{计划期内机械设备制度台班数}} \times 100\%$$

$$\text{机械设备利用率} = \frac{\text{计划期内机械设备工作台班数}}{\text{计划期内机械设备制度台班数}} \times 100\%$$

10) 材料节约率指标

材料节约率指标是反映施工技术水平和材料管理水平的指标。其计算公式为

$$\text{某种材料计划节约率} = \frac{\text{某种材料计划节约量}}{\text{某种材料的预算用量}} \times 100\%$$

3.3 建筑企业计划的编制

3.3.1 长期经营计划

1. 长期经营计划的基本内容

长期经营计划一般是指五年发展计划和十年以上的远景计划。它是在国民经济发展计划的指导下，以满足社会不断增长的物质和文化需要为目的，规定企业在计划期间的发展方向、发展规模与主要技术经济指标所要达到的水平。

编制长期经营计划，一方面使企业能高瞻远瞩，使广大职工有明确的奋斗目标，作为编制年度经营计划的依据和推动工作的动力；另一方面，也可保证建筑企业生产经营活动的连续性和均衡性，充分利用企业的生产资源。因为建筑安装工程的生产，是属于生产周期较长、需要较长时期进行施工准备的生产。如果没有长期经营计划，就易使施工准备不能及时进行，从而影响计划年度第一季度施工的安排，使生产资源得不到充分的利用，并易拖长工期，提高工程成本。

建筑企业长期经营计划的主要内容如下。

1) 生产发展规模

企业的生产发展规模，要根据专业化和协作的原则，以国民经济发展规划为依据，同时考虑建筑产品市场的需求，来确定企业的生产、技术和经营发展的规模。这是企业发展目标的具体化，它包括建筑构配件生产发展规模、机械设备生产能力和职工人数的增长、企业生产能力的提高，企业总产值和施工产值的增长等。

2) 生产基地建设规划

生产基地建设规划要根据生产发展规划和今后各个地区承担工程任务等来确定。它包括钢筋混凝土构件、门窗加工厂、混凝土搅拌站和机修厂等的新建、扩建和改建项目的规模、开竣工日期、新增生产能力、投资总额、资金来源等。

3) 生产技术发展规划

生产技术发展规划主要根据建筑生产技术发展方向来确定。它包括科学研究试验项目的安排，机械化施工水平的提高，新技术、新材料、新结构及新施工工艺的开发、推广和采用等。

4) 主要技术经济指标规划

主要技术经济指标规划根据生产发展规模和生产技术发展规划等确定。它主要包括总

产值及其增长率，施工产值及其增长率，竣工工程产值，主要工程项目，竣工面积，工程优良品率，技术装备率，主要机械设备单班能力年产量，劳动生产率及其增长率，工程成本降低率，利润及其增长率，产值资金率，资金利润率和产值利润率等。

5) 提高职工福利规划

提高职工福利规划的主要内容是办好职工食堂，兴建职工住宅，有计划地改善职工居住条件，办好职工福利事业，如托儿所、幼儿园、俱乐部等。对于规划兴建、改建的职工福利设施项目，要列出项目的规模、投贷总额、资金来源等。

6) 人才开发规划

人才开发包括引进人才、培养人才、发现人才和正确使用人才，并举办各种文化技术学校，有计划地对职工进行培训教育，使每个职工成为具有社会主义觉悟、现代科学文化知识、专业技能和经营管理能力的专门人才。人才开发规划除了包括职工培训、招收规划外，还应包括对职工业务能力的考核、提拔晋升及调整工资的规划。

2. 长期经营计划的编制

长期经营计划的编制，要认真贯彻国家发展国民经济的方针政策，要符合国民经济长远发展规划、建筑行业长远发展规划对企业提出的要求，要与本地区长远发展规划相适应，要充分发挥企业的优势，扬长避短；要重视经济效益，正确处理企业经济效益与社会经济效益的关系，在优先考虑国家利益的前提下，兼顾国家、企业和职工三者的利益。

建筑企业在编制长期经营计划时，要先调查、预测、掌握企业外部、内部条件和建筑生产经营发展趋势，确定生产经营目标和方针，进行经营决策，然后进行编制。长期经营计划编制的方法，一般是先短后长，远粗近细，即在长期发展计划的分年指标中，近两三年的由于预测可能准确一些，可以稍为细一些、具体一些，以后年度则可粗一些、概略一些。

编制长期经营计划，涉及面广，需要考虑的因素很多，如国民经济长远发展规划、行业发展规划、外部环境因素、市场因素、竞争因素、技术因素、资源因素、人员因素以及资金因素等。而且这些因素不少都具有不确定性的特点。因此，必须采用现代化管理的滚动计划形式，变静态计划为动态计划。这样可以根据企业生产技术经营发展情况和外部与内部条件的变化，不断地对计划进行调整和修订，保证计划期内的衔接性、连续性、灵活性和适应性。长期发展的滚动计划形式如图3.3所示。

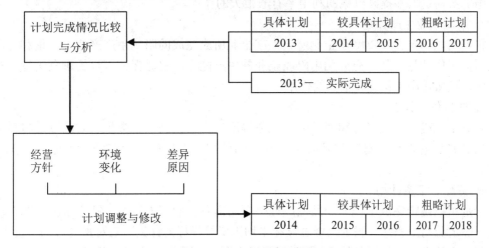

图3.3 滚动式计划示意图

长期发展的滚动计划形式有如下优点。

(1) 企业始终有一个较为切合实际的长期经营计划作为指导。做到远近结合，粗细结合，使长期计划与年度计划紧密地衔接起来，走一步，看两步，充分发挥长期经营计划对年度经营计划的指导作用。

(2) 企业每个计划期可对原来计划进行调整修改，使企业每年都有一个新的长期经营计划。

(3) 企业制定未来的经营目标，由近到远。让全体职工看得见、摸得着，为共同实现经营目标提供明确的奋斗目标。

3.3.2　年度经营计划

建筑企业年度经营计划是企业职工在计划年度内生产经营活动的纲领。它是以长期经营计划为指导，并结合年度企业外部环境和内部条件而制定的。年度经营计划的主要内容介绍如下。

建筑企业年度经营计划，通常包括两个部分：一是综合性计划，即计划指标汇总表；二是专业性计划。

综合性计划是指导企业生产经营活动的最主要、最全面的计划，它规定企业在计划年度应该实现的经营目标，如总产值、施工产值、竣工工程产值、工程项目竣工日期、竣工面积、工期完成率、工程质量优良品率、劳动生产率、工程成本降低率、利润及其他经济效益指标等。这个计划的指标经过层层分解落实，即为企业内部各单位的计划目标。

专业性计划的内容，视企业的具体情况而有所不同，主要包括：生产产值、产量和生产能力利用情况的计划，对于充分利用附属企业的生产能力，保证工程的顺利进行，提高工厂化、机械化施工程度有很大的作用。

1) 机械施工计划

它是用以确定计划年度承担工程中各主要工种工程用机械化施工方法完成的工程数量和所需的机械数量，并根据企业所有机械数量和可能租赁机械做出平衡的计划。它对及时保证施工所需机械和提高机械的利用率有着很大的作用。

2) 附属企业生产计划

它是用以确定计划年度在企业所属生产企业所应完成的附属生产产值、产量和生产能力利用情况的计划，便于充分利用附属企业的生产能力，它对保证工程的顺利进行，提高工厂化、机械化施工程度有很大的作用。

3) 材料供应计划

它是用以确定完成工程和产品生产任务等所需材料的品种、数量、时间以及材料储备数量的计划。它对保证材料的及时供应和节约使用，保证施工生产的均衡进行有很大的意义。

4) 劳动、工资计划

它是用以确定完成工程和产品生产任务等所需各类职工人数及其补充来源、职工培训人数、确定劳动生产率、职工工资总额和平均工资等指标的计划。它对贯彻劳动工资政策、组织劳动力的平衡以及正确处理劳动生产率和工资水平之间的关系有重要作用。

5) 成本计划

它是用以确定工程、产品成本和成本降低率的计划。它能综合反映企业施工生产经营活动的经济效益,对企业节约材料消耗、提高劳动生产率和节约费用开支等方面起着促进作用。

6) 财务计划

它是用以确定计划年度资金需要量及其来源、企业施工生产经营活动财务成果及其分配,以及企业与国家预算。银行关系等方面的计划,也是为了完成其他计划而进行的财务活动方面的计划。它对保证企业资金需要、合理利用资金和增加企业积累有着重要的作用。

7) 技术组织措施计划

它是用以确定企业在计划年度为完成施工生产任务所要采用的有关改进施工生产组织、劳动组织、施工方法和机械设备等方面的计划;借以改进企业现有的各种定额水平,克服生产中的薄弱环节。它是编制实现其他各项计划的基础和保证。

8) 职工福利计划

它是用以确定企业在计划年度为建设改善职工住宅、俱乐部、食堂、幼儿园和浴室等方面的项目及其计划,它对提高职工生活福利水平,调动生产积极性具有重大意义。

企业如有基本建设、更新改造、技术引进任务,以及机械设备维修、运输业务的,还需编制基本建设计划、更新改造和技术引进计划与机械设备维修和运输计划。

建筑企业年度经营计划中的各专业计划,一方面各有其特定的任务和内容;另一方面它们之间又互相联系、互相制约,构成一个有机整体。其中施工计划是最基本的计划。因为工程数量是制订其他计划的主要依据,也是实现计划年度任务的前提条件。

技术组织措施计划是同其他计划配合编制的,它是编制其他计划的基础,也是实现其他计划的保证。劳动工资计划、机械施工计划、材料供应计划和附属企业生产计划,都是根据施工计划编制的,它们都是实现施工计划的重要保证条件。因为没有劳动力、施工机械、材料和构件,施工计划是无法实现的。成本计划是上述计划经济效益的综合反映。财务计划是整个建筑企业生产经营活动所需财力和财务成果的反映。成本计划和财务计划虽然是在其他计划的基础上编制的,但它们也对其他计划起着促进作用,因为它们要求不断改进其他方面的工作,以达到降低工程成本、节约使用资金和增加企业积累的目的。我们在编制建筑企业年度计划的时候,必须充分认识到各种计划之间客观存在的相互关系,使它们相互协调、相互衔接。也只有这样,计划才能指导企业生产协调地发展,提高企业经济效益。

建筑企业除了年度经营计划外,还要编制季度经营计划,用以保证年度经营计划的顺利执行。季度经营计划是年度经营计划的具体化,但不是年度经营计划指标的简单平分,而要根据当时企业内外变化的具体情况进行切合实际的调整与安排。季度经营计划的内容基本上与年度经营计划相同,但由于指导编制月度作业计划,所以它的内容比年度经营计划更具体、更详细。

3.3.3 施工计划

施工计划是表达施工任务的基本文件。在施工计划中,规定了竣工项目、竣工面积、工程形象进度、实物工程量、施工产值、竣工工程产值和工程质量等重要指标。这些指标的完成，是国民经济计划中建筑安装计划和固定资产投资计划完成的保证。所以，完成施工计划，是建筑企业完成国家任务的首要条件。同时，施工计划又是建筑企业整个计划的主导和核心部分，是编制其他计划的主要依据。建筑企业只有在确定竣工项目和工程形象进度等指标后，才能编制其他计划。

建筑企业施工计划的编制，由于建筑产品的技术经济特征，使它具有如下几个特点。

(1) 由于建筑产品为特定使用单位建造和固定性的特点，使建筑企业施工计划带有一定程度的从属性。一般情况下，只有列入固定资产投资计划的工程，才能列入施工计划。在安排工程项目组织施工时，必须遵循国家的建设方针，根据工程项目的轻重缓急，摸清工程结构、建筑面积、工期要求、设计进度及现场施工条件等，集中力量，分期分批组织施工。

(2) 由于建筑产品多样性和施工周期长的特点，使得建筑生产需要较长的准备时间。从而要求建筑企业必须更加注意施工的连续性，在编制施工计划时，必须注意各个计划期的衔接，本期要为下期准备与生产能力相适应的施工项目，以保证施工均衡地进行。

(3) 由于建筑产品体积庞大、露天进行生产的特点，使得建筑产品生产要受自然条件的影响。在安排施工计划时，必须考虑季节性的施工准备工作，保证在冬季及雨季期间有一定的施工面，减少季节性停工损失。

(4) 由于建筑产品的固定性，使得参加施工的有关单位，必须在同一地点交叉衔接地进行施工活动。

在编制施工计划时，必须考虑各有关协作施工单位的施工特点和工期要求，编制综合进度计划，以便参加施工的所有单位，都在统一的计划下协调地进行工作，做到相互衔接、互不影响。

上面所说的建筑企业施工计划的这些特点，是相互联系的，它们都是由于建筑产品的技术经济特点决定的。我们在编制施工计划时，必须正确地认识这些特点，并按这些特点进行工作。

3.4　建筑企业计划的实施与控制

3.4.1　建筑企业计划的实施

计划的编制仅仅是计划工作的开始。计划工作者更重要的任务是组织计划的执行和对计划进行科学的控制，保证计划的实施。

首先，要把计划指标分解落实下去，根据指标的不同性质，分别交给各职能部门实行归口管理，并层层分解到工程处、施工队和班组，使每个职能部门、工程处、施工队和班组都有完成企业计划指标的具体目标，成为各个部门和各个生产环节的行动准则。同时，还要相应地建立计划责任制，使各部门和各单位职责分明，对计划的完成切实负责。

其次，还要做好作业计划工作。作业计划是年度、季度经营计划的具体执行计划，它是用以指导和组织日常生产经营活动的一种计划。各种专业计划差不多都有不同形式的作业计划，如施工计划中的施工作业计划、材料供应计划中的月度材料采购计划、财务计划中的月度财务收支计划等。作业计划由于是较短时期内更具体的计划，对指导各个部门各个生产环节的生产经营活动更加切合实际，也便于对执行情况进行检查。正确及时地编好作业计划，做好生产调度工作，保证生产经营顺利地进行。

3.4.2 建筑企业计划的控制

要保证计划的实现，在计划执行中绝不能停留在执行情况的事后反映，而要做到事前的掌握，这就需要进行科学的控制。计划是控制的基础，控制的目的则是保证计划的执行，按照既定的目标和各种标准去进行。为了对计划进行科学的控制，先要将计划目标和各种标准制定好，然后与实际执行情况进行比较，发现实际执行结果同目标、标准之间的差异。对这些差异要进行分析，找出原因，才能针对不同的情况采取不同的措施，及时调整和消除这些差异，从而保证计划按预定的目标顺利进行。

3.4.3 建筑企业计划的修正

在年度经营计划执行中，如果发现建设单位工程建设计划变更，设计图纸和材料、设备不能及时供应，地质气候条件变化的情况，应有预见性地对计划做适当的调整修正，以保证计划对施工生产经营活动的指导作用。

一般来说，构成建筑企业计划变动和修正的因素有以下几个方面。

1. 工程建设任务的增加或变更

企业在确定年度经营计划时，工程建设项目往往尚未全部落实。即使落实，也可能在计划执行过程中，由于各方面条件的限制和其他要求，将某些项目提前、拖后或延缓等，这就要求企业根据工程任务的变化，及时修改计划。

2. 设计资料的更改

企业在编制年度计划时，往往设计资料不够齐全，需用的材料和人工等计算不够准确，随着时间的推移，就会发现在最初编制的计划中，有漏项、多估或少算等情况，需要对计划进行修正。

3. 材料供应运输条件的变化

由于建筑生产所需的材料，不但品种规格繁多，而且体积庞大，不易装运。当材料不能及时配套供应或运输任务紧张无法及时运抵现场时，也要修正计划。

4. 其他如气候、地质等条件的变化

由于气候、地质等条件的变化，协作施工单位不能按期完成计划，也会影响工程进度，要求修正有关计划。

建筑企业计划的修正工作，必须根据上述客观变动因素，在一定时期前有预见性地进行。我们说修正计划必要，并不是说计划与客观实际稍有不符就立即进行修正，计划与实际生产经营活动稍有脱节的现象,是经常存在、无法完全避免的,应该通过调度平衡工作及时加以调整。计划如果常常修正,就会失掉它的严肃性,降低它的指导作用。只有当客观因素变动很大,估计经过一切主观努力仍然无法克服时,才能经企业领导层研究讨论和上级有关部门同意后,进行必要的修正。

本 章 小 结

本章阐述了计划管理、计划指标体系的概念、内容和特点;计划指标体系的分类;建筑企业计划的实施、控制和修正;长期计划、施工计划的编制方法及内容。

练习与作业

1. 什么是企业的计划管理?计划管理的内容有哪些?
2. 计划管理的特点是什么?
3. 什么是计划指标体系?计划指标体系如何分类?
4. 什么是长期计划?长期计划的编制方法是什么?
5. 年度经营计划有哪些?
6. 构成建筑企业计划变动和修正的因素有哪几个方面?
7. 什么是施工计划?建筑施工计划的特点有哪些?

第4章 建筑企业生产要素管理

【本章学习目标】

- 熟悉人力资源管理概念和特征。
- 了解建筑企业人力资源的特点,人力资源开发的含义和内容。
- 了解机械设备管理的内容、任务。
- 了解材料消耗定额的概念、种类、作用及其管理的主要环节。
- 掌握材料库存决策和库存管理的技术方法。

4.1 人力资源管理概述

4.1.1 人力资源

1. 人力资源的概念

人力资源是指存在于人体的智力资源,即人类进行生产或提供服务,推动整个经济和社会发展的劳动者的各种能力的总称。人的各种能力之所以能被看作一种经济资源,因为人具有劳动能力,能在劳动过程中创造价值和使用价值。人的劳动能力包括体能和智能两个方面,体能是指对劳动负荷的承载能力和消除疲劳的能力;智能是指运用知识解决问题和将知识转化为行动的能力。由于人体是劳动能力存在的载体,因此,人力资源便表现为具有劳动能力的人口。对人力资源概念的界定,各国不尽一致,主要是因为经济活动人口中涉及的两个时限不尽一致。一是起点工作年龄,如16岁或15岁;二是退休年龄,如55岁或60岁甚至是65岁或70岁等。当然,从更广义的角度上说,只要有工作能力或将会有工作能力的人都可以视为人力资源,这样,可以充分表明人力资源具有潜在的效应和可开发性。人力资源是"活"的资源,具有能动性、周期性、耐磨性、无限性和战略性。

企业人力资源是指人口资源中能够推动整个企业发展的劳动者能力的总称。它包括数量和质量两个方面。而企业人才资源则指企业人力资源中具有创造能力的资源。

2. 人力资源的特征

人力资源作为一种特殊资源,与其他资源一样具有使用价值、共享性、可测量性、可开发性和独立存在性,以及需要管理和有效配置等特性。但是它却处于自然和社会相结合的状态中,是一种物质与能量相结合的形态,在一定条件下可以再生。因此,我们应该充分认识人力资源的特殊性,科学地开发和有效地利用人力资源,通过对人力资源的科学管理和合理配置使其发挥最大的效益,并使其永不枯竭。

1) 生产过程的时代性

一个国家的人力资源,在其形成过程中受到时代条件的制约,人一生下来就置身于既定的生产力和生产关系中,社会发展水平从整体上制约着这批人力资源的素质。他们只能在时代为他们提供的条件前提下,努力发挥其作用。

2) 开发对象的能动性

自然资源在其被开发过程中,完全处于被动的地位,人力资源则不同。在被开发的过程中,人有意识、有目的地进行活动,能主动调节与外部的关系,具有能动性。对其能动性调动得如何,直接决定着开发的程度、达到的水平。有的学者将这个特点概括为"可激励性"。可激励的前提还是对象具有能动性,这就要求人们在从事人力资源开发工作时,不能只靠技术性指标的增减和数学公式的推导,还要靠政策去调动人们的积极性。

3) 使用过程的时效性

矿产资源一般可以长期储存,不采不用,品质不会降低,人力资源则不然,储而不用,才能就会被荒废、退化。无论哪类人,都有其才能发挥的最佳期、最佳年龄段。当然,人依其类别不同,其才能发挥的最佳期也不一样。一般而言,25 岁到 55 岁是专业技术人才的黄金年龄,37 岁左右为其峰值,这是由其从事领域的业务性质决定的。人才开发与使用必须及时开发,使用时间不一样,所得效益也不相同。

4) 开发过程的持续性

作为物质资源一般只有一次开发、二次开发,形成产品使用之后,就不存在持续开发的问题了。人力资源不同,使用过程同时也是开发过程,而且这种开发过程具有持续性。传统的观念和做法认为,毕业了就进入工作阶段,开发与使用界限分明。这种"干电池"理论目前已被"蓄电池"理论所代替。后者认为,人工作之后,还需要不断学习,继续充实和提高自己。人类通过自己的知识智力,创造了日益智能化的工具如机器人、计算机等,使自己的器官得到延伸和扩大,从而增强了自身的工作能力。

5) 闲置过程的消耗性

人力资源若不加以使用,处于闲置状态,他们与一般物力资源的又一个明显区别是具有消耗性,即为了维持其本身的存在,必须消耗一定数量的其他自然资源,比如粮食、水、能源等。这是活资源用以维持生命所必不可少的消耗。在我们使用这种资源的过程中,必须重视这个特点。

6) 组织过程的社会性

人力资源开发的核心,在于提高个体的素质,因为每一个个体素质的提高,必将形成高水平的人力资源质量。但是,在现代社会中,在高度社会化大生产的条件下,个体要通过一定的群体来发挥作用,合理的群体组织结构有助于个体的成长及高效地发挥作用,不合理的群体组织结构则会对个体构成压抑。群体组织结构在很大程度上又取决于社会环境,即取决于社会的政治、经济、科技、教育等管理体制。社会环境构成了人力资源的大背景。它通过群体组织直接或间接地影响人力资源开发。

3. 人力资源的重要作用

1) 从人力资源所起的作用上看

资源具有动态性演变特征,任何一种资源对经济发展的作用并非一成不变,而是随着它与一定社会时期的生产力发展水平的关联程度而改变。在一定生产力发展时期,只有与该时期生产力水平相适应的资源,即与新生产力协同的资源,才成为被发掘利用的主要对象。在今天,科学技术成为第一生产力,知识的贡献成为经济进步的首要贡献因素,新经济的增长主要依靠人力资本来完成。因此,人力资源在知识经济时代是高出土地、矿产等自然资源的第一资源。

2) 从人力资源和其他资源的关系上看

迅速发展的知识经济是以知识为基础的经济,它所依赖的主要生产资料不再是资金、设备和各种自然资源,而是人的知识,即在资源配置上是以智力、无形资产为第一要素,对自然资源通过知识和智力进行科学、合理、综合和集约配置。况且资金、设备和自然资源本身就是人力资源所开发和创造出来的,是人的智慧和汗水的结晶。也就是说,人力资源是一切资源的主导性因素,是其他资源的母体,是更为根本的资源。

3) 从人力资源和其他资源的特性比较角度看

人力资源和自然资源相比具有其特有的特点。它是一种能动的、能够不断再生和扩展并具有无限潜力的资源。而物质资源中的很大一部分则不具有再生性。科技资源和金融资源的丰富、提高、再生也是随着人力资源数量和质量的不断扩大、提高、再生而发生的。从这个意义上说，人力资源是第一资源。

4) 从人力资源是一种稀缺性资源看

地球是一个开放的资源系统，人类面对的是一个具有无限潜力的宇宙资源体系。自然资源的稀缺，只是相对于人类开发能力的不足而言。从资源的动态性演变特征中我们可以得知，人类能力的不断开发，生产力的不断进步，会给人类提供不竭的资源。因此，真正的稀缺是具有高质量的人力资源的稀缺。人力资源丰裕或稀缺程度才是制约社会经济发展的根本性因素。因此，人类认识、利用、改造与维护自然的能力不足，改善和控制人类自身行为的能力不足，才是造成资源稀缺，进而产生其他一系列经济与生态问题的根本原因。

4.1.2　人力资源管理

人力资源管理是指企业运用现代管理方法，对人力资源的获取(选人)、开发(育人)、保持(留人)和利用(用人)等方面所进行的计划、组织、指挥、控制和协调等一系列活动。通过人力资源管理，可以实现最大限度地发挥员工的主观能动性和有效技能，达到人尽其才，才尽其能，最终达到实现企业发展目标的一种管理行为。

1. 人力资源管理的内容

人力资源管理的基本任务，就是根据企业发展战略的要求，通过有计划地对人力、资源进行合理配置，搞好企业员工的培训和人力资源的开发，采取各种措施，激发企业员工的积极性，充分发挥它们的潜能，做到人尽其才、才尽其能，更好地促进生产效率、工作效率和经济效益的提高，进而推动整个企业各项工作的开展，以确保企业战略目标的实现。现代企业人力资源管理通常包括以下具体内容。

(1) 职务分析与设计。对企业各个工作职位的性质、结构、责任、流程，以及胜任该职位工作人员的素质、知识、技能等，在调查分析所获取相关信息的基础上，编写出职务说明书和岗位规范等人事管理文件。

(2) 人力资源规划。把企业人力资源战略转化为中长期目标、计划和政策措施，包括对人力资源现状分析、未来人员供需预测与平衡，确保企业在需要时能获得所需要的人力资源。

(3) 员工招聘与选拔。根据人力资源规划和工作分析的要求，为企业招聘、选拔所需要人力资源并录用安排到一定岗位上。

(4) 绩效考评。对员工在一定时间内对企业的贡献和工作中取得的绩效进行考核和评价，及时做出反馈，以便提高和改善员工的工作绩效，并为员工培训、晋升、计酬等人事决策提供依据。

(5) 薪酬管理。它包括对基本薪酬、绩效薪酬、奖金、津贴以及福利等薪酬结构的设计与管理，以激励员工更加努力地为企业工作。

(6) 员工激励。采用激励理论和方法，对员工的各种需要予以不同程度的满足或限制，引起员工心理状况的变化，以激发员工向企业所期望的目标而努力。

(7) 培训与开发。通过培训提高员工个人、群体和整个企业的知识、能力、工作态度和工作绩效，进一步开发员工的智力潜能，以提升人力资源的贡献率。

(8) 职业生涯规划。鼓励和关心员工的个人发展，帮助员工制定个人发展规划，以进一步激发员工的积极性、创造性。

(9) 人力资源会计。与财务部门合作，建立人力资源会计体系，开展人力资源投资成本与产出效益的核算工作，为人力资源管理与决策提供依据。

(10) 劳动关系管理。协调和改善企业与员工之间的劳动关系，进行企业文化建设，营造和谐的劳动关系和良好的工作氛围，保障企业经营活动的正常开展。

2. 建筑企业人力资源的特点

与其他行业相比较，建筑企业人力资源除具有一般企业共有的特点外，还有其自身固有的特点。

1) 流动性大、结构不稳定

建筑行业本身就是一个以所承包的工程、项目为依托的特殊行业。建筑行业人员多以施工现场为工作场地。工程一结束，职工就从现场撤回。只要新工程一开工，他们又面临新的搬迁。这是建筑行业本身具有的特性，它导致该行业的人力资源流动性大，结构相对不稳定。

2) 人力资源的数量很大

在我国，建筑业属于典型的劳动密集型产业，工程服务中的技术含量和附加值相对较低，尤其是对以提供劳务为主的建筑企业，必要资本壁垒和技术壁垒低甚至没有。对工程生产服务的供应者来说，产品差别壁垒也较难形成。这是因为建筑业的生产服务是按项目业主特殊的功能和使用要求、按照设计图纸组织实施的，产品差别由需求方体现和反映，供应方只是被动地接受。

3) 开发难度比较大

对建筑企业来说，其人力资源管理与其他部门、行业中企业的不同之处也主要集中在对作业层管理方面。建筑劳务管理是指建筑企业对劳动力资源的取得、开发、保持、完善、有效利用和合理调配，进行计划、组织、指挥、协调和处置的全部工作。而我国对建筑企业人力资源的开发还仅停留在人事管理阶段，由员工自由发展，对员工采取的是粗放式管理。

4.1.3 建筑企业人员招聘、录用、培训及考核

1. 建筑企业人员招聘

1) 招聘

企业为了满足自身发展的需要，或者为了补充因员工流动所造成的职位空缺，都会面临人员招聘的问题。招聘是一项为企业把关的工作。如果因为制度或执行的问题将不合适的人员引进企业，不仅会增加培训等方面的困难，而且造成过高的人员流动率，增加企业的负担。因此，招聘工作关系重大，不可等闲视之。

招聘受企业外部因素和内部因素的影响，这些因素包括以下几个方面。

(1) 劳动力市场供求状况。它包括整体劳动力市场和各类专业人才劳动力市场。当劳动力市场供给大于需求时,企业的招聘过程比较简单和容易,向企业申请工作的人会比较多。相反,当劳动力市场需求大于供给时,企业在招聘时需要付出更多的努力,要开辟新的招聘来源,或者更换新的招聘方法。

(2) 劳动力市场范围。地方性的劳动力市场可以满足对一般员工的招聘,包括大多数的工人、专业技术人员、基层管理者和部分中层管理者,但对于中高层管理者和特殊人才的招聘,可能要通过全国性的甚至国际性的劳动力市场进行。

(3) 法律规定。法律规定对企业招聘有重要影响,如工时制、最低工资的强制性规定等。

(4) 公司的企业形象。公司的企业形象是影响招聘的重要因素之一。企业形象良好的公司会吸引更多、更好的合格的求职者到企业来求职或应聘。

(5) 工作价值取向。社会对各种职业的社会地位或者经济收入的评价如何,会引导求职者的求职取向,进而影响到企业的招聘。有些求职者在择业时注重收入,而有些则注重工作性质。

(6) 企业的人力资源计划。上面所述各项因素都是企业外部因素,除此之外,企业本身的政策和做法也会影响招聘。人力资源计划便是影响招聘的重要的内部因素之一。良好的人力资源计划是制订招聘计划和实施招聘的前提和依据,没有人力资源计划,招聘过程只能是对职位空缺做出的反应。

(7) 企业的提升政策。企业的提升政策对招聘有非常重要的影响。企业可以采取从内部提升的政策,也可以采取从外部招聘的政策。内部提升的政策是指在管理职位出现空缺时,由企业内部的低级人员升任填补。外部招聘的政策是指在管理职位出现空缺时,不由企业内部的人员来填补,而是向外界招聘合适的人员填补。这两种方法都有其优点和缺点。内部提升的优点是能够鼓舞员工的士气,防止人才外流;企业对员工的能力有很好的了解,很少出现用错人的情况;员工对企业比较熟悉、容易上手开展工作。其缺点是近亲繁殖、被提拔的人缺乏创造性。如果企业需要经常补充新的血液,提供新的思想和创新,使企业保持活力和竞争力,就需要考虑选择从外部寻求新的人。但无论如何,内部提升政策有利于调动员工的积极性,因而对企业更有利。某合资公司采用了这样的策略:基层岗位内部招聘;重要岗位内部提升与外部招聘、工作晋升与转换相结合;关键岗位采用管理发展计划。

2) 招聘来源

企业需要经常不断地从外部招聘员工,特别是当需要大量地扩充其劳动力时。下列需求需要从外部招聘中满足:补充初级岗位的空缺;获取现有员工不具备的技术;获得能够提供新思想并具有不同背景的员工。即使能采取内部提升的政策,也需要从外部填补初级岗位。这是因为,某个管理职位空缺后,往往要进行一系列内部提升,企业最终还是要从外部进行招聘,以补充初级岗位的空缺。

常见的外部招聘来源如下。

(1) 应届毕业生。包括中学和中等职业学校的毕业生、高等职业技术学校的毕业生以及普通高等院校的毕业生。中学和中等职业学校可以为企业输送技术工人、办事员等操作性初级人才;高等职业技术学校为企业输送操作性技术人才;普通高等院校的毕业生则是企业专业人员、技术人员和管理人员的来源。这一类来源的特点是年轻,有朝气,有冲劲,知识新，思想单纯，可塑性强，但缺乏实际工作经验，阅历浅，流动性大。

(2) 竞争对手和其他公司的在职员工。把竞争对手和其他公司作为招聘高素质人才的外部来源，这在国外已是尽人皆知的事实。对强调工作经验的企业来说，竞争对手或者同一行业、同一地区的其他公司的在职员工是人才来源的一个重要渠道。特别是一些缺乏培训资源的小公司，更加注重寻求那些受过大公司培训的员工。

(3) 待业或下岗人员。由于公司破产、紧缩业务或被其他公司兼并，使许多合格的员工失去工作。国有企业转换经营机制，实行"干部能上能下""人员能进能出""收入能多能少"的新机制，也使一部分职工下岗，他们当中不乏合格甚至优秀的人才。这些人员也是一个重要的招聘来源。

(4) 复转退军人。由于退役军人拥有的技术范围很广，组织性、纪律性强，因而成为一个不可忽视的招聘来源。据国外的一项研究，退役军人特别适合于强调全面质量管理的公司。

(5) 离退休人员。离退休人员也是一个宝贵的招聘来源。他们受到重视的原因包括他们的知识、技能、职业道德、忠诚和良好的文化素质。

(6) 农村剩余劳动力。这类人员的特点是数量充足，劳动力价格低廉，能够吃苦，但文化水平偏低，流动性大，适合技术性不强、经过简单训练就可上岗的企业聘用，是建筑企业人力资源的重要来源之一。

(7) 留学归国人员。海外留学人员是目前世界各国，特别是经济发达国家竞相争夺的目标。改革开放以来，我国以公派和自费等形式派遣出国留学人员逾30万人，据有关部门统计，其中1/3学成回国服务，1/3仍在国外继续完成学业，另有1/3学有所成后由于各种原因留在国外工作。留学人员的特点是文化层次高，观念新，知识新，视野广，有强烈的成就需求。他们当中有许多人是我国经济建设中急需的高新技术人才。

3) 招聘方法

从企业的立场来看，招聘方法可以分为自行招聘和委托招聘两大类。例如，广告招聘、校园招聘、员工介绍、从自荐求职者中招聘、招聘会、实习和网上招聘等属于自行招聘；职业介绍机构招聘、经理寻觅公司招聘和专业协会招聘等属于委托招聘。现将常用的招聘方法介绍如下。

(1) 广告招聘。广告招聘是指通过在媒体刊登招聘启事向公众发送公司的就业需求信息。这是最常用的一种招聘方法。

(2) 职业介绍机构招聘。职业介绍机构招聘是指以付费的方式委托外部的职业介绍机构物色企业所需人员。职业介绍机构是帮助企业招聘员工同时又帮助求职者找工作的一种中介组织。这些机构事实上在发挥着人力资源管理的招聘和选择的职能。职业介绍机构有私营的和政府举办的两种。私营职业介绍机构收费较高，是一种高成本的招聘途径。政府举办的职业介绍机构收费低廉，也有些国家的官方职业介绍机构提供的服务是免费的。我国政府举办的职业介绍机构通常称为人才交流中心或劳务市场，前者由人事部门主办，主要招聘管理人才和专业人才；后者由劳动部门主办，主要招聘工人，不过现在两者的区别已不那么明显了。

(3) 经理寻觅公司招聘。经理寻觅公司也称猎头公司，是专门为企业招聘中高层经理人才和高级专业技术人才的职业介绍机构。企业通过经理寻觅公司招聘时，无论每一次寻觅是否招聘到合适的人选，都必须向寻觅公司支付费用。

(4) 专业协会招聘。专业协会招聘是指通过专业协会组织(如企业家协会、会计师协会、注册会计师协会、工程师协会等)招聘管理人才、专业人才或技术人才。

(5) 校园招聘。校园招聘是指由企业派人到学校招聘毕业生中的求职者。企业大部分的初级人员是直接从学校招聘来的。因此，与学校建立并维持良好的关系对企业是非常重要的。最常见、最节省的校园招聘方法是派人到学校开设就业讲座，介绍企业的情况和政策，让学生对企业有更多的了解，吸引学生到企业来应聘。如果能够取得学校负责毕业生就业安置工作的管理部门的合作，招聘效果会更理想，因为管理部门可以提供多方面的协助，如安排与符合公司要求的学生见面、提供会见场所、审核学生的履历表等。

(6) 员工(或熟人)介绍。员工(或熟人)介绍是指由本企业的员工(或熟人)推荐或介绍合适的求职者。这种方法在某些企业，特别是缺乏某种技术的企业中被证明是十分有效的。有些企业为了鼓励员工推荐他们的朋友到企业来应聘，对推荐成功的员工会给予一定的奖励。

(7) 从自荐求职者中招聘。从自荐求职者中招聘是指求职者以登门造访或寄发求职信的方式向企业谋求工作。对那些知名度高、收入待遇好的企业，即使不大张旗鼓地做招聘宣传，也能够吸引较多合格的自荐求职者。很多企业为顾全声誉，通常对登门造访的求职者都会很有礼貌地接见。每年学校的毕业生都会寄信到企业求职。这些求职者便成为企业员工的主要来源。企业可以在审阅求职者的履历表后，将合格者归档备用，并及时回复这些求职者。

(8) 招聘会。这是为聚集用人单位的招聘人员和求职者而设计的现场招聘活动，是一种用来吸引大量求职者来应聘的招聘方法。这种招聘方法的最大好处是可以在短时间内(通常一天或两天)见到大量求职者。招聘会的举办单位有政府、学校、职业介绍机构、商会等。

(9) 实习。这是一种特殊的招聘形式，它是指企业给学生安置一个临时性的工作，但不必承担永久聘用学生的义务，学生毕业后也不必接受企业的固定职位。例如，广州某酒店的初级员工聘用的全部是旅游学校的学生，3个月轮换一批。

(10) 网上招聘。随着互联网的普及，网上招聘已经成为重要的招聘方法之一。教育部于2001年3月15日举办首次全国高校毕业生就业网上供需洽谈会，高校学生只要通过计算机登录上网，即可进行信息交流。近年来，由教育部组织的全国高校毕业生就业网站联合招聘会，为用人单位和广大毕业生搭建了一个良好的信息交流平台，也越来越受到企业的重视和广大求职者的欢迎。

4) 招聘原则

(1) 公开原则。把招聘的单位、招聘的种类、数量、要求的资格条件以及考试方法均向社会公开。这样做不仅可以大范围地广招贤才，而且有助于形成公平竞争的氛围，使招聘单位确实招到德才兼备的优秀人才。此外，在社会的监督下，还可以防止不正之风。

(2) 平等原则。对待所有应聘者应该一视同仁，不得人为地制造不平等条件。在我国的一些招聘启事中经常可以看到关于年龄、性别的明确限制，这在国外是违反法律的。国外法律规定用工不得有种族、性别、年龄歧视。企业作为招聘单位就应该努力为人才提供公平竞争的机会，不拘一格地吸纳各方面的优秀人才。

(3) 竞争原则。人员招聘需要各种测试方法来考核和鉴别人才，根据测试结果的优劣来选拔人员。靠领导的目测或凭印象，往往带有很大的主观片面性和不确定性。因此，必须制定科学的考核程序、录用标准,才能真正选到良才。

(4) 全面原则。录用前的考核应兼顾德、才、能等诸方面因素。因为一个人的素质不仅取决于他的智力水平、专业技能,还与他的人格、思想等因素密切相关。我国公务员的考试内容就是根据全面考核人才的原则制定的,涉及了职业倾向、个性倾向、认知能力等多方面的考察项目。

(5) 量才原则。招聘录用时,必须做到"人尽其才""用其所长""职得其人"。认真考虑人才的专长,量才录用,量职录用。有的招聘单位盲目地要求高学历、高职称,不考虑招聘岗位的实际需求,结果花费了大量人力物力招聘来的,用不了多久就都"孔雀东南飞"了。要知道,招聘最终的目的是每一岗位上用人都是最合适、最经济,并能达到组织整体效益最优。

5) 招聘程序

虽然每个企业的选择过程不尽相同,但仍有一定的规律可循。通常先进行一些花费较少的选择程序,待淘汰了大部分不合格的申请者后,再进行成本较高的选择程序,以节省成本。以下选择程序具有普遍性,适用于大多数企业。

(1) 填写申请表。如果申请人具备应聘职位的条件,可予以登记,并派发申请表。填写申请表的目的是用标准化的表格取得申请人的有关资料,如姓名、性别、年龄、住址、受教育程度、工作经验等,用来判断申请人是否适合该项工作。利用申请表上的资料可以预测申请人的未来工作绩效。

(2) 面试。面试是一种非常普遍和常用的选择方法,许多企业全凭面试的资料作为取舍申请者的依据。通常面试分几个阶段进行。初步面试由人事部门的职员在短时间内观察申请者的外表、言谈举止、态度等。一般印象不佳或者明显不符合要求者则予以淘汰。如果申请者的条件与企业的要求大致相同,则可以进入下一选择程序。第二次面试由人事部经理主持,重点是了解申请者的教育水平、工作经验、技能、兴趣等。通常人事部门只负责初步选择程序,把挑选出来的候选人名单送给缺员部门的经理考虑,可能需要第三次面试。由人事部门安排缺员部门的经理与申请人见面,由缺员部门的经理最后决定录用人选。在选择过程中,面试所花的时间和成本是比较高的。

(3) 测试。许多企业都把各种形式的测试作为选择程序的一部分。与面试相比测试可以客观地甄别申请者的能力、学问和经验。

(4) 背景调查。对于申请者的背景和资格的审查,可以通过信函或电话、传真、电子邮件等方式向申请人的现任或以前的主管查询。这样做可以证实(或提供)有关申请人的工作能力、表现、性格、优点和缺点等信息是否真实。此外,还可以审核申请人的学历、工作经验的证明文件及推荐书。推荐书只能作为参考,因为推荐人是由申请人提供的,对申请人有较好的印象。

(5) 体检。体检可以保证每一位被录用的员工身体健康,体能符合工作要求,如视力正常、能举起重物、能站立工作等。这样可以避免员工投诉企业的工作环境危害健康而要求赔偿,并且可以防止疾病传染。在选择过程中,体检一般放在后期进行,因为这项程序费用较高,待其他不合格的申请者被淘汰之后再进行体检,可以降低成本。

(6) 试用。许多企业在录用员工时都有试用期,这使得企业可以根据工作绩效评价申请者的能力。试用期长短不一,由一个月到一年不等,视工作性质而定。试用可以代替选择过程的某些程序，或者用来检验其他程序的正确性。这种做法的假设是：如果一个人在试用期圆满地完成了任务，那么其他选择程序就没有必要使用了。对试用期的员工应进行监控，以确定录用决策是否正确。对在试用期内自动离职的员工应进行面谈，以确定选择过程中存在的不足。

2. 人员录用

当应聘者经过了各种筛选关后，最后一个步骤就是录用与就职。有不少企业由于不重视录用与就职工作，新员工在录用后对企业和本职工作连起码的认识都没有就直接走上了工作岗位，这不仅给他们今后的工作造成一定的困难，而且会使员工产生一种人生地不熟的感觉，难以唤起员工的工作热情，这对企业是不利的。为此，企业应认真做好这项工作。

1) 建筑企业用工制度

用工制度是企业为了解决生产对劳动力的需要而采取的招收、录用和使用劳动者的制度，它是企业劳动管理制度的主要组成部分。随着国家和建筑用工制度的改革，建筑企业可以采取多种形式用工。

(1) 固定工。固定工即建筑企业签长期用工合同的自有员工，主要由工人技师、特殊复杂技术工种工人组成。

(2) 合同工。企业根据临时用工需要，本着"公开招工、自愿报名、全面考核、择优录取"的原则，从城镇、农村招收合同制工人。

(3) 计划外工。企业根据任务情况，临时招收一些未纳入企业长期用工编制人员，以弥补劳务人员的不足。

(4) 建立劳务基地。企业出资和地方政府一起在当地建立劳务培训基地，采用"定点定向、双向选择、专业配套、长期合作"的方式，为企业提供长期稳定的劳务人员。

(5) 建立协作关系。一些大型建筑企业利用自身优势，有选择地联合一批施工能力强、有资质等级的施工队伍，同它们建立一种长期稳定的伙伴协作关系。

建筑企业的用工制度具有很大的灵活性。在施工任务量大时，可以多用合同工或乡镇建筑队伍；在任务量减少时，可以少用合同工或乡镇建筑队伍，以避免"窝工"。由于建立了劳务基地，劳动力招工难和不稳定的问题基本得到了解决。这种多元结构的用工制度，适应了建筑施工和施工项目用工弹性和流动性的要求。同时，建筑企业的用工制度也决定了建筑企业人员招聘和录用工作的特殊性。

2) 录用工作

录用一般包括签订试用合同、员工的初始安排、试用和正式录用等过程。新员工进入企业以前，一般要签订试用合同，对新员工和组织双方进行必要的约束和保证。合同内容包括：试用的职位；试用的期限；试用期间的报酬与福利；试用期应接受的培训；试用期责任义务；员工辞职条件和被延长试用期的条件等。

一般来说，新员工进入企业以后其职位均是按照招聘的要求和应聘者的意愿安排的。有时组织可以根据需要，在征询应聘者意见以后，也可以充实到别的职位。对于一些岗位，应聘者可能要经过必要的培训以后才能进入试用工作。

试用期满后，如果新员工表现良好，能够胜任工作，就应办理正式手续。正式录用企业一般要与员工签订正式录用合同。合同内容和条款应当符合《劳动法》的有关规定。

3. 员工培训

员工培训是指在将组织发展目标和员工个人发展目标相结合的基础上，有计划、有系统地组织员工从事学习和训练，增长员工的知识水平，提高员工的工作技能，改善员工的工作态度，激发员工的创造意识，最大限度地使员工的个人素质与工作需求相匹配，使员工能胜任目前所承担或要承担的工作与任务的人力资源管理。

培训是开发人力资源的重要措施。在财力、物力和人力三大资源中，人力资源的弹性最大，它可以成为企业的资产，也可能成为企业的负债，这取决于企业是否重视对员工的培训。如果企业没有良好的培训制度，缺乏培育人才的计划，只重视当前的生产需要，员工就会变为企业的负债；反之，如果企业重视培训，有良好的培训制度和计划，员工就会成为企业的资产。这是因为，企业采用不同的技术、使用不同的设备，会对员工所掌握的科学文化知识、工作经验和劳动技能提出不同的要求。随着企业技术的升级换代，就要求企业对员工进行适应性培训，使其掌握新技术所要求的新知识、新技能。否则，员工会因适应不了新技术的要求而被淘汰。培训是让员工获得新知识、新技能的唯一途径。

培训是企业成功的重要因素，除了科学技术的不断创新之外，学习型组织、团队工作方式、参与管理、机构和人员精减、工作复杂性等也是导致培训越来越重要的因素。

培训是改变员工的行为以达到一定目的的有组织的活动。对于不同的企业，培训的目的会有所不同，但培训一般都具有下列作用：消除员工因能力不足而引起的差劲的工作表现，降低员工的缺勤率和流动率；使员工掌握新技术，提高企业的生产力和竞争力；改善员工的人际关系，提高员工的工作积极性；防止员工工作技能退化。

1) 培训类型与方法

培训的类型根据企业的不同需要而有所差异，企业的规模、资源、生产性质、培训目的、参加培训的人数等都会影响到培训类型的选择。培训类型一般有职前培训、在职培训、脱产培训三种。

(1) 职前培训。职前培训也称定向培训，是对新进人员在任职前给予的一种培训，使新进人员对将担任的工作及环境有初步的认识和理解，知道如何去工作。职前培训的目的主要是：介绍企业的历史和产品，使新进人员感到在企业工作有前途；讲解企业的有关制度和政策，使新进人员知道应该如何去做，减少违纪违规事情的发生；表达企业对新进人员的殷切希望，说明新进人员在企业中的地位及其重要性，使他们发挥作用，为企业的发展做出贡献。职前培训有利于新进人员迅速适应企业的工作和生活。

(2) 在职培训。在职培训是让现职人员通过实际操作来学会做某项工作，通常由有经验的人来实施培训。常用的在职培训形式有教练和工作轮换。教练是由一个有经验的工人在岗位上指导另一个工人，将一件工作分拆成细小部分，按部就班地逐步完成每一个小部分，经检查符合工作标准后才开始学习另一件工作。教练的过程通常是先向下属讲解，再给下属示范，然后让下属练习，从旁观察下属的表现并纠正其中的错误。这种培训方式也可以用于高层管理者的培训，如设置助理职务。工作轮换是指在一段时间内有计划地安排接受培训的人到不同的岗位实地工作，亲身体验和了解企业的整体状况，扩大知识面，丰富工作经验。

在职培训是企业培养人才的重要途径之一，但有不少管理者没有养成对下属进行在职培训的习惯，他们或者偶尔为之，或者将员工培训的责任推给人事部门或员工本人，自己则埋头工作，不是将培训下属看作管理工作中的一项重要职责，这是很不应该的。企业应该将在职培训这项工作纳入管理系统，为管理者提供资源及创造条件，安排他们接受训练技巧的培训，并将他们在在职培训方面的表现列入绩效评价。那些在培养人才工作上做出成绩的管理者应得到企业的承认。

(3) 脱产培训。脱产培训是让现职人员暂时脱离工作岗位一段时间，集中进行学习的一种培训，培训的目的在于让现职人员掌握新知识和新技能，或者是选拔人才，或者是适应企业新业务的开办。

培训方法根据培训的不同目的，可将培训方法分为三类：以开发技能为主的培训方法，主要有商业游戏、案例研究、文件处理；以传授知识为主的培训方法，主要有课堂教学、程序教学、视听教学、电子学习；以改变行为为主的培训方法，主要有角色扮演、行为模仿。这里不再一一介绍。

2) 建筑企业职业培训的内容

(1) 管理人员培训。

① 岗位培训。它是对一切从业人员，根据岗位或职务对其具备的全面素质的不同需要，按照不同的劳动规范，本着干什么学什么，缺什么补什么的原则进行的培训活动。它旨在提高职工的本职工作能力，使其成为合格的劳动者，并根据生产发展和技术进步的需要，不断提高其适应能力。它包括对企业经理的培训，对项目经理的培训，对基层管理人员和土建、装饰、水暖、电气工程的培训及对其他岗位的业务、技术干部的培训。

② 继续教育。它包括建立以"三总师"为主的技术、业务人员继续教育体系，采取按系统、分层次、多形式的方法，对具有中专以上学历的处级以上职称的管理人员进行继续教育。

③ 学历教育。它主要是有计划选派部分管理人员到高等院校深造，培养企业高层次专门管理人才和技术人才，毕业后回本企业继续工作。

(2) 工人培训。

① 班组长培训。即按照国家建设行政主管部门制定的班组长岗位规范，对班组长进行培训，通过培训最终达到班组长100%持证上岗。

② 技术工人等级培训。按照建设部颁发的《工人技术等级标准》和劳动部颁发的有关工人技师评聘条例，开展中、高级工人应知应会考评和工人技师的评聘。

③ 特种作业人员的培训。根据国家有关特种作业人员必须单独培训、持证上岗的规定，对企业从事电工、塔式起重机驾驶员等工种的特种作业人员进行培训，保证100%持证上岗。

④ 对外埠施工队伍的培训。按照省、市有关外地务工人员必须进行岗前培训的规定，企业对所使用的外地务工人员进行培训，颁发省、市统一制发的外地务工经商人员就业专业训练证书。

要做好培训工作，使培训达到预期目的，企业领导及主管教育培训的职能部门要按照"加强领导、统一管理、分工负责、通力协作"的原则，长期坚持、认真做好培训工作，做到思想、计划、组织、措施落实，使企业的职工培训制度化、正规化。

4. 员工的绩效评价

绩效是指员工的工作行为、表现及其结果，也有人把绩效解释为一个人努力工作的净效果。绩效评价具有控制、分配、激励、沟通和开发等多种功能。传统的人事管理强调绩效评价在管理过程中的论功行赏、奖优罚劣、留强汰弱等作用。绩效评价在发现人才、任用人才、培养人才方面也起到了重要作用。淡化绩效评价的控制、分配和激励功能，强化其沟通和开发功能，是人力资源管理发展的趋势之一。因此，绩效评价是帮助员工寻找及缩小实际工作绩效与标准工作绩效之间差距的过程。

通过绩效评价可以提高员工的生产力。衡量生产力的传统方式是考察员工工作成果的数量和质量、有没有按工作程序办事、上下班是不是守时，以及出勤率、事故率、离职率等指标的高低。人力资源管理则认为，衡量生产力的主要因素应该是员工的招聘、培训、任用、激励和绩效评价，并以绩效评价为核心。就绩效评价而言，就是如何改进绩效评价体系，提高绩效评价体系的信度和效度；如何运用好绩效评价体系，从而有效地提高员工的工作胜任能力和生产力。

绩效评价是人力资源管理中最重要的环节。如果绩效评价的结果准确的话，绩效评价可以帮助企业分析其在人力资源上的优势和劣势，可以验证招聘和选择决策的正确性，可以指出员工在哪些方面需要接受培训，可以评价员工的优缺点和发展潜力，进而帮助他们制订个人职业计划，可以为加薪、晋级、降级、撤职、解雇和调动等人事决策提供依据或信息。如果企业缺乏人才，那可能是招聘或培训出了问题；如果企业有人才而不能用其所长，那当然是任用不当的错误；如果用其所长而不能有所表现，则是缺乏激励或评价无方的结果。

1) 绩效评价的内容

(1) 工作成绩。重点评价工作的实际成果，不管其经过如何，工作成绩的评价，要以员工工作岗位的责任范围和工作要求为标准，相同职位的职工应用同一个标准。

(2) 工作态度。重点考察员工在工作中的表现，如职业道德、工作责任心、工作的主动性和积极性等。

(3) 工作能力。评价员工具备能力。员工的工作能力由于受到岗位、环境或个人主观因素的影响，在过去的工作中不一定显示出来，要通过考评去发现他们。

工作成绩、工作态度和工作能力是员工从事一定工作所表现出来的三个相互联系的要素。一个员工在一定岗位上工作，必须具备一定能力才能干好，没有能力即便工作态度再好也不能获得好的成绩。但是，一个具备了能力的员工，不一定就能获得优良的成绩，因为这里有一个工作态度问题，能力虽然高但不愿付出(即工作态度不好)也不可能取得成绩。所以，对员工的考评必须从以上三个方面考核，缺一不可。

2) 绩效考评的方法

绩效评价方法比较多，下面介绍其中几种：等级排列法、强制分布法、关键事件法和全方位评价法。

(1) 等级排列法。等级排列法是将企业内全体员工按照总体工作表现从最好到最差依序排列下来。例如，将工作表现最好的员工排在最前面，最差的排在最后面。如何排列员工的顺序是等级排列法的关键。除了直接排序外，还有两种排序方法也很常用。一种是配对比较排序，将员工两人编成一组，根据评价要素轮流编组进行比较。评价者只需在每组中选出较优者，较优者得 2 分，较差者得 0 分，如果两人不分上下，则各得 1 分。最后，将每一位员工得到的分数相加，就能够排出顺序。另一种是交替排序，首先列出所有被评价员工的名单，然后根据评价因素从中挑选出最优者和最差者，将最优者列于榜首，最差者列于榜尾。再在剩下的员工中挑选出最优者和最差者，分别置于首二和尾二，依次类推，直到将所有员工评价排列完毕为止。一般来说，反差越大的事物越容易区别。同理，从一群人中挑选出最好的和最差的要比绝对地对他们进行评价容易很多。

等级评价法简单易行，但不能准确计算评价因素与工作表现的相关程度，也难以确定排序所依据的客观事实，主观性较强。采用这种方法的局限是，如果被评价的人数很多，或者绩效水平相近，将难以进行排列。因此，这种方法只适用于人数不多的情况。

(2) 强制分布法。强制分布法是指按预先规定的比例将被评价者分配到各个绩效类别上去。这种方法是根据统计学的正态分布理论提出来的，特点是两极者居少，中间者居多。例如，一个企业的评价分优秀、良好、中等、尚可和很差五个等级，则可以按以下比例分配：优秀的人数不超过被评价人数的 15%，良好的人数不超过 20%，中等的人数不超过 30%，尚可的人数不少于 20%，很差的人数不少于 15%。

采用强制分布法可以防止滥评优秀人员或被评价者的得分十分接近以至于分不出优劣的弊端发生。这种方法的问题来自这一方法的假设，即所有部门中都有相同的绩效类别分布。例如，在一个只有五个人的部门里，要求将他们分配到五个绩效评价类别中去显然是不实际的。如果在评价过程中人们的相互不信任感很强，并且这种评价又涉及重大的人事决策，这时应使用强制分布法。严格来说，强制分布法并不是一种评价方法，而是一种限制评价分数的方法，通常是和其他方法结合使用，不单独使用。

(3) 关键事件法。关键事件法是通过列举一些事例来证明员工实际工作表现的一种评价方法。这种方法评价的是具体工作行为，而不是个人品质，采用这种方法时，要求评价者平时要将被评价者的一些与日常工作有关系的重要或特殊事件记录下来，这些事件是被评价者获得工作绩效的关键。进行绩效评价时，评价者运用这些记录和其他资料对被评价者的绩效进行评价。

这种方法的优点在于可以为评价提供一些确切的事实根据，从而使评价依据的是员工的一贯表现，而不是近期的一时表现。不过，记录关键事件需要花很多时间，这种方法常常与其他评价方法结合使用，它在认定员工特殊的最佳表现和最差表现方面十分有效，能起到补充作用。关键事件法很少单独使用，因为在对员工的比较或评价涉及加薪、晋职决策时，它的用处不大。

(4) 全方位评价法。全方位评价法也称 360 度评价法，是一种将绩效评价和人才培养相结合的管理创新。其做法是，首先，评价者要听取被评价者的 3~6 名同事和 3~6 名下属的意见，并让被评价者进行自我评价。听取意见和进行自我评价的方法是填写调查表。评价者根据这些调查表对被评价者的工作表现做出合理的评价。评价的标准包括人际交往、概念思维、分析能力、主动性、决策能力、专业知识、合作精神、质量意识、领导才能、发展潜力、适应能力等。评价结果出来后，评价者要将所有同事和下属的评价调查表全部销毁。然后，评价者与被评价者会面，评价者将他的评价报告拿出来与被评价者一起讨论。在这之后，双方一起讨论定出被评价者下一年度的绩效目标、评价标准和事业发展计划。

全方位评价法的优点在于能够使上级更好地了解下级，激励员工参与管理，鼓励员工管理他们的职业生涯，同时也迫使上级帮助下属发展，改善团队合作，培养员工的责任心。其缺点是花费时间太多，并且只适用于管理者，不适用于普通员工。此外，这种方法的实施受文化的影响非常大。例如，在我国企业中实施这种方法就可能会遇到保密性、同事之间的竞争、人际关系的影响、缺少发展机会等困难。因此，如果评价的目的是做出诸如晋升、提薪等重要的决策，全方位评价法不宜使用。

除上述评价方法之外，还有许多其他方法，这里不再一一介绍。这些评价方法各有利弊，适合于不同的条件。选择哪一类评价系统取决于企业进行评价的目的。如果评价的目的是晋升、提薪、奖励和培训，传统的等级排列法和强制分布法比较合适。如果评价的目的是发现人才、培养人才，则全方位评价法比较合适。

4.1.4 建筑企业人力资源开发

人力资源开发，是20世纪六七十年代以来广泛盛行于西方的流行用语和实践活动。这是伴随人力资源在现代化经济增长和企业发展中的重要地位和作用愈益显现而发生的。对一个企业来讲，人力资源开发是指企业作为一个独立的经济实体、法人，进行有计划的人力资本投资，采取一系列教育、培训、开发的有效形式，挖掘员工智力潜能，训练、提高其智力、知识和技能水平，培养其企业优秀价值观，充分调动和发挥员工积极性、自觉性和创造性的全面过程或活动，以促进员工发展，改进行为绩效，保证企业生产经营战略的实施和各项经济与非经济目标的实现。

在人力资源的管理中，对人力资源的开发成为越来越重要和突出的功能。这里"开发"一词有两层含义，一是对人力资源的充分发掘和合理利用；二是指对人力资源的培养与发展。这一功能之所以日显重要，不仅因为通过开发，职工们现有的才能得以被尽量利用，而且他们的潜能也得到扩展，从而得以充分发挥。同时，对职工的培养又是一种强有力的激励因素，能激发起他们积极的、创造性的工作热情；再者，为职工提供个人发展机会，已成为现代企业应对社会履行的道义责任。基于此两层含义的理解，人力资源开发包括人力资源的优化配置和人力资源的激励机制。

1. 人力资源的优化配置

人力资源优化配置的含义有两个方面：一是结构优化，即配置的各种资源必须根据施工生产有一个合理的结构，不能彼多此少，或彼少此多。如果结构不合理，生产能力就只能按配置最少的资源来发挥，不可避免地发生资源浪费。二是总量投入的优化，即在结构合理的情况下，总量按需投入。因此，优化应从结构和总量两个方面进行。

1) 项目经理部人员的优化配置

项目经理部人员在项目施工现场的人力资源中处于核心地位，可以分为项目经理和其他管理人员。

项目经理是完成项目施工任务的最高责任者、组织者和管理者，是项目施工过程中责、权、利的主体，在整个工程项目施工活动中占有举足轻重的地位。因此，项目经理必须由公司总经理来聘任，以使其成为公司法人代表在工程项目上的全权委托代理人。

项目经理部其他管理人员配置的种类和总量规模，根据工程项目的规模、建筑特点、技术难度等因素来决定。从其所行使的职能来看，项目经理部应当配置能满足项目施工正常进行的预算、成本、合同、技术、施工、质量、安全、机械、物资、后勤等方面的管理人员。

在整个工程项目的施工过程中，除特殊情况外，项目经理是固定不变的。由于实行项目经理负责制，项目经理必须自始至终负责项目施工的全过程活动，直至工程项目竣工，项目经理部解散。

由于在项目施工过程中施工工序和部位是在不断变化的，对项目施工管理和技术人员的需求也是不同的。项目经理部的其他人员可以实行动态配置。当某一项目某一阶段的施工任务结束以后，相应的人员可以动态地流动到其他项目上去，这项工作一般可由公司的人事部和工程部综合考虑全公司的在建项目进行统筹安排，对项目管理人员实行集权化管理，从而在全公司范围内进行动态优化配置。

2) 劳务人员的优化配置

劳动力的配置应根据承包项目的施工进度计划和工种需要数量进行。项目经理部根据计划与劳务合同，在接受劳务承包队派遣的作业人员后，应根据工程的需要，或保持原建制不变，或重新进行组合。组合的形式有三种，即专业班组、混合班组或大包队。

2. 人力资源的激励机制

激励是人类社会活动的重要内容，凡是有人群活动的地方，就必有激励。激励是人力资源开发的重要手段，它表现为对人的需求欲望予以适当满足或限制，而实质是人在追求某种既定目标时的愿意程度。激励在鼓舞员工士气、提高员工素质、增强组织凝聚力等方面起着十分重要的作用。

1) 激励的特点

(1) 从推动力到自动力。在一般情况下，激励表现为外界所施加的吸引力与推动力。即通过多种形式对个体的需求予以不同程度的满足或限制。而激励的实质是个体内部的心理状态，即激发自身的动机，变组织目标为个人目标，这种过程可以概括为：外界推动力(要我做)——激发——内部自动力(我要做)。个体的行为必然会受到外界推动力的影响，这种推动力，只有被个体自身消化和吸收，才会产生出一种自动力，才能使个体由消极的"要我做"转化为积极的"我要做"，而这种转化正是激励的本质所在。

(2) 个体自身因素的影响。由推动力所激发出的自动力与个体行为的积极程度是呈正比关系的，而自动力的大小，固然与推动力的强度有关，但也离不开个体自身因素的影响。同样强度的推动力，对于不同的人可能产生强弱悬殊的自动力，从而对其行为产生极为不同的影响。正如树上没有两片完全相同的树叶一样，世界上也不存在两个完全相同的人，这种复杂的差异赋予激励以更大的弹性。

(3) 自动力是一个内在的变量。由激励所激发的自动力是一个内在的变量，虽然这种心理状态是一种看不见、摸不着的东西，无法通过精确的计算来进行预测、控制与调节，但可以通过在其作用下的行为表现来加以观察。例如，在能力相当的前提下，员工甲的工作效率始终高于员工乙的工作效率，我们就可以推断出甲的工作自动力高于乙。

2) 激励的作用

激励是人力资源开发的有效手段，主要表现在以下几个方面。

(1) 有利于鼓舞员工士气"明察秋毫而不见车薪，是不为也，非不能也"。也就是说，一个人如果眼睛能发现细微的毫毛，却坚持说他看不见一车柴薪，是因为他不想这么干，并不是因为他没有这个能力。一个人能力再强，如果激励水平很低，缺乏足够的自动力，也必然不会有好的工作效绩；反之，一个人能力一般，如果受到充分的激励，发挥出巨大的热情，也必然会有出色的表现。由此可见，激励对工作人员积极性的调动有着极为重要的影响。

(2) 有利于员工素质的提高。从人的素质构成来看，虽然它具有两重性，既有先天的因素，又有后天的影响，但从根本意义上讲，主要还是取决于后天的学习和实践。通过学习和实践，人的素质才能得到提高，人的社会化过程才能完成。人的行为与其他受本能支配的动物行为不同，是完全可以改变的，是具有可塑性的。个体为了谋求目标的达到，不但能改变其手段，而且通过学习能改变其行为的内容。这种改变也意味着人的素质从一种水平发展到更高的水平。当然，学习和实践的方式与途径是多种多样的，但激励是其中最能发挥效用的一种。通过激励来控制和调节人的行为趋向，会给学习和实践带来巨大的动力，从而会导致个人素质的不断提高。

(3) 能够增强一个组织的凝聚力。行为学家们通过调查和研究发现：对一种个体行为的激励，会导致或消除某种群体行为的产生。也就是说，激励不仅仅直接作用于个人，而且还间接影响其周围的人。激励有助于形成一种竞争气氛，对整个组织都有着至关重要的影响。现举发生在美国速递公司里的一件事作为例子。一次，公司的一名职员在把一批邮件送上飞机之后忽然发现了一封遗漏的信件。按照速递公司的规定，邮件必须在发出后25小时之内送到收件人手中，可这时飞机已经起飞，怎么办？在这种情况下，来不及进行更多的考虑，为确保公司的声誉不受损害，这名职员毅然用自己腰包里的钱购买了第二班飞机的机票，根据信上的地址，亲自把这封信送到了收信人手中。后来，公司了解了这件事的经过后，对这位职员给予了优厚的奖赏，以表彰他这种认真负责的主人翁态度。这件事被永远地载入了公司的史册，它对形成良好的企业文化起了非常巨大的作用。由此，美国速递公司职工以工作为己任、视公司声誉为生命的行为蔚然成风，使整个公司的凝聚力得到了充分体现。

3) 激励的手段和方法

(1) 行政激励。它是按照公司条例给予的具有行政权威性的奖励和处罚，例如董事长奖、荣誉奖、挑战奖以及拼搏奖等。企业没有"免费的午餐"，奖惩制度严格，公司支持让一部分为企业尽心尽力创业拼搏的人先富起来；同时大力推行淘汰制，将无所贡献的人淘汰出去，不拘一格选拔人才。行政激励既包括正强化，也包括负强化；既包括物质奖励，又包括精神鼓励。

(2) 工作目标价值激励。期望理论认为，人们在追求目标、满足需要的过程中，激发力量、工作热情的大小，与他们对所从事的工作价值的认识及实现工作目标的可能性有关。提高人们对自己从事工作价值的认识很重要，不同的人对目标追求不一样，同样的目标由于各人的需要认识不一样，所处的环境不同，因而目标在他们心目中的效果和价值也不同。如果想让人们干好一件工作，首先得给他们认为重要的好的工作去做，了解他们对什么最感兴趣,再安排合适的工作,让适合的人干合适的事。

(3) 升降激励。通过职务和级别的升降来激励人的高层追求、进取精神。该升不升,会影响人的工作积极性、创造性;该降不降,不仅害了当事人,也给他人造成不好的影响。所以,升降激励,必须坚持任人唯贤,升降合理。

(4) 舆论激励。运用社会公德、职业伦理的一般规范,造成某种舆论氛围,使激励对象产生一种荣辱感。其主要方式是通过文件通报、报刊、会议以及墙报、广播、电视等宣传媒介,对先进事迹进行表扬,对不良行为进行批评,从而达到弘扬正气、抵制歪风的目的,形成奋发向上、合理竞争的良好气氛。

(5) 持股激励。这是一种在西方发达国家非常流行的经理股票期权的薪酬激励制度。随着社会主义市场经济在中国的深入发展和现代企业制度的广泛建立,中国也正在引进这一制度。当然这一激励原则的成立,首先要承认人力资本的产权价值。人是一种资源,这种资源具有潜隐性和增值性。既然如此,人力资本不管在实践上还是在理论上,都是成立的,如果对此没有异议,高层主管人员持股也理所当然。

(6) 组织文化激励。现代化的人才观念是组织的价值观念的重要内容。一般来讲,人力资源开发的成功,取决于高层管理者"以人为本"的价值观以及对员工价值的认识。管理者的价值观主要通过言语和行动表达出来,他们对不同的人力资源开发政策的守信与实施,常常会感染员工,把对员工的尊重融入人力资源开发措施中。如果组织没有显示出对员工的高度负责,雇员也不可能对组织高度负责,雇员的责任心根植于管理者对员工真诚和持久的价值观上,那些以牺牲员工利益为代价而采取权宜之计的管理者,同样也不能期望员工反过来对他们负责。尽管合约能起到一定作用,但它的作用绝不能与管理者对员工的尊重和员工对企业的归属感、认同感、献身精神相提并论。培养员工的主人翁意识,落实参与措施,让员工积极参与,是将人力资源开发政策,与成功地实现高效、创新和高的工作生活质量结合起来的有效途径。

4) 激励机制

激励机制就是在激励中起关键性作用的一些因素,一般由激励时机、激励频率、激励程度、激励方向等因素组成。它的功能集中表现在对激励的效果有着直接和显著的影响,所以认识和了解激励的机制,对搞好激励工作是大有益处的。

(1) 激励时机。激励时机是激励机制的一个重要因素。激励在不同时间进行,其作用与效果是有很大差别的。超前的激励可能会使工作人员感到无足轻重;迟来的激励可能会让工作人员觉得多此一举,使激励失去意义,发挥不了应该发挥的作用。那么,到底应该在什么时候激励为好呢?当然,这是一个比较复杂的问题,不能简单机械地下结论。激励如同化学实验中的催化剂,何时该用、何时不该用,都要根据具体情况进行具体分析。根据时间上快慢的差异,激励时机可分为及时激励与延时激励;根据时间间隔是否规律,激励时机可分为规则激励与不规则激励;根据工作的周期,激励时机又可分为期前激励、期中激励和期末激励。激励时机既然存在多种形式,就不能形而上学地强调一种而忽视其他,而应该根据多种客观条件,进行灵活的选择,有时候还要加以综合的运用。

总而言之,激励时机是非常重要的,选择得当才能有效地发挥激励的作用,这就如同指挥员在战场上调兵遣将,时机掌握不好,就不可能取得胜利。

(2) 激励频率。所谓激励频率,是指在一定时间里进行激励的次数,它一般是以一个工作周期为其时间单位的。激励频率的高低是由一个工作周期里激励次数的多少所决定的。激励频率与激励效果之间并不完全是简单的正比关系。在某些特殊的条件下，二者呈一定的反比关系。所以，只有区别不同情况，采取相应的激励频率，才能有效地发挥激励的作用。激励频率的选择受多种客观因素的制约，这些客观因素包括工作的内容和性质、任务目标的明确程度、激励对象的素质情况、劳动条件和人事环境等。一般来说，对于工作复杂性强，比较难以完成的任务，激励频率应当高，对于工作比较简单、容易完成的任务，激励频率就应该低。对于任务目标不明确、较长时期才可见成果的工作，激励频率应该低；对于任务目标明确、短期可见成果的工作，激励频率应该高。对于各方面素质较差的工作人员，激励频率应该高；对于各方面素质较好的工作人员，激励频率应该低。在劳动条件和人事环境较差的部门，激励频率应该高；在劳动条件和人事环境较好的部门，激励频率应该低。只有对具体情况进行综合分析，才能确定恰当的激励频率。

(3) 激励程度。所谓激励程度，是指激励量的大小，即奖赏或惩罚标准的高低。它是激励机制的重要因素之一，与激励效果有着极为密切的联系。能否恰当地掌握激励程度，直接影响激励作用的发挥。超量激励和不足量激励不但起不到激励的真正作用，有时甚至还会起反作用，造成对工作热情的严重挫伤。比如，过分优厚的奖赏，会使人感到得来轻而易举，用不着进行艰苦的努力；过分严厉的惩罚，可能会导致人的"破罐子破摔"心理，使他们失去上进的勇气和信心；过于吝啬的奖赏，会使人感到忙碌半天结果徒劳一场，从此消沉下去，提不起工作干劲；过于轻微的惩罚，可能导致人的无所谓心理，认为小事一桩、无足轻重，不但不思悔改，反而变本加厉。所以从量上把握激励，一定要做到恰如其分，激励程度不能过高也不能过低。有些人认为，激励程度越高，鼓舞士气的作用就越大，激励程度越低，鼓舞士气的作用就越小。也就是说，激励程度与激励效果呈正比关系。我们认为，这种说法是不准确的。激励程度并不是越高越好，它是具有一定限度的，超出了这一限度，就无激励作用可言了，正所谓"过犹不及"。

(4) 激励方向。所谓激励方向，是指激动的针对性，即针对什么样的内容来实施激励，它对激励效果也有显著影响。根据美国心理学家马斯洛的需要层次理论，人的行为动机起源于五种需要，即：生理的需要、安全的需要、归属的需要、尊重的需要和自我实现的需要。人的需要并不是一成不变的，它有一个由低级向高级发展的过程，但这一过程并不是一种间断的、阶梯式的跳跃，而是一种连续的、波浪式的演进。不同层次的需要是可以同时并存的，但在不同时期，各种需要的动机作用是不一样的，总存在一种起最大支配力量的优势需要。一般来说，较高层次的优势需要的出现，是在较低层次优势需要出现之后。马斯洛的需要层次理论有力地表明，激励方向的选择与激励作用的发挥有着非常密切的关系。当某一层次的优势需要基本上得到满足时，激励的作用就难以持续，只有把激励方向转移到满足更高层次的优势需要，才能更有效地达到激励的目的。比如对一个具有强烈自我表现欲望的大学生来说，如果要对他所取得的成绩予以奖励，奖给他奖金和实物不如为他创造一次能充分表现自己才能的机会，使他从中得到更大的鼓励。还有一点需要指出的是，激励方向的选择是以优势需要的发现为其前提条件的，但怎样才能发现不同阶段的优势需要呢？又怎样才能正确区分个体优势需要和群体优势需要呢？这些都是激励工作中不得不面对的问题，只有通过深入的调查研究和认真的分析思考，才能找到需要的答案。

【综合应用案例5.1】技术能力差不多的项目经理，我们如何选择？

A公司是中等规模的建筑施工单位，招聘项目经理一人，人力资源部通过网络招聘成功物色到两名候选人。其中有一人已结婚生子，个性内向，专业能力较强，曾在类似施工项目部做过项目经理，有带团队的经历。另一人单身，个性外向，喜欢与人打交道，有全面的项目管理体系知识，有项目管理实操经验。现技术部门认为A能胜任，因为A技术过硬。业务部门觉得B比较合适，因为B沟通能力好。这种情况，你应该怎么选呢？

【综合应用案例5.2】项目型绩效考核，考核拉不开等级怎么办？

某建筑装饰公司，初步开始进行绩效考核。目前人力资源部制订考核试运行方案，方案内容如下：采取"项目式"考核。考核内容：①工作任务完成情况50%；②岗位职责履行情况30%；③综合表现(定性指标)占20%。考核结果：分数折算，考核系数等于考核成绩除以100。绩效考核方案呈报时，领导考虑到目前公司部分人员岗位职责不明确，建议加入更多的定性指标。事实上，公司以前考核以定性为主，分管部门经理都不愿得罪人，绩效考核评出来大家都是A等级(优秀)、B等级(良好)，考核成绩无法拉开等级，达不到绩效考核的目的。请结合本案例分析，项目型绩效考核，考核拉不开等级怎么办？

4.2 建筑企业物资管理概述

4.2.1 物资管理的概念

物资管理就是企业对具有法定所有权的物资进行系统管理的过程。物资管理的含义包括管理范围和管理业务两个方面。物资管理的范围是所有权属于企业的全部物资。物资管理的业务就是为了更好地管理好企业的物资所进行的一系列活动或采取的措施。一方面，通过用料申请计划、采购、运输、仓储、保管、领用等活动，解决物资供需之间存在的时间、空间、数量、品种、规格以及价格和质量等方面的矛盾，衔接好生产中的各个环节，确保生产的顺利进行。另一方面，通过机械设备的选购、使用、养护、维修、更新改造等活动，保证工程施工的顺利进行。物资管理是企业管理中不可缺少的一环，而且物资管理水平的高低直接影响着企业的成本，所以很多企业已把物资管理作为企业增加效益的一种利润源泉。

不同类型的企业所使用的物资不同，因而在管理上侧重点也有所区别。建筑企业的物资主要分为两大类，一类是建筑材料，另一类是机械设备，相应地建筑企业物资管理可以分为建筑企业材料管理和建筑企业机械设备管理两方面的内容。建筑企业管理的材料管理，就是对企业施工生产过程所需要的各种材料的计划、订货、采购、运输、保管、领发、使用所进行的一系列组织和管理工作，它是企业管理的重要组成部分。机械设备管理就是对机械设备运动全过程的管理，即从选购机械设备开始，投入生产领域使用、磨损、补偿，直至报废退出生产领域为止的全过程的管理。

4.2.2 材料管理概述

1. 材料管理的内容

建筑企业的材料管理工作,主要是指在做好材料计划的基础上,搞好材料的供应;保管和使用的组织与管理工作。具体来讲,材料管理工作包括:材料定额的制定与管理、材料计划的编制、材料的库存管理、材料的订货、采购、组织运输、材料的仓库管理和现场管理、材料的成本管理等。

2. 材料管理的意义

施工生产的过程,同时也是材料消耗的过程,材料是生产要素中价值最大的组成要素。因此,加强材料的管理是生产的客观要求。由于建筑生产的技术经济特点,使得建筑企业的材料供应管理工作具有一定的特殊性和复杂性,这表现为:供应的多样性、多变性,消耗的不均匀性,带来季节性储备和供应问题,并且要受运输方式和运输环节的影响与牵制。

加强材料管理是改善企业各项技术经济指标和提高经济效益的重要环节。材料管理水平的高低,会通过工作量、劳动生产率、工程质量、成本、流动资金占用的多少和周转速度等各项指标直接影响到企业的经济效果。因此,材料管理工作直接影响到企业的生产、技术、财务、劳动、运输等方面的活动。对企业完成生产任务,满足社会需要和增加利润起着重要作用。

3. 材料管理的任务

建筑企业材料管理的任务,可归纳为保证供应、加速周转、降低消耗、节约费用四个方面。

1) 保证供应

保证适时、适地、按质、按量、成套齐备地供应施工生产所需要的各种材料。

材料必须按规定的时间供应,不宜过早或过晚。过早则多占用仓库和施工场地,增加仓库费用或影响现场施工。同时要按指定的使用地点,按规定的质量、数量、按要求的品种、规格成套地供应,这就需要加强材料供应的计划性,搞好供需平衡,使计划不留缺口,要组织好订货和采购,做好运输、保管和领发工作,面向施工现场,及时保证工程施工需要。

2) 加速周转

缩短材料的流通时间,加速材料周转,这也就意味着加快资金的周转。为此,要统筹安排供应计划,搞好供需衔接;要合理选择运输方式和运输工具,尽量就近就地组织供应,力争直达直拨供应,减少二次搬运;要合理设库和科学地确定库存储备量,灵活地进行材料调用,保证及时供应,加快周转。

3) 降低消耗

合理地、节约地使用各种材料,提高它们的利用率。为此,要制定合理的材料消耗定额,严格按定额计划平衡材料,供应材料,考核材料消耗情况;积极贯彻"增加生产,厉行节约"的方针,开展物资节约,搞好综合利用、节约使用、回收利用,加强库存保管与维护，防止和减少损失、变质、锈蚀、丢失等。

4) 节约费用

全面地实行经济核算，不断降低材料管理费用，以最少的资金占用，最低的材料成本，完成最多的生产任务。为此，在材料供应管理中，必须明确经济责任，加强经济核算，提高经济效益。

4.2.3 材料消耗定额管理

1. 材料消耗定额的概念

建筑企业材料消耗定额，是指在一定的生产技术组织条件下，完成一定计量单位的工程或生产单位合格产品所必须消耗的一定规格的建筑材料或构配件的数量标准。它包括直接构成工程实体的材料消耗(净需要量)，在材料加工准备过程和施工过程中的必要合理的工艺性损耗，以及生产中产生的和运输保管不善造成的非工艺性损耗。

材料消耗定额，包括直接使用在工程上的材料净用量和在施工现场内运输及操作过程中不可避免的损耗量。材料的损耗一般按损耗率计算，材料的损耗量与材料总消耗量之比称为材料的损耗率。其计算公式表示为

$$损耗率 = \frac{损耗量}{总消耗量} \times 100\%$$

$$总消耗量 = 净用量 + 损耗量 = \frac{净用量}{1-损耗率}$$

为使用的方便，一般情况下计算材料总消耗量的公式可简化为

$$总消耗量 = 净用量 \times (1+损耗率)$$

2. 材料消耗定额管理的作用

材料消耗定额在建筑企业材料管理中具有重要的作用。它是确定材料需用量、库存量、编制材料计划、组织材料供应的依据；是限额领发料、考核分析材料消耗利用情况的依据；也是加强材料核算，进行材料成本控制的重要工具。从国家来看，材料消耗定额又是控制一个建设项目主要材料指标的依据。

材料消耗定额水平，在一定程度上反映我国或地区建筑业的经营管理水平和生产技术水平。为了有效地发挥材料消耗定额的作用，促进生产力发展，定额水平的确定，既不应是先进水平，也不应是平均水平，而应是先进合理的水平。

3. 材料消耗定额的种类

建筑工程中使用的定额有概算定额、预算定额、施工定额三类。材料消耗定额一般不单独编出，而是作为这三种定额的组成部分。也就是说，材料定额相应地分为材料消耗概算定额、材料消耗预算定额和材料消耗施工定额三种。

1) 材料消耗概算定额

材料消耗概算定额是建筑工程概算定额的组成部分，用来估算建设项目主要材料和设备等的需用量。常用的概算定额有以下两种。

(1) 万元定额。它是指每万元建筑安装工作量所消耗的材料数量。这种定额是根据一定时期实际完成的建筑安装工作量与所消耗主要材料总量的统计资料经综合分析计算而得。其计算式为

$$每万元建筑安装工作量材料消耗 = \frac{报告期某种材料的消耗总量}{报告期建筑安装工作量(万元)}$$

计算结果，一般反映不出材料的规格、型号，准确性较差。在确定基本建设投资指标的情况下，据此来编制申请主要材料指标计划。

(2) 平方米定额。它是指每平方米建筑面积所消耗的材料数量。这种定额是根据一定时期实际完成的建筑安装工程竣工面积与所消耗材料的统计资料，按不同结构类型和用途，以单位工程为对象，进行综合分析计算而得。其计算公式为

$$\frac{某类型单位工程每平方米}{竣工面积材料消耗量} = \frac{某类型单位工程某种材料消耗总量}{某类型单位工程竣工面积}$$

这种计算方法的结果，比万元定额准确一些，项目细一些，可以据此编制备料计划。

2) 材料消耗预算定额

它是建筑工程预算定额的组成部分，是编制工程预算、施工计划、材料需用计划和供应计划的依据，是建筑工程材料管理中使用的主要定额。这种定额是以单位分项工程为基础进行计算的每一计量单位所消耗的材料数量标准。

建筑工程材料消耗由三个部分构成：第一是有效消耗部分，是指直接构成工程实体的材料消耗；第二是工艺性消耗部分，是指材料加工准备过程产生的损耗和生产过程中产生的损耗；第三是非工艺性损耗，是指合理的管理损耗。上述材料消耗中，第一、第二部分构成材料的工艺消耗定额(材料消耗施工定额)，再加上非工艺性损耗，构成材料的综合消耗定额(材料消耗预算定额)。

3) 材料消耗施工定额

它是建筑工程施工定额的组成部分。其项目较预算定额更为细致和具体。它主要用于编制施工作业计划、备料计划，进行限额领料和考核工料消耗。该定额只适用于施工企业内部使用。

4. 材料消耗定额的制定方法

建筑材料消耗定额，是通过对施工过程中材料使用情况的观察和测定，获得实测原始资料的情况下制定的。其制定方法主要有以下几种。

(1) 技术计算法。此法是根据施工图纸和施工规范等技术资料，通过计算确定经济合理的材料消耗数量。用这种方法制定的定额，技术依据充分，所以比较准确，但工作量大。

(2) 统计法。此法是通过单位工程或分部分项工程材料消耗的历史统计资料计算和确定材料消耗数量。用这种方法需要有健全的统计资料，且制定的定额不够准确，一般能反映过去工程材料消耗的规律，因此，常用于制定概算定额。

(3) 实验法。此法是按照国家的规定，运用专门的仪器设备进行试验而确定材料消耗数量。这种方法适用于测定能在实验室条件下进行的材料，如确定混凝土、砂浆、油漆等。

(4) 测定法。此法是在一定的技术组织条件下，由技术熟练的工人操作，通过现场实地观察和测定而确定材料的消耗数量。这种方法容易消除某些不合理的消耗因素，比统计法

准确，但受一定的生产技术水平和测定人员水平的限制。

定额制定的实际工作中，通常把上述几种方法结合使用。不同种类的材料消耗定额，应选用不同的制定方法。如主要材料消耗定额，以技术计算法为主；辅助材料消耗定额，以统计分析法为主。预算定额、施工定额以技术计算法、实测法为主，概算定额以统计法为主等。

5. 材料消耗定额的管理

材料消耗预算定额和材料消耗施工定额同建筑企业生产经营管理的关系最为密切。所以，建筑企业应该有专门的部门和人员进行这两种定额的管理。

定额的管理包括制定、贯彻执行、考核和修订四个环节。

定额的执行是定额管理中的重要环节。企业的材料供应管理部门要坚持按材料预算定额确定材料的需要量、编制材料计划；要按材料施工定额组织内部材料供应和向基层施工队、班组发放材料，进行材料核算。定额的贯彻执行一定要严肃认真，并和改善企业生产经营管理、改进操作方法、推广先进的施工经验和技术组织措施结合起来。

企业应经常考核和分析材料消耗定额的执行情况，积累有关资料，不断提高定额管理水平。材料管理人员要做好材料消耗、收、发和库存的原始记录和统计工作，并经常深入施工现场，了解掌握定额执行情况，分析研究执行过程中存在的问题和原因，及时反映实际达到的定额水平和节约材料的经济效果。同时要及时总结推广节约用料的先进经验，实行材料节约奖励的办法。材料消耗定额的考核与分析，可着重于材料利用率、定额与实际用料的差异、非工艺损耗的构成分析等。

定额是在一定的生产技术组织条件下制定的，定额制定后要保持相对稳定，但也不应一成不变。随着生产技术的发展，设计及施工工艺的改进，企业管理水平的提高，材料消耗定额必须及时做出相应的修订和补充。建筑企业在定额修订和补充方面，应根据实际执行情况，积累和提供修订的数据。对不切实际的施工定额，企业应根据实际情况，组织技术测定，制定企业定额，以利于加强企业的内部管理。

4.2.4 材料供应计划的编制与实施

材料供应计划是企业生产技术、财务计划的重要组成部分，是材料管理的重要环节，是进行订货、采购、储存、使用材料的依据。它与施工生产计划、技术措施计划、降低成本计划、财务计划、运输计划都有密切的关系，它为这些计划的顺利贯彻执行提供了可靠的物资保证；对企业材料管理来说，材料计划又是进行材料订货、采购、组织运输、储存和使用的依据，起着促进企业加强材料管理，改进材料供应、管理、使用的组织工作的作用；搞好材料供应计划，也是企业降低成本、加速资金周转、节约资金占用的重要前提。

1. 材料供应计划的编制

1) 编制材料供应计划的准备工作

为了使材料供应计划的编制能切合实际、真正发挥作用，在编制前应做好以下必要的准备工作。

(1) 明确计划期施工生产计划、机械设备大修理计划和技术组织措施计划等情况,并具体落实工程和生产任务、材料指标和材料资金。

(2) 掌握和分析上个计划期材料使用情况,如施工生产任务完成情况、材料实际耗用情况,并认真做好清仓盘点工作,正确掌握各种材料的实际库存量。

(3) 调查了解材料的供应和运输方面的资料,如各种材料的订购,供应的品种、规格和价格,供应的间隔天数,运输条件、时间等,尤其要了解掌握和预测计划期主要材料品种和数量供应方面的缺少数量及市场价格等。

(4) 收集和合整理有关材料消耗定额和储备定额等资料。

2) 材料供应计划的编制

这里分年度材料供应计划的编制和季度、月度材料供应计划两个部分来说明。

(1) 年度材料供应计划的编制。

年度材料供应计划编制的主要内容:计算各种材料的需要量,期初期末储备量,经过综合平衡确定材料的采购量,再根据采购量编制采购计划。

① 材料需要量的确定。

材料需要量是按材料种类、品种和规格来计算的,不同用途、不同种类的材料需要量的确定方法不同,概括来说,有直接计算法和间接计算法两种。

ⅰ. 直接计算法,又叫定额计算法。它是直接根据材料消耗定额和计划任务来计算材料的需要量,其中又包括实物工程定额法和投资概算定额法。前者是根据计划实物工程量和预算定额进行计算确定,凡有条件的都应采取此法。后者是在技术资料不甚完备的情况下,根据万元定额或平方米概算计算确定,误差较大,一般在±10%左右,故只能作为企业概算计划年度所需工程材料,安排资金使用,不能作为实物采购之用。直接计算法的基本计算公式为

$$某种材料需要量 = 计划工程量 \times 材料消耗定额$$

ⅱ. 间接计算法。它主要有动态分析法和同类工程对比法。

动态分析法是以历史上实际材料消耗水平为依据,考虑到计划期影响材料消耗变动因素,利用一定的比例或系数对上期的实际消耗进行修正,以确定材料需要量的方法。其计算公式为

$$某种材料需要量 = 上期该材料实际消耗量 \times \sqrt{\frac{计划期工程量}{上期实际完成工程量}} \times 调整系数$$

调整系数主要是根据降低材料消耗的目标,在计划采取的各种节约措施以及消除上期实际消耗中的不合理因素来确定。

同类工程对比法是在无定额无设计资料的情况下,根据同类工程的实际消耗材料进行对比分析计算而得。其计算公式为

$$某种材料需要量 = 计划工程量 \times 类似工程材料消耗定额(指标) \times 调整系数$$

间接计算法计算的材料需要量一般比较粗略,常用于辅助材料、无消耗定额的材料以及新工艺、新技术的材料。

当计算出材料的需要量后,还需要按计划期内工程进度确定分期需要量,如年计划分季、季计划分月、月计划分旬等。

工程用料的需要量，由施工生产部门提出，经营维修、技术革新的等用料，原则上谁用料谁计算提出，再由材料部门综合汇总。

② 材料期初、期末库存量的确定。

编制材料计划一般都是在计划末期之前进行，这样就要预计计划期初的库存量，这一库存量可根据编制计划时的实际库存量加上期初前的预计到货量减去期初前的预计消耗量求得。可用下面公式表示：

$$计划期初库存量=实际库存量+预计到货量-预计消耗量$$

计划期末库存量是为下期工程顺利进行所建立的储备量，再根据下一计划期初的生产需要和材料供应条件来计算确定。通常对于按品种规格编制计划的材料，其计划期末库存量按经济库存量的一半加上安全库存量来确定。这是因为库存量是一个变量，在计划期末不可能恰好处在最高库存水平。按经济库存量一半计算实际上也就是取平均值的意思。如果认为这样对保证生产不可靠，则可取一个大于 0.5 的系数与经济库存量相乘再加上安全库存量，作为期末库存量。用公式表示如下：

$$计划期末库存量=(0.5\sim0.75)\times经济库存量+安全库存量$$

对于某些采用季节性库存的材料，它是在采购季节逐渐积存，达到一定数量时就停止采购，以后只陆续耗用。这些材料的期末储备量可根据下一计划期具体需要情况加以确定。如果下一计划期生产扩大，则期末库存量也相应扩大，若季节库存不发生在期末，则可以不考虑期末库存量。

③ 材料采购量的确定。

企业在确定各种材料需要量和期初、期末储备量的基础上，还要考虑计划期初库存量内不合用数量和企业内可利用资源，就可以进行综合平衡，编制材料平衡表，提出材料采购量，其计算公式如下：

$$材料采购量=材料需要量+计划期末库存量-(计划期初库存量-计划期内不合用数量)-企业内可利用资源$$

计划期内不合用数量，是考虑库存量中由于材料规格、型号不符合计划期任务要求扣除的数量。企业内可利用资源，是指可以加工改制的积压物资，可利用的废旧物资，综合利用的工业废渣，以及采取技术措施可节约的材料等。

编好材料平衡表后，编制材料采购计划。

年度材料供应计划是控制性的计划，是对外订货、对内供应的依据。编制的时间一般在上一年末季后期，由施工生产等部门提出本年的需要量，材料供应部门再汇总编制。

(2) 季度、月度材料供应计划。

季度材料供应计划是年度材料供应计划的具体化，是根据季度施工计划编制的，可以对年度材料供应计划及时进行调整。它是实施性计划，可用来核算企业本季度各类材料的采购量，落实各种材料的订货采购和组织运输任务，使材料供需在合同约束下得到保证，季度材料供应计划是由材料供应部门统一编制的。

月度材料供应计划是结合月施工作业计划的要求而编制的施工供料、备料计划，它是直接供料、控制供料的依据，是企业材料供应计划工作中的重要环节，要求全面、及时、准确，以确保正常施工的需要。各基层施工单位，根据工程进度，以单位工程为对象，以单位工程材料预算为依据编制各自的月材料计划，并在月底前(一般可在下旬 25 日前)报送企业材料供应部门，然后由供应部门编制出月度材料供应计划，如表 4.1 所示。

表 4.1　月度材料供应计划

材料名称	规格	单位	月初库存量	需要量	月末储备量	供应数量			
						合计	上旬	中旬	下旬
甲	乙	丙	1	2	3	5			

材料供应计划编制的过程是一个不断分析研究材料供应情况、使用情况的过程，也是一个不断平衡的过程，通过平衡，材料供应计划要保证用料的品种、规格、数量的完整性和齐备性，保证供应的适时性和连续性。通过编制计划，可以明确计划期内材料供应管理工作的主要任务和方向，发现材料供应管理工作中的薄弱环节，从而采取切实可靠的措施，更好地保证正常施工需要和降低材料费用。

2. 材料供应计划的实施

材料供应计划的编制仅仅是计划工作的开始，更重要、更大量的工作是组织计划的实施，即执行计划。在材料供应计划执行过程中往往会遇到许多问题，如货源不落实、材料的实际到货量、品种、规格乃至材质都可能与计划不一致，供应时间与需要时间也可能不一致等。这就需要认真搞好材料供应的组织管理工作，以保证材料供应计划的实现。材料供应计划的实施可以通过订货采购、检查材料供应计划的执行、组织材料运输等工作来实现。

1) 订货采购

材料订货采购工作(又称组织货源)，是在材料供应计划指导下，将材料供应的品种、规格、型号、数量、质量和时间用订货合同或其他形式固定供需关系。企业组织货源工作，是企业材料供应工作的首要环节，是保证施工生产正常进行的重要手段。做好材料的订货采购工作，使企业的全部材料从品种、规格、数量、质量和时间上都能按供应计划逐项得到落实，不留缺口，并用订货合同或其他取得材料的方式确定供应关系。

2) 检查材料供应计划的执行

其中检查的内容有：订货合同、运输合同的执行情况，材料消耗定额的执行和完成情况，材料库存情况和材料储备资金的执行情况等。检查方法主要是利用各种统计资料，进行对比分析，以及深入现场进行重点检查。通过及时检查，发现问题，找出计划中的薄弱环节，及时采取对策，以保证计划的实现。

此外，在材料计划执行终了时，还应对全期供应计划执行情况进行全面检查，对计划订货采购量与到货量、计划需要量与实际消耗量、上期库存量与本期库存量进行比较，并对计划执行的准确程度进行全面分析，以求改进供应计划的编制工作。

3) 组织材料运输

材料运输是材料管理的重要环节，由于建筑材料数量大、品种多、分布广、时间性强，材料运输费在材料费中占有较大的比重，如一般材料运输费占材料费的 10%~15%，砖占30%~35%，沙石有时占 70%~50%。因此，经济、合理地组织材料运输，对及时保证施工生产的需要，降低材料成本有重要的意义。在组织材料运输中应搞好以下几方面工作。

(1) 合理选择运输方式。

根据建筑材料运量、运距和企业自身的运输力量，以及专业化协作的原则，合理确定运输方式。

对于远距离的材料运输，一般由生产单位或供应单位代办，根据供需合同，由生产单位或供应单位按月报送运输计划，由专业运输单位运至指定的车站，通过火车运输到距本单位最近的货站专用线，再由本地区的联合运输部门运送到指定的仓库、工地。对于本地区大宗材料的运输，应根据月度材料供应计划，向专业运输单位编报月度材料运输计划，鉴定运输合同按指定的起止装卸地点，由运输单位负责，直接送至仓库、工地，堆放整齐，点交验收。对于零星仓库材料和专用材料的运输，由企业配制相应的运输力量，如装备散装水泥、石灰膏、商品混凝土专用车、构配件专用车等，自行完成。

(2) 组织好材料装卸。

材料装卸是材料运输中的重要环节。讲究装卸方法，提高装卸质量，可以减少材料损耗，保证材料及时供应。

不论是火车还是汽车运输装卸，企业应根据任务的需要，配制一定数量的起重、装卸技术工人和起重运送设备，如塔吊、履带吊、汽车吊等。火车运输，材料整车皮到站后，要及时进行抵站验收并组织力量卸车，以防止车皮积压。先把材料卸入站台的临时堆场，然后再把材料倒运到仓库或工地。对于汽车装卸也要抓好数量、质量、损耗等问题。

为使材料运输中损耗量小，同时易于装卸，充分发挥起重运输设备的能力，还要讲究合理的包装容器，提高包装质量，如平板玻璃采用集装箱运输等。

为解决材料运输装卸中的破损严重、乱堆乱放等问题，企业与专业运输单位要签订经济合同，明确双方的经济责任。

(3) 安排好材料调运。

建筑企业在安排材料调运时，要切实掌握材料生产单位、供应仓库或车站到各个工地的运距、各种材料的运输单价、材料来源地的供应量及各工地的需要量，应用线形规划的方法，使得材料总运输费用为最小。

4.2.5 库存管理

对于库存的概念的理解，站在不同的角度，从事不同的行业，理解也不尽相同。对建筑企业而言，库存是指某个建筑企业为了保证施工生产顺利进行而建立的一定的材料储备。库存具有整合需求和供给、维持各项活动顺畅进行的功能。库存管理就用科学的方法对库存量大小进行控制。一般来说，企业在采购生产阶段，为了保证生产过程的平稳化和连续性，需要有一定的原材料、零部件的库存。而库存商品需要占用资金，发生库存维持费用，并存在库存积压而产生损失的可能。因此，库存既要防止缺货、避免库存不足，又要防止库存过量，避免发生大量不必要的库存费用。据估计，一般库存费用占企业总费用的20%～50%，因此库存计划与控制也是业界研究的重点。因此，必须对库存量进行科学的管理。

1. 库存决策

1) 库存 ABC 分类

建筑企业所需要的材料品种规格复杂繁多，其消耗数量、占用资金、重要程度各不相同，根据"关键的少数、次要的多数"进行统计排列分类，实行重点控制，才能达到有效管理。

ABC 分类法主要是按库存价值和品种数量之间存在的比例关系，把企业全部库存材料分为 ABC 三大类。A 类材料品种少，数量大，占用资金多；B 类材料品种比 A 类多，占用资金比 A 类少；C 类材料品种很多，但占用资金少，如表 4.2 所示。

表 4.2 材料 ABC 分类表

分 类	占全部品种的百分数/%	占全部占用资金的百分数/%
A	5～10	70～75
B	20～25	20～25
C	65～70	5～10

为了达到有效管理，对 ABC 三类材料应采取不同的管理对策。A 类材料占用储备资金最大，且多是大宗材料，应实行重点管理。对其中的每种材料都应规定其经济合理的订购批量和安全库存量，要按订购批量订购，并对其库存量随时进行严格盘点，以便采取相应措施，使得库存量最小，减少资金占用。对于 B 类材料可实行一般管理，要根据企业生产经营情况和外部供应情况，适当调节库存。而对 C 类材料，资金占用较少且品种繁多，可采取简化的方法管理，如按最高储备定额适当加大订货量、定期检查库存等。

2) 是否要库存

某种材料是否要库存，这是库存决策中十分重要的环节。企业必须通过认真周密的调查研究，从材料的供应条件和经济效果两个方面进行分析考虑，以确定哪些材料要库存，哪些材料不要库存。

首先分析供应条件，主要考虑如下三个因素：一是有无可靠的生产企业，以保证供应企业所需要的材料；二是材料流通部门能否按计划保证按时供应；三是有无可靠的运输条件，包括运输距离、运输方式和服务水平，能否保证按计划运输材料。上述三个因素是相互联系的，如果某种材料在这三个方面都有可靠保证，企业就可以考虑不要库存。如果这三个条件有一个不具备，就应该建立库存。其次分析经济效果。某些材料即使供应有可靠保证，但究竟要不要库存还应进一步做经济效果分析。这主要取决于库存保管费和订购费用的比率 p，$p = \sqrt{\dfrac{库存保管费}{订购费用}}$。一般情况下，当 $p<1$，即订购费用大于库存保管费，就必须保持适当的库存。订购费用主要包括订货手续费、差旅费、运输费、装卸费等。库存保管费主要包括库存占用资金的利息和仓库管理中的各项费用。

3) 是否有补充库存

当某种材料被确定需要有库存之后，还要进一步分析确定要用何种库存方式，即是连续有补充库存(一批一批订购补充库存)，还是一次订货不补充库存(一次性订货)。它主要取决于库存材料的生产供应条件。有补充库存是指该类材料有可靠的供应来源，生产和供应都不会中断，可连续订购。无补充库存是指材料的生产和供应有季节性和时间性，如果错过订货时机，供应就会中断。

4) 需求是否独立

这主要是考虑各种材料在数量上的依赖程度。需求独立是指某种材料的需求量与另一种材料的需求量，相互之间在数量上没有依赖关系，需求是完全独立的。反之，如果相互之间在数量上存在依赖关系，则为需求非独立。例如，建筑企业中许多材料相互之间存在一定的比例关系，在供应和储备上应保持配套或按一定的比例。

2. 库存管理的技术方法

1) 材料储备定额的制定

(1) 材料储备定额的概念、作用及种类。

材料储备定额是指在一定的生产技术和组织管理条件下，为保证生产正常进行所必需的经济合理的材料储备数量的标准。在建筑施工生产中，建筑材料逐渐转化为工程实体，而各种材料是间断、分批进入现场的。为了保证企业生产连续不断地进行，就必须建立一定的储备。储备过多，会造成材料积压，增加流动资金占用，加大了仓库保管费；储备过少，又不能保证施工生产的正常进行。所以，应该确定一个合理的储备量。

有了材料的储备定额，就可以以它为尺度监督材料库存动态，控制材料储备数量，使库存量经常保持在一个经济合理的水平上。同时，材料储备定额是企业编制材料供应计划、组织采购订货、核定材料储备资金、确定仓库面积和仓库设备数量的重要依据。

建筑企业材料的储备，一般包括经常储备和保险储备两部分。经常储备是指在正常情况下，在前后两批材料到达的供应间隔中为满足日常施工生产连续进行而建立的储备。这种储备的数量是在不断变动的。当一批材料进入仓库或施工现场时，达到最高储备；随着施工生产的消耗逐渐减少，直到下一批材料到达前降到最低储备；当下一批材料到达时又达到最高储备。这样不断使用，不断补充，反复循环，周而复始，所以经常储备又称周转储备。保险储备又称安全储备，这是企业为了防备材料运送误期或来料品种规格不符合要求等原因，影响生产正常进行而建立的材料储备。在正常情况下，这种储备是不动用的。在特殊情况下，动用后应尽快补足。另外，对于某些在生产或运输中受季节性原因影响的材料，需要建立季节性储备。

(2) 经常储备定额的制定方法。

经常储备定额的制定方法有两种，即储备天数法和经济订购批量法。

① 储备天数法。这种方法首先是确定材料的合理储备天数，然后据以确定材料的经常储备量。其计算公式为

$$Q = RT$$

式中：Q——经常储备定额；

R——材料平均每日需用量；

T——材料储备天数。

材料平均每日需用量是根据全年某种材料的需用量除以全年日历天数(一般按365天计)求得。当年内材料需用量波动较大时，也可以季度为单位确定平均日需用量。

材料储备天数，包括供应间隔天数，卸货验收天数和使用前准备天数。其中主要是材

料供应间隔天数,而使用前准备天数并不是每种材料都必须有的,只有某些材料在入库后投入生产前必须经过一定的准备时间,如钢筋要加工、木材要干燥等。卸货验收天数和使用前准备天数可根据实际经验和生产技术条件进行确定。

材料供应间隔天数是指前后相邻两批材料到达的间隔天数,它是决定材料经常储备量的主要因素。而供应间隔期的长短主要取决于材料供应单位的供应条件及运输条件等。这样某种材料供应间隔期一般是根据报告年度的统计资料计算的加权平均供应间隔天数。结合企业计划年度的具体条件加以适当的调整确定的,其计算公式为

$$t = \sum dt' \Big/ \sum d$$

式中:t——报告年度某材料的平均供应间隔天数;

d——某材料每次入库数量;

t'——某材料实际供应间隔天数。

【例 4.1】 某公司某年第四季度计算下年度某种材料的供应间隔天数时,应先将某年第一~三季度该材料的实际入库的统计资料加以整理,其结果如表 4.3 所示。

解:根据表中有关数据计算报告期平均供应间隔天数:

$$t = \frac{26111.26}{696.67} = 37.58 = 38 (天)$$

然后结合计划年度的情况分析,如某年计划工程量增加,该项材料平均每日需用量也将增加,假定平均日需用量为 2.55t,供应间隔天数可以压缩 2 天为 36 天。还要考虑符合运输部门最低货运量的要求,如铁路货运规定整车运输最低量为 30t,2.55t×36=87.85t,相当于三整车的运输量。这样既能适应供应条件,又能满足本企业的生产要求。因此这种材料的供应间隔天数就可确定为 36 天。

有了平均每日需用量、供应间隔天数、卸货验收天数和使用前准备天数,便可计算出经常储备量。按照上例,假定某材料的卸货验收天数为 2 天,没有使用前准备天数,则其经常储备量为:某材料经常储备量=(36+2)×2.55=52.72(t)。

这种制定经常储备定额的方法,主要是根据企业外部的供应条件,如材料供应单位规定的对外供货间隔日期、最低订货数量、运输单位规定的最低运输量等,来保证企业不致因缺料停工而确定的材料储备量,对企业本身的经济效益考虑较少。

表 4.3　某材料供应间隔天数计算量

材料入库日期	材料入库数量 /t	供应间隔天数 /天	按间隔天数计算的加权入库量
1 月 3 日	85.67	33	2755.11
2 月 5 日	50.12	53	3875.16
3 月 20 日	88.53	51	3625.63
5 月 30 日	86.75	28	2525.00
5 月 28 日	85.22	58	5282.56
7 月 15 日	85.86	36	3053.56
8 月 20 日	85.62	32	2707.85
5 月 21 日	87.00	38	3306.00
合计	656.67	—	26111.26

② 经济订购批量法。这是既考虑企业本身的经济效益，又考虑企业外部供应条件，来确定材料经常储备定额的一种方法。

经济订购批量是指某种材料的订购费用和仓库保管费用之和最低时的订购批量。当按这一批量进行订货时，可使总库存量费用最小。经济订购批量即经常储备量。

订购费用是指使某材料成为企业库存的有关费用，主要包括采购人员的工资、差旅费、采购手续费、检验费等。通常按材料的订购次数计算。

仓库保管费是指材料在库或在场所需要的一切费用，主要包括库存材料占用资金的利息、仓库及仓库机械设备的折旧费和修理费、燃料动力费、采暖通风照明费、仓库管理费，库存材料在保管过程中的损耗，以及由于技术进步而使库存材料性能陈旧贬值而带来的损失等。通常按材料的库存量和存储时间来计算。

下面讨论订货瞬时到达补充库存时的经济订购批量的计算方法。

假定企业对材料的每日需用量是稳定而均匀的，且不允许有缺货；原材料供应稳定可靠，什么时候订购，订多少，什么时候到货都能保证；每次订购批量和订购时间间隔也稳定不变；材料不致变质，单位存储费不变。

符合上述假定条件的材料库存、耗用和订货、到货变动情况如图 4.1 所示。

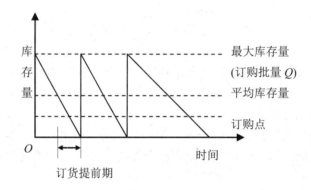

图 4.1 订货瞬时到达的库存情况变化

由图 4.1 可知，当一批订货到达时，材料有最大库存量(即订购批量)，随着生产的进行逐渐均匀地被耗用，根据订货提前期(考虑自订货到材料运送到达的时间间隔)提前订货，正好当前一批材料全部用完时，下一批订货到达，库存水平恢复到订购批量，这样依次重复进行。

现在来计算经济订购批量(假定以年度为计划期)。

年度总库存费用(TIC)=年度订购费用(OC)+年度库存保管费(HC)

年度订购费用取决于年内订购次数 n 和每次订购费用 C_0，即

$$OC = nC_0$$

而订购次数又与年内材料总需用量 D 和每次订购批量 Q 有关，即

$$n = D/Q$$

所以 $OC = \dfrac{D}{Q} \cdot C_0$

当 D 和 C_0 一定时,每次订购批量越大,年内总的订购费用就越小。

年度仓库保管费用取决于年内平均库存量和单位库存保管费用 C_H。由于最大库存量即为每次订购批量,最小库存量为零,则年内平均库存量为 $Q/2$,年内库存保管费用为

$$HC = \frac{Q}{2} \cdot C_H$$

当 C_H 一定时,仓库保管费随每次订购量 Q 的增加而增大。

订购批量与订购费用、仓库保管费用、总库存费用的关系如图 4.2 所示。

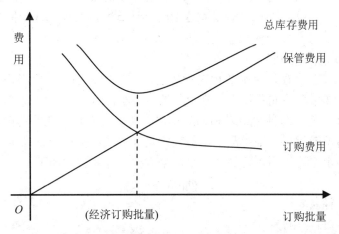

图 4.2 订购批量与保管费用、订购费用、总库存费用的关系

由图 4.2 可以看出材料的总库存费用先是随订购批量的增加而逐渐减少,以后又随订购批量的增加而逐渐增加,即由下降转为上升,其间必有一个最低点,即总库存费用最低点,其对应的订购批量为经济订购批量,可由公式推导求得。

$$TIC = OC + HC = \frac{D}{Q}C_0 + \frac{Q}{2}C_H$$

将 TIC 对 Q 求一阶导数,并令其等于零,即得经济订购批量 Q^* 为

$$Q^* = \sqrt{\frac{2DC_0}{C_H}}$$

即: 经济订购批量 $= \sqrt{\dfrac{2 \times 年需要量 \times 每次订购费用}{年单位库存保管费}}$

如果将上式代入总库存费用公式,可得最小总库存费用(TIC^*)计算公式:

$$TIC^* = \sqrt{2DC_0 C_H}$$

当 D、C_0 和 C_H 已知后,就可以确定 Q^* 和 TIC^*。

【**例 4.2**】 某公司年需要某种材料 D 为 100 000 单位,每次订购费用 C_0 为 100 元,库存年保管费 C_H 为 0.5 元/单位,求经济订购批量为多少?

解:
$$Q^* = \sqrt{\frac{2 \times 100\,000 \times 300}{0.9}} = 8165(\text{单位})$$

相应地,最小年总库存费用为

$$TIC^* = \sqrt{2DC_0 C_H} = \sqrt{2 \times 100\,000 \times 300 \times 0.9} - \sqrt{6 \times 10^6} - 7358(\text{元})$$

每年的最优订购次数为

$$n=\frac{D}{Q^*}=\frac{100\,000}{8165}=12(次)$$

从经济订购批量的计算公式可看出，要确保某种材料的经济订购批量，必须事先计算这种材料的每次订购费用 C_0 和单位库存保管费用 C_H，这就需要进行大量的情况调查、资料收集和数据整理等工作。从图 4.2 可以看出，总库存费用曲线下凹的部分比较平坦，在 Q^* 左右范围内波动不大，这就说明即使 C_0 和 C_H 估算不十分准确，由此算出的 Q^* 对总库存费用的影响也不太大。一般 C_0 和 C_H 的误差达 10%，计算所得的经济订购批量 Q^* 仍有足够的参考价值。

(3) 保险储备定额的确定。

保险储备或称安全库存是用来防止缺货风险的，它的大小应综合考虑仓库保管费用和缺货费用来确定。如果保险储备量大，则缺货的概率小，这将降低缺货费用；反之将增加。所以保险储备定额应使这两种费用之和为最小，其值取决于仓库保管费用、缺货费用和发生缺货的概率。由于缺货费用很难测定，故通常是根据统计资料计算确定保险储备定额。

一般保险储备定额可采用保险储备天数法来求得，计算公式如下：

$$Q_B=RT_B$$

式中：Q_B——保险储备定额；
R——平均每日需用量；
T_B——保险储备天数。

保险储备天数可根据报告期平均误期天数，再结合计划期到货误期的可能性加以确定。平均误期天数是根据报告期实际供应间隔天数中超过平均供应间隔天数的一部分，以加权平均的方法计算出来的。其计算公式为

$$平均误期天数=\frac{\sum[(误期的供应间隔天数-平均供应间隔天数)\times 误期入库数量]}{误期入库数量总和}$$

【例 4.3】 按表 4.5 的有关资料计算的平均误期天数为多少天？

解：
$$平均误期天数=\frac{(43-38)\times 90.12+(41-38)\times 88.43+(48-38)\times 89.22}{90.12+88.43+89.22}$$

$$=\frac{1608.09}{267.77}=6(天)$$

如果平均每日需要量 $R=2.55(t)$，则保险储备定额为

$$Q_B=RT_B=2.55\times 6=15.65(t)$$

保险储备定额还可根据计划需要量的标准偏差和最大订购间隔期即允许缺货的概率来确定，其计算公式为

$$Q_B=a\sqrt{T_{max}}\cdot\sigma$$

式中：Q_B——保险储备定额；
T_{max}——最大订购间隔期；
σ——需要量标准偏差；
a——安全系数。

安全系数取决于允许缺货的概率，两者关系如表4.4所示。

表4.4 安全系数与缺货概率的关系

a 值	2.33	1.55	1.65	1.23
允许缺货的概率/%	1	2.5	5	10

允许缺货的概率是考虑由于实际工作中偶然因素很多，要做到完全不缺货，就可能要求保险储备量过大，致使造成的经济损失超过缺货引起的经济损失。因此，在规定保险储备量时，允许出现一个缺货不大的可能性。

需要量标准偏差可按下面公式计算：

$$\sigma = \sqrt{\frac{\sum_{i=1}^{n}(X_i + \overline{X})^2}{n-1}}$$

式中：σ——需要量标准偏差；
X_i——第 i 期的需要量；
$\overline{X}$——n 期的平均需要量；
n——期数。

【例4.4】 某公司某种材料的需要量如表4.5所示。

表4.5 某公司某种材料需要量

月份	1	2	3	5	5	6	合计
需要量	135	125	135	120	133	152	785

最大订购间隔期 T_{max}=2个月，允许缺货概率为5%，求平均月需要量为多少？保险储备量为多少？

解：$\overline{X} = \frac{789}{6} = 131.5$

需要量标准偏差为：$\sigma = 8.07$
允许缺货概率5%时的 a=1.65，所以保险储备量为

$$Q_B = 1.65 \times \sqrt{2} \times 8.07 = 18.83(天)$$

材料的经常储备定额和保险储备定额确定之后，两者之和即为材料的最高储备定额。而保险储备定额为最低储备定额。材料库存量应该在最高储备定额和最低储备定额之间变化，如图4.3所示。

3. 库存控制方法

库存控制是指对材料库存量大小进行的控制，使之经常保持在最高储备定额和最低储备定额之间。如果库存量大于最高储备定额就可能超储积压，应设法降低库存；如果库存量小于最低储备定额就可能造成缺货，应立即补充库存。这样才能使得材料库存经济合理，即既能保证生产的需要，又使得总库存费用最少。库存控制方法最基本的是定量订购法和定期订购法。

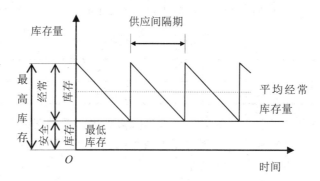

图 4.3 经常储备和保险储备

1) 定量订购法

定量订购法就是库存材料由最高储备消耗降到最低储备之前的某一预定库存量水平时，就立即提出订货，这时的库存量成为订购库存量，简称订购点。定量订购法是一种不定期的订货方式，即订购的时间不定，而每次订购的数量则固定不变，如图 4.4 所示。

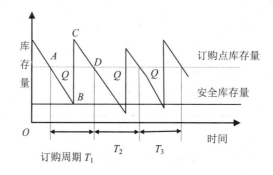

图 4.4 定量订购法

从图 4.4 可以看出，随着施工生产进行，库存材料逐渐使用消耗，当库存量下降到订购点 A 时，就立即提出订货，订购数量为 Q。这批材料在 B 点时到达入库，库存量升到 C 点，以后继续使用材料，库存量逐渐减少，又到订购点 D 时，再进行订购，订购数量仍为 Q，这样依次重复进行以控制库存。

采用定量订购法控制库存，一是要事先确定订购点，即库存量到达什么水平提出订货，也就是什么时间订货补充库存；二是需要确定每次合理的订购数量，即经济订购批量。

从图 4.4 可以看出，订购点库存量是由订购时间内的材料需要量和保险储备量所组成，其计算公式为

$$Q_0 = RT_m + Q_B$$

式中：Q_0——订购点库存量；
  T_m——最大订购时间；
  R——平均每日需用量；
  Q_B——保险储备量。

订购时间是指从材料提出订货到验收入库为止的时间，同订货提前期。为了保险起见取最大的订购时间。

【例 4.5】 某公司水泥年需要量为 3650t，订购时间为 10 天，每次订购费用 C_0=600 元，保管费 C_H=58 元/(t·年)，保险储备量 Q_B=100t，则订购点库存量为多少？

解：
$$Q_0 = \frac{3650}{365} \times 10 + 100 = 200(\text{t})$$

经济订购批量为：$Q^* = \sqrt{\dfrac{2 \times 3650 \times 600}{48}} = 302(\text{t})$

也就是说，每当水泥库存量下降到 200t 时，就应立即订货，而每次的订购数量为 302t。

定量订购法又称订购点法。为了及时发现消耗到订购点的材料并提出订货，要求对材料进行永续盘点。在实际工作中，可采用一种能及时知道材料库存是否已经降到订购点的简便方法——双堆法或三堆法。双堆法是将库存某种材料最高储备量分成两堆(部分)存放，第一部分是订购点库存数量，第二部分是其余的数量。使用时先用第二部分，第二部分用完表示已经到达订购点，应开始订货。三堆法是把材料的最高储备量分成三堆存放，即从第一堆中把保险储备数量再分成一堆。这两种方法的好处是简便易行，便于识别订购点，可准时组织订货。

定量订购法由于订购时间不受限制，所以在材料需要量波动较大的情况下适应性较强，可以根据库存情况，考虑需要量变动趋势，随时组织订货，补充库存，这样保险储备量(安全储备量)可少设一些。但采用这种方法，要求外部货源充足，即供货单位能根据订货单位的需要随时供应，或在市场上随时采购得到。另外，要求对材料实行永续盘点，当达到订购点，就要单独组织订货或运输，这不仅加大了材料管理工作量，还可能增加订货费用、运输费用及采购单价。

一般定量订购法适用于高价物资，需要严格控制、重点管理的材料，以及需要量波动大的材料，不常用或因缺货造成经济损失较大的材料。

2) 定期订购法

定期订购法就是事先确定好订货的时间，例如每季、每月或每旬订购一次，到达订货的日期就应立即组织订货，订货的周期相等，但每次订货的数量则不一定，如图 4.5 所示。

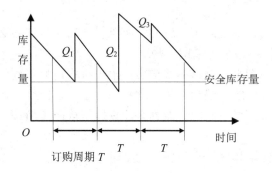

图 4.5 定期订购法

采用定期订购法控制库存，一是要事先确定订购周期，即多长时间订一次货，具体什么时间订货；二是需要确定每次的订购数量。

订购周期，即订购间隔时间。一般是先用材料的年需要量除以经济订购批量求得订购次数，然后用全年日历天数 365 天除以订购次数确定的，即

$$N = \frac{D}{Q^*} \qquad T_C = \frac{365}{N}$$

式中：D——材料年需要量；

Q^*——经济订购批量；

N——年最佳订购次数；

T_C——订购周期。

订购的具体日期应考虑提出订购时的实际库存量高于保险储备量，并满足订购时间的材料需要量。

每次订购的数量是根据下一次到货前所需材料的数量减去订货时的实际库存量而定，其计算公式为

$$Q = R(T_n + T_C) + Q_B - Q_A$$

式中：Q——订购数量；

R——平均每日需要量；

T_n——订购时间；

T_C——订购间隔时间；

Q_B——保险储备量；

Q_A——实际库存量。

【例 4.6】 对【例 4.5】可计算求得订购周期，即订购间隔时间为多少？

解：
$$T_C = \frac{365}{N} = 365 Q^* = \frac{365 \times 302}{3650} = 30(天)$$

若订购时的实际库存量 Q_A=120t，订购时间为 T_n=10 天，则订购数量为

$$Q = 10 \times (10+30) + 100 - 120 = 380(t)$$

由本例可以看出，订购间隔为 30 天，那么在通常情况下，一次订购数量应为 10×30=300t，即经济订购批量。而按照现在计算则为 380t，这是由于消耗速度大，到订购日期时实际库存量已经多使用 80t，或者说到订购到货时使用了保险储备量 80t，所以订购数量应比正常消耗时多订 80t。

定期订购法由于订购日期是固定不变的，所以材料的保险储备必须考虑整个订购间隔期和订购时间的需要，不得不适当多留一些。

采用定期订购法不要求平时对材料严格实行永续盘点，只要到订货日期盘点实际库存量即可。另外有些材料可以统一组织订货，这就简化了订货组织工作。再就是这种订货方式可以事先与供货单位协商供应时间，做到有计划地安排产需衔接，有利于双方实行均衡生产。

定期订购法适用于使用频繁的小量发放的平时不记账的材料，以及适合组织在一起运输或低价的材料等。

4.2.6 材料管理评价

材料管理评价就是对企业的材料管理状况进行分析，发现材料供应、库存、使用中存在的问题，找出原因，采取相应的措施对策，以达到改进材料管理工作的目的。因此，材

料管理评价是搞好材料管理的重要环节。材料管理评价一般分为三个部分,即供应情况、库存情况、消耗情况的分析和评价。

1. 材料供应情况分析

材料供应情况分析,又称材料收入情况分析。它按主要材料分类进行,并从供应数量、时间、品种规格的齐备情况分析入手,找出影响材料正常供应的问题所在。

供应数量分析,要按一定时期的材料供应计划的需要量与该期的实际收入量比较,研究收入量不足的原因,是订货量不足,还是供货单位组织运输或发货时间延误的原因,然后针对原因,想办法及时解决,以便保证供应。

供应时间分析,有时供应数量没问题,而是由于供应时间不平衡,满足不了施工进度的要求,这也要查明原因,采取措施解决。

进货品种规格情况分析,主要分析进货品种规格是否齐全配套,一般用进货品种齐备量率表示:

$$\text{进货品种齐备率} = \frac{\text{实际进货品种数}}{\text{计划进货品种数}} \times 100\%$$

2. 材料库存情况分析

库存情况分析的目的在于了解材料的周转情况和资金占用情况,以加速材料周转和减少资金占用。

$$\text{年度材料周转次数} = \sqrt{\frac{12 \times \text{库存材料月需用量}}{\text{月末库存量}}}$$

【例 4.7】 某种材料每月需要为 250t,月末库存量按月保持 500t,可供两个月使用,那么一年该材料周转 6 次。

库存资金占用情况用库存资金占用率表示。资金占用率为年度施工产值与库存总值之比,它反映每年一定的施工产值占用多少库存材料价值,可用下式计算:

$$\text{库存材料资金占用率} = \frac{\text{材料平均库存总值}}{\text{年度施工产值}} \times 100\%$$

材料库存总量可按全年月平均库存价值计算,或按各主要材料每一次最高库存价值计算,但要注意价格的波动因素。

3. 材料消耗情况分析

材料消耗情况分析要依定额为标准,按不同类型的消耗定额与实际情况进行比较,分析研究材料消耗定额的原因,或找出节约材料的因素,作为改善材料消耗的依据。

材料消耗量直接关系到材料成本,材料价格变动也影响材料成本。所以在进行材料消耗分析时,应计算材料消耗的节约额或超支额,进行计划成本和实际成本的比较分析。

材料成本节约或超支额 = 材料预算成本 - 材料实际成本
　　　　　　　　　　 = 材料计划用量 × 材料预算单价 - 材料实际用量 × 材料实际单价

由于材料耗用量减少和材料价格变动而产生的材料成本的节约额可用下面公式计算:

材料成本节约额=材料实际用量×(预算单价-实际单价)+(材料预算用量-材料实际用量)×预算单价

从上式看出,右端前面括号内是"价差",后面括号内是"量差"。分析该式可知,降低材料成本的主要途径是,降低材料的实际耗用量和降低材料的实际价格。

4.3 建筑企业机械设备管理

4.3.1 建筑企业机械设备管理概述

1. 建筑企业机械设备的种类

建筑企业拥有的机械设备类型很多,从设备的范围来说,可分为以下几类。

(1) 生产性机械设备。它一般指直接改变原材料属性、形态或功能的各种工作机械和设备。如各种挖掘机械,铲土运输机械,压实机械,钢筋混凝土机械,路面机械,木工机械,铝材切割、石材切割机械,焊接、热处理、冶炼设备,维护加工设备,锻压设备和风动工具等。

(2) 动力设备。它是指用于生产电力、热力和其他动力的各种设备。如发电机、空压机、蒸汽锅炉等。

(3) 传导设备。它是指用于传送固体、液体、气体和动力的各种设备。如上下水管道,蒸汽、压缩空气的传导管,电力网,输电线路和传送带等。

(4) 交通运输设备。它是指用于运送材料和载人的各种运输工具。如各种汽车、工程起重机械、铲车、行车、电瓶车等。

(5) 仪器仪表。它是指用于工程和其他工作中的各种仪器、仪表和工具等。如测量仪器、测试仪器和科学试验设备等。

2. 机械设备管理的概念和意义

机械设备管理就是对机械设备运动全过程的管理,即从选购机械设备开始、投入生产领域使用、磨损、补偿直至报废退出生产领域为止的全过程的管理。在机械设备的运行中存在两种状态:一是物质运动状态,包括设备的选择、进入验收、安装调试、使用、维护、修理、革新改造、封存、保管、调拨、报废和设备事故处理等;二是价值运动状态,即资金运动状态,包括最初投资、折旧、维修费用、更新改造资金的来源和支出等。机械设备管理包括这两种运动形态的管理。在实际工作中,前者是机械设备的使用业务管理,一般叫机械设备的技术管理;后者叫机械设备的经济管理。

机械设备是生产的手段,随着建造工业化、机械化的发展,机械施工将逐渐代替繁重的体力劳动,机械设备在施工中的作用也会愈来愈大。因此,加强建筑企业机械设备管理,使机械设备经常处于良好的技术状态,不断地提高机械设备的完好率、利用率和作用效率,对减轻工人劳动强度,改善劳动环境,保证工程质量,提高劳动生产率,加快施工进度,防止事故发生,完成企业的施工任务和提高经济效益都有重要的意义。

3. 机械设备管理内容和任务

机械设备管理的主要工作内容可归纳为：机械设备的合理装备，以及购置验收安装和调试；机械设备的合理使用；机械设备的维修保养和检查、修理；机械设备的技术改造和更新；建立与执行有关机械设备的管理制度。

建筑企业机械设备管理的主要任务，就是要采取一系列技术、经济、组织措施，对设备实行全过程的综合管理，在机械的经济寿命期限内，提高设备的使用效率，尽可能降低机械成本，提高产出水平，不断提高企业的经济效益。这个任务具体表现在以下几个方面。

(1) 要正确地选购机械设备，保证为企业施工生产提供最适宜的技术装备，把企业的生产活动建立在最佳的物质技术基础之上。

(2) 贯彻"养修并重，预防为主"的方针，在节省维修费用的条件下，搞好机械设备的维护和修理，保证机械设备始终处于良好的状态，为施工生产提供性能好、效率高、作业成本低、操作安全的机械设备。

(3) 合理有效使用，保证机械设备较高的使用效率。所谓合理使用，就是要处理好管、养、修、用之间的关系，不能违背机械使用的技术规律和经济规律。所谓有效利用，就是要充分发挥机械的技术性能和效率。

(4) 在经济合理的前提下，采用先进技术，不断改造和更新原有的机械设备，提高机械设备的现代化水平，以增强企业的技术能力和适应技术开发的需要。

4.3.2　机械设备的合理装备

建筑企业机械设备合理装备的目的是既保证满足施工生产的需要，又能使每台机械设备发挥最大效率，以达到最佳经济效益，装备的总原则是生产上适用、技术上先进、经济上合理。

建筑企业机械设备装备的形式一般有三种：自制、购买和租赁。因为影响企业机械设备装备的因素很多，所以企业就必须依据企业外部因素的分析，装备机械设备本身的技术经济条件的分析，以及机械设备的经济计算，并通过定性分析和定量计算结合确定机械设备装备形式，从而进行合理装备决策。一项工程的机械设备的合理装备，必须根据施工组织设计和机械设备的经济性计算分析，才能保证选择出既满足生产和技术上需要，又经济实惠的机械设备。

1. 机械设备装备的外部因素

建筑企业在机械设备装备时，应分析企业外部对机械设备装备的制约因素，这些因素有以下几个方面。

1) 国家有关机械设备装备的技术经济的方针政策

(1) 贯彻机械化、半机械化和动力机具、改良机具相结合的方针，重点发展中、小型机械和手持动力工具。应该认识到在一个相当长的时期内，机械化、半机械化和手工劳动仍将同时并存，这是由建筑生产的特点决定的，片面追求全盘机械化是不现实的。

(2) 装备的优先顺序是只有用机械施工才能保证质量的工程，劳动强度大、作业条件差的工程，机械施工生产的薄弱环节。

(3) 机械装备必须以专业施工队伍和建筑结构为对象，按体系成套装备，应注意发展综合机械化。

(4) 机械设备要立足于充分发挥现有机械设备能力，根据任务变化，不断调整装备结构，提高设备效能。

(5) 讲究经济效果，充分体现机械化的优越性。机械化的优越性，不仅表现在技术上先进，还表现在经济上合理。因此，装备决策时应进行经济性计算，以保证获得最大的经济效益。

2) 机械设备装备的资金来源

(1) 企业自有资金。如企业税后利润中用作生产发展资金部分，企业固定资产折旧费、大修理费，以及企业由工程预算向建设单位提取的技术装备费。

(2) 企业向银行贷款。

(3) 企业通过发行股票或债券募集资金，以及企业内部职工的集资。

3) 未来建筑科学技术的发展方向和趋势的预测

如要考虑未来建筑设计、建筑结构、建筑材料、施工技术的发展方向和趋势的预测，同时，也要考虑环境保护和工人的安全健康等。

4) 租赁业的发展

建筑企业进行机械设备装备决策时，要考虑各省市、各地区租赁业的发展情况，这样才能保证企业合理使用设备资金。

2. 机械设备装备的技术经济条件

机械设备的技术条件，是指装备技术对企业生产和管理上的适应性。装备的经济条件是指技术达到的指标同经济耗费的对比关系。技术条件和经济条件有密切的关系。技术与经济相比，技术适应是个前提，若技术上不适应，也无须讨论经济是否合理。但是，技术上先进，经济效益并不一定是最佳。所以在进行机械设备的装备决策时要进行技术条件和经济条件的分析，才能保证机械设备装备的合理性。

机械设备的技术条件如下。

(1) 生产性。这是指机械设备的生产效率，即以单位时间完成的产量来表示，也可以用功率、速度等技术参数表示。原则上设备的生产越高越好。但是具体选择某一种机械设备时，必须使机械设备的生产效率与企业的施工生产任务相适应。如果选择的机械生产效率很高，但企业的任务量很小，则必然使设备的负荷过低反而造成浪费。

(2) 可靠性。这是指机械设备精度和准确度的保持性、零件耐用性、安全可靠性等。

(3) 维修性，即易修性。现代机械设备一方面向大型、精密、自动化方向发展，另一方面又向轻型、微型、简易、方便方向发展。所以，在选择设备时应尽量选择比较容易维修的设备。如选择结构简单、零部件组合合理、标准化程度高、拆卸迅速、互换性好的设备。这样不但可以缩短维修时间，提高设备利用率，而且还可以大大降低修理费用。

(4) 能源和原材料的消耗程度。设备的能源消耗一般以设备的单位开动时间的能源消耗来表示，如小时耗油量或耗电量。也有以单位产品的能源耗量来表示，如汽车以吨公里的耗油量表示。对于原材料的消耗，是指设备在加工过程中，对原材料的利用程度，如木材加工的成材率等。因此，在选择设备时，必须尽量选用那些能源消耗低和原材料加工利用程度高的设备。

(5) 设备的安全性和环保性。随着建筑业现代化的发展，设备的事故和环境污染问题已成为工程建设中一个十分严重的问题。加强设备的安全性，防止和消除设备的"三废"污染，直接关系到保护人民健康和为子孙后代造福的大问题。对一个企业来说，选择设备时，充分考虑设备的安全性和环保性，也是防止人身事故的发生，保证施工生产顺利进行的重要条件。

(6) 成套性。这是指机械设备配套程度。如果设备数量多，但设备之间不配套，不仅机械效能不能充分发挥，而且经济上可能造成很大浪费。所以不能认为设备的数量越多，机械化水平越高，就一定会带来好的经济效果，而应使设备在性能、能力等方面相互配套。

(7) 灵活性。根据建筑机械使用的特点，对建筑机械设备的要求是轻便、灵活、多功能，适用性强，以及要求结构紧凑、重量轻、体积小、拼装性强等。灵活性高的机械，工作效率就高。

(8) 专用性和通用性。专用机械一般是大功率大容量大能力的大型机械，专用性较强，适用于大工程、特殊工程的需要。通用机械一般是组装的多功能机械，适用于不同工程对象的不同要求，改换不同的装置就可以完成不同的施工任务，适用面广。企业应视生产经营范围确定选择专用、通用机械，以便达到提高机械利用率的目的。

3. 机械设备装备的经济性计算

企业在进行机械设备装备决策时，不但要综合考虑机械设备装备的外部条件和技术经济条件，而且要对机械设备装备的经济性进行定量分析，然后对几种方案进行全面的对比分析，从中选出满意的方案。下面介绍几种常用的方法。

1) 设备综合效率分析法

所谓设备的综合效率，就是全面地考虑设备使用全过程中的经济效果，其公式表示如下：

$$设备综合效率 = \frac{设备使用全过程的输出}{设备的输入}$$

设备使用全过程的输出，或称设备寿命周期收入，是指保证质量、产量、价格、交货期、安全和环保等条件下所创造的总效益。

设备的输入，或称设备寿命周期费用，是指设备本身的价格、运输费、安装费和设备维持费。所谓设备维持费，包括操作者的工资、能源消耗费、维修费、保险费、固定资产税金，以及设备损坏停产的损失费等。

2) 费用效率分析法

所谓费用效率，就是从设备的单位费用所提取的有效成果。其公式表示如下：

$$费用效率 = \frac{系统效率}{寿命周期费用}$$

系统效率是指设备的生产效率、可靠性、维修性、经济性、安全性、适用性、使用方便及舒适程度等一系列条件下的生产效率。

3) 投资回收期法

一般在其他条件相同的情况下，选择投资回收期最短的设备，就是最优的设备，投资回收期可用定量方法计算。其计算公式如下：

$$投资回收期(年) = \frac{设备投资额}{采用新设备后年节约额}$$

设备投资是指设备的价格、运输费和安装费等。采用新设备后年节约额指新设备使用后由于提高劳动生产率，提高产品质量，降低能源消耗和原材料消耗以及减少停工损失等的节约额。

4）费用换算法

采用这种方法，也是在其他条件相同的情况下，计算设备的投资费用和使用后的维持费用，使两者之和(总费用)最小，就是最优设备。具体的计算方法有年费法和现值法两种。

(1) 年费法。计算每年的投资费用和每年的维持费用，两者的总费用之和最小，就是最优设备，其计算公式如下：

年总费用=设备一次投资费用×投资回收系数+每年维持费用

【例 4.8】 有两台设备 A 和 B，其费用支出如表 4.6 所示，试用年费法求哪个方案最优？

表 4.6 A、B 设备费用支出表

设备	A 设备	B 设备
一次投资费用	7000 元	10 000 元
设备寿命期	10 年	10 年
年利率	6%	6%
每年维持费	2500 元	2000 元

投资回收系数可按寿命期和年利率直接查表求得，或运用公式计算。投资回收系数 $=\frac{i(1+i)^n}{(1+i)^n-1}$，式中，$i$ 为年利率；n 为设备寿命期。

设备 A 每年总费用 = 7000×0.13587+2500 = 3451(元)

设备 B 每年总费用 = 10 000×0.13587+2000 = 3359(元)

计算结果表明设备 B 每年总费用比设备 A 少，故应选择设备 B。

(2) 现值法。计算设备一次投资费用和寿命期全部维持费用，两者之和(总费用)最小的就是最优设备。其计算公式如下：

寿命期总费用=设备一次投资费用+每年维持费用×现值系数

式中现值系数可按寿命期和年利率直接查表求得，或运用公式计算。现值系数 $=\frac{(1+i)^n-1}{i(1+i)^n}$，式中，$i$ 为年利率，n 为寿命期。

【例 4.9】 数据同【例 4.8】，试用现值法求哪个方案最优。

设备 A 寿命期总费用 = 7000+2500×7.36 = 25 400(元)

设备 B 寿命期总费用 = 10 000+2000×7.36 = 24 720(元)

计算结论与年费用法相同。

5）成本平衡点使用时间比较法

成本平衡点使用时间就是两种(可看成两种类型或两个厂家生产的等)机械设备的单位工程量成本相等时的使用时间，在使用时间达到成本平衡点使用时间之前，使用其中一种机械设备经济，如果超过这个使用时间，则使用另一种机械经济。

成本平衡点使用时间的计算是以机械设备完成单位工程量成本为基础的。单位工程量成本的计算公式为

$$C_u = \frac{R + Pt}{qt}$$

式中：R——机械的固定费用。主要包括折旧费、大修费、投资利息、保管费等；
　　　t——机械的实际作业时间；
　　　P——实际单位作业时间内机械运行费；
　　　q——实际单位作业时间内机械的产量。

成本平衡点使用时间，可按下述方法计算。

假设 A 机械年(或月、天)的固定费用为 R_a，每小时运行费用为 P_a，每小时完成的工程量为 q_a，B 机械则分别为 R_b、P_b、q_b；使用时间为 T，那么单位工程量成本相等的公式为

$$\frac{R_a + P_a T}{q_a T} = \frac{R_b + P_b T}{q_b T}$$

若成本平衡点使用时间为 T_0，上式经过代数变换，则：

$$T_0 = \frac{R_b q_a - R_a q_b}{P_a q_b - P_b q_a}$$

上式中，如果：$R_b q_a - R_a q_b > 0$，$P_a q_b - P_b q_a > 0$，年使用时间低于 T_0，应选择 A 机械；高于 T_0，则应选择 B 机械。

若 $R_b q_a - R_a q_b < 0$，$P_a q_b - P_b q_a < 0$，年使用时间低于 T_0，应使用 B 机械；高于 T_0，则使用 A 机械。

上述平衡点使用时间比较法，可以用图 4.6 表示。图 4.6 中 A、B 二曲线的交点称为平衡 T_0 点，它所对应的时间横坐标点为 T_0，即为平衡点的使用时间。

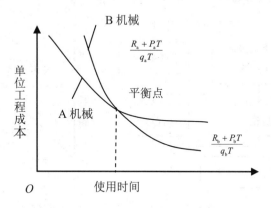

图 4.6　成本平衡点使用时间比较法

4.3.3　机械设备的使用及维护管理

1. 机械设备使用中的技术规律

1) 机械设备的损耗及其补偿形式

任何机械设备在长期的使用过程中，都会逐渐损耗，从而降低其使用效能，也降低其

价值，这就是机械设备的损耗。这种损耗有以下几种形式。

(1) 有形损耗，又称为物质损耗。它包括使用损耗和自然损耗。

使用损耗是指机械设备在使用过程中的慢性磨损和损伤(包括机械损伤和化学损伤)引起的损耗。这是机械设备损耗中的主要部分。机械设备的使用损耗主要与以下因素有关：负荷程度、机械设备的质量和耐磨程度、机械设备装配和安装的准确性、机械设备的固定程度、设备使用过程中防避外界(如粉尘、水气、高温等)影响的程度、设备的维修情况、工人操作熟练程度。

自然损耗是指由于自然力的作用，如大气中的水分、粉尘和污染物等产生的锈蚀、腐烂造成的有形损耗。

机械设备的有形损耗，可以通过维修工作，使一部分损耗得到修复和补偿。因此，机械设备的有形损耗又可分为可消除的有形损耗与不可消除的有形损耗两类。

(2) 无形损耗，又称精神损耗。产生无形损耗有以下两种原因：一是机械设备的技术结构、性能没有变化，但由于再生产费用下降，价格降低，而使原有同种机械设备发生贬值；二是由于发明了更完善的高效率的机械设备，使原有同种机械设备的性能相对下降而发生贬值。这两种原因产生的无形损耗，都使得设备继续使用在经济上已不合算而提前淘汰。

针对机械设备损耗的不同形式，应采取不同的措施，加以补偿，即进行维修、改造和更新。机械设备的损耗与补偿之间的关系如图 4.7 所示。

2) 机械设备的磨损规律

机械设备磨损规律，是指机械设备从投入使用以后，机械设备磨损量随时间变化的关系。这里的磨损是指有形损耗的使用磨损，如图 4.8 所示。

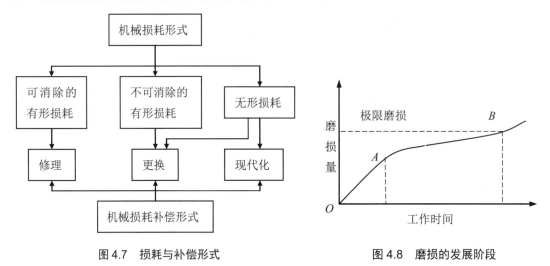

图 4.7　损耗与补偿形式　　　　图 4.8　磨损的发展阶段

(1) 初期磨损阶段(曲线 OA 段)。

这个阶段由于零件表面存在一定的微观不平度，磨合开始后磨损快，故曲线趋势较陡，当表面光滑程度提高后，磨损逐渐降低，达到一定程度后(即 A 点)趋向稳定。

(2) 正常工作磨损阶段(曲线 AB 段)。

这个阶段因零件表面光洁度提高，零件之间良好，润化条件有了改善，磨损比较小，且磨损比较慢，在较长时间内处于稳定的均匀磨损状态，此阶段的曲线变化平缓。

(3) 急剧磨损阶段(曲线 B 点以后)。

磨损达到 B 点时，因零部件中间间隙增大，产生冲击负荷，而且润滑油流失大，不易形成液体摩擦，磨损即行加剧，形成恶性磨损。因此达到 B 点时的磨损，成为极限磨损，超过这个极限是不经济的，而且会引起机械设备事故性的损坏。

3) 机械设备故障率变化规律

所谓故障率，就是机械设备在工作的单位时间内发生故障的次数。了解机械设备的磨损规律后，也就好理解机械设备故障率的变化规律，机械设备故障率的变化，如图 4.9 所示。

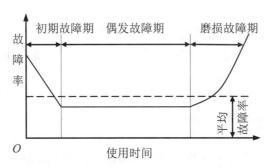

图 4.9 故障率的变化

(1) 初期故障期。

此阶段内故障发生的原因，多数是由于设计、制造上的缺陷，零部件磨合关系不好，搬运、拆卸、安装时的缺欠，操作人员不适应，特别是对于进口机械设备，操作人员的不熟练造成初期故障率较高。对使用单位来说，要慎重地进行搬迁、拆卸，严格地进行验收、试运转，以及培训好操作人员等。

(2) 偶发故障期。

此阶段设备处于正常运转时期，故障率最低，故障的发生主要是由于操作人员的疏忽与错误。因此，此时期的工作重点应是加强正确操作，做好日常维护和保养，机械设备的寿命在很大程度上取决于正确操作和日常维护。

(3) 磨损故障期。

此阶段是由于磨损严重，机械设备性能劣化而造成故障，为了防止其故障发生，就要在零部件达到极限磨损前加以更换。

2. 机械设备的合理使用

建筑施工企业购置机械设备的目的在于使用。机械设备在企业内部实物形态运动过程的主要部分就是使用过程。机械设备列入建筑施工企业固定资产产权范围以后，除了临时性的库存保管外，直到报废一直按"在用"设备看待。因此，使用管理水平的高低对企业总的营运经济效益有直接的联系。

1) 建筑机械设备使用的特点

由于建筑生产的特殊性，建筑机械的使用具有下述特点。

(1) 建筑生产的流动性决定了建筑机械搬迁、拆卸频繁。

① 建筑机械设备在搬迁、运输、组装等环节占用的时间长、有效作业时间相对缩短，这就是建筑机械设备利用率低的一个重要原因。

② 建筑机械设备每搬运拆迁一次，都要影响并降低其精度，加快磨损，缩短寿命。

③ 有一部分建筑机械设备每搬迁、拆装一次，要增加一个初期磨损和初期故障期。因此要执行走合和限载、减速的有关规定，从而影响建筑机械设备的效能的充分利用和发挥。当进入正常磨损期后，如工程完工，机械设备又要拆卸和搬迁。

(2) 建筑机械多系露天作业，受风吹日晒、大气、烟、粉尘的影响和侵蚀，也加快其损耗。

(3) 建筑机械大多是移动性机械，固定性差，这比安装在设备基础上的固定式的机械磨损程度要大。

(4) 建筑机械设备的负荷均衡性较差，易加快其磨损。

(5) 建筑机械设备当前还是人—机配合作业，机械设备作业的连续性差，因此建筑机械作业的效率较低。

(6) 建筑生产无固定的工程对象，故装备的机械一般配套差，品种规格复杂，这就相应增加了管理工作量和保修工作的复杂性。

2) 建筑机械的合理使用

机械设备的使用管理是机械设备管理的基本环节，为了充分发挥机械设备在施工生产中的作用，必须加强机械设备的管理和合理使用，提高机械设备使用的经济效益。

建筑机械设备使用管理的总目标是合理使用。所谓合理使用主要有下列三个标志：经济性、高效率与设备不正常损耗防护。

(1) 高效率。

机械使用必须使其生产技术性能得以充分发挥，在综合机械化施工过程中应至少使主要机械设备的生产技术性能得以充分发挥。机械设备如果长期处于一种低效运行的状态，就是一种使用不合理的主要表现。

怎样才能使机械设备充分发挥其效能，做到高效率呢？主要应注意以下几个因素。

① 人的因素。人是生产力三要素中的基本因素之一，而且是最活跃最积极的因素。具体到施工机械化生产过程中也是如此。因为机械设备是要靠人去掌握、使用它的。正确地使用好机械设备才能发挥机械设备的效能，如果有了先进的机械设备而没有人的因素起作用，它的效率是发挥不出来的。因此，必须对职工加强政治思想教育，开展竞赛，树立主人翁责任感，做到精心操作，细致维护，遵守各项规程。

② 组织因素。要制定合理劳动组织形式，贯彻人机固定原则，组织设备大检查等。

③ 技术因素。要实行"全员培训"，大力提高机械操作人员合理使用机械的能力和水平。对工人加强技术培训，提高安全操作技术水平，严格执行技术考核及操作制度等。

(2) 经济性。

经济性的含义比高效率还要广一些。有这样的情况，对于一个既定的工程项目，即使选用的机械设备或综合机械化施工已经达到了比较理想的效率指标，但不一定符合经济性要求。使用管理经济性的要求是：在可能条件下使单位实物工程量的机械使用费成本为最低。为了做到这一点，在施工组织设计时应考虑以下几个方面。

① 在可能的条件下(指立足于企业现有的机械设备及通过租赁能获得经济实用的机械设备)经过技术经济比较，应采用最经济的施工方案，使单位实物工程量的机械使用费成本为最低。

② 在既定的施工方案内，应使机械选择及配套组合为充分发挥机械效率提供先天的条件。

(3) 设备不正常损耗的有效防护。

机械设备即使操作、保养、维修、管理等都非常好，也无法避免正常的磨损及耗蚀。但应该避免或杜绝不正常的损耗现象。所谓不正常损耗，主要是指由于使用不当或缺乏应有措施而导致机械设备的早期磨损、过度磨损、事故损坏以及各种使原机技术性能受到损害或缩短使用寿命等不合理使用现象。要对机械设备的不正常损耗进行有效的防护，就必须要做好机械设备运行管理工作，主要有以下几个方面。

① 要有合理的运行工况。既要避免超载、超负荷使用(小马拉大车)，又要避免低载、低负荷使用(大马拉小车)；既要避免降低性能范围使用，又要避免超性能范围使用。

② 禁止违章作业，避免机械事故。

③ 正确使用油料，注意润滑油及液压油的正确使用，要符合一般用油规定及原厂的规定要求。

④ 应按照规定的维修制度要求，及时保养与检修，杜绝失保失修、带病运转等现象。

⑤ 其他技术服务措施、走合期使用、非常温季节使用、供电质量等应符合规定要求。

以上是考察或衡量施工机械设备是否合理使用的主要标志或条件。只有在这三个条件全部满足以后才可认为已经达到合理使用的较高水平。需要说明的是，以上只是从机械管理角度出发而言的，若由于其他施工干扰(加工工序矛盾、待料、工作面不足、质量问题等)而造成的低效率、不经济等现象，则不属于管理上的不合理使用问题。

机械设备的合理使用是各阶段、各方面一系列工作的最后综合成果。首先在制订施工方案阶段(对较为复杂的大型工程项目，应扩大为施工组织设计阶段)就应该选择好最佳的方案、机型、配套组合，为机械设备的合理使用奠定基础；其次应由技术熟练、工作责任心强的工人操纵驾驶，各方面的技术服务措施及实际运行工况符合规定的要求；最后全面地达到三项标志——经济、高效、防护，才能称为正确合理使用。

3. 机械设备的维护

要想经济合理地利用设备，设备所有权人必须对设备进行必要的维修和养护。维修和养护通常价格昂贵，需要机车库、工作间、有经验的技师等。很多公司为尽力避免这些开销，就将养护工作降到最低限度，从而经常出现故障、不合格品，机器的运行效率也很低，可以说是得不偿失。所以机械设备的养护工作必须系统而有计划地进行。从广义上讲，养护工作可分为预防性和纠正性两种。

1) 有计划的预防性养护

这种养护必须有计划有规律地进行，以降低损耗，保证设备始终处于良好的工作状态，并防止突然出现故障。其具体养护工作如下：每日维修并在开机前和关机后半小时对设备做表面常规性检查；有规律地进行全面维修和检查，包括定期大修；根据预期的工作任务和工作环境在一个工期内对机器零件进行修理和更换。

设备养护是一项复杂而细致的工作，只能由具备适当工作场所和专业的维修技师的公司来完成，不仅如此，公司还必须具备在大修期间提供替代设备的能力。所以用这种方法需要停机所需的设备和维护所需的设备。

2) 有计划的纠正性养护

这种养护要求提供最低限度的维修和保养以保证设备在施工当场能正常运行。因此，在每次施工完毕后或设备突然出现故障时，必须采取一定的措施，让设备恢复工作能力并保持可使用状态。

由于对设备进行大修需要一定的条件，如宽敞的工作间等，大修通常只能在机车库统一进行，而不能在每个建筑工地单独进行。因此，纠正性养护多为设备操作人员所采用。

这种养护包括运行养护、停机养护和故障维修，三者所需设备不尽相同。通常情况下，进行紧急故障维修时最好能使用专门的辅助设备，以及装配工、钳工等修理人员。

3) 设备养护工作的监管

为了使设备养护工作有效进行，有必要建立工作记录和成本计算系统，包括以下几个方面。

(1) 资产注册表。它包括设备项目明细单，载明购买日期、注册号码、购买价格价值、存放位置、工作时间等内容。

(2) 养护计划。注明每台设备所需养护类型及每次养护的间隔时间。

(3) 工作记录卡。由修理人员在每次维修完毕后填写，应包括基本情况描述、使用材料、花费时间、复发故障等内容。

(4) 历史记录卡。关于每台设备的工作记录每月集中一次，再加上工作时间和消耗燃料量，制成历史记录卡，通常采用电子文档的形式进行储存。将历史记录卡上的内容再集中，就可以得到每台设备的成本费用情况，将其与预算价值进行比较，两者的差值便是控制维修和调整租赁价格的参考，并且最终可据此做出更换或廉价出售设备项的决定。

4.3.4　机械设备的更新改造

机械设备的更新改造，是改善机械设备经济技术性能，恢复和提高装备能力的重要手段，是企业技术改造的组成部分。企业在进行机械设备更新改造时，要把提高装备质量、改善装备性能和调整装备结构结合起来，以提高企业装备结构的合理性和技术上的先进性。这对企业适应现代科学技术的发展，提高企业的经济效益有着积极的意义。因此，为了有计划、有步骤地做好机械设备更新改造工作，企业应根据具体情况，编制机械设备更新改造的中长远规划和年度实施计划。中长远规划应在摸清机械设备技术状况的基础上，结合发展规划，在总工程师的主持下，组织计划、生产、技术、机械、财务等部门共同研究编制。规划内容以发展、提高、配套为主。年度计划是中长远规划的具体实施计划，由机械管理部门负责编制，经主管领导和技术负责人审定后执行。计划编制时要注意资源和改造条件，并应落实所需资金。

1. 机械设备的更新

1) 机械设备更新的意义

机械设备的修理和改造固然重要，但是，以机械设备使用时的技术规律可知机械设备使用期限并不是无休止的。过去有一种陈旧的观念，以为设备的使用寿命越长越好，根本不考虑经济效果，甚至当出现维修费和改造费超过更新设备费用时，还要千方百计地去维护陈旧和效率很低的设备，这种现象必须改变。

机械设备的更新，主要是指以新的、效率更高的设备，去更换陈旧的和经济上极不合理的机械设备。由于现代科学技术日新月异，机械设备的陈旧化越来越快，更新的周期越来越短。例如，有的工业发达国家的机械设备，20世纪50年代的更新周期约10年，到20世纪70年代已缩短为5年左右。原来以增加设备拥有量为主，现在已转移到以设备更新为主。目前，我国建筑机械设备大多数是相对落后的老产品。为适应现代化的要求，充分发挥企业生产技术潜力，对现有设备进行更新，具有极为重要的意义。

2) 机械设备更新的基本要求

机械设备更新要求分析设备的寿命周期，以确定最佳的更新周期。设备的寿命周期，不仅要考虑设备的自然寿命，而且还要考虑设备的技术寿命和经济寿命。

设备的自然寿命或称设备的物质寿命，这是由物质磨损的原因决定的设备的使用寿命，即设备从开始投入使用，由于物质磨损使设备老化、坏损甚至报废为止所经历的时间。一般来说，设备的物质寿命较长。

设备的经济寿命，是根据设备的使用费用包括维持费用和折旧来决定的设备的寿命。超过了经济寿命而勉强继续使用，在经济上往往是不合理的。有人把这个阶段叫作"恶性使用阶段"。

设备的技术寿命，是由于科学技术的迅速发展，在设备使用过程中出现了技术上更先进、经济上更合理的新型设备，而使现有设备在物质寿命尚未结束前被逐渐淘汰。设备从开始使用，直至因技术落后而被淘汰为止所经历的时间，叫作设备的技术寿命。有时也叫作设备的技术老化周期。

更新机械设备的另一个要求是必须有利于提高安全性、环保性，以及减轻工人的劳动强度。另外，机械设备更新必须同加强原有设备的维修和改造结合起来。这是因为在一定时期内，更新机械设备的数量总是有限的。尤其在我国目前的情况下，资金和能力尚有一定的困难。因此，我们应根据需要和能力，在有计划有重点地更新部分设备外，对于大量的机械设备必须加强维修和改造，以保证生产的不断发展。

最后，在更新机械设备时要注意克服薄弱环节，提高企业的综合生产能力。由于企业各施工生产环节的机械设备能力，总会有富余环节和薄弱环节，只有先更新薄弱环节的陈旧设备，才有利于提高企业的综合能力；否则，就难以发挥设备更新应有的效果。

3) 机械设备更新的经济界限

(1) 机械设备修理的经济界限。

机械设备大修理的经济前提是可以利用原有机械保留下来的60%～80%的零部件，但要使用这些零部件需要付出相当高的代价，因此在机械设备大修理时应进行经济上的比较，以判断其是否在大修理的经济界限内。

机械设备大修的经济界限，可以用两个条件来判断：第一个条件是必要条件，即某一次大修理的费用加上该时期机械设备的残留应小于新设备的价值；第二个条件是充分条件，即大修理以后使用该机械设备生产的单位产品的成本，在任何情况下都不能超过用相同新设备生产的单位产品的成本。只有综合上述两个条件的大修理，才是最经济的大修理。

(2) 机械设备更新经济界限的确定。

机械设备一般属于下列情况之一的应当更新。第一种情况是，设备损坏严重，大修理后性能、精度仍不能满足规定要求的；第二种情况是，设备在技术上陈旧落后，耗能超过标准的 20%以上的；第三种情况是，设备役龄长，已经过四次以上大修理或一次大修费用超过正常大修理费用的 1 倍时。

我们知道，机械设备的更新可分为两大类：一是有些设备在其使用期内，功能是突然丧失的，平时不必保养，事后也无法修理，这些设备更新的规律取决于一定的概率；二是为数很多的设备，在其使用期内功能是逐渐降低的，尽管产品所分摊的设备费用随着使用年限的增长而减少，但设备的使用费用，如燃料动力费、维修保养费等都是逐渐上升的。这类设备的使用期限取决于设备的经济寿命。下面介绍怎样用设备使用费用劣化值方法计算机械设备的经济寿命。

设备使用费用劣化值方法的依据是设备随使用时间的延长，其有形磨损和无形磨损都在不断增加，其使用费用也在不断增加，这种随设备使用时间的增长而增加的使用费用成为使用费用的劣化值。它对设备的经济寿命有着直接影响。

假设使用劣化值的增大和使用时间的延长是线性关系，并且每年按 λ 元在变化，这时，设备每年的平均费用 C 用下式表示：

$$C = \frac{p}{T} + \frac{1}{2}\lambda T$$

式中：C——设备使用 T 年其年度平均费用；

T——设备的使用年限；

P——设备的原始价值；

λ——设备使用费用劣化值(元/年)。

若要使 C 为最小，可对上式取导数，令其为零，解得：

$$T_{opt} = \sqrt{\frac{2p}{\lambda}}$$

式中：T_{opt}——设备的经济寿命。

从图 4.10 可以看出，逐渐增大的使用劣化值和逐年减少的投资之间的平衡关系，以及设备的最佳更换期 T_{opt}。

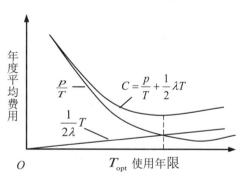

图 4.10　最佳更换期

如果掌握设备的年使用费用劣化值，就可利用公式计算出设备的经济寿命。

【例 4.10】　设某机械设备的原始价值 P=10 000 元，若 λ=300 元/年，求该机械设备的最佳使用期(最佳更换期)。

解：把 P 和 λ 的值代入公式：

$$T_{opt} = \sqrt{\frac{2p}{\lambda}} = \sqrt{\frac{2\times 10\,000}{300}} = 8.16 \approx 8(年)$$

即该设备的最佳使用期为 8 年。

2. 机械设备的改造

机械设备的改造是指对原有设备进行技术改革，以改善和提高机械设备的性能、精度及生产效率。对现有设备进行有效的改造，是企业挖掘、革新、改造的重要内容。机械设备的改造是一项极为精细复杂的工作，必须充分考虑其改造的必要性、技术的可能性和经济的合理性。

首先，必须根据生产技术发展的需要出发，针对设备对产量、质量、成本、安全、能源消耗和环境保护等各方面的影响程度，有计划、有步骤地进行。使设备经过革新改造以后，能达到预期的目的和要求。

其次，必须充分考虑技术上的可能性，一切要通过试验。一般来说，改造规模小，不影响设备的主要性能，可由使用单位有关部门批准，自行技术改装。

最后，必须充分考虑经济上的合理性。对于机械设备的各种改造方案，都要经过专业人员进行一系列详细计算，从而进行技术经济论证和经济效果分析来选择。如果改造费用很高，或者改造后其效果很不理想，必须重新修改方案。

在机械设备进行改造时，必须与机械设备的大修理结合起来。这样，既能达到设备改造的目的，又能大大地节约改造费用，这是一种行之有效的、经济合理的方法。

在机械设备改造过程中，必须坚持"自力更生"方针，充分发动群众，总结我国自己的先进经验。同时，也要重视吸取国外科学技术上的新成就，在努力学习的基础上，做到"洋为中用"。

4.3.5 机械设备的技术经济指标

建筑施工企业实行经济核算和考核生产经济效果，是通过一系列指标进行的。上级下达机械设备管理的各项指标，是上级有关部门经过科学的测定和大量统计资料的分析制定的。努力达到和提高各项考核指标是机械设备管理部门工作的奋斗目标。它对衡量施工机械设备管理工作的成果、及时发现问题、掌握固有规律、研究发展趋势、促进施工机械设备的管理水平的提高等，具有十分重要的作用。

机械设备的技术经济指标如下。

1. 机械设备完好率

机械设备完好率是用来反映报告期内机械设备的技术状况，衡量企业施工机械设备管理水平的主要指标之一。完好率的提高，表明停修台日的减少，为机械充分利用打下基础。机械设备完好率是指报告期内机械设备完好总台日数与制度台日数之比，按规定应对 20 种主要机械设备进行考核。其计算公式为

$$机械设备完好率=\frac{报告期内机械设备完好总台日数}{报告期内机械设备制度台日数}\times100\%$$

完好总台日数是指报告期内(通常1年)制度台日中处于完好状况的机械设备总台日数,不管该机械是否参加了施工都应计算在内。完好台日数包括修理不满1天的机械,但不包括在修、待修、送修在途的机械。

制度台日数是指报告期内日历台日数减去例假节日数。按建设部规定,全年内例假节日数按55天计算。

如在例假节日内机械出勤加班时,则在计算完好率时,计算公式中分子、分母都应加例假节日的加班台日数。其计算公式为

$$机械设备完好率=\frac{报告期内制度台日中完好台日数+例假节日加班台日数}{报告期内制度台日数+例假节日加班台日数}\times100\%$$

机械设备技术的完好是机械使用的前提,如果一个单位机械设备台日完好率低,就难以充分发挥全部机械设备的能力,就会使生产受到一定影响。因此,各级机械管理部门应该重视机械设备完好率的提高。

2. 机械设备利用率

机械设备利用率是用来反映和衡量企业对机械设备的实际使用情况的指标。它是指报告期内制度台日数中实作台日数和制度台日数之比,按规定应对20种主要机械设备进行考核。其计算公式为

$$机械设备利用率=\frac{报告期内制度台日中实作台日数}{报告期内制度台日数}\times100\%$$

实作台日数是指报告期内制度台日中机械实际出勤进行施工的台日数,不论该机械在一日之内参加生产时间的长短,都算为一个实作台日。

如在例假节日内机械出勤加班时,则在计算利用率时,计算公式中分子、分母都应增加例假节日的加班台日数。

机械利用率的指标,不仅要求机械本身技术状况完好,而且要求机械在生产中发挥效用。因此,它除了反映机械在保管、维修等方面的管理水平外,还反映了施工企业技术装备结构的适应能力,以及施工计划的编制是否恰当等多种因素。较高的利用率说明企业拥有该设备的决策正确,没有白白占用宝贵的固定资产资金。因此,当发现机械利用程度较低时,应深入实际,查明原因,按停工原因进行分组分析,以便抓住薄弱环节,提出改进措施。

3. 机械效率

机械效率是反映机械设备额定能力和完成产量的指标。它是机械设备各项指标中具有根本性的指标。按规定只考核能计算产量的六种主要机械设备(即挖掘机、铲运机、载重汽车、自卸汽车、拖车车组、混凝土搅拌机)。其计算公式为

$$机械效率=\frac{报告期内机械设备实际完成总产量}{报告期内机械设备平均总能力}$$

机械设备平均总能力是指报告期内同类型机械设备的日历能力(能力:指设计定额能力或查定能力)之和再用报告期的日历数去除。

4. 装备生产率

装备生产率是指企业机械设备的净值与当年完成总产值的比值,也就是机械设备净值 1 元能完成年度产值若干元。它是考核企业机械设备在生产中创造价值大小的依据。其计算公式为

$$装备生产率 = \frac{全年施工(生产)总产值}{年末自有机械设备净值}$$

机械设备净值是指企业在年末最后一天实有机械设备(包括:施工机械、运输设备、加工生产设备)的净值。

装备生产率的指标是考核企业生产成果的指标,它可以反映企业技术装备的适应能力、装备结构的合理化程度及企业经营管理水平。装备生产率越大,说明企业拥有的机械设备净值 1 元所完成的产值越大。

5. 机械设备固定资产利税率

机械设备固定资产利税率是反映企业机械设备的原值和实现利税总额的比值,用以考核机械设备投资的经济效果。其计算公式为

$$机械设备固定资产利税率 = \frac{全年实现利税总额}{自有设备固定资产平均原值}$$

设备固定资产平均原值,即(年初设备原值+年末设备原值)÷2。

机械设备固定资产利税率是反映企业机械设备固定资产运用的经济效果的指标,同时它也可以反映企业装备结构的合理化程度及企业经营管理的水平,它的大小说明企业投入机械设备中的资金为社会新创造价值的大小。

6. 净产值设备维修费用率

净产值设备维修费用率用企业机械设备维修费用与完成全年施工任务(净产值)的比值表示。其计算公式为

$$净产值设备维修费用率 = \frac{全年设备维修费+全年设备大修费}{全年净产值总和}$$

净产值设备维修费用率是反映机械设备使用阶段的经济效果的指标。因为维修费用在机械设备的运行维持费中占的比重很大。机械设备净产值维修费用率的大小说明了维修费用的经济效益发挥程度。

以上机械设备完好率、利用率、装备生产率、固定资产利税率、净产值设备维修费用率 5 项指标,是建设部 1989 年颁发的《全民所有制施工企业机械设备管理规定》中规定的机械设备管理的主要经济、技术考核指标,也是建设部规定的建筑企业设备管理优秀单位的评选指标,是考核机械设备管理水平的依据。因此,企业应定期组织分析,对超过或没有达到指标的单位,要分析原因,总结经验,从中发现问题,采取改进措施,不断提高机械管理水平。

4.3.6 设备综合工程学

设备综合工程学是一门以设备的寿命周期为研究对象，以降低寿命周期费用为目的的综合性学科。目前，这门学科在世界上已得到广泛应用和推广，例如英国 1970 年设立了"设备综合工程学委员会"，在政府的支持下，大力推广和普及设备综合工程学，并已取得了显著的效果。据有关资料介绍，设备故障比过去减少 50%，设备修理费用比过去减少 50%。日本应用和发展了设备综合工程学，提出了 TPM 设备管理体系。

1. 设备综合工程学产生的必然性

随着现代科学技术的迅速发展，一方面，现代设备给人们带来了丰富的物质文化生活；另一方面，也给其带来了严重祸害。例如，环境污染日趋严重，设备事故不断增加。能源的浪费增多，设备的维修费用大大提高，工人的劳动强度不断增加，特别是第二次世界大战以来，产品的更新换代期越来越短，设备发展远远跟不上产品的发展速度，已成为发展现代化生产的严重障碍。因此，人们越来越感到要解决上述一系列问题，只能从根本上改革和提高设备的管理水平，否则就会给社会和人们带来更为严重的后果。

2. 传统设备管理的局限

传统的设备管理的一个局限性是以维修为中心，管理很不全面。设备的问题既有先天的问题，也有后天的使用问题。所谓先天的问题，就是指设计、制造和安装的问题，如果先天不足，设备使用过程中的许多问题往往很难避免。

传统设备管理的另一局限性是设备制造部门的管理和设备使用部门的管理，相互没有一套信息反馈管理体系，制造部门不能及时地设计制造出令用户满意的设备，以至于造成设备的发展跟不上其他产品的发展。

传统的设备管理比较偏重于自然寿命和设备的一次投资费用，而往往忽视经济寿命和使用过程中的维持费用，因此对设备的经济效果分析很不全面，以至于造成设备使用过程中的费用大量增加或浪费。

传统的设备预防维修制度规定得过死，不能反映出设备的实际运动规律。因此，往往容易出现过度修理，影响设备利用率，而且修理费用增加，造成浪费。

3. 设备综合工程学的基本特点

设备综合工程学是以设备的寿命周期为研究和管理对象，系统地提高设备各个环节的机能，如从确定方案、设计、制造、安装调试、维修、改造直到报废为止的全过程管理。设备作为一个大系统大致可以分为三个阶段，如图 4.11 所示。

设备综合工程学又是对技术、安全、环保等方面进行综合性的研究和管理。从工程技术方面要求把机械、电气电子、化学、安全、环保等各项技术综合起来研究；从经济方面要求讲究全面的经济效益，从设计费、制造费、安装费、使用费、维修费、折旧等，系统、周密地计算各项有关的费用，并通过分析比较以取得最好的经济效益；从管理方面要求广泛地应用行为科学、工程学、运筹学、质量控制和价值工程等管理方法。

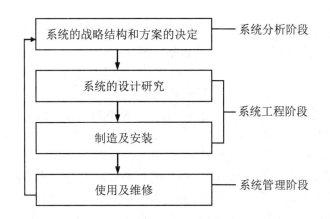

图 4.11 设备系统示意图

设备综合工程学的另一个基本特点是以达到寿命周期费用最低作为研究的目的。运用寿命周期费用指标，有利于把制造者和使用者有效地联系起来，使制造者尽可能地生产出用户满意的设备。

设备综合工程学是以可靠性、维修性设计为重要目标。可靠性是指设备在使用过程中能达到准确、安全。维修性是指设备结构简单，零部件组合合理，易于检查，拆卸迅速，修理方便。可靠性、维修性设计的理想目标是实现"无故障""为维修设计"。

设备综合工程学要求建立一套设计、使用和费用的信息反馈系统，包括厂内信息反馈和厂外信息反馈。厂内信息反馈是指使用过程中所记录和积累的资料，反馈给设备维修部门，以便及时检查修理。厂外信息反馈是指使用和维修过程中所记录和积累的资料，及时反馈给设备制造部门，以便设计和制造出用户更满意的设备。

4. 日本的 TPM

日本的 TPM 广泛地吸收国外在设备管理上的先进经验，结合日本的具体情况，创造出了一套适合日本国情的新的设备管理体系。根据日本设备工程协会的介绍，TPM 是设备综合工程学在日本的具体应用和发展。

1) 推行全效率、全系统、全员参加的"三全"设备管理

全效率是指设备的综合效率，包括产量（P）、质量（Q）、成本（C）、交货期（D）、安全（S）、劳动情绪（M）等六个方面，用公式表示如下：

$$设备综合效率 = \frac{设备的输出}{设备的输入} = \frac{PQCDSM}{寿命周期费用}$$

从上式可以看出，设备的输出量越大，而设备的输入量越小，则设备的效率就越高。

全系统是指对设备的一生进行系统的管理，包括从设备的研究、设计、制造、安装、使用、维修、改造、更新等全系统，并包括建立信息情报反馈系统。

全员参加是指从企业领导层、管理人员一直到第一线生产工人都参加设备管理工作，组织 PM 小组，开展自主活动。PM 小组的活动主要内容是减少设备故障和提高生产效率，小组成员分别承担相应的职责。上一级 PM 小组负责检查下一级 PM 小组的成果，对于成绩显著的可命名为"高水平 PM 小组"。

2) 实施 6S 管理活动

5S 管理活动是指对现场各生产要素所处状态，不断地进行整理、整顿、清洁、清扫和素养，这是搞好管理工作的基础。5S 活动包括：整理，是指把不用的紊乱的东西全部收拾和整理好；整顿，是指把所需要的东西齐备好，按工作次序整整齐齐地排好；清洁，是指设备和场地做到没有污染；清扫，是指随时随地做好打扫工作，保证设备和场地一直能保持干干净净；素养，是指职工的举止、态度和作风，培养具有良好的工作习惯和生活习惯。

5S 管理起源于日本，因其简单、实用、效果显著，在日本企业中广泛推行，并被许多国家引进。6S 管理是在 5S 管理的基础上增加 1S(Safety)扩展起来的。

6S 管理是指对现场的各种生产要素(主要是物的要素)所处的状态不断进行整理、整顿、清扫、安全、清洁及提升人的素养的活动。由于整理(Seiri)、整顿(Seition)、清扫(Seiso)、安全(Security)、清洁(Seikesu)、素养(Shitsuke)这六个词在日语的罗马拼音或英文中的第一个字母均是"S"，所以简称 6S。开展以整理、整顿、清扫、安全、清洁和素养为内容的管理活动，简称 6S 管理。

3) 设备的检查工作

日常检查，由操作工人负责。定期检查和专题检查，由设备维修部门负责，主要是针对重点设备。每次检查后都有明确的记录标志，如良好(O)、可以(△)、差(×)，以作为设备维修的依据。检查的基本内容有：能否保证完成产量定额；能否保证完成质量指标；安全性和环保性是否可靠；是否有漏油、漏气、漏水等情况；是否可能增大维修费和运转费；是否降低设备的寿命等。

4) 重点设备的预防和修理(包括部分修理、大修和改善)

所谓重点设备，一般是由 PQCDSM 的要求来决定的。部分修理是指设备的重要部位进行预防性修理，可以减少大修理的次数和工作量。改善修理就是把修理和设备改造结合起来。预防性修理的主要依据是设备的精度指标。对于一般非重点设备，尽量用事后修理和故障修理的办法，这样可以节约修理费。但是，必须加强管理工作，认真做好检查记录，作为修理的依据。

5) 加强设备维修人员的培养

这是推行 TPM 体系十分重要的环节。每年要制订对维修人员的教育计划，包括技术人员、工长和组长、老工人和新工人的教育训练，针对不同人员提出不同的教育内容和要求。对于维修工人要注意多方面的培养，包括机械工和电工等的操作技能，并定期进行考核，对于七年以上工龄的维修工，一般要参加两种或三种技能的考试。要使每个工人感到多掌握一种技能是莫大的光荣。

本 章 小 结

在现代管理中，人力资源管理日益成为企业的一项战略性工作，赢得了人才就赢得了企业持续发展的后劲。本章以建筑企业为出发点，从建筑企业自身具备的特殊工作性质来概述人力资源开发与管理，着重从人员配置与开发、薪酬设计、绩效考核以及培养员工奉献精神几个方面阐述了人力资源开发与管理。

练习与作业

1. 什么是人力资源管理？它包括哪些内容？
2. 建筑企业人力资源有什么特点？
3. 建筑企业应如何做好人员招聘、录用、培训及考核？
4. 什么是人力资源开发？建筑企业人力资源开发可从哪两个方面入手？
5. 建筑企业物资管理的主要内容是什么？
6. 材料供应计划是如何编制和实施的？
7. 如何做好库存的决策和管理？
8. 做好材料消耗定额管理需要做好哪些工作？
9. 什么是机械设备的合理装备？
10. 机械设备的技术经济指标主要有哪些？

第5章 建筑企业施工管理

【本章学习目标】

- 掌握施工管理、施工项目管理的概念。
- 熟悉施工项目管理、施工作业管理的内容及过程。
- 掌握网络计划技术的编制方法。

5.1　施工管理概述

5.1.1　施工管理的概念和任务

1. 施工管理的概念

施工管理是指企业为了完成建筑产品的施工任务，从接受施工任务开始到工程交工验收为止的全过程中，围绕施工对象和施工现场而进行的生产事务的组织管理。

建筑企业的主管业务就是建筑安装工程的施工生产活动，而在施工生产中，工程进度的快慢、工程质量的好坏、工程造价和资源的合理利用等都取决于施工管理的水平。所以，施工管理在很大程度上影响建筑企业的生产经营实际效果，施工管理是建筑企业管理的重要组成部分。

2. 施工管理的任务

施工企业所从事的建筑安装工程由于具有单件性和多样性，因此要按工程类型、工程规模、工程地点和施工条件的不同，分别采用不同的施工方案、施工准备、劳动组织和技术措施。因此，建筑安装工程必须按各工程对象的施工过程进行管理。

施工管理的主要任务是：根据不同的工程对象、不同的工程特点、不同的施工条件，结合企业的具体情况，进行详细周密的分析研究，制订切实可行的计划；在施工全过程中，合理地利用人力、物力和财力，采用先进的施工方法，进行组织协调，使建筑安装工程达到好、快、省，取得最大的经济效益。

5.1.2　施工管理的主要内容

施工管理贯穿于建筑产品生产的全过程，不同阶段的工作内容各不相同。施工管理全过程按阶段可划分为施工准备工作、现场施工管理和工程的交工验收四个阶段。

1. 施工准备工作

施工准备工作是工程施工全过程的重要阶段，也是确保工程施工顺利进行的先决条件，它贯穿于施工的全过程。从工程开工之前到每个分部、分项工程施工，都有一系列的施工准备工作。根据施工准备工作内容的性质不同，可分为：办理开工手续、技术准备、资源准备和施工现场准备四个方面。

1) 办理开工手续

工程项目开工前必须办理《施工许可证》和《开工报告》。《施工许可证》由建设单位申请，经主管部门批准后，连同施工图纸发送给施工单位。《开工报告》由项目经理部申请，由公司工程管理部上报总公司批复后实施。未领取《施工许可证》和《开工报告》的项目不允许开工。

2) 技术准备

技术准备是指通过调查研究，搜集或索取关于工程项目和施工区域的必要资料，编制先进合理的施工组织设计，为工程施工建立必要的技术条件。其具体内容如下。

(1) 向发包单位和设计单位索取有关技术资料。

① 设计图纸和技术资料以及国家有关机关批准的计划任务书的副本。

② 建设地区的规划资料。

③ 推广新技术项目的特殊技术要求及措施。

(2) 进行自然条件和技术经济条件的调查。

(3) 编制施工组织设计。施工组织设计是全面安排施工的技术经济文件，是指导施工的重要依据之一。它应遵循工程合同条件与多快好省的建设方针，对某一建筑产品的全部施工生产过程，做出合理的规划和部署，制订先进合理的施工方案，节约人力物力，加强各方面的协作配合。

3) 资源准备

(1) 物资准备。物资是施工的基础，必须在施工前做好准备，以保证施工顺利进行。施工所需要的物资包括建筑材料、构件、施工机械和机具设备、工具等，种类繁多、规格型号复杂。因此，做好物资准备是一项较为复杂而又细致的工作，一般包括建筑材料和生产设备的准备、施工机械和机具设备的准备。

(2) 施工队伍的准备。根据编制的劳动力需用计划，由承建的承包单位具体安排，建立现场施工指挥机构，集结施工力量。在大批队伍进入现场之前对职工要进行技术交底和安全教育，对特殊工种要进行技术培训，同时必须做好后勤工作，保证施工有良好的生活条件，使生产无后顾之忧。

4) 施工现场准备

施工现场准备主要是根据设计文件及已编制的施工组织设计中的有关各项要求进行，一般有下列几项工作。

(1) 做好"三通一平"。工程现场清除施工障碍和平整场地，修通道路，接通施工用水和用电，是建筑施工必须具备的基本条件。施工区域地形图、建筑总平面图、土方竖向设计图和施工组织设计是搞好三通一平工作的依据。

(2) 场地测量控制网和水准点的测设。为了使建筑物的平面位置和高度严格符合设计要求，施工前应按总平面图的要求，测出占地范围，并按一定的距离布点，组成测量控制网，便于施工时按总平面图准确地定出建筑物的位置。工程开工前要进行厂区控制网的测设，设置永久性的水准基桩，根据经纬坐标和水准基点导引主要建筑物的控制桩。

(3) 大型临时设施的准备。大型临时设施是施工所必需的，包括各种附属生产加工厂(如预制构件、混凝土搅拌、钢筋加工、木材加工等)，施工用各种仓库及公用设施，生活设施等。大型临时设施按施工组织设计中的规划修建，要因地制宜，尽可能利用永久性建筑和现有房屋，节约投资，降低成本，也可采用标准化、拆卸式的临时房屋，便于拆迁和重复利用。

2. 现场施工管理

现场施工管理，就是对施工生产过程的组织和管理。组织施工在整个建筑生产过程中，占有极为重要的地位。只有通过合理的组织施工，才能形成最终建筑产品。要把一个施工现场的许多专业队伍组织起来，有节奏地、均衡地施工，使其达到工期短、质量好、成本低和施工安全的目的，这是一个很复杂的问题。组织施工的主要内容应包括两个问题：一是如何按计划组织施工；二是如何对施工过程进行指挥、控制和协调。

3. 工程的交工验收

工程的交工验收是建筑生产组织管理的最后阶段，也是工程施工的最后一个环节。验收是一个法定手续，通过交工验收，双方办理竣工结算。对建筑企业来说，交工验收意味着完成了一件最终产品，销售了一件建筑产品。因此，做好交工验收工作，对全面完成设计文件规定的施工内容，促进工程项目的及时投产或交付使用起着重要作用。

1) 交工验收的依据

(1) 上级主管部门批准的计划任务书以及有关文件。

(2) 建设单位和施工单位签订的施工合同。

(3) 施工图纸和设备技术说明书。

(4) 国家现行的施工技术验收规范。

(5) 从国外引进新技术或成套设备项目，还应按照签订的合同和国外提供的设计文件等资料进行验收。

2) 交工验收的标准

(1) 工程项目按照工程合同规定和设计图纸要求，已全部施工完毕，达到国家规定的质量标准，能满足使用要求。

(2) 交工验收达到地净、水通、灯亮，采暖通风设备能正常运转。

(3) 生产设备调试，试运转达到设计要求。

(4) 建筑物四周两米以内及由施工引起的其他场地已清理完毕。

(5) 技术档案资料齐全。

3) 交工验收的技术档案资料

单项工程在交工验收之前，各有关单位应将所有技术资料和文件进行系统整理。竣工资料一般包括：竣工工程项目一览表；设备清单；工程竣工图；材料、构件及半成品合格证；隐蔽工程自检记录；工程定位测量记录；质量事故处理报告等。

4) 交工验收的工作程序

建筑安装企业在单项工程交工前，应进行预验收，整理好各项交工验收资料，做好交工验收的各项准备工作。单项工程竣工后，施工单位应及时向建设单位交工，大中型及国家重点建设项目，由建设单位负责，施工单位协助向国家交工验收。

交工验收工作一般分为以下三个阶段。

(1) 交工预验收。由施工单位组织建设单位的工程监督人员进行，目的是使正式交工验收工作顺利进行，避免拖延，发现不符合交工验收要求的应及时处理或返修。预验收不是正式交工验收，不能办理交工验收手续。

(2) 单项工程验收。因各单项工程的开竣工日期不同，凡是施工完毕，质量符合标准，具备使用或生产条件，可逐项由建设单位组织验收。验收合格后，双方签工程交工验收证书。

(3) 全部验收。整个建设项目已符合交工验收标准时，由建设单位组织初验，合格后，向主管部门提出报告，申请对整个项目进行验收。此时对已验收过的单项工程可不再验收。

工业项目的交工验收要进行试车检验，试车合格后，在交工验收机构的主持下，施工和生产双方签交工验收证书。对未完成的遗留项目及需要返工、修补的工程，由交工验收机构确定完工期限，在交工验收证书的附件中加以说明，施工单位要按期完成。各项交工验收手续办完后，工程即可全部移交建设单位使用。

5.2 施工项目管理

随着社会主义市场经济体制的建立，我国建筑施工企业全面推行了施工项目管理。所谓施工项目管理，就是建筑企业运用系统的观点、理论和方法对施工项目从投标开始到保修期满为止所有活动进行的决策、计划、组织、控制和协调等全过程的全面管理。

施工项目管理的主体是建筑企业，其对象是施工项目，管理的内容是按阶段划分的。施工项目管理的首要问题是建立一个完善的施工项目管理组织机构。该机构是由有一定的领导体制、部门设置、层次划分、职责分工、规章制度和信息管理系统等构成的有机整体。一个以合理有效的组织机构为框架所形成的权力系统、责任系统、利益系统、信息系统，是实施施工项目管理及实现最终目标的组织保证。

5.2.1 施工项目管理的概念

1. 项目

项目是指按限定时间、限定费用和限定质量标准完成的一次性任务和管理对象。

2. 施工项目

施工项目是企业自工程施工投标开始到期满为止的全过程中完成的项目。它具有如下几个特征。

(1) 施工项目是建筑项目或其中的单项工程或单位工程的施工任务。
(2) 施工项目是以建筑施工企业为管理主体的。
(3) 施工项目的范围是由工程承包合同界定的。

3. 施工项目分类

建设工程项目按照范围由大到小的顺序可以分单项工程、单位工程、分部工程和分项工程。

(1) 单项工程。它是指具有独立的设计文件，在竣工投产后可以独立发挥效益或生产设计能力的产品车间(联合企业的分厂)生产线或独立工程等。

一个单项工程由若干个单位工程组成。

(2) 单位工程。它是指具有独立设计，可以独立施工，但完成后不能独立发挥效益的工程。一个单位工程由若干个分部工程组成。

(3) 分部工程。房屋建筑中土建工程的分部工程是按建筑工程的主要部位划分的，如基础工程、主体工程、地面工程、装饰工程等；安装工程的分部工程是按工程的种类划分的，如管道工程、电气工程、通风工程、设备安装工程等。

(4) 分项工程。按照不同的施工方法、构造及规格，可以把分部工程进一步划分为分项工程。分项工程是能用较简单的施工过程就能生产出来的，可以用适当的计量单位计算并便于测定或计算的工程基本构成要素。

由此可以看出，只有单位工程、单项工程和建筑工程项目的施工任务才称得上是施工项目。由于分部分项工程不是建筑工程企业的最终产品，因此，不能称作施工项目，而是施工项目的组成部分。

4. 施工项目管理

施工项目管理是指施工阶段建筑企业对工程项目的计划、组织、指挥、协调和控制的过程。

(1) 施工项目管理的主体是施工企业。
(2) 施工项目管理的对象是工程项目。
(3) 施工项目管理要求强化组织协调工作。

由于施工项目单件生产，工期长，需要的资金多，参加的人员多以及施工活动过程复杂这些特点，使施工项目管理中的组织协调工作显得尤为艰难、复杂、多变。这就必须通过强化组织协调的办法来保障施工顺利进行。主要强化方法是优选项目经理，建立调度机构和配备称职的调度人员，努力使调度工作科学化和信息化，建立起动态的控制体系。

5.2.2　施工项目管理的过程

施工项目管理的对象是施工项目寿命周期各阶段的工作。施工项目寿命周期有五个阶段，它们构成了施工项目管理有序的全过程。

1. 投标签约阶段

这一阶段也称为立项阶段。其主要工作包括：建筑施工企业从经营战略的高度做出是否投标争取承包该项目的决策；决定投标后搜集整理有关施工方面的信息；编制既能使企业盈利，又有竞争力，可望中标的投标书；如果中标，则与招标人谈判，依法签订工程承包合同。

2. 施工准备阶段

这一阶段主要工作包括：成立项目经理部，根据管理的需要建立机构，配备管理人员；编制施工组织设计，主要是施工方案、施工进度计划和施工平面图，用以指导施工准备和施工；制订施工项目管理规划，以指导施工项目管理活动；进行施工现场准备，使施工现场具备施工条件；编写开工申请报告。

3. 施工阶段

这一阶段是"建筑产品加工"阶段，是把建设项目从设计变为现实的阶段，是体现工程建设的最终成果阶段。其主要工作如下。

(1) 按施工组织设计的安排进行施工。

(2) 在施工中做好动态控制，保证质量目标、进度目标、造价目标、安全目标和节约目标的实现。

(3) 管理施工现场实行文明施工。

(4) 严格履行工程承包合同，处理好合同变更及索赔。

(5) 做好原始记录、协调、检查、分析等工作。

4．验收、交工与竣工结算阶段

这一阶段的主要工作如下。

(1) 工程收尾。

(2) 进行试运转。

(3) 在预验收的基础上进行正式验收。

(4) 整理移交竣工文件，进行财务结算，总结工作，编制竣工总结报告。

(5) 办理工程交付手续。

(6) 项目经理部解体。

5．用后服务阶段

这一阶段是施工项目管理的最后阶段，即在交工验收后，按合同规定的责任期进行用后服务、回访和保修，其目的是保证使用单位正常使用，发挥效益。其主要工作如下。

(1) 为保证工程正常使用而做必要的技术咨询和服务。

(2) 进行工程回访，听取使用单位意见，总结经验教训，观察使用过程中的问题，进行必要的维护、维修和保修。

(3) 进行沉陷、抗震性能等观察，以服务于宏观事业。

5.2.3 施工项目管理的内容

1．建立施工项目管理组织

(1) 选聘称职的施工项目经理。

(2) 选用适当的组织形式，组建施工项目管理机构，明确责任、权限和义务。

(3) 根据施工项目的需要，制定施工项目管理制度。

2．进行施工项目管理规划

(1) 进行工程项目分解，形成施工项目分解体系，以便确定阶段控制目标，从局部到整体地进行施工活动和进行施工项目管理。

(2) 建立施工项目管理体系，绘制施工项目管理体系图和施工项目管理工作信息流程图。

(3) 编制施工管理规划，确定管理点，形成文件，以利执行。

3．进行施工项目的目标控制

施工项目控制目标有阶段性目标和最终目标。实现各项目标是施工项目管理的目的所在。因此，应当坚持以控制论原理和理论为指导，进行全过程的科学控制。施工项目的控制目标分为：进度控制目标；质量控制目标；成本控制目标；安全控制目标和施工现场控制目标。

由于在施工项目目标的控制过程中，会不断受到各种客观因素的干扰，各种风险因素随时有发生的可能性，故应通过组织协调和风险管理，对施工项目目标进行动态控制。

4. 对施工项目的生产要素进行优化配置和动态管理

施工项目的生产要素是施工项目目标得以实现的保证，主要包括劳动力、材料、设备、资金和技术。生产要素管理的三项内容如下。

(1) 分析各项生产要素的特点。
(2) 按照一定的原则、方法对施工项目生产要素进行优化配置，并对配置状况进行评价。
(3) 对施工项目的各项生产要素进行动态管理。

5. 施工项目的合同管理

由于施工项目管理是在市场经济条件下进行的特殊交易活动的管理，这种交易活动从投标开始，并持续于项目管理的全过程，因此必须依法签订合同，进行履约经营。合同管理的好坏直接涉及项目管理及工程施工的技术经济效果和目标实现。因此，要从招投标开始，加强工程承包合同的签订，履行管理。

6. 施工项目的信息管理

现代化管理要依靠信息。施工项目管理是一项复杂的现代化的管理活动，更要依靠大量信息及对大量信息的管理。而信息管理又要依靠计算机进行辅助。所以，进行施工项目管理和施工项目目标控制动态管理，必须依靠信息管理，并应用计算机进行辅助。需要特别注意信息的收集与储存，使本项目的经验和教训得到记录和保留，为以后的项目管理服务，因此认真记录总结，建立档案及保管制度是非常重要的。

5.3 施工作业管理

5.3.1 施工作业计划管理

我国建筑企业有两类施工计划体系：第一，阶段性施工生产计划，这类施工计划体系按不同作用又可以区分为年度施工财务计划、季度施工财务计划和施工作业计划；第二，是以产品为对象的项目工程施工总进度计划，一般附在施工组织设计中。

施工作业计划是在以批准的建筑企业年度、季度施工财务计划指导和控制下编制的企业月、旬分项等种类施工计划的总称。

施工作业计划是以企业年、季施工财务计划为指导，以在建工程、新开工程和将竣工工程的施工组织设计为依据，根据企业的生产能力和上级对企业阶段性考核招标等诸约束条件下，再对企业人、财和物进行综合平衡后编制的实施性的施工计划。

施工作业计划又是企业各专业管理、编制材料、成品、半成品、机械设备、工具等资源进场计划、工种劳动力需要进场计划以及管理力量和技术力量布置计划的依据。作业计划编制的质量直接影响到企业年、季财务计划和施工总进度计划的按时完成。所以，施工作业计划是企业管理的重要手段。目前施工企业的体制是公司、工程处、施工队、项目工地、施工班组和劳务承包队。一般公司汇编月度作业计划；工程处编制月度计划和汇编旬计划；工地和施工队编制旬计划和分项工程作业计划；施工班组执行分项作业计划。施工作业计划是年度、季度施工计划的具体化，是基层施工单位据以施工的行动计划。

1. 施工作业计划的主要作用

(1) 把施工任务层层落实，具体分配给班组和业务部门，使全体职工在日常施工中有明确的奋斗目标，以保证全面完成年、季各项技术经济指标。

(2) 及时地、有计划地进行劳动力、材料和机具设备的准备和供应。

(3) 它是确保施工组织设计全面实施的重要手段。

(4) 它是对企业各部门、干部和技术工人实行物质奖励的依据。

(5) 领导和调度部门可以据以监督、检查和调度。

2. 施工作业计划的编制

施工作业计划分为月度计划和旬计划。月度计划是基层施工单位计划管理的中心环节，现场的一切施工活动都是围绕保证完成月度计划而进行的。

1) 月度计划的编制

(1) 编制月度计划一般包括下列几个方面的内容。

① 各项技术经济指标汇总。

② 施工目的、开工日期、竣工日期、工程形象进度、主要实物工程量和施工生产值等。

③ 劳动力、机具、材料和预制构配件等需用量。

④ 技术组织措施，包括提高劳动生产率、降低成本等内容。这部分主要根据年度、季度计划中技术组织措施计划，结合月计划的具体情况进行编制。

(2) 月度计划构成一般包括下列内容。

① 编制说明，重点突出说明月度计划编写的依据、执行这个计划存在的问题以及采取的主要措施等。

② 月度建筑安装工程计划汇总表。

③ 月度开工项目计划表。

④ 月度竣工项目计划表。

⑤ 月度大型机械计划平衡表。

⑥ 月度施工项目计划表。

⑦ 月度预制构件进场计划表。

⑧ 月度材料需要量计划。

其中，月度建筑安装工程计划汇总表和月度施工项目计划表的格式如表 5.1 和表 5.2 所示。

表 5.1　月度建筑安装工程计划汇总表

施工单位	开工		竣工		施工概况				计划施工产值/万元	本月计划用工		本月全员产值/(元/人)		主要实物工程数量/m³					
	项目/个	面积/m²	项目/个	面积/m²	施工面积		建设单位/个	建设项目/个		在册人数	计划工日	月产值	日产值	土方	素混凝土	钢混凝土	砖混凝土	屋面	门窗	粉刷
					上月跨入	本月	跨入下月														
总计																				

表 5.2　月度施工项目计划表

序号	项目性质	建设单位及工程名称	建筑面积	结构层数	建安工日	施工产值/万元	配合单位		形象进度				主要实物数量/m³						
							安装	吊装	上月末	上旬	中旬	下旬	土方	素混凝土	钢混凝土	砖混凝土	屋面	门窗	粉刷

2) 旬计划的编制

旬计划是月计划的具体化。根据月计划分旬指标对照实际进度编制逐旬分日计划，使月计划进一步落实到班组。由于旬计划的时间比较短，因此，必须简化编制手续，一般可只编制施工进度计划。它的格式如表 5.3 所示。

表 5.3　班组(车间)旬施工进度计划表

单位工程	分部项目名称	工程量		时间定额	合计工日	旬前两天	本旬分日进度			旬后两天
		单位								

3. 编制施工作业计划应具备的依据

(1) 项目承包合同和上级下达的年度、季度施工计划指标。
(2) 上期工程完成的情况。
(3) 施工组织设计或施工方案、施工图纸及施工预算等技术资料。
(4) 施工定额，包括劳动定额、材料消耗定额、机械台班使用定额等。
(5) 资源条件，包括计划期内劳动力、材料、机具设备和预制构件供应情况。

4. 编制施工作业计划遵循的原则

(1) 确保年度、季度计划的完成，计划的安排必须贯彻日保旬、旬保月和月保季的精神，保证工程及时或提前交付使用。
(2) 严格遵守施工程序。新开的工程必须严格执行开工报告制度，抓紧施工准备，不具备开工条件的工程，不准任意开工。扫尾工程要抓紧扫尾，竣工的工程要及时做好交工验收。
(3) 贯彻均衡、连续、有节奏、有重点施工的方针，明确先后施工程序、主攻方向，保重点，保竣工配套。
(4) 指标必须建立在现有生产能力和技术水平的基础上，既要积极先进，又要实事求是，留有余地。

5. 编制施工作业计划的方法

(1) 在排队摸底的基础上，根据季度计划的分月指标，结合上月实际进度，制定月度施工项目计划的形象进度及有关指标。
(2) 根据项目工程的施工组织设计中施工总进度计划"分割"出当月应完成的进度区段，再把当月若干项目的"进度区段"汇总。
(3) 在此过程中，要进行"六查"，即查图纸、劳动力、材料、预制构配件、机具、施工准备和技术条件。在此基础上，对初步月度计划等方案进行反复平衡，最后确定月度施工项目进度部位的正式月计划。
(4) 根据月度施工计划，作为一个系统工程，寻找共同规律，组织同一工地的不同工程之间的大流水施工，包括资源供应的流水，主辅机械、模具的流水，工种之间的流水等。
(5) 根据月度计划的要求，按工地或按项目分配当月施工任务并编制月、旬作业计划。
(6) 根据月、旬作业计划和施工组织设计，编制分项工程作业计划，并且向班组做好交底工作。

6. 编制施工作业计划注意的问题

(1) 安排进度时，要树立确保竣工、配套和投产的思想，要遵守项目合同和已批准的施工组织设计中的工艺要求和进度要求。几个单位工程同时组织生产时要使基础、主体、装修和总体有个适当的比例关系，尽量适应现有生产能力，避免工种和设备过于集中。
(2) 进度计划中要充分考虑到建筑生产的特点：如施工现场分散流动、高空露天作业易受气候影响，专业化程度不够高和物资供应不均衡等。因此，要储备工期扩大系数。一般基础工程的工期增加10%，结构工程增加10%，装饰工程增加20%，其目的是希望计划受到影响后仍能按时完成。

(3) 适当安排调节工程或调节分部分项工程，也可以称之为平衡项目，作为储备和应变项目。

月度计划的编制，先由工程处提出月计划指标的建议数上报公司，公司根据季度计划任务对照上报的建议数，综合平衡后，向工程处下达月计划控制指标。工程处根据控制指标编制正式计划上报公司，经公司总平衡后，审批下达。

在月计划编制过程中，公司和工程处都要通过排队摸底和反复平衡，并召开各级生产会议进行论证决策。公司审批下达计划的时间最迟在计划月度前2～3天，以便为施工准备创造条件。旬作业计划实施时间较短，应简化编审手续。由施工队根据月计划指标指出分旬施工进度，经工程处同意即可。月、旬作业计划编制时间都要由企业根据具体情况确定。一般来说编制的日期过早，则预计成分过大，影响计划的正确性；编制日期过晚，则会使计划编制工作过于仓促，没有充分时间做好必要的施工前的准备工作，也会影响计划的完成。

班组施工任务单(分项工程作业计划)是建筑企业计划管理的基础，是施工队向班组下达生产任务和承包的主要形式，也是企业实行定额管理，贯彻按劳分配，各类劳务承包方式和组织核算的主要依据。通过施工任务单，可以把企业生产、技术、质量、安全和降低成本等各项技术经济指标分解为小组指标，落实到班组和个人，使企业各项指标的完成同班组和个人的日常工作和物质利益紧密地连在一起，达到在保证质量标准的前提下按劳分配。

5.3.2 计划技术

建筑施工生产活动要受客观规律和现实条件的支配和约束。要使施工活动有成效地进行，在安排施工计划时，首先要分析施工条件和寻求施工活动的规律性。做好这项工作，就能制订出好的施工计划，做出合理的施工安排，取得好的经济效果。建筑工程施工活动是由许多施工过程组成的，各个施工过程之间存在着一定的关系。施工中还要涉及诸如材料、构件、劳动力、机械供应条件和自然条件的限制和变化，如何分析这些错综复杂的关系，从中理出一个头绪，以便通观全局，明确关键，做出统筹安排，这是计划工作者应解决的方法问题。

在编制施工进度计划时，我们习惯于采用横道图和关联横道图方法及网络技术。

1. 横道图

横道图是最容易理解和运用最广泛的计划工具，又叫甘特图，它是在20世纪初由亨利·甘特开发的。它基本上是一种线条图，横轴表示时间，纵轴表示要安排的活动，线条表示在整个期间上计划的和实际的活动完成情况。甘特图直观地表明任务计划在什么时候进行，以及实际进展与计划要求的对比。即使当更复杂的像网络分析的计划技术得到广泛应用时，工程最后的程序通常仍然以横道图的形式来表现。

图5.1展示了横道图的典型形式：一系列有"开工、工期、完工"的工序条形绘制在时标上。工序的详细程度依赖计划的预期使用目的。现场经理可能满足于像"基础施工"这样的详细水平。而区段工程师将把它细化到更详细的程度，如"开挖""挡板""固定钢

筋""竖立侧边挡板""浇筑混凝土""刮平挡板""养护"和"回填"等。选择适合的时标也同样要根据用户的目的。现场经理可能使用周作为时间单位，而区段工程师可能使用日或半日作为时间单位。

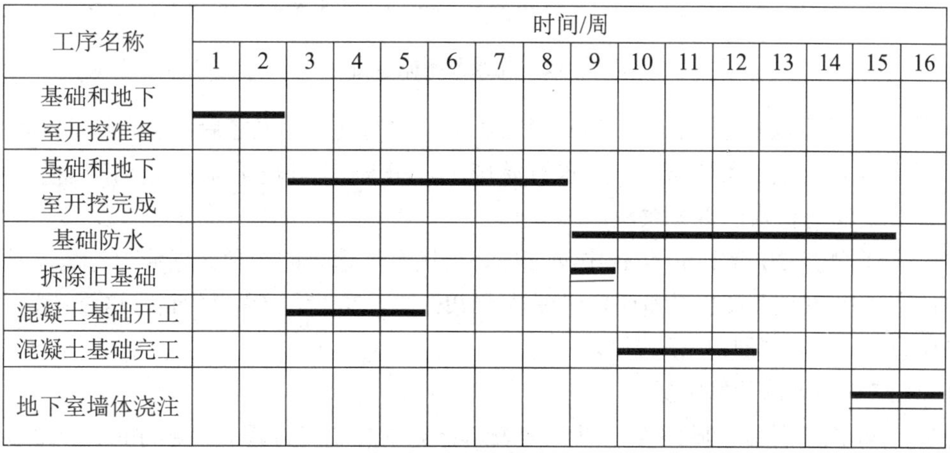

工序名称	时间/周															
	1	2	3	4	5	6	7	8	9	10	11	12	13	14	15	16
基础和地下室开挖准备	██	██														
基础和地下室开挖完成			██	██	██	██	██	██								
基础防水									██	██	██	██	██	██		
拆除旧基础									██							
混凝土基础开工				██	██											
混凝土基础完工										██	██	██				
地下室墙体浇注															██	██

图 5.1　典型横道图

横道图也可作为工程师和工长之间沟通的有效方式，并可用颜色来标明工种，如蓝色代表木工，黄色代表钢筋工等。

横道图的主要优点是简单。它是一种很清晰、很容易让人了解的文件。因此，作为沟通协调用的横道图在计划制订人员之间传递意图是最好的方式。

运用能记录进度的横道图，可以将工程进度计划和材料或其他需求的订购日期一起使用。

对于工期短、规模小的工程或大型工程中的分部工程，横道图都是最有用的工具。

横道图的缺点主要与横道图的结构和横道图内的数据的操作有关。如果横道图是手工绘制在纸上而不是采用计算机系统，那么横道图的规模受限(为30～100个活动)，不易更新修改。

因此，手工横道图的主要局限是它在处理横道图数据时的力不从心。这就意味着横道图的更新可能会很慢，并很快失去时效而不值得信任和重视。

2. 网络计划技术

网络分析又叫网络计划法，是一种新的计划表达和管理方法。它是用箭线(带箭头的线段)和节点(圆圈)组成的有向网络图形，用来表达许多相互联系、相互制约的活动(工作或工序)所需的资源与时间及顺序安排，并使之联系成为一个整体；通过计算，获得各种有用的管理数据，以达到施工过程全部参加人员的行动，在时间、空间上的协调和资源使用上的衔接。

例如，预制两片钢筋混凝土主梁，两个工作均有支模板、扎钢筋、浇混凝土三道工序，施工顺序为：支模(A)、扎筋(B)、浇混凝土(C)。将这个项目按顺序绘制成网络图，如图5.2所示。

图 5.2 主梁预制概念图

从这个例子可以看出，主梁 2 的支模应在主梁 1 的支模完成之后，才能开工，而扎筋 2 必须在扎筋 1 和支模 2 都完成后，才能开始施工。图 5.2 中利用虚箭线表示出支模 2、扎筋 1 和扎筋 2 之间的相互逻辑关系。

网络计划法是 20 世纪 50 年代中期首先在美国发展起来的一种计划管理方法，具有代表性的是"关键线路"(CPM)和计划审评技术(PERT)。20 世纪 60 年代初，这类计划方法传到我国，并在建筑业得以广泛应用。

1) 网络计划方法的基本原理

首先，绘制工程施工网络图，以此来表达计划中各施工过程先后顺序的逻辑关系；其次，通过计算，分析各施工过程在网络图中的地位，找出关键线路及关键施工过程；再次，按选定目标不断改善计划安排，选择最优方案，并付诸实施；最后，在执行过程中进行有效的控制和监督，使计划尽可能地实现预期目标。

网络图按其所用符号的意义不同，可分为双代号网络图(见图 5.3)和单代号网络图(见图 5.4)两种。

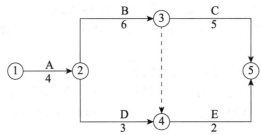

图 5.3 双代号网络图

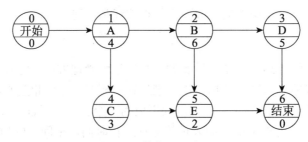

图 5.4 单代号网络图

2) 网络计划的优点。

(1) 能明确反映各施工过程之间相互联系、相互制约的逻辑关系。

(2) 能进行各种时间参数的计算，找出关键施工过程和关键线路，便于在施工中抓住主要矛盾，避免盲目施工。

(3) 可通过计算各过程存在的机动时间，更好地利用和调配人力、物力等各项资源，达到降低成本的目的。

(4) 可以利用计算机对复杂的计划进行有目的的控制和优化，实现计划管理的科学化。

3) 网络计划的缺点

(1) 绘图麻烦、不易看懂，表达不直观。

(2) 无法直接在图中进行各项资源需要量统计。

为了克服网络计划的以上不足之处，在实际工程中可以采用流水网络计划和时标网络计划，详见网络计划的应用。

3. 双代号网络图的画法

双代号网络图是应用较为普遍的一种网络计划形式。它是以箭线及其两端节点的编号表示工作的网络图，如图 5.5 所示。

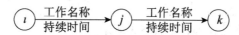

图 5.5 双代号网络图表示方法

1) 构成网络图的三要素

(1) 箭线。在网络图中，带箭头的线段，称箭线，双代号网络图中，每一条箭线应表示一项工作，因此，箭线又叫工作。箭线的箭尾节点表示该工作的开始；箭线的箭头节点表示该工作的结束。箭线可表示下列工作。

① 表示单位工程：如路线、隧道、桥梁等，绘制总网络图。

② 表示分部工程：如路线施工中的路面、路基、桥梁上、下部等，用于绘制分部网络图。

③ 表示具体工序：如墩台施工中的支模、扎筋、浇混凝土等，用于绘制局部网络图。箭线表示的具体内容取决于网络图的详略程度。

箭线代表整个工作的全过程，要消耗时间及各种资源。既消耗时间又消耗资源的工作叫实工作，用实箭线表示；只消耗时间而不消耗资源的工作也叫实工作，也用实箭线表示；既不消耗时间也不消耗资源的工作叫虚工作，虚设的工作，只表示前后工作之间的逻辑关系，用虚箭线表示。

(2) 节点。节点是前后两工作(序)的交点，表示工作的开始、结束和连接关系，是瞬间概念，不消耗时间和资源。

网络图中第一个节点，称始节点；最后一个节点称终节点；其他节点称中间节点。节点沿箭线由左到右。

(3) 线路。线路是指网络图中从原始节点到结束节点之间可连通的线路。

① 两节点间的通路称线段。

② 需工作时间最长的线路，称关键线路。

③ 位于关键线路上的工作称关键工作。

2) 双代号网络图的绘制

(1) 逻辑关系。

各工作间的逻辑关系，既包括客观上的由工艺所决定的工作上的先后顺序关系，也包括施工组织所要求的工作之间相互制约、相互依赖的关系。逻辑关系表达得是否正确，是网络图能否反映工程实际情况的关键，而且一旦逻辑关系搞错，图中各项工作参数的计算以及关键线路和工程工期都将随之发生错误。

① 工艺关系。

工艺关系是指生产工艺上客观存在的先后顺序。例如，建筑工程施工时，先做基础，后做主体；先做结构，后做装修。这些顺序是不能随意改变的。

② 组织关系。

组织关系是指在不违反工艺关系的前提下，人为安排的工作的先后顺序。例如，建筑群中各个建筑物的开工顺序的先后；施工对象的分段流水作业等。这些顺序可以根据具体情况，按安全、经济、高效的原则统筹安排。无论工艺关系还是组织关系，在网络图中均表现为工作进行的先后顺序。

ⅰ. 工序 A、B、C 是连续作业，如图 5.6 所示。

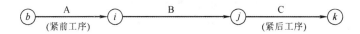

图 5.6　三个工序的网络图画法之一

ⅱ. 工序 B 和 C 可以在 A 工序完成后同时开始，如图 5.7 所示。

ⅲ. 工序 D 要等 A、B、C 工序都完成之后才能开始，如图 5.8 所示。

图 5.7　三个工序的网络图画法之二　　图 5.8　四个工序的网络图画法

ⅳ. 当工序 A 完成一部分之后即可以开始 B 工序，这时不能画成图 5.9(a)，而应将 A 工序分解成两个工序，应采用图 5.9(b) 的画法。

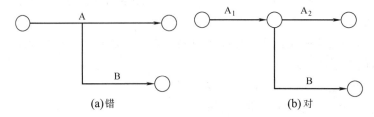

图 5.9　工序分解的应用

ⅴ. 工序 A、B 同时开始,同时完成(即有共同的紧前工序和紧后工序,此时引进虚工序,以符合画法规则,如图 5.10 所示。

ⅵ. 工序 A、B 完成之后,C 工序方可开始,而 D 工序只待 B 工序完成后就可开始,此时应引进虚工序,如图 5.11 所示。

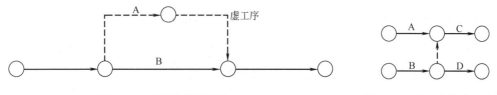

图 5.10　虚工序的应用之一　　　　图 5.11　虚工序的应用之二

利用虚工序把有逻辑关系的工序连接起来,而把没有逻辑关系的工序断隔开,这种方法叫断路法。在组织分段、平行流水作业时采用断路法,是正确处理工序之间逻辑关系的一种很重要的手段,如图 5.12 所示。

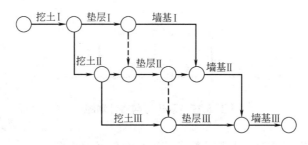

图 5.12　虚工序与断路法

(2) 网络图绘制的注意事项如下。

① 不允许出现循环线路,或封闭图,如图 5.13 所示。

② 除开始节点和结束节点之外,不允许出现内向工序和外向工序的"盲肠图节点",如图 5.14 所示。

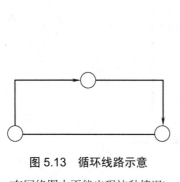
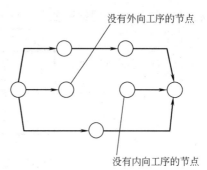

图 5.13　循环线路示意　　　　图 5.14　盲肠图节点示意

(在网络图中不能出现这种情况)　　(在网络图中不能出现这种情况)

③ 不许出现双流向箭头,如图 5.15 所示。

④ 不允许有相同的编号数码的节点,如图 5.16 所示。

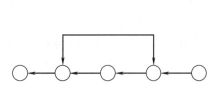

图 5.15 双流向箭头示意

(在网络图中不允许出现这种情况)

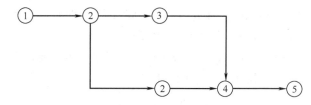

图 5.16 节点编号相同示意

(在网络图中不允许出现这种情况)

【例 5.1】 根据表 5.4 中的逻辑关系,绘制双代号网络图。

表 5.4 各施工过程逻辑关系

工作	A	B	C	D	E	F
紧前工作	—	A	A	B	B、C	D、E

解:绘制的双代号网络图如图 5.17 所示。

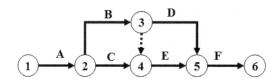

图 5.17 双代号网络计划图

【例 5.2】 根据表 5.5 中的逻辑关系,绘制双代号网络图。

表 5.5 某工程各施工过程逻辑关系

工作	A	B	C	D	E	F	G	H	I
紧前工作	—	A	A	B	B、C	C	D、E	E、F	H、G
紧后工作	B、C	D、E	E、F	G	G、H	H	I	I	—

解:绘制的双代号网络图如图 5.18 所示。

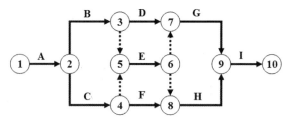

图 5.18 某工程双代号网络计划图

(3) 网络计划的时间参数计算。

① 节点最早时间。

节点最早时间计算一般从起始节点开始,顺着箭线方向依次逐项进行。

i. 起始节点。

起始节点 i 如未规定最早时间 ET_i 时,其值应等于零,即

$$ET_i = 0 \quad (i = 1) \tag{5-1}$$

式中：ET_i——节点 i 的最早时间；

ⅱ. 其他节点。

节点 j 的最早时间 ET_j 为

$$ET_j = ET_i + D_{i-j} \quad (\text{当节点} j \text{只有一条内向箭线时})$$
$$ET_j = \max\{ET_i + D_{i-j}\} \quad (\text{当节点} j \text{有多条内向箭线时}) \tag{5-2}$$

式中：ET_j——节点 j 的最早时间；
$\quad\quad D_{i-j}$——工作 i–j 的持续时间。

ⅲ. 计算工期 T_c。

$$T_c = ET_n \tag{5-3}$$

式中：ET_n——终点节点 n 的最早时间。

计算工期得到后，可以确定计划工期 T_p，计划工期应满足以下条件：

$$T_p \leqslant T_r \quad (\text{当已规定了要求工期})$$
$$T_p = T_c \quad (\text{当未规定要求工期}) \tag{5-4}$$

式中：T_p——网络计划的计划工期；
$\quad\quad T_r$——网络计划的要求工期。

② 节点最迟时间。

节点最迟时间从网络计划的终点开始，逆着箭线的方向依次逐项计算。当部分工作分期完成时，有关节点的最迟时间必须从分期完成节点开始逆向逐项计算。

ⅰ. 终点节点。

终点节点 n 的最迟时间 LT_n，应按网络计划的计划工期 T_p 确定，即：

$$LT_n = T_p \tag{5-5}$$

分期完成节点的最迟时间应等于该节点规定的分期完成的时间。

ⅱ. 其他节点。

其他节点 i 的最迟时间 LT_i 为：

$$LT_i = \min\{LT_j - D_{i-j}\} \tag{5-6}$$

式中：LT_j——工作 i–j 的箭头节点的最迟时间。

③ 工作 i–j 的时间参数。

ⅰ. 最早时间。

工作 i–j 最早开始时间 ES_{i-j}：

$$ES_{i-j} = ET_i \tag{5-7}$$

工作 i–j 最早完成时间 EF_{i-j}：

$$EF_{i-j} = ET_i + D_{i-j} \tag{5-8}$$

ⅱ. 最迟时间。

工作 i–j 的最迟完成时间 LF_{i-j}：

$$LF_{i\text{-}j} = LT_j \tag{5-9}$$

工作 i–j 的最迟开始时间 $LS_{i\text{-}j}$：

$$LS_{i\text{-}j} = LT_j - D_{i\text{-}j} \tag{5-10}$$

④ 时差。

i. 总时差。

工作 i–j 的总时差 $TF_{i\text{-}j}$：

$$TF_{i\text{-}j} = LT_j - ET_i - D_{i\text{-}j} \tag{5-11}$$

ii. 自由时差。

工作 i–j 的自由时差 $FF_{i\text{-}j}$：

$$FF_{i\text{-}j} = ET_j - ET_i - D_{i\text{-}j} \tag{5-12}$$

计算网络图的时间参数可以采用：图上作业计算法、表上作业计算法、分析计算法、矩阵计算法、电算法等。本书只介绍图上作业计算法。

【例 5.3】 如图 5.19 所示，试计算时间参数。

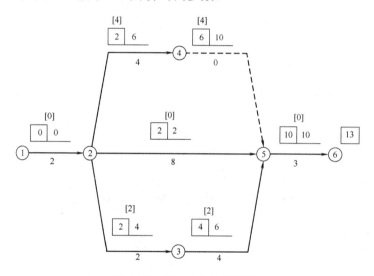

图 5.19　图上作业计算示例

图上作业计算法是根据网络图的逻辑推理，在图上直接进行比较计算的方法，它既明确直观，而且计算简便。如图 5.19 所示，工程包括六道工序和一道虚工序。工序箭杆下面的数字表示该工序的工序时间。

计算时间参数常采用如下符号。

D_{ij}——i，j 工序的工作时间。

D_{hi}、D_{jk}——i，j 工序的紧前和紧后工序的工作时间。

L_{cp}——关键线路的作业时间。

ES_{ij}——i，j 工序最早可能开始时间。

EF_{ij}——i，j 工序最早可能完成时间。

LF_{ij}——i，j 工序最迟必须开始时间。

LF_{ij}——i，j 工序最迟必须完成时间。
TF_{ij}——i，j 工序的机动时间(总时差)。

计算各工序最早可能开工时间，从开始节点沿箭杆方向顺序进行计算。

与开始节点相联系的工序

$$ES_{12} = 0$$
$$EF_{ij} = ES_{ij} + D_{ij} \tag{5-13}$$

i→ii 工序完成之后即可开始 ii→iii；ii→iv；ii→v 工序。这些工序前面只有一条线路，则其最早开始时间就是紧前工序的最早完成时间

$$ES_{ij}=EF_{hi}=ES_{hj}+D_{hj} \tag{5-14}$$

所以，$ES_{23}=ES_{24}=ES_{25}=0+2=2$(天)

iii→v 工序前面也只有一条线路 i→ii→iii，则它的最早开始时间是紧前工序的最早开始时间与其工作时间之和，如式(5-14)所示。

$ES_{35}=2+2=4$(天)

工序 iv→v 的最早开始时间为：

$ES_{45}=2+4=6$(天)

对工序 v→vi 来说，它前面有多条路，即 i→ii→iii→v；i→ii→iv→v；i→ii→v，而各条线路完成的时间不相等，分别为 8 天、6 天、10 天。要待前三条线路全部完成之后 v→vi 工序才能开始，因而

$$ES_{ij}=\max(ES_{hi}+D_{hi}) \tag{5-15}$$

$ES_{56}=10$(天)

v→vi 工序完成，则整个工程完成

$EF_{56}=10+3=13$(天)

决定了总工期

$L_{cp}=13$(天)

对所求时间参数填写在□内。

计算各工序最迟开始时间，最迟时间的概念是要保证计划工期，因而它是受结束节点时间的限制，以结束节点箭杆方向顺序进行计算。

$$LF_{56}=L_{cp}=13(天)$$
$$LS_{ij}=LF_{ij}-D_{ij} \tag{5-16}$$

在 v→vi 工序开始之前工序 ii→v，iii→v，iv→v 必须完成。当其后面只是一条线路时，则该工序的最迟完成时间就是紧后工序的最迟开始时间。

$$LF_{ij} = LS_{jk} = LS_{ij} + D_{ij}$$
$$LS_{ij} = LS_{jk} - D_{ij} \tag{5-17}$$

所以 $LF_{25}=LF_{35}=LF_{45}=13-3=10$(天)

则最迟开始时间由式(5-17)分别算出：

$LS_{25}=10-8=2$(天)

$LS_{35}=10-4=6$(天)

$LS_{45}=10-0=10(天)$

ii→iii 工序后面只有一条线路,则最迟开始时间,由式(5-17)得

$LS_{23}=6-2=4(天)$

则工序 i→ii 来说,它后面有多少条线路,即 ii→iii→v→vi, ii→iv→v→vi, ii→v→vi 三条线路。则必须满足最迟开始时间为最小值的要求。

$$LS_{ij}=\min[LS_{jk}-D_{ij}] \tag{5-18}$$

则 $LS_{12}=0$

将所求得的时间参数填写在□框外横线上。

找出关键线路并确定总工期。

时间最长的线路即是关键线路。关键线路的长度即决定了总工期:$L_{cp}=13$ 天。

计算各工序的机动时间。

一项工序在计划时间内可能进行工作的时间范围,是在最早可能开始时间与最迟必须完成时间之间,在这段时间除去本工序所占用的工作时间之外,即是本工序可以机动利用的时间。

$$\begin{aligned}TF_{ij} &= LF_{ij} - ES_{ij} - D_{ij} \\ &= LS_{ij} - ES_{ij}\end{aligned} \tag{5-19}$$

所以工序的机动时间,即是本工序最迟开始时间与最早开始时间之差。将各工序的机动时间填写在括号[ ]内。

工序机动时间即是本工序可能推迟开始或延长工作时间的限度,在此限度内将不会影响工程的总工期。工序机动时间虽是表现在各项工序上,但它并不属于各工序自身独有而是同时隶属于整个线路。当 ii→iii 工序利用了 2 天机动时间,则 iii→vi 工序的机动时间就不复存在,所以 2 天的机动时间为整个线路所共有。

工序机动时间的分类及其性质对网络计算的调整和优化起着重要的作用,这里不再赘述。

根据网络计划模型在技术经济分析的基础上选择最优的计划方案,也就是通过计算和调整不断改善网络计划的原始方案。在满足既定要求的条件下,按某种衡量指标(资源、成本和工期)寻求最优方案。

3) 单代号网络图

(1) 单代号网络图的定义。

① 单代号网络图是以节点及其编号表示工作,以箭线表示工作之间逻辑关系的网络图。在单代号网络图中加注工作的持续时间,以便形成单代号网络计划。单代号网络图的绘制原则和方法基本与双代号网络图一致。

② 单代号网络图的特点。

单代号网络图与双代号网络图相比,具有以下特点。

- 工作之间的逻辑关系容易表达,且不用虚箭线,故绘图较简单。
- 网络图便于检查和修改。
- 由于工作的持续时间表示在节点之中,没有长度,故不够形象直观。
- 表示工作之间逻辑关系的箭线可能产生较多的纵横交叉现象。

【例 5.4】 某工程分为三个施工段,施工过程及其延续时间为:砌围护墙及隔墙 12

天,内外抹灰 15 天,安铝合金门窗 9 天,喷刷涂料 12 天。拟组织瓦工、抹灰工、木工和油工四个专业队组进行施工。试分别用双代号网络图和单代号网络图绘制。

解：如图 5.20 和图 5.21 所示。

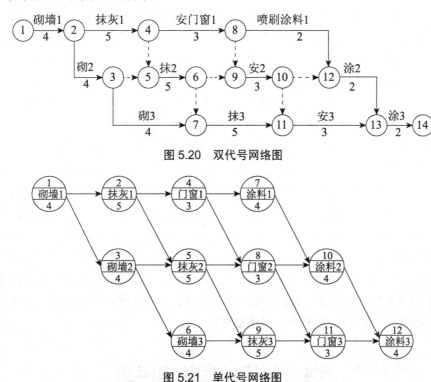

图 5.20　双代号网络图

图 5.21　单代号网络图

(2) 双代号网络图与单代号网络图要素含义比较。

① 双代号网络图要素含义如下。
- 两个节点一个箭杆代表一个施工过程。
- 箭杆反映消耗一定的资源。
- 箭杆反映施工过程之间的逻辑关系。
- 有时会出现虚箭杆。
- 箭杆的长短不反映时间的长短。
- 节点不需要消耗时间和资源。

② 单代号网络图要素含义如下。
- 一个节点代表一个施工过程。
- 箭杆不反映消耗一定的资源。
- 箭杆反映施工过程之间的逻辑关系。
- 不会出现虚箭杆。
- 箭杆不表达时间。
- 节点内消耗资源。

4) 网络计划技术在施工计划中的应用

现代建筑工程施工,规模较大,技术要求高,各工序关系复杂。

一项建筑工程的建设,从规划、设计准备到施工安装、调试、验收和交付使用,任务繁多,往往有几百甚至上千道工序,需要许多工种和专业施工单位相互配合,共同完成。这就使工序搭接,工种配合相当复杂。特别是建筑产品大而固定,加上露天作业,大量人力、材料和设备都必须围绕在一个固定的大产品上同时进行流水交叉作业;此外,决定施工进度的客观因素有很多,外加工单位的协作配合,设备、原材料的供应等更是千头万绪,如果事先计划安排不当,就可能出现前后工序脱节或几个工序同时挤在一个工作面上无法进行作业,影响施工进度、浪费人力和物资,不能很好地完成任务。

横道图仅有进行和结束时间,仅能表达各施工项目的时间分配,而不能反映出各施工项目之间的相互依赖和相互制约的衔接关系。因此,它不能通过计算确定各施工项目之间制约的量的关系,妨碍着现代科学计算手段——电子计算机的利用。而网络图计划具有严格的画法和计算规则,它运用现代数学图解理论的方法来表示工序之间相互依赖和相互制约的关系。在编制网络图计划时,首先必须分析清楚工序之间的相互关系,并采用正确的表达式。把数以千计的各项工序,统一在一张具有严密逻辑关系的网络图中,它可以有一套明确可循的计算方法,通过数字计算,找出完成任务的关键线路;同时在非关键线路上找出各道工序的机动时间(时差),以便有效地调动力量,缩短工期,平衡资源,也就是通常所说的"向关键线路要时间、向非关键线路要资源"。

5.4 施工项目管理组织

施工项目管理组织是指为实施施工项目管理建立健全的组织机构,以及该机构为实现施工项目目标所进行的各项组织工作。施工项目管理组织是管理的一种重要职能,其一般概念是指各生产要素相互结合的形式、制度和组织活动。前者通常表现为组织机构,后者通常表现为组织工作。由于生产要素的相互结合是不断变化的,所以组织也是动态的。它不但要贯穿于管理活动的全过程和所有方面,随着其中各种要素的变化而变化,而且本身也是一个系统的概念。从施工项目的角度看,其组织全过程可以分为两个大的阶段:一个阶段是各种生产要素进入施工项目的过程,包括技术人员和管理人员进入施工项目,组成项目经理部,以及随后的其他生产要素进入现场;另一阶段是生产要素在施工项目内部结合、运用,完成施工项目任务的过程。

施工项目管理组织作为组织机构,它是根据项目管理目标通过科学设计而建立健全的组织实体。该机构是由有一定的领导体制、部门设置、层次划分、职责分工、规章制度、信息管理系统等构成的有机整体。一个以合理有效的组织机构为框架所形成的权力系统、责任系统、利益系统、信息系统是实施施工项目管理及实现最终目标的组织保证。

施工项目管理组织作为组织工作,它则是通过施工项目管理组织机构所赋予的权力,所具有的组织力、影响力,在施工项目管理中,合理配置生产要素,协调内外部及人员间的关系,发挥各项业务职能的能动作用,确保信息畅通,推进施工项目目标的优化实现等全部管理活动。施工项目管理组织机构及其所进行的管理活动的有机结合,才能充分发挥施工项目管理的职能。

5.4.1 施工项目管理经理部

施工项目经理部是由企业授权,在施工项目经理领导下建立的项目管理组织机构,是施工项目的管理层,其职能是对施工项目实施阶段进行综合管理。

1. 施工项目经理部的性质

1) 施工项目经理部的相对独立性

施工项目经理部的相对独立性主要是指它与企业存在着双重关系。一方面,它作为企业的下属单位,同企业存在着行政隶属关系,要绝对服从企业的全面领导;另一方面,它又是一个施工项目独立利益的代表,存在着独立的利益,同企业形成一种经济承包或其他的经济责任关系。

2) 施工项目经理部的综合性

施工项目经理部的综合性主要指以下几个方面。

(1) 明确施工项目经理部是企业所属的经济组织,其主要职责是管理施工项目的各种经济活动。

(2) 施工项目经理部的管理职能是综合的,包括计划、组织、控制、协调、指挥等多方面。

(3) 施工项目经理部的管理业务是综合的,从横向看,包括人、财、物、生产和经营活动;从纵向看,包括施工项目寿命周期的主要过程。

3) 施工项目经理部的临时性

施工项目经理部的临时性是指它仅是企业一个施工项目的责任单位,要随着项目的开工而成立,随着项目的竣工而解体。

2. 项目经理部的作用

项目经理部是项目管理的工作班子。为了充分发挥项目经理部在项目管理中的主体作用,必须对项目经理部的机构设置加以特别重视,设计好,组建好,运转好,从而发挥其应有的功能。施工项目经理部的作用如下。

(1) 施工项目经理部是企业在某一工程项目上的一次性管理组织机构,由企业委任的项目经理领导。

(2) 施工项目经理部对施工项目从开工到竣工的全过程实施管理,对作业层负有管理与服务双重职能,其工作质量的好坏将对作业层的工作质量有重大影响。

(3) 施工项目经理部是代表企业履行工程承包合同的主体,是对最终建筑产品和建设单位全面负责、全过程负责的管理实体。

(4) 施工项目经理部是一个管理组织体,要完成项目管理任务和专业管理任务;凝聚管理人员的力量，调动其积极性，促进合作；协调部门之间、管理人员之间的关系，发挥每个人的岗位作用，为共同目标进行工作；贯彻组织责任制，搞好管理；及时沟通部门之间，作业层之间，与公司之间，与环境之间的信息。

3. 项目经理部的规模设计

1) 设置施工项目经理部的依据

(1) 根据所选择的项目组织形式组建。

不同的组织形式决定了企业对项目的不同管理方式，提供的不同管理环境，以及对项目经理授予权限的大小，同时对项目经理部管理力量的配备、管理职责也有不同的要求，要充分体现责权利的统一。

(2) 根据项目的规模、复杂程度和专业特点设置。

大型施工项目的项目经理部要设置职能部、处；中型施工项目的项目经理部要设置处、科；小型施工项目的项目经理部只设置职能人员即可。在施工项目的专业性很强时，可设置相应的专业职能部门，如水电处、安装处等。项目经理部的设置应与施工项目的目标要求一致，便于管理，提高效率，体现组织现代化。

(3) 根据施工工程任务需要调整。

项目经理部是弹性的一次性的工程管理实体，不应成为一级固定组织，不设固定的作业队伍。应根据施工的进展，业务的变化，实行人员选聘进出，优化组合，及时调整，动态管理。项目经理部一般是在项目施工开始前组建，工程竣工交付使用后解体。

(4) 适应现场施工的需要设置。

项目经理部人员配置可考虑设专职或兼职，功能上应满足施工现场的计划与调度、技术与质量、成本与核算、劳务与物质、安全与文明施工的需要。不应设置经营与咨询、研究与发展、政工与人事等项目施工关系较少的非生产部门。

2) 施工项目经理部的设置规模

施工项目经理部的设置规模等级，目前国家没有具体规定，结合有关企业推行施工项目管理的实际，一般按项目的性质和规模划分。只有当施工项目的规模达到以下要求时才实行施工项目管理：1万平方米以上的公共建筑、工业建筑、住宅建设小区及其他工程项目投资在500万元以上的，均实行项目管理。有些试点单位把项目经理部分为三个等级。

(1) 一级项目经理部。

建设面积为15万平方米以上的群体工程；面积在10万平方米以上(含10万平方米)的单体工程；投资在8000万元以上(含8000万元)的各类工程项目。

(2) 二级项目经理部。

建筑面积在15万平方米以下、10万平方米以上(含10万平方米)的群体工程；面积在10万平方米以下、5万平方米(含5万平方米)以上的单体工程；投资在8000万元以下3000万元以上(含3000万元)的各类工程项目。

(3) 三级项目经理部。

建筑面积在10万平方米以下、2万平方米以上(含2万平方米)的群体工程；面积在5

万平方米以下、1 万平方米以上(含 1 万平方米)的单体工程；投资在 3000 万元以下 500 万元以上(含 500 万元)的各类工程项目。

项目建设总面积在 2 万平方米以下的群体工程，面积在 1 万平方米以下的单体工程，可实行栋号承包，以栋号长为承包人，直接与公司(或工程部)经理签订承包合同；也可委托某项目经理部兼任。

3) 项目经理部的部门设置和人员配备

施工项目是市场竞争的核心、企业管理的重心、成本管理的中心。为此，施工项目经理部的部门设置和人员配备必须根据项目任务的具体情况而定，做到部门及人员职责分工明确，组织运转灵活，精干高效，机构之内可以实行一职多岗，全部岗位职责覆盖项目管理的全过程、全方位、不留死角，但又要避免职责交叉。

一般项目经理部领导成员有项目经理、项目副经理、总工程师、总会计师、总经济师等，常设置以下几个部门。

(1) 经营核算部门：主要负责工程项目的财务经济工作，工程项目的成本计划、成本支出和工程款的收入预算、决算、合同与索赔等工作。

(2) 技术管理部门：主要负责生产调度、施工组织设计(施工方案)、进度控制、技术管理、劳动力配置计划、统计等工作。

(3) 物资设备供应部门：主要负责材料的询价、采购、计划供应、管理、运输、工具管理、机械设备的租赁配套使用等工作。

(4) 监控管理部门：主要负责工程质量、安全管理、文明施工、环境保护、消防等工作。

(5) 测试计量部门：主要负责工程计量、测量、试验等工作。

(6) 生活服务部门：主要负责施工项目的治安保卫工作、生活保障、后勤管理等工作。

项目经理部的各个部门分工协作，团结一致，发挥集体的智慧和能力。不同规模的施工项目，上述各部门的具体划分和人员配备差别较大。特大型、大型的施工项目经理部(或称一级项目经理部)可配备 30～45 人，中型工程项目经理部(或称二级项目经理部)可配备 20～30 人，小型工程项目经理部(可称三级项目经理部)可配备 15～20 人。

4) 工程案例

江南某市某住宅小区工程位于该市中心城区，共有 20 幢钢筋混凝土框架剪力墙结构小高层住宅楼，其中 9 幢为 11 层，4 幢为 16 层，7 幢为 17 层，总建筑面积为 8.19 万平方米；3 座钢筋混凝土结构地下车库，面积合计为 0.92 平方米；1 幢建筑面积为 0.12 平方米 2 层框架结构的物业管理楼。经招投标由国家某大型建筑施工企业承建该小区的土建工程、给排水工程、强弱电工程、消防工程、小区内地下管道工程、小区内道路与绿化工程、电梯的预埋工程等。为确保优质、高速、安全、文明地完成该住宅小区的建设任务，工程承建单位按照项目法实施施工管理，按三级项目部的规模组建了工程项目经理部。工程项目经理部设项目经理 1 人、项目副经理 1 人、项目总工程师 1 人的项目管理班子，下设工程技术部、质量安全部、计划财务部、材料设备部、专业工程管理部、综合办公室等"五部一室"项目管理层；并由项目经理部统一组织管理劳务作业层。该工程项目经理部组织机构如图 5.22 所示。

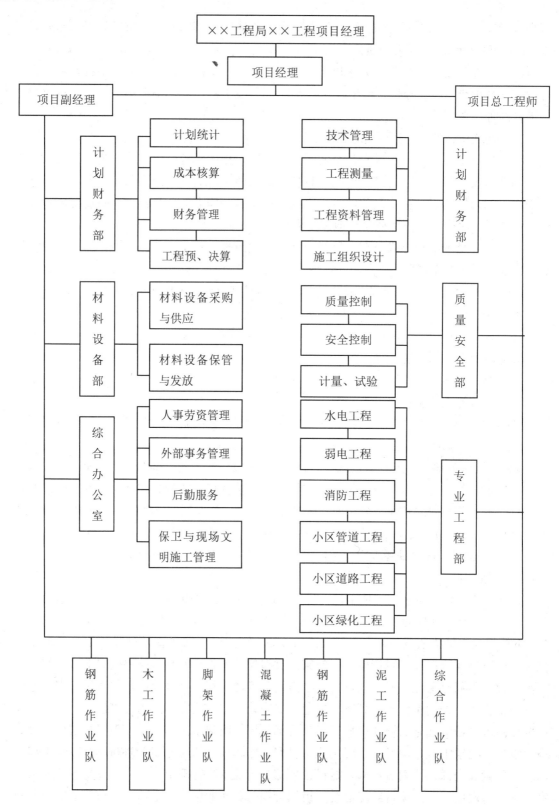

图 5.22 某工程项目经理部组织机构

5.4.2 项目经理部管理制度

施工项目管理制度是施工项目经理部为实现施工项目管理目标，完成施工任务而制定的内部责任制度和规章制度。

1. 施工项目管理制度的种类

1) 按颁发的单位分类

(1) 由企业颁发的涉及项目管理制度。如：项目管理制度、项目经理责任制、业务系统化管理制度、劳动工资管理制度等。

(2) 由项目经理部颁发的管理制度。如：施工现场管理制度、工程质量管理制度、现场安全管理制度、材料节约实施制度、技术管理制度、施工计划管理等。

2) 按管理制度约束力的不同分类

(1) 责任制度。

责任制度是以部门、单位、岗位为主体制定的，规定了每个部门或岗位应承担的责任。责任制是根据职位、岗位划分的，其重要程度不同，责任大小也各不相同；责任制强调创造性地完成各项任务，其衡量标准是多层次的，可以评定等级。如各级领导、职能人员、生产工人等的岗位责任制和生产、技术、成本、质量、安全等管理业务责任制度。

(2) 规章制度。

规章制度是以各种活动、行为为主体，明确规定人们行为和活动不得逾越的规范和准则，任何人只要涉及或参与其事，都必须遵守。所以规章制度是组织的法规，它更强调约束精神，对谁都同样适用，绝不因人的地位高低而异，执行的结果只有是与非，即遵守与违反两个简单明了的衡量标准，例如，施工、技术、质量、安全、材料、劳动力、机械设备、成本管理制度等，以及非施工专业管理制度主要有有关的合同类制度、分配类制度、核算类制度等。

3) 按管理制度的专业分类

(1) 施工专业类管理制度。

施工专业类管理制度是围绕施工项目的生产要素制定的，包括施工管理制度、技术管理制度、质量、安全、材料、劳动、机械设备、财务等管理制度。

(2) 非施工专业类管理制度。

非施工专业类管理制度，包括有关责任制度、合同制度、分配制度、核算制度等。

2. 建立施工项目管理制度的原则

建立施工项目管理制度时应遵循以下原则。

(1) 制定施工项目管理制度必须以国家、上级部门、公司制定颁布的施工项目管理有关的方针政策、法律法规、标准、规程等文件精神为依据，不得有抵触与矛盾。

(2) 制定施工项目管理制度应符合该项目施工管理需要，对施工过程中例行性活动应遵守的方法、程序、标准、要求做出明确规定，使各项工作有章可循；有关工程技术、计划、统计、核算、安全等各项制度，要健全配套，覆盖全面，形成完整体系。

(3) 施工项目管理制度要在公司颁布的管理制度基础上制定，要有针对性，任何一项条款都应该文字简洁、具体明确、可操作、可检查。

(4) 施工项目管理制度的颁布、修改、废除要有严格程序。项目经理是总决策者。凡不涉及公司的管理制度，由项目经理签字决定，报公司备案；凡涉及公司的管理制度，应由公司经理批准才有效。

3. 项目经理部管理制度

施工项目经理部的管理制度的建立应围绕计划、责任、技术、核算、质量、安全奖惩等方面。通常施工项目经理部的主要管理制度有：①施工项目管理岗位责任制度；②施工项目质量与技术管理制度；③图纸和技术档案管理制度；④计划、统计与进度报告制度；⑤施工项目成本核算制度；⑥材料、机械设备管理制度；⑦施工项目安全管理制度；⑧文明施工和场容管理制度；⑨施工项目信息管理制度；⑩例会和组织协调制度；⑪分包和劳务管理制度；⑫内外部沟通与协调管理制度；⑬项目计量管理制度；⑭项目经理部奖罚办法；⑮项目经理部解体办法。

5.4.3 项目经理部的解体

企业工程管理部门是施工项目经理部组建、解体、善后处理工作的主管部门。项目经理部是一次性具有弹性的施工现场生产组织机构。当施工项目临近尾声时，业务管理人员及项目经理要陆续撤走。因此，必须重视项目经理部的解体和善后工作。项目经理部解体及善后工作的程序和内容如下。

1. 成立善后工作小组

善后工作小组，由项目经理担任组长。留守人员中主要由主任工程师，技术、预算、财务、材料各 1 人组成。

2. 提交解体申请报告

在竣工交付验收签字之日起 15 日内，项目经理向企业工程管理部写出项目经理部解体申请报告，同时提出善后留用和遣散人员的名单及时间，经有关部门审核批准后执行。

3. 解聘人员

陆续解聘工作业务人员，原则上返回原单位。对解聘的人员要提前发给两个月的岗位效益工资，并给予有关待遇。从解聘第 3 个月起(含解聘合同当月)，其工资福利待遇在企业或新的被聘单位领取。

4. 预留保修费用

保修期限一般为竣工后进行。由项目经理与工程管理部门协商同建设单位签订保修责任书，并确定工程保修费的预留比例。一般预留保修费为工程造价的 1.5%～5%，主要根据工程质量、结构特点、使用性质等因素确定。保修费用由企业工程部门专款专用、单独核算、包干使用。

5. 剩余物资处理

项目经理部剩余材料原则上让售给企业物资部门，材料价格就质论价。如双方发生争议时可由企业经营管理部门协调裁决；对外让售必须经企业主管领导批准。由于现场管理工作需要，项目经理部自购的通信、办公等小型固定资产要如实建立台账，按质论价，移交企业。

6. 债权债务处理

项目经理部留守人员负责在解体后 3 个月处理完工程结算、价款回收、加工订货等债权债务；未能在限期内处理完，或未办理任何符合法规手续的，其差额部分计入项目经理部成本亏损。

7. 经济效益(成本)审计

项目经理部的成本盈亏审计以该项目工程实际发生成本与价款结算回收数为依据，由审计部门牵头，预算财务、工程部门参加，于项目经理部解体后一定时间(常规为 4 个月)写出审计评价报告，交经理办公会审批。

8. 业绩审计奖惩处理

对项目经理部和项目经理进行业绩审计，做出效益审计评估。如盈余，盈余部分可按企业规章制度按比例提成作为项目经理部及项目经理的管理奖；如亏损，亏损部分由项目经理部及项目经理负责，按比例从其管理人员风险抵押(责任)金和工资中扣除。亏损数额较大时，按规定给项目经理行政和经济处分，乃至追究其刑事责任。

9. 有关纠纷裁决

所有仲裁的依据原则上是双方签订的合同和有关签证。当项目经理部与企业有关职能部门发生矛盾时，由企业办公会议裁决；与劳务、专业分公司、栋号作业队发生矛盾时，按业务分工，由企业劳动部门、经营部门、工程管理部门裁决。

5.4.4 施工项目经理的工作

1. 施工项目经理应做好的基本工作

1) 规划施工项目管理方式

单位项目经理所要规划的是该项目建设的最终目标，即增加或提供一定的生产能力或使用价值，形成固定资产。这个总目标有投资控制目标、质量控制目标、时间控制目标、安全生产控制目标等。作为施工单位项目经理则应当系统做出详细规划，绘制展开图，进行目标管理。这件事做得如何，从根本上决定了项目管理的效能，这是因为：

$$管理效能=目标方向\times 工作效率$$

再者，确定了项目管理目标，就可以把群众的活动拧到一股绳上。

2) 制定规范

制定规范，就是建立合理而有效的项目管理组织机构、制定重要规章制度，采用应达到的标准,从而保证规划目标的实现。规章制度必须面向全体职工,使他们乐于接受,以有利于推进规划目标的实现。规章制度绝大多数由项目经理或执行机构制定。岗位责任制和赏罚制度应由项目经理亲自主持制定。

3) 选用人才

一个优秀的项目经理,必须下一番功夫去选择好项目经理部领导成员及主要的业务人员。一个项目经理在选人时,首先要掌握"用最少的人干最多的事"的最基本效率原则,要选得其才,用得其能,置得其所。

2. 施工项目经理的经常性工作

1) 决策

项目经理对重大决策必须按照完整的科学方法进行。项目经理不需要包揽一切决策,只有如下两种情况要项目经理做出及时明确的决断。

一是出现了非规范事件,即例外性事件,例如特别的合同变更、对某种特殊材料的购买、领导重要指示的执行等决策。

二是下级请示的重大问题,即涉及项目目标的全局性问题,项目经理要明确及时做出决断。项目经理可不直接回答下属问题,只直接回答下属建议。决策要及时、明确,不要模棱两可,更不要遇到问题绕着走。

2) 深入实际

项目经理必须经常深入实际,这样才能体察下情,了解实际,能够发现问题,便于开展领导工作。要把问题解决在发生之前,把关键工作做在最恰当的时候。

3) 学习

项目管理涉及现代生产、科学技术、经营管理,它往往集中了这三者的最新成就。故项目经理必须事先学习,实践中学习。事实上,群众的水平是在不断提高的。项目经理如果不学习提高,就不能很好地领导水平提高了的下属,也不能很好地解决出现了的新问题。项目经理必须不断更新老化了的知识,学习新知识、新思想和新方法。要跟上改革的形势,推进管理改革,使各项管理能与国际惯例接轨。

4) 实施合同

对合同中确定的各项目标的实现进行有效的协调与控制,协调各种关系,组织全体职工实现工期、质量、成本、安全、文明施工目标,提高经济效益。

5.4.5 施工项目经理责任制

施工项目经理责任制是指以施工项目经理为主体的施工项目管理目标责任制度。它是以施工项目为对象,以项目经理为主体,以项目管理目标责任书为依据,以求得项目产品的最佳经济效益为目的,实行从施工项目开工到竣工验收到交工的施工活动以及售后服务在内的一次性全过程的管理责任制度。

1. 推行施工项目经理责任制的条件

施工项目经理责任制是建筑业企业推行工程项目管理,实行两层分开后企业管理层建立的以项目经理为责任主体的施工项目全过程管理目标责任制度。项目经理责任制一般要坚持"经理负责，全员管理，标价分离，项目核算，指标考核，严格奖励"的原则，并以此明确项目经理与企业法人代表、项目层次与企业层次、项目层次与劳务层次三者及项目经理责权利之间的关系。

将施工项目经理责任制的这种组织管理形式提高到制度的高度来研究、认识和推行，是建筑业企业管理体制的一项重要改革。

(1) 施工项目经理责任制是一种现代化的组织管理制度。推行项目经理责任制是在绝大多数有条件的企业具备条件的情况下实行的一种制度，而不是指置一切具体条件于不顾而在所有企业实行"一刀切"地项目经理责任制。理由如下。

① 施工项目经理责任制是一种现代化的施工组织管理制度，但也有其他的组织管理制度可以选择和运用。事实上世界各国都不是实行单一的施工项目经理责任制，而是多种组织管理制度并存，均须视具体的施工生产条件做出相适应的合理选择。

② 施工项目经理责任制的实行需要具备一定的条件，并不是所有的企业都能够具备这样的条件，如果不具备某种条件而盲目推行，往往会造成不良的后果。例如，在企业内部管理体制未进行配套改革，不具备有较强管理能力的项目经理和项目管理人员的情况下，强行推行这种组织管理制度，其效率还不一定有传统的组织管理效率高。

(2) 实行施工项目经理责任制不仅仅是要找出一名负责任的项目经理，而是要对企业的组织形式和管理方法进行根本的改革。这就是说，虽然项目经理是决定项目成败的关键人物，但对于推行施工项目经理责任制而言，合格的项目经理只是一个首要的条件，核心的问题在于施工企业组织管理制度和观念的根本转变。现实中就有一些企业，其他的组织管理形式不变，只是选出一个项目经理就算实行"施工项目经理责任制"了。实际上，实行施工项目经理责任制的企业至少应该具备以下基本条件。

① 企业进行内部配套改革，实行管理层与作业层分开。工作重点是从过去的一般具体的施工技术业务转向对施工活动全过程的组织管理和对分包单位的监督管理上。要想达到这一目的，必须精简企业机构，增加现场管理人员和高级技术人员的比例。

② 管理的组织形式从固定的直线职能式转向灵活的以项目为中心的矩阵式等组织形式。

③ 管理方式从行政指令式转向合同管理形式。推行项目经理责任制的企业，一般都要用项目管理这种方法，根据客观经济关系的要求，运用经济手段，来实现企业资源的优化配置和企业各部门、单位之间的服务、监督机制。

④ 项目经理责任制的运用必须从企业长远的发展目标出发，要符合企业经营战略的要求。项目管理的最终目标是提高企业的经济效益。

⑤ 施工项目经理责任制的成效不仅仅取决于项目经理个人，还取决于强有力的项目管理班子。没有一个合格的项目经理，施工项目经理责任制就要失败。但是有了一位合格的项目经理，也不能确保项目经理责任制一定成功，这还取决于是否有一个强有力的项目管理班子。施工项目经理只是项目经理班子中的一员，是最重要的人物，其作用的发挥还取决于其他成员的协作配合，施工项目经理班子才是具体负责组织管理项目的。因此，推行施工项目经理责任制必须首先解决建立起良好的项目经理班子的问题。

2. 施工项目经理责任制的作用

(1) 建立和完善以施工项目管理为基点的适应市场经济的责任管理机制。

(2) 明确项目经理与企业、职工三者之间的责、权、利、效关系。

(3) 利用经济手段、法制手段对项目进行规范化、科学化管理。

(4) 强化项目经理人的责任与风险意识，对工程质量、工期、成本、安全、文明施工等方面负责，全过程负责，促使施工项目高速、优质、低耗地全面完成。

3. 施工项目经理的责、权、利

1) 施工项目经理的任务

项目经理的任务主要包括两方面：一方面是要保证施工项目按照规定的目标高速、优质、低耗地全面完成。另一方面保证各生产要素在项目经理授权范围内做到最大限度地优化配置。其具体体现在以下几项。

(1) 确定项目管理组织机构的构成并配备人员，制定规章制度，明确有关人员的职责，组织项目经理部开展工作。

(2) 确定施工项目管理总目标和阶段目标，进行目标分解，制定控制措施，确保施工项目成功。

(3) 及时、适当地做出施工项目管理决策，包括投标报价决策、人事任免决策、重大技术组织措施决策、财务工作决策、资源调配决策、工程进度决策、合同签订和变更决策，对合同执行进行严格管理。

(4) 协调本组织机构与各协作单位之间的协作配合及经济、技术关系，代表企业法人进行有关签证，并进行监督、检查，确保质量、工期、成本控制成功。

(5) 建立完善的内部及对外信息管理系统。

(6) 实施合同，处理好合同变更、洽商解决纠纷，处理索赔，处理好总包关系。搞好有关单位的协作配合，与建设单位相互监督。

2) 施工项目经理的职责

施工项目经理的职责是由其所承担的任务决定的。《建设工程项目管理规范》(GB/T 50326—2006)明确规定项目经理应履行下列职责。

(1) 代表企业实施施工项目管理。贯彻执行国家法律、法规、方针、政策和强制性标准，执行企业的管理制度，维护企业的合法权益。

(2) 履行"项目管理目标责任书"。

(3) 组织编制项目管理实施规划。

(4) 对进入现场的生产要素进行优化配置和动态管理。

(5) 建立质量管理体系和安全管理体系并组织实施。

(6) 在授权范围内负责与企业管理层、劳务作业层、各协作单位、发包人、分包人和监理工程师等的协调，解决项目中出现的问题。

(7) 按"项目管理目标责任书"处理项目经理部与国家、企业、分包单位以及职工之间的利益分配。

(8) 进行现场文明施工管理，发现和处理突发事件。

(9) 参与工程竣工验收，准备结算资料和分析总结，接受审计。

(10) 处理项目经理部的善后工作。

(11) 协助企业进行项目的检查、鉴定和评奖申报。

3) 施工项目经理的权限

赋予施工项目经理一定的权限是确保项目经理承担相应责任的先决条件。为了履行项目经理的职责，施工项目经理必须具有一定的权限，这些权限应由企业法人代表授予，并采用制度和目标责任书的形式确定下来。施工项目经理拥有的权限主要有以下几个方面。

(1) 生产指挥权。

项目经理有权按工程承包合同的规定，根据项目随时出现的人、财、物等资源变化情况进行指挥调度，对于施工组织设计和网络计划，有权在保证总目标不变的前提下进行优化和调整，以保证项目经理能对施工现场临时出现的各种变化应对自如。

(2) 人事权。

项目班子的组成人员的选择、考核、聘任和解聘，对班子成员的任职、奖惩、调配、指挥、辞退，在有关政策和规定的范围内选用和辞退劳务队伍等项目经理的权力。

(3) 财权。

项目经理必须拥有承包范围内的财务决策权。在财务制度允许的范围内，项目经理有权安排承包费用的开支，有权在工资基金范围内决定项目班子内部的计酬方式、分配方法、分配原则和方案，推行计件工资、定额工资、岗位工资和确定奖金分配。对风险应变费用、赶工措施费用等都有使用支配权。

(4) 技术决策权。

这主要是审查和批准重大技术措施和技术方案，以防止决策失误造成重大损失。必要时召集技术方案论证会或外请咨询专家，以防止决策失误。

(5) 设备、物资、材料的采购与控制权。

在公司有关规定的范围内，决定机械设备的型号、数量和进场时间，对工程材料、周转工具、大中型机具的进场有权按质量标准检验后决定是否用于本项目，还可以自行采购零星物资。但主要材料的采购权不宜授予项目经理；否则，可能影响企业效益。由材料部门供应的材料必须按时、按质、按量保证供应；否则，项目经理有权拒收或采取其他措施。

(6) 代理权。

项目经理有权以法人代表委托代理人的身份与建设单位(总包单位)洽谈业务，签署有关业务性文件，并报企业(子公司)备案，然后组织人员进行施工。

(7) 质量否决权。

项目经理在工程施工过程中有权组织工程技术人员对工程中的每一道工序进行检查、验收，发现有不按规范、规程施工时，有权停止下一道工序的施工，直至纠正错误、验收合格为止；工程竣工后，有权组织有关人员编制施工技术资料，参与工程竣工验收。

4) 施工项目经理的利益

目前，在我国国有建筑企业中，因项目经理的权限较小，管理的面较大，付出的多，得到的少，久而久之，工作积极性下降。因此，必须明确项目经理的利益，改隐性收入为显性收入。

项目经理部应进行独立核算，改变过去那种只干不算、几个项目的成本核算搅和在一起的做法。将人工费、机械费、材料节约等作为考核指标，提取一定比例利润作为奖励基金，由项目经理按规定分配。项目经理责任期的利益，应与他所承担的责任成比例。

项目经理的最终利益是项目经理行使权力和承担责任的结果，也是市场经济条件下责、权、利相互统一的具体表现。项目经理按规定标准享受岗位效益工资和奖金，年终各项指标和整个工程项目都达到承包合同指标要求的，按合同奖罚一次兑现，其年度奖励可作为风险抵押金额的 3～5 倍。对于项目经理控制的劳务作业层的施工预算(施工成本或分包成本)、现场经费管理成本的节约部分，项目终审时可根据实际成本节约的金额按比例对项目经理进行奖励(对项目经理的奖励应包括对项目经理部人员的奖励，对项目经理部人员的奖励由项目经理决定办法)，成本节约额对项目经理和项目经理部人员的奖励比例应在责任书上明确规定。

当项目经理对劳务作业层施工预算(分包成本)、现场经费(管理成本)控制不严，超出了核定的金额后，导致承包指标未按合同要求完成，可根据年度工程项目承包合同奖罚条款扣除风险抵押金，直至所有奖金全部扣除。如属个人责任，致使工程项目质量粗糙、工期拖延、成本亏损或造成重大安全事故的，除全部没收抵押金和扣发奖金外，可处以一次性罚款并下浮工资，性质严重者要按有关规定追究责任。

本 章 小 结

本章阐述了施工管理、施工项目管理、施工作业计划管理、施工组织管理的概念、内容，介绍了网络计划技术的方法。施工管理是指企业为了完成建筑产品的施工任务，从接受施工任务开始到工程交工验收为止的全过程中，围绕施工对象和施工现场而进行的生产事务的组织管理。

练 习 与 作 业

1. 什么是施工管理？它的主要内容有哪些？
2. 施工管理的主要任务是什么？
3. 施工现场准备有哪些？
4. 工程交工验收的标准有哪些？
5. 根据资料表 5.6，用双代号网络图的图上作业法求解。

表 5.6 资料表

工序名称	紧前工序	持续时间/天
A	—	3
B	A	2
C	B	1
D	B	6
E	B	2

续表

工序名称	紧前工序	持续时间/天
F	C,D	4
G	C,E	2
H	F,G	6

(1) 绘制上述各项工程所组成的工程网络图。

(2) 计算各工序最早可能开始和最迟必须开始时间。

(3) 求出各工序的总时差，找出该网络图中的关键线路和确定工程的总工期。

第 6 章　建筑企业技术管理

【本章学习目标】

- 了解技术管理的概念、任务、基本要求及其工作内容。
- 掌握建筑企业技术管理的主要工作。
- 掌握技术改进与技术开发的概念、意义、内容、程序和组织管理。
- 了解标准化管理概念、作用、内容和工法的概念、内容和管理。

6.1 技术管理概述

6.1.1 技术管理的概念及任务

建筑企业的技术管理就是对企业中的各项技术活动和技术工作的各种要素进行科学管理的总称。企业的各项技术活动，一是指保证正常生产技术秩序方面的技术活动，如图纸会审、技术交底和新技术试验等；二是指企业的技术创新活动，如技术改进与技术开发、科学研究、新技术试验等。技术工作中的各种要素是指：技术工作赖以进行的技术人才；支持技术工作完成的硬件——技术装备；支持技术工作的软件——技术情报、技术档案、技术标准及规程、技术责任制等。

要做好技术管理工作，必须要明确技术管理的任务，建筑企业技术管理的任务是正确贯彻国家的技术政策，研究、认识和利用技术规律；科学地组织各项技术工作，建立企业正常的生产技术秩序，保证生产的顺利进行；不断改进原有技术和采用新技术，推进企业的技术进步，不断提高企业的技术水平；努力提高技术的经济效益，做到技术与经济的统一。

上述技术管理的任务可分为两个方面：一是为当前生产服务；二是面向未来，做好企业的技术储备，促进企业技术的不断开发和更新。这两个方面是相互联系的，但侧重点又有所不同。

6.1.2 技术管理工作的内容

技术管理工作的内容可分为基本工作和基础工作两大部分，如图 6.1 所示。基本工作包括施工技术准备工作、施工过程中的技术工作和技术开发与更新。

6.1.3 技术管理的基本要求

1. 尊重科学技术原理，按照科学技术的规律办事

科学技术是客观规律的反映，要尊重科学技术本身的发展规律，用科学的态度和方法去进行技术管理，建筑施工工艺、操作方法、施工组织方法、安全技术等都有其自身的规律，都有其科学的技术原理。因此，只有用科学的态度和科学的方法按照客观的规律进行管理时，才能获得预期的效果。

2. 要认真贯彻国家的技术政策

国家的技术政策是根据国民经济发展的总体要求提出来的，规定了一定时期内技术标准和技术发展方向。在进行技术管理时必须正确贯彻执行，并在实际工作中，从企业实际情况出发，制订规划，逐步实现。

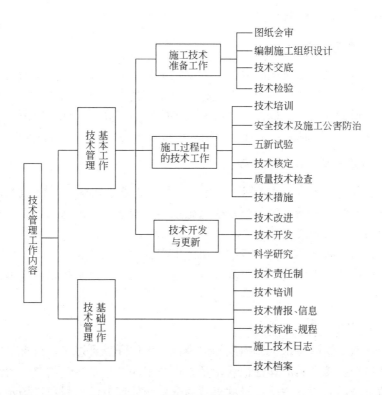

图 6.1　技术管理工作的内容

3. 讲求技术工作的经济效益

技术和经济是辩证统一的，先进的技术应带来良好的经济效果，良好的经济政策又要依靠先进的技术。因此，在技术管理中，应该把技术工作和经济效益联系起来，全面地分析、比较各种技术方案的经济效果。采用适合当时当地具体情况，能取得良好经济效益的适用技术。

6.1.4　建筑企业技术管理的基础工作

1. 建立技术责任制

技术责任制是适应现代化大生产的需要而建立起来的一种严格的科学管理制度，使企业的技术工作系统，对各级技术人员建立明确的职责范围，以达到各负其责，各司其事，把整个企业的生产活动和谐地、有节奏地组织起来。技术责任制是企业技术管理工作的核心，它对调动各级技术人员的积极性和创造性，认真贯彻国家技术政策，搞好技术管理，促进建筑技术的发展和保证工程质量都有极为重要的作用。

2. 做好职工技术培训，提高技术素质

职工的技术素质，是企业技术水平的一个重要标志。提高职工的技术素质，主要途径是通过技术培训，不断学习研究国内外先进技术，不断进行知识更新和技术创新，提高企业技术水平。因此，技术管理部门应以极大的努力培养自己的科技人员，这是企业生存和发展的基础，也是提高生产率和经济效益的有力途径。

3. 做好技术情报和信息管理工作

技术情报和信息管理是企业的财富之一，它是企业生产和研究开发的"耳目"。做好技术情报和信息管理工作，可以使企业及时获得先进技术情报和信息，了解国内外同行业的先进技术水平和管理水平，促进企业技术水平的不断提高。因此，应及时整理和分析所收集到的情报资料，并及时向有关部门和领导提供技术咨询和发展动态的信息。

4. 贯彻执行技术标准和技术规程

技术标准通常是指产品的技术标准，是对产品的质量、规格、性能、验收方法、包装、库存保管等方面的要求所做的规定，是衡量企业生产技术水平高低的尺度，是人们在生产活动中统一行动的技术准则。

技术规程是为了执行各项技术标准，保证生产有秩序地顺利进行，在生产过程中指导工人正确的操作方法、机械设备和工具的合理使用、维修，以及技术安全等方面所做的统一规定。

5. 建立施工技术日志

施工技术日志是施工技术工作的原始记录，从工程开工到竣工，对整个施工过程中的主要技术活动进行连续不断的详细记载，是工程施工的备忘录。其内容一般有：设计变更或施工图修改记录；质量、安全、机械事故的分析和处理方法；材料进场及验收情况；施工现场具体情况；紧急情况下采取的特殊措施；有关领导部门对工程所做的技术方面的建议或决定等。

6. 建立工程技术档案

为了给工程交工后的使用、维修、改建、扩建等提供依据，以及对施工过程中各种实践经验进行总结，建筑施工企业必须按建设项目及单位工程，建立工程技术档案资料。

工程技术档案可分为两大部分：一部分是工程交工验收后交由建设单位或城市建设档案馆保管的技术档案；另一部分是由建筑企业保存的施工组织与管理方面的工程技术档案。

6.2 建筑企业技术管理的主要工作

6.2.1 图纸会审

图纸会审是指开工前，由建设单位组织，有设计单位交底和施工单位参加，对全套施工图纸共同进行的检查与核对。

施工图纸是进行施工的依据，图纸学习与会审的目的是领会设计意图，熟悉图纸的内容，明确技术要求，及早发现并消除图纸中的技术错误和不当之处，保证施工顺利进行。因此，图纸会审是一项严肃、重要的工作。

1. 图纸学习与自审

施工单位在收到施工图及有关技术文件后,应立即组织有关人员学习研究施工图纸。在学习、熟悉图纸的基础上,施工单位进行自审。自审的重点有如下几个方面。

(1) 了解、研究图纸与说明有无矛盾,图纸是否齐全,规定是否明确。

(2) 主要尺寸、标高和位置有无错误,平面图和立面图之间的关系是否有矛盾或标注是否有遗漏。

(3) 土建与水、电和设备之间如何交叉衔接。

(4) 所采用的标准图编号和型号与设计图纸有无矛盾。

(5) 结构图中是否有钢筋明细表,若无钢筋明细表,关于钢筋构造方面的要求在图中是否说明清楚。

2. 图纸会审

图纸会审由建设单位或管理单位组织,邀请设计单位和施工单位共同会审。会审的主要内容有以下几个方面。

(1) 设计图纸必须是设计单位正式签署的图纸,凡是无证设计或越级设计,以及非设计单位正式签署的图纸不得施工。

(2) 设计是否符合国家的有关技术政策、经济政策和规定。

(3) 设计计算的假设条件和采用的处理方法是否符合实际情况,施工时有无足够的稳定性,对安全施工有无影响。

(4) 地质勘探资料是否安全,设计的地震烈度是否符合当地要求。

(5) 建筑、结构、水、暖、电、卫与设备安装之间有无重大矛盾。

(6) 图纸及说明是否安全、清楚、明确,有无矛盾。

(7) 图纸上的尺寸、标高、轴线、坐标及各种管线、道路、立体交叉、连接有无矛盾等。

(8) 防火要求是否满足。

(9) 实现新技术项目、特殊工程、复杂设备的技术可能性和必要性如何,是否有必要的措施。

3. 图纸会审纪要

图纸会审应由施工单位整理会议纪要。图纸会审的记录要会签。会后由组织会审的单位,将审查中提出的问题以及解决办法,根据记录,写成正式文件或会议纪要,作为施工或修改设计的依据。图纸会审纪要一般包括以下几个方面内容。

(1) 会议地点、时间和参加会议人员名单。

(2) 建设单位与施工单位对设计提出的要求,以及要求修改的内容。

(3) 施工单位为便于施工、施工安全或建筑材料问题而要求设计单位修改部分设计图纸,会议商讨结果与解决办法。

(4) 会议中尚未解决或需要进一步商讨的问题与要求。

按图施工是建设施工人员必须严格遵守的纪律,施工人员无权对设计图纸进行修改。在施工过程中,如发现图纸有差错,与实际情况不符或因施工条件、材料规格、品格和质量不能符合设计要求,以及职工提出了合理化建议等原因,需要进行施工图修改时,必须严格执行技术核定和设计变更签证制度。如设计变更的内容对建设规格投资等方面影响较大时，必须报请原批准单位同意。

所有技术核定和设计变更资料，包括设计变更通知和修改图纸等，都必须有文字记录，归入技术档案，并作为施工和竣工结算的依据。

6.2.2 技术交底

在工程正式施工以前，为了使参加施工的技术人员和工人熟悉和了解所承担工程的特点、设计意图、技术要求、施工工艺和应注意的问题，以便科学地组织施工，必须认真做好技术交底工作。

1. 技术交底的内容

(1) 图纸交底。目的是使施工人员了解施工工程的设计特点、做法要求、抗震处理和施工时应注意事项等，以便掌握设计关键，结合本企业的施工力量、技术水平、施工设备等合理组织按图施工。

(2) 施工组织设计交底。将施工组织设计的全部内容向参与施工的有关人员交代，以便掌握工程特点、施工部署、任务划分、施工方法、施工进度、各项管理措施、平面布置等，用先进的技术手段和科学的组织手段完成施工任务。

(3) 设计变更和洽商交底。将设计变更的结果向参与施工的人员做统一说明，便于统一口径，避免差错。

(4) 分项工程技术交底。分项工程技术交底主要包括施工工艺、技术安全措施、规范要求、操作规程、质量标准要求等。

对重点工程、工程重要部位、特殊工程和推广与应用新技术、新工艺、新材料和新结构的工程，在技术咨询工作时更需要作全面、明确、具体和详细的技术交底。

2. 技术交底的组织

(1) 施工单位总工程师或主任工程师向施工队或项目负责人进行施工方案实施技术交底。

(2) 施工队技术队长(或专责工程师)向单位工程负责人、质量检查员、安全员、有关职能人员、班组长进行施工方案、施工方法、质量要求及施工注意事项等内容交底。

(3) 单位工程负责人员再向参与施工的班组长和操作工人进行交底，这是技术交底的关键，其内容包括：

① 有关工程的各项要求；

② 必须注意的尺寸、轴线、标高以及预留孔洞、预埋件的位置、规格和数量等；

③ 使用材料的品种、规格、等级、质量要求以及混凝土、砂浆、防水和耐火材料的配合比；

④ 施工方法、施工顺序、工程配合、工序搭接和安全操作要求；

⑤ 各项技术指标的要求和实施措施；

⑥ 设计变更情况；

⑦ 施工机械性能及使用注意事项等。

班组长在接受各项技术交底后，应组织班组的工人进行认真的讲座，制定保证全面完成任务的班组措施。班组长对新工人还应组织应知、应会的技术学习和技术练兵。

技术交底是一项重要的技术管理。书面交底仅仅是一种形式，技术管理的大量工作是检查和督促。在施工过程中，反复检查技术交底的落实情况，加强施工监督，对中间验收要严格，从而保证施工质量。

6.2.3 材料、构件试验检验

材料、构件试验检验是指对施工所需材料及构件在施工前进行的试验和检验。它是合理使用资源和确保工程质量的重要措施。

为了做好这项工作，建筑企业要根据实际需要建立健全试验、检验机构和制度，配备相应的人员和仪器设备，在企业总工程师的技术部门的领导下开展工作。

1. 对技术检验部门和施工技术人员的要求

(1) 遵守国家有关技术标准、规范和设计要求，按照试验和检验规程进行操作，提出准确可靠的数据。

(2) 试验检验机构按规定对材料进行抽样检查，提供数据存入工程档案。

(3) 施工技术人员在施工中应经常检查各种材料、半成品、成品的质量和使用情况，对不符合质量要求的，确定解决办法。

2. 对原材料、构件、设备检验的要求

(1) 用于施工的原材料、成品、半成品和设备等，必须由供应部门提出合格的证明文件。对没有证明文件或虽有证明文件但技术部门认为必要时，在使用前必须进行抽查和复验，证明合格后才能使用。

(2) 钢材、水泥、砖和焊件等结构用材料，除应有出厂证明或检验单以外，还要根据规范和设计要求进行检验。

(3) 高低压电缆和高压绝缘材料要进行耐压试验。

(4) 混凝土、砂浆和防水材料的配合比，应进行试配，证明合格后才能使用。

(5) 钢筋混凝土构件及预应力钢筋混凝土构件，均应按规定方法进行抽样检验。

(6) 预制厂和机修厂等必须对成品和半成品进行严格检查，签发出厂合格证，不合格的不能出厂。

(7) 新材料、新产品和新构件，应有权威的技术检验部门关于其技术性能的鉴定书，制定出质量标准及操作规程后，才能在工程上使用。

(8) 对工业设备和建筑设备，安装前必须进行检查验收，做好记录。重要的设备、仪器仪表还应开箱检验。

6.2.4 安全技术及施工公害防治

1. 安全施工及安全措施

1) 安全施工

安全施工是指在工程建设活动中没有危险，不出事故，不造成人身伤亡和财产损失。安全不但包括人身安全，也包括财产安全。通过宣传教育和采取技术组织措施，保证生产顺利进行，防止事故发生，即为安全施工。

建筑安装工程工种繁多，流动性大，许多工种常年处于露天作业，高空操作，立体交叉施工，施工中不安全因素较多。保护职工在施工中的安全和健康，不仅是企业管理的首要职责，也是调动职工积极性的必要条件。"生产必须安全，安全为了生产"，没有安全施工的环境，便没有群众的高度积极性，也就没有施工的高效率。

2) 建筑生产中安全事故原因分析

发生安全事故不是偶然的，究其原因主要有以下几个方面。

(1) 人的因素：包括思想麻痹；操作技术不熟练，安全知识差；违章作业，违章指挥等。

(2) 物的因素：机械设备年久失修，超负荷运转或带病运转；现场布置杂乱无序，视线不畅，交通阻碍；现场安全标志不清等。

(3) 管理因素：忽视劳动保护，纪律松弛，管理混乱，有章不循或无章可循；缺乏必要的安全检查；缺乏必要的安全技术措施等。

3) 安全措施

安全工作要以预防为主，必须从思想上、组织上、制度上和技术上采取相应的措施。

(1) 思想重视，增强安全意识。

思想重视，首先是领导的思想要重视，纠正只管生产，不管安全；只抓效益，不抓安全；不出事故，不抓安全的错误倾向。其次，要加强对职工进行安全生产的思想教育，增强安全意识，使每个职工牢固树立"安全第一"的思想。

(2) 建立安全管理制度。

① 建立安全生产责任制。安全生产责任制是企业岗位责任制的组成部分。根据"管生产必须管安全"的原则，明确规定企业各级领导、职能部门、工程技术人员和生产工人在施工中应负的安全责任。在当前建筑承包中，必须将施工安全列入承包主要指标内，建立安全施工责任制。

② 建立安全检查制度。安全检查是揭示和消除事故隐患、交流经验和促进安全生产的有效手段。安全检查分为经常性安全检查、专业性安全检查、季节性安全检查和节假日安全检查。

③ 建立安全生产教育制度。运用各种形式，经常进行有针对性的安全教育。对新工人、学徒工、临时工及外包建筑队伍人员，要进行入场前安全教育，学习安全操作规程和安全生产规章制度；在使用新工艺、新材料和新机械设备施工前，须进行详细的技术交底和安全交底，必要时应进行技术和安全培训；塔吊和电梯司机，除进行安全教育外，必须经过培训，持安全合格证方可上岗工作。

④ 建立健全伤亡事故的调查处理制度。发生伤亡事故，要按照规定，逐级报告。对重大事故要认真调查，分析原因，确定性质，分别情况，严肃处理。处理坚持"三不放过"原则，即事故原因分析不清不放过；事故责任者和群众没有受到教育不放过；没有防范措施不放过。根据国家有关规定，做好事故的善后处理工作，吸取教训，防止事故的重复发生。

4) 加强安全技术工作

(1) 严格执行安全生产责任制度，使各级领导、各职能系统都负起责任，并制定安全施工奖罚条例。

(2) 建立健全安全专职机构，配备专职安全技术干部，施工队设置专职安全检查员，在现场进行经常性安全检查。

(3) 要切实保证职工在安全的条件下进行施工作业。现场内的安全、卫生和防火设施要齐全有效。

(4) 安全技术措施要有针对性，安全交底要认真细致。在施工组织设计、施工方案和技术交底中，应将安全技术措施列为主要内容。

5) 建立职业健康安全管理体系

职业健康安全管理体系是一个系统化、程序化和文件化的管理体系。坚持"安全第一，预防为主"的方针，切实遵守国家职业健康安全法律、法规和其他要求，强调过程控制，有针对性地改善企业的职业健康安全行为，以达到对职业安全有效的持续改进，真正做到经济发展与保护员工的安全与健康同步进行。

建立职业健康安全管理体系一般应遵循 5 个基本步骤：第一，管理体系的策划与准备；第二，管理体系文件的编制；第三，管理体系试运行；第四，内部审核；第五，管理评审。

2. 施工公害的防治管理

在建筑施工中，往往会有噪声、振动、粉尘、烟气和废渣等产生，轻则影响本单位职工的作业条件和劳动卫生，重则影响和破坏地区原有的生产和生活环境，造成公害。对施工公害应制定预防措施，并在施工中进行检查和检测。施工公害的防治管理程序如图 6.2 所示。

技术核定必须遵循以下权限和程序，不得擅自修改设计。

(1) 属于一般的技术核定，如钢筋代用(除预应力和特殊要求钢筋外)，由技术人员核算，经技术负责人核定。

(2) 凡涉及工程量变更，影响原设计标准、功能等，应由原施工单位的主任工程师和总工程师审核，并经设计单位和建设单位签署认可后，方能生效。

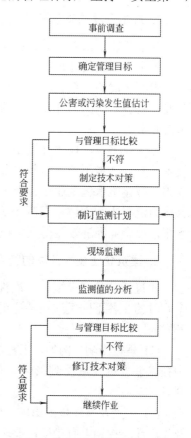

图 6.2 施工公害的防治管理程序

(3) 由设计单位提出的变更，须有施工单位是否接受的书面意见。

6.3 技术改进与技术开发

6.3.1 技术改进

技术改进亦称技术革新，是对现有技术的改进和局部更新，是企业技术发展中的渐变性的进步。技术改进是改变我国技术落后状态，适应现代化建设需要的有效途径。

技术改进的主要内容包括：施工工艺和操作方法的改进；施工机械设备和工具的改进；

原料、材料、燃料利用方法的改进；试验、检验技术的改进以及管理技术的改进等。

在开展技术改进活动时，应注意加强组织领导工作；结合生产需要合理规划；充分发动群众，积极吸收群众的合理化建议，组织好以专业人员为主，有群众参加的公关小组；及时做好技术改进的成果鉴定、评价、奖励和推广工作。

6.3.2 技术开发

1. 技术开发的概念和意义

技术开发是指人为进行科学技术的基础研发和在应用研究的基础上，将新的科研成果应用于生产实践的开拓过程。对企业来说，技术开发指的是对企业中第一次应用或出现的新技术所开展的一系列活动，包括创造、学习、掌握和有效地应用等过程。建筑企业技术开发主要有新产品的开发、新设备与工具的开发，新的施工工艺的开发，以及新的管理技术的开发等。

对企业来说，技术开发是具有战略意义的。技术开发是企业发展的生命线，只有通过技术开发，才能不断发展新产品，获得新技术，从根本上提高产品质量，增强竞争能力。我国大型建筑承包企业在岩土工程、工程结构抗震、综合爆破、大型结构与设备整体吊装、预应力混凝土和大体积混凝土等技术领域取得了重大技术开发成果，基本达到或接近国际水平，使企业经济效益得到了很大的提高。

2. 建筑企业技术开发的特点

建筑活动具有大型、一次性、现场施工、协作性强和周期长等特点，特别是一般由一个临时的、各不同组织在特定的社会和政治背景下协作建造，这些均导致了对建筑业技术开发的影响。

(1) 规模影响。例如，工程的预制件制作尺寸要受运输条件的影响，因此大型构件预制中技术创新的实施受到影响。单件一次性技术创新也受到约束，而规模批量能激发技术开发。

(2) 生产及其环境的影响。现场施工是一个开发性系统环境，生产中的各部分相互关系及生产环境控制上有难度，要求有克服其困难的创新技术。

(3) 产品寿命的影响。大多数建筑物有一个特定的，至少 50 年的设计生命，因此建筑企业技术创新不仅要估计最初的建造背景，还必须考虑到未来很长一段时间的影响。

(4) 生产组织背景的影响。建筑企业的技术开发大都存在于一个暂时的联合体中，项目完成后，通常这个联合体就解体了，要求对此特点相适应的技术开发机制。

(5) 社会、政治背景的影响。因为建筑物直接影响人类的安全和健康，所有物业的生命周期(设计、建造、运营和报废)都受社会、政治和规范等法规约束，因此也要求有与之适应的技术开发。

3. 建筑企业技术开发模式

(1) 递增性开发。递增性开发就是在当前知识和经验基础上的小变化，其带来的影响在一个相当狭窄的范围内是可预见的，而且它与其他构件和系统的相互关系可以不予重视，如建筑施工中增加高空作业人员安全的"全身安全背带"。

(2) 根本性开发。根本性开发是指科学或技术的突破，通常导致行业特点和性质的改变。它以确切的形式创立一种新方法，所有以前系统上和组织上的相互关系都不存在了，如结构用钢改变了能够设计和建造的建筑物的类型和结构，开创了一个全新的建筑结构时代。

(3) 独立性开发。独立性开发是一个构件在概念上有了重大的变化，但与其他构件和系统的联系没有改变，如使用自动连线浇注混凝土。这个工序的机械化是一个概念上的重大变化，而且涉及许多新技术，但是并没有改变任何与现场混凝土浇筑有关的其他构件、方法或材料。

(4) 关联性开发。独立性开发是一个构件发生了变化，与其他构件和系统的联系也有了较大的变化，如自密实混凝土。这种混凝土使用水泥、外加剂和骨料，在一定范围内控制它们的尺寸和品质，使得混凝土的震动阶段可以省略。

(5) 系统性开发。系统性开发是通过多项独立的创新，作为一个整体表现新的结构或提高建筑物的功能，如大型火力发电站的分区模块建造方法。系统开发在建筑业中有着相当高的出现频率。

4. 技术开发的依据和途径

1) 技术开发的依据

(1) 国家的技术政策。包括科学技术成果的专利政策、技术成果有偿转让政策等。

(2) 产品生产发展的需要。是指未来对建筑产品的种类、规模、质量、功能等需要。

(3) 企业的实际情况。是指企业的人力、物力和财力及外部的协作条件等。

2) 技术开发的程序

(1) 调查研究，掌握技术动态。进行充分的调查研究，了解科技信息，做好技术预测，掌握好开发时机。

(2) 选择技术开发的具体课题。这是提高技术开发效益的关键。通过可行性研究选定开发项目，拟定研制方案。

(3) 进行研制和引进开发。按拟定的研制方案，集中人力、物力和财力。加速开发工作。并注意价值分析和质量评价。

(4) 设计性试制和生产性试验阶段。设计是技术开发的重要环节，它涉及技术、经济和政策等很多问题。做到技术先进、经济合理和生产的可能。通过小批量生产，检验新技术，以进一步完善设计，改进和稳定工艺，消除正式生产中的技术障碍。

(5) 应用阶段。这个阶段应做好成果的鉴定和推广。注意总结和评价，为今后进一步改进或进行新的开发做准备。

3) 技术开发的途径

(1) 独创型技术开发。是从应用研究、甚至是从基础研究开始，通过科学研究取得技术上的重大突破，然后应用于生产实践。

(2) 引进型技术开发。是指从企业外部(外国、外地区、外单位)引进新技术，经过消化、吸收，使之在本企业定居，以至综合与创新，并通过继续开发使之融入本企业技术体系。

(3) 综合型技术开发。是通过对现有技术的综合，进行技术开发，形成新技术。综合型技术开发可以以一种技术为主体，使另一种技术与之有机结合形成新技术，也可以综合两种以上技术形成新技术。

5. 建筑企业技术开发的组织管理

1) 确立技术开发方向和方式

我国建筑企业不能照搬外国承包商自行开发占主导地位的技术开发方式。根据我国国情，首先应根据企业自身的特点和建筑技术发展趋势确定技术开发方向，走和科研机构、大专院校联合开发的道路，但是从长远战略考虑，还应有企业自己的研究开发机构，成立研发中心，强化自己的技术优势，在技术上形成一定的垄断，走技术密集型企业的道路。

2) 加大技术开发的投入

建筑企业应制定短、中、长期的研究投入费用及占营业额的比例，逐步提高科技投入量，监督实施，并建立规范化的评价、审查和激励机制；增加研发力量，重视科研人才，增添先进的设备和设施，保证技术开发具有先进手段。

3) 加大科技推广和转化力度

欧美、日本、韩国的各大建筑公司都非常重视技术开发成果的应用，他们很多研究课题来自生产实际需要。如日本大成建设除专门研究机构外，建筑本部也设有技术部，负责生产方法的效率化和合理化，土木本部中的技术部负责工法的材料简便化，以及生产方法的效率化和合理化等。因此，研究开发部门和现场施工部门密切配合应是我国建筑企业技术发展的趋势。

4) 增大技术装备投入

增大技术装备投入才能提高劳动生产率。因此，应当让现代的、新的建筑机械和设备不断进入施工现场。因此，考虑投入规模至少应当是承包商年收益的2%～3%，并逐年增长。

5) 强化应用计算机和网络技术

建筑企业利用软件进行招投标、工程设计和概预算工作，利用网络收集施工技术等情报信息，通过电子商务降低采购成本。

6) 加强科技开发信息的管理

建立强有力的情报信息中心，有专人和专款的投入，直属最高管理层领导，为最快决策做参考。

6.4 标准化管理和工法制度

6.4.1 标准化管理

1. 标准化的概念及作用

1) 标准及标准化

标准是对需要协调统一的技术或其他事物所做的统一规定。它是以科学技术和实践经验为基础，经有关方面协商同意，按一定的程序和形式颁布的。标准按性质可分为技术标准和管理标准；按级别又可分为国际标准、国家标准、部标准和企业标准。

标准化是指以制定标准和贯彻标准为主要内容的全部活动过程。标准是标准化的核心，通过制定各种标准才能实现基准化和简单化，进而实现标准化。标准化活动是一个不断循环和螺旋上升的运动过程。

企业标准化是指把企业日常的大量性、重复性工作，通过少数化和基准化的方法加以简化，使企业的经营活动达到效率化的行动过程。它是企业管理的基础性工作之一。

2) 标准化的作用

企业要实行科学管理就离不开标准化。标准化的作用主要表现在以下几个方面。

(1) 标准化是组织现代化大生产的必要条件。由于科学技术的发展，技术要求越来越高，生产分工越来越细，协作也越来越广泛。一个工程建设往往涉及许多企业单位，协调这样一个复杂而众多的生产组合，依靠行政手段去临时安排是行不通或低效率的，而必须通过制定和执行许多标准，使各部门各生产环节有机地联系起来，保持协调一致。

(2) 标准化是科学管理的重要组成部门。企业要实现管理现代化，就要形成一套管理标准。有了标准，各项工作就有了衡量的尺度和遵循的规程，可以减少工作中的盲目性和管理中的混乱现象。简化管理程序，明确管理职能，使管理业务标准化，从而提高管理工作的效率。

(3) 标准化是组织专业化生产可靠的技术基础。钢构件、钢筋混凝土预制构件和钢木门窗的生产要实现大批量、高质量和高速度，必须组织专业化生产。只有在标准化的基础上，企业按标准组织生产，互换性和通用性强，才能在专业化基础上进行协作。

(4) 标准化是提高质量，合理利用原材料的主要措施。为了保证工程质量，制定了建筑材料和半成品的技术标准及相应的检验标准，以保证原材料的质量。同时制定了建筑安装工程施工及验收规范和建筑安装工程质量检验评定标准等，用以控制、检查及评定工程质量。

(5) 标准化是推广新技术的桥梁。新产品、新工艺、新材料、新机械和新技术，起初只在小范围内试用，一旦鉴定并纳入相应的标准，就能得到迅速的推广应用。反过来，生产水平提高，又促进再出新成果，再推广，这样标准化本身也随之向前发展。

2. 建筑企业标准体系和标准化对象

建筑企业的标准体系是从企业整体的经济效益出发，由技术、经济和组织管理等各种标准构成的一个有机整体。建筑企业的基本标准体系如表 6.1 所示。

建筑企业标准化对象，包括原材料、半成品、构配件和零件等；施工工艺、施工方法、施工技术与管理；工程招标投标、工程承包、合同条款等；概预算、工程估价；规划设计；施工组织设计；施工过程中的各种管理，以及竣工后的服务等企业管理的各个方面。

表 6.1 建筑企业的基本标准体系

标准种类	标准名称
施工技术规范	1. 工艺流程； 2. 操作规程； 3. 设备维护和检修规程； 4. 安全技术规程

续表

标准种类	标准名称
施工技术标准	1. 建筑材料及半成品技术标准及相应的检验标准； 2. 建筑安装工程施工及验收规范； 3. 建筑安装工程质量评定标准
管理标准	1. 事务管理规范； 2. 生产管理标准和规则
准标准	1. 便览和手册； 2. 设计要览、管理要览和工作要览； 3. 技术图表、数据和式样等

3. 企业标准化的推进和管理

为了推进标准化工作和加强标准化工作的管理，企业应建立相应的组织机构，宣传标准化，组织学习有关标准，并在企业各部门、甚至各环节同时推进标准化，谋求整体的综合效益。企业应做好以下标准化的管理工作。

(1) 随着技术进步，不断调整和修订标准或另选其他标准，并建立定期的重新评价制度，使技术标准与技术进步相适应。

(2) 建立分类和回收过时标准的管理制度，杜绝现行标准与过时标准相混杂的情况。

(3) 做好日常标准化管理工作，健全标准化管理制度，完善数据资料，搞好信息反馈。

6.4.2 工法制度

1. 工法的概念

工法是指以工程为对象，以工艺为核心，运用系统工程的原理，把先进技术和科学管理结合起来，经过工程实践形成的综合配套的施工方法。工法是企业标准的重要组成部分，是企业开发应用新技术工作的一项重要内容，是企业技术水平和施工能力的重要组成部分。工法必须具有先进、适用和保证工程质量与安全、提高施工效率以及降低工程成本等特点。

2. 工法的内容

企业要根据承建工程任务的特点，制订工法开发与编写的年度计划，由项目领导层组织实施。经过工程实践形成的工法，应指定专人编写。工法包括的内容如下。

(1) 前言：概述本工法的形成过程和关键技术的鉴定及获奖情况等。

(2) 特点：指本工法在使用功能或施工方法上的特点。

(3) 适用范围：说明最适宜采用本工法的工程对象或工程部位。

(4) 工艺原理：说明本工法工艺核心部分的原理。

(5) 工艺流程及操作要点。

(6) 材料：本工法使用新型材料的规格、主要技术指标、外部要求等。

(7) 机具设备：本工法所必需的主要施工机械、设备、工具、仪器等名称、型号、性能及合理数量。

(8) 劳动组织及安全：本工法所需工种构成、人员数量和技术要求，以及应注意的安全事项和采取的具体措施。

(9) 质量要求：本工法必须遵照执行的国家及有关部门、地区颁布的标准、规范的名称，并说明本工法在现行标准、规范中所规定的质量要求。

(10) 效益分析：本工法应用的工程项目名称、地点、开竣工日期、实物工程量和应用效果。一项工法的形成，一般须有3个应用实例。

3. 工法的管理

企业由分管施工生产的副经理或总工程师负责推行工法的领导工作，技术管理部门负责归口工法的日常管理工作。

工法的审定工作按工法等级分别由企业和相应的主管部门组织进行。审定时应聘请有关专家组成工法审定委员会。审定工法时，专家们应根据工法的技术水平与技术难度、经济效益与社会效益、使用价值与推广应用前景、编写内容与文字水平，综合评定工法等级。

工法的知识产权归企业所有。企业开发编写工作，实行有偿转让。工法中的关键技术，凡符合国家专利法、国家发明奖励条例和国家科学技术进步奖励条例的，可分别申请专利、发明奖和科学技术进步奖。

4. 工法的推广应用

企业要根据承建工程任务的特点，编制推广应用工法的年度计划。工法可作为技术模块在施工组织设计和标书文件中直接采用。工程完工后要及时总结工法的应用效果。

企业要注意技术跟踪，随着科学技术进步和工法在应用中的改进，及时对原编工法进行修订，以保持工法技术的先进性和适应性。

本 章 小 结

本章阐述了建筑企业概念及建筑企业技术管理的主要工作；技术改进与技术开发；标准化管理和工法制度。

练 习 与 作 业

1. 什么是技术管理？其任务和要求有哪些？
2. 试述技术管理的基础工作。
3. 什么是图纸会审？其目的和内容有哪些？
4. 简述技术交底的内容及组织。
5. 搞好安全施工主要应抓好哪些工作？
6. 什么是施工公害？其防治管理程序如何？
7. 什么是技术改进和技术开发？
8. 技术开发的依据和途径是什么？
9. 如何搞好标准化管理？
10. 什么是工法？工法一般包括哪些内容？

第7章 建筑企业一体化管理

【本章学习目标】

- 掌握 ISO 9000、ISO 14000 和 OHSMS 18000 体系标准概况。
- 熟悉 ISO 9000、ISO 14000 和 OHSMS 18000 体系认证程序。
- 明确 ISO 9000、ISO 14000 和 OHSMS 18000 体系标准的异同点。

7.1 建筑企业一体化管理概述

为适应建筑市场的激烈竞争，增强企业竞争实力，近几年建筑企业大力推行管理创新，实行标准化、文件化和程序化管理。质量管理体系标准(ISO 9000)的贯彻执行已成为企业管理的一种手段。随着环境管理体系(ISO 14000)和职业健康安全管理体系标准(OHSMS 18000)的出台，各企业也在纷纷贯彻这两个标准。三个管理体系同时在一个企业贯彻实施，使三个管理体系有机地结合在一起，在一个管理过程中体现三个管理标准的要求，这就是一体化管理，建筑企业在工业企业中是个特殊的行业，大多是露天施工，工作强度大，危险性高，产品不可移动和长期使用的特点，这就决定了无论是对产品的质量还是对施工环境及工人的健康安全都要有更高的要求。因此，一体化管理是企业自身发展的要求。同时，一体化管理又是提升企业竞争力，满足市场需要的重要手段。市场的需求是多方面的，越来越多的企业在进行经济活动和贸易中被提到了需要通过 ISO 9000、ISO 14000 和 OHSMS 18000 的要求。这 3 个标准的出台是为了增强顾客的满意度、促进环境保护、保障员工职业健康安全和经济贸易的发展，顺应了国际、国内在许多相关方面越来越多的要求，满足了当今经济体制和经济增长模式的要求，使企业跻身现代经济发展的浪潮而不被淘汰。此外，国内外对实施 ISO 9000、ISO 14000 和 OHSMS 18000 的企业在政策和待遇方面给予的鼓励和优惠，有利于企业良性和长期发展。

7.2 ISO 9000 质量管理体系标准概况

国际化标准组织(ISO)于 1987 年发布了 ISO 9000 质量管理与质量保证系列标准，2000 年对该标准进行了第二次修订(第一次是在 1994 年)，发布了 2000 版 ISO 9000 质量管理体系标准。

2000 版标准采用以"过程"为基础的质量管理体系模型，取代了 1994 版标准 20 个质量要素的结构，强调质量管理体系过程内在的统一联系，强化了建立和实施体系中的系统性思想。

2000 版标准更加突出地体现了现代科学管理的理念，该标准提出了"八项质量管理原则"和"十二项质量管理体系基础"，其内容大多涉及系统论、控制论、信息论、决策科学和统计技术等现代科学管理的理念，为深化质量管理理论，引导各类组织建立、实施有效的质量管理体系提供了科学依据。

2000 版标准更加强调了顾客满意度及监视和测量的重要性，促进了质量管理原则在各类组织中的应用，满足了使用者对标准应更加通俗易懂的要求，降低了质量管理体系文件系统的强制性，使文件的灵活性和适用性得到增强。

7.2.1 实施 ISO 9000 系列标准的意义

从国内、国际市场经济发展的趋势来看，企业认真贯彻实施 ISO 9000 系列标准，有着重要意义，具体有以下几个方面。

1. 有利于企业质量管理规范化、程序化、科学化和走上法制化的轨道

质量管理工作是一项系统工程，质量活动贯穿于建筑产品质量形成的全过程，如设计、施工、采购、工艺、试验、服务等，完成这些环节的工作必须从管理和技术两个方面给予保证，配置必要的资源，有一定的组织机构及其责任制等。ISO 9000 系列标准是按照产品质量的规律和过程，规定必须控制的质量要素及其实施的程序，要求结合企业实际做出书面规定，使操作标准化、规范化和程序化。因此，严格贯彻实施 ISO 9000 系列标准必将会推动企业的质量管理工作。

2. 有利于满足用户对质量的要求，取得用户信任，提高质量管理水平，求得质量效益

产品质量是施工生产过程中多种活动的综合反映。目前采取"就事论事"，"头疼医头，脚疼医脚"的方法，显然不是治本的办法。社会、用户对建筑产品质量有更高的期望和要求，加上产生质量问题的复杂性、多样性和综合性的原因，因此，贯彻 ISO 9000 系列标准就更加重要。ISO 9000 系列标准强调企业必须建立完整的质量体系，使之文件化，保证质量体系运行程序化和标准化，使其持续有效。在产品质量的产生、形成和终结过程中，采取积极措施加以预防和及时纠正，使产品质量始终处于受控状态，以减少和消除质量缺陷，可适时开展质量体系内部审核和管理评审，对产品质量进行动态管理。从而使企业提高了整体管理素质和水平。

3. 有利于提高建筑市场的竞争能力，发展外向型经济，扩大市场占有率

当前在国际经济合作和技术合作中，将 ISO 9000 系列标准普遍作为确认产品质量保证能力的依据，在国际市场的许多重大工程项目的招标和贸易谈判中，企业是否按 ISO 9000 系列标准建立质量体系并取得第三方认证证书，已成为参加工程项目投标和签约的前提条件。面对如此严峻的形势，企业若不认真和采取积极态度贯彻 ISO 9000 系列标准，在条件成熟时开展质量体系认证，并取得第三方认证评论书，那么，企业就会使自己在国际、国内市场的激烈竞争中处于被动地位。

因此，建筑企业为开拓国内和国际建筑市场，争取在竞争中处于不败之地，必须根据建筑企业的特点采用和贯彻 ISO 9000 系列标准。

7.2.2 ISO 9000 系列标准质量管理原则

1. 以顾客为关注焦点

组织依存于顾客，因此，应当了解顾客当前和未来的需求，确保满足顾客要求并争取超越顾客期望。

2. 领导作用

领导者确立组织统一的宗旨及方向,他们应当创造并保持使员工能充分参与并实现组织目标的内部环境。

3. 全员参与

各级人员都是组织之本,只有他们的充分参与,才能使他们的才干为组织带来收益。

4. 过程方法

为使组织有效地运行,必须识别和管理众多相互关联的过程。系统地识别和管理组织所应用的过程,特别是这些过程之间的相互作用,可称之为"过程方法"。采用过程方法的好处:由于是根据每个过程考虑其具体的要求,使得资源的投入、管理的方式和要求、测量方式和改进活动都能互相有机地结合并做出恰当的考虑与安排。

5. 管理的系统方法

将相互关联的过程作为系统加以识别、理解和管理,有助于组织提高实现目标的有效性。

6. 持续改进

这是组织为增强自身满足要求的能力而采取的一种循环活动。持续改进的对象可以是质量管理体系、过程、产品等。

7. 基于事实的决策方法

成功的结果取决于活动实施之前的精心策划和正确的决策。决策是一个在行动之前选择最佳行动方案的过程,而有效的决策应建立在数据和信息分析的基础上。

8. 与供方互利的关系

组织与供方是互相依存的,互利的关系能增强双方创造价值的能力。

7.2.3　ISO 9000 系列标准的文件结构及认证步骤

1. ISO 9000 系列标准的文件结构

ISO 9000 系列标准的文件结构如表 7.1 所示。

表 7.1　ISO 9000 系列标准的文件结构

核心标准	ISO 9000:2000	质量管理体系　基础和术语
	ISO 9001:2000	质量管理体系　要求
	ISO 9004:2000	质量管理体系　业绩改进指南
	ISO 19011(未发布)	质量和(或)环境管理体系审核指南

续表

支持性标准	ISO 10012	测量控制系统
技术报告	ISO/TR 10005	质量计划编制指南
	ISO/TR 10006	项目管理指南
	ISO/TR 10007	技术状态管理指南
	ISO/TR 10013	质量管理体系文件指南
	ISO/TR 10014	质量经济型管理指南
	ISO/TR 10015	教育和培训指南
	ISO/TR 10017	统计技术应用指南
支持性文件		质量管理原则
		选择和使用指南
		小型组织实施指南

2. 建筑企业进行 ISO 9000 认证的基本步骤

建筑企业建立质量保证体系及进行质量认证的基本过程可分为 5 个基本阶段：即准备、质量体系总体设计、编写质量体系文件、体系运行与改进和质量体系认证，如图 7.1 所示。

1) 准备

准备阶段须完成以下几项任务。

(1) 企业领导经过调研，做出决策。

(2) 培训。企业领导、中层干部、业务骨干及全员分层次进行关于 ISO 9000 标准的培训；内部审核员培训。

(3) 选定咨询机构和人员。

(4) 建立领导班子。领导小组应由企业最高管理者任组长，成员包括管理者代表及有关领导。

(5) 确定、任命管理者代表。

(6) 建立工作班子。工作班子通常称为 ISO 9000 办公室，由主要业务部门选调精兵强将组成，协助管理者代表组织质量体系的建立和实施。主要任务有如下几个方面。

① 编制认证工作计划，对各部门实施情况进行监督、检查与考核。

② 组织对本企业原有体系状况的调查，找出与标准要求的差距所在，立足于本企业的实际情况，为搞好质量体系建立打好基础。

③ 组织质量体系文件的编写、审核和修改。

④ 协调各部门接口问题。

⑤ 与认证机构进行联络，组织迎接现场审核的有关工作。

(7) 编制认证工作计划。

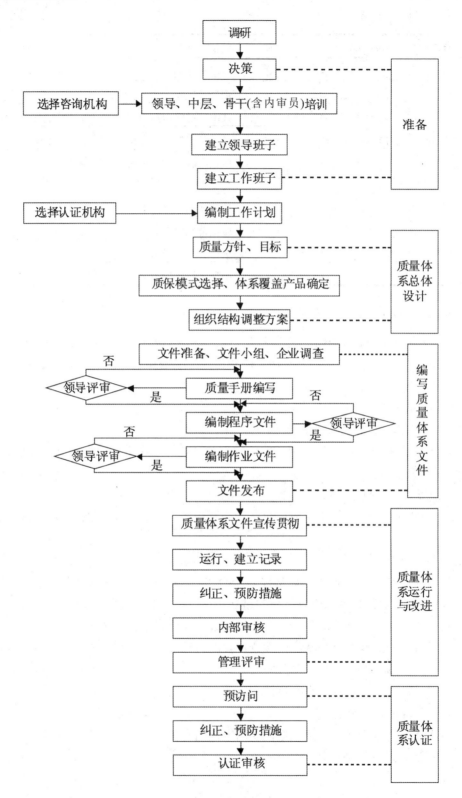

图 7.1 企业质量保证体系的建立和实施过程

2) 质量体系总体设计

在质量体系总体设计阶段需要完成以下几项任务。

(1) 质量方针和目标的拟定。
(2) 质量保证模式的选择。
(3) 质量体系覆盖产品的确定。
(4) 组织机构设置的调整。
(5) 确定各部门职能分配及相互关系。
(6) 识别资源需求,提出配置计划。

3) 编写质量体系文件

编写质量体系文件阶段需要完成的主要任务。

(1) 质量体系文件策划。
(2) 编写职员手册。
(3) 编写质量体系的程序文件,即控制质量体系要求的要素活动的文件。
(4) 编写作业文件,即支持质量体系程序的具体控制质量活动过程或作业过程的详细文件。
(5) 拟定相应的质量记录表格式。
(6) 质量体系文件的审批及发布实施。

4) 体系运行与改进

体系运行与改进阶段需要完成的主要任务有以下几个方面。

(1) 运行准备。
① 进行质量体系文件培训,务必使企业各级人员明确质量体系文件要求。
② 检查资源配置到位情况,进一步落实资源。
(2) 各部门按质量体系文件的规定实施管理,并留下规定的记录
(3) 进行内部质量审核。

认证前,一般需进行 2～3 次内部质量审核。通过内部质量审核,发现体系运行现状与所选质量保证模式标准和本企业的质量体系文件的不符合项。

(4) 开展纠正和预防措施活动。

针对质量和过程控制中的问题及内部质量审核中发现的不符合项,开展纠正和预防措施活动,将所发现的问题加以解决。

(5) 进行管理评审。

按标准要求、质量方针、目标符合性及运行的有效性对质量体系进行全面评价,找出薄弱环节加以改进。

5) 质量体系认证

在实施质量体系认证阶段应完成以下几个方面的任务。

(1) 安排预访问。
(2) 预访问后的整改。
(3) 现场审核的迎检准备。

7.3 ISO 14000 环境管理体系标准概况

ISO 14000 系列标准是国际标准化组织 ISO/TC 207 负责起草的一份国际标准。ISO 14000 是一个系列的环境管理标准，它包括了环境管理体系、环境审核、环境标志和生命周期分析等国际环境管理领域内的许多焦点问题，旨在指导各类组织(企业、公司)取得表现正确的环境行为。ISO 给 14000 系列标准共预留 100 个标准号。该系列标准共分 7 个系列，其编号为 ISO 14001～14100，如表 7.2 所示。

表 7.2 ISO 14000 系列标准的标准号分配表

编 号	名 称	标 准 号
SC_1	环境管理体系(EMC)	14004～14009
SC_2	环境审核(EA)	14010～14019
SC_3	环境标志(EL)	14020～14029
SC_4	环境行为评价(EPE)	14030～14039
SC_5	生命周期评估(LCA)	14040～14049
SC_6	术语和定义(T&D)	14050～14059
WG_1	产品标准中的环境指标	14060
	备用	14061～14100

国际化标准组织(ISO)于 1996 年发布了 ISO 14000 环境管理体系标准。在标准公布的当年，全球就有 1491 家通过了 ISO 14000 认证。截至 2001 年 6 月，全球共有 30 303 家企业通过认证。截至 2001 年 8 月，我国已有 41 家建筑企业通过了 ISO 14000 认证。通过认证的建筑企业地域分布如表 7.3 所示。

表 7.3 我国建筑企业 ISO 14000 认证地域分布

项 目	地 区								
	北京	上海	新疆	黑龙江	江苏	广东	浙江	山东	辽宁
认证企业数	23	1	2	2	2	2	1	5	3
所占比例/%	56.1	2.4	4.9	4.9	4.9	4.9	2.4	12.2	7.3

7.3.1 实施 ISO 14000 系列标准的意义

ISO 14000 系列标准对全世界各国企业改善环境行为具有统一标准功能，对消除绿色贸易壁垒具有重要作用。

1. 有利于提高企业环境管理水平和改变企业形象，提高企业知名度

ISO 14000 系列标准规定了一整套指导企业建立和完善环境管理体系，为现代化企业管理提供了科学的方式和模式。ISO 14000 的申请与认证建立在自愿基础上，它有严格的程序，取得 ISO 14000 的认证意味着企业环境管理水平达到国际标准,等于拿到了通向国际市场的通行证。在提高企业的社会形象和知名度的同时,也消除了企业与社会在环境问题上的矛盾,大大提高了企业的外界形象。

2. 有助于推行清洁生产,实现污染预防

环境管理体系高度强调污染预防,明确规定了企业环境方针中必须对污染预防做出承诺,在环境因素的识别与评价中,要全面识别企业的活动和产品中的环境因素。要考虑到 3 种状态和 3 种状态下可能产生的环境影响,要求分别对向大气、水体排放的污染物,噪声影响以及固体废物的处理等诸项进行调查分析,针对存在的问题从管理上或技术上加以解决,使之纳入体系的管理,从而实现从源头治理污染,实现清洁生产。

3. 有利于企业降低成本与能耗

ISO 14000 系列标准要求企业生产全过程,从设计到产品及服务,考虑污染物产生和排放对环境的影响,以及资源材料的节约及回收。从而有效利用原材料、回收可用废物,减少因排污造成的赔罚款及排污费,以降低生产成本和能耗。英国通过 ISO 14000 认证的企业中,有 90%的企业通过节约能耗、回收利用和强化管理,所得经济效益超过了认证成本。

4. 减少污染排放,降低环境事故风险,避免环境的民事和刑事责任

环境管理体系通过多个环节减少污染排放。许多企业通过替代、产品改进设计、工艺流程及管理减少污染排放,或通过治理而达标排放。这不仅保护环境,而且减少许多环境事故风险及环境的民事和刑事责任。环境管理体系还要求有应急准备与反应,一旦发生紧急情况,可预防和减少污染对环境的影响。

7.3.2 ISO 14000 系列标准的分类

1. ISO 14000 系列标准按性质的分类

基础标准——术语标准;
基本标准——环境管理体系、规范、原理和应用指南;
支持技术类标准(工具)——环境审核、环境标志、环境行为评价和生命周期评估。

2. ISO 14000 系列标准按功能的分类

评价组织:包括环境管理体系、环境行为评价和环境审核;
评价产品:包括生命周期评估、环境标志和产品标准中的环境指标。

7.3.3 目前已颁布的环境管理体系标准、ISO 14001 标准的地位和特点

1. 目前已颁布的环境管理体系标准

目前已颁布的环境管理体系标准如表 7.4 所示。

表 7.4 目前已颁布的环境管理体系标准

标准编号	标准名称	备 注
ISO Guide：1997	对环境管理体系认证机构的基本要求	
ISO 14001：1996	环境管理体系——规范及使用指南	ISO 14000 系列标准的主体标准
ISO 14004：1996	环境管理体系——原则、体系和支持技术通用指南	只作为内部管理工具
ISO 14010：1996	环境审核指南——通用原则	用于环境管理体系审核的标准
ISO 14011：1996	环境审核指南——审核程序——环境管理体系审核	提供环境管理体系审核的程序
ISO 14012：1996	环境审核指南——审核员资格要求	用于管理环境审核员的标准
ISO 14020：2000	环境标志和声明——通用原则	
ISO 14021：1999	环境标志和声明——自行声明的环境申诉（Ⅱ型标志）	
ISO 14024：1999	环境标志和声明——Ⅰ型环境标志和声明——原则与程序	
ISO 14031：1999	环境管理——环境绩效评估——指导纲要	
ISO 14040：1997	环境管理——生命周期评价——原则与框架	提供评估生命周期的原则和框架
ISO 14041：1998	环境管理——生命周期分析——目标和范围的界定和清单分析	
ISO 14042：2000	环境管理——生命周期分析——影响评价	
ISO 14043：2000	环境管理——生命周期分析——解释	
ISO 14050：1998	环境管理——术语和概念——术语使用原则指南	
ISO/TR 14025：2000	环境标志和声明——Ⅲ型环境声明	
ISO/TR 14032：1999	环境管理——环境绩效评估——ISO 14031 案例研究技术报告	
ISO/TR 14061：1998	帮助组织运用环境管理体系的有关 ISO 14001 和 ISO 14004 的信息	

2. ISO 14001 标准在 ISO 14000 系列标准中的地位

ISO 14001 是 ISO 14000 系列标准的龙头标准。这个标准的核心是规定了环境管理体系的要素(共 5 个部分，17 个要素)，也就是说对环境管理体系提出规范性要求，一切组织的环境管理体系必须遵照本标准的要素、规定和模式。从另一角度来看，在对组织进行环境管理体系认证时应以 ISO 14001 为尺度衡量其符合性。

ISO 14001 的 5 个部分与 ISO 14000 系列标准的其他标准均有联系。

如：规划部分——必须以生命周期评估为基本方法开展对组织的分析，还应以环境标准和环境标志为目标进行规划。因此，规划部分与 ISO 14040-60-20 等标准有关。

又如：监测及纠正措施部分也与 ISO 14000 的其他标准有关，特别是审核和行为评价均不能脱离监测手段和内部纠正措施。

再如：管理评审与环境审核密不可分，可以说 ISO 14000 的核心是 ISO 14001，由建立体系而派生出一系列相关判定、审核、方法及定义、标准。因此，ISO 14001 是处于 ISO 14000 核心位置的龙头标准。

3. ISO 14001 的主要特点

ISO 14001 环境管理体系标准主要具有以下几个特点。

(1) 强调法律法规的符合性：ISO 14001 标准要求实施这一标准的组织的最高管理者必须承诺符合有关环境法律法规和其他要求。

(2) 强调污染预防：污染预防是 ISO 14001 标准的基本指导思想，即应首先从源头上考虑如何预防和减少污染的产生，而不是末端治理。

(3) 强调持续改进：ISO 14001 没有规定绝对的行为标准，在符合法律法规的基础上，企业要自己和自己比，进行持续改进，即今天做的要比昨天做的好。

(4) 强调系统化、程序化的管理和必要的文件支持。

(5) 自愿性：ISO 14001 标准不是强制性标准，企业可根据自身需要自主选择是否实施。

(6) 可认证性：ISO 14001 标准可作为第三方审核认证的依据，因此企业通过建立和实施 ISO 14001 标准可获得第三方审核认证证书。

(7) 广泛适用性：ISO 14001 标准不仅适用于企业，同时也可适用于事业单位、商行、政府机构和民间机构等任何类型的组织。

7.3.4 建筑企业进行 ISO 14000 认证的基本步骤

建筑企业建立环境管理体系及进行环境认证的基本过程可分为 6 个基本阶段，即领导决策和准备、初始环境评审、体系文件编制、体系运行、内部审核及管理评审。

1. 领导决策和准备

准备阶段应完成以下几项任务。

(1) 企业领导通过调研，做出认证决策。

(2) 培训。企业领导、中层干部、业务骨干及全员分层次进行关于 ISO 14000 标准、环境知识、法律和法规的培训；内部审核员培训。

(3) 选定咨询机构和人员。

(4) 建立领导班子。领导小组应由企业最高管理者任组长，成员包括管理者代表及有关企业。

(5) 确定和任命管理者代表，建立工作班子。工作班子通常称为 ISO 14000 办公室，由主要业务部门选调精兵强将组成，协助管理者代表组织环境管理体系的建立和实施。主要任务如下。

① 编制认证工作计划，对各部门实施情况进行监督、检查与考核。
② 组织对本企业原有体系状况的调查，找出与标准要求的差距所在，为立足于本企业的实际情况，搞好环境管理体系的建立打好基础。
③ 组织环境管理体系文件的编写、审核和修改。
④ 协调各部门接口问题。
⑤ 与认证机构进行联络，组织迎接现场审核的有关工作。

2. 初始环境评审

初始环境评审是建立环境管理体系的基础，需要完成以下几项任务。
(1) 确定评审范围。
(2) 组成评审组。
(3) 现场评审前准备工作。收集、评估数据和信息，初始环境评审方法的选择。
(4) 制订初始环境评审计划。
(5) 编写初始环境评审报告。对初评信息进行归类，编写初评报告。

3. 体系文件编制

编写环境管理体系文件阶段需要完成的主要任务有以下几项。
(1) 环境管理体系文件策划。
(2) 编写环境管理手册。
(3) 编写环境管理体系程序文件，即控制环境管理体系要求的要素活动的文件。
(4) 编写环境管理体系的其他文件(作业指导书、其他有关规程)。
(5) 环境管理体系文件的评审和修改；环境管理体系文件的审批及发布实施。

4. 体系运行

体系运行阶段需要完成的主要任务有以下两个方面。
(1) 运行准备。
① 进行环境管理体系文件培训，使企业各级人员明确环境管理体系文件要求。
② 检查资源配置到位情况，进一步落实资源。
(2) 各部门按环境管理体系文件实施管理并留下规定的记录。

5. 内部审核

内部审核主要有以下9个方面。
(1) 制订审核计划。
(2) 组成审核组。
(3) 准备审核文件。
(4) 首次会议。
(5) 现场审核。
(6) 分析审核认识。
(7) 末次会议。
(8) 编制内审报告。
(9) 跟踪验证。

6. 管理评审

按标准要求、环境管理方针、目标符合性及运行的有效性，对环境管理体系进行全面评价，找出薄弱环节加以改进。在管理评审阶段，需要做以下工作。

(1) 制订管理评审计划，确定管理评审时间和方式。

(2) 收集管理评审信息，并加以汇总提要。

(3) 一般采用会议形式进行评审，形成总体管理评审结论。

(4) 对管理评审中发现的问题和需要改进的方面进行整改，由环境管理代表组织实施并监督验证。

7. 认证审核

环境管理体系的认证审核是环境管理体系外部审核的一种，是指独立于受审核方的认证机构依据环境管理体系认可制度的要求而实施的以认证为目的的审核。与组织的内部审核相比，认证审核更具有权威性、客观性和公正性。环境管理体系的认证审核至少要包括两个阶段，即第一阶段审核和第二阶段审核。

第一阶段审核的目的在于全面了解受审核方环境管理体系的基本情况，确认审核范围，为第二阶段审核做好充足的准备。通常包括文件审核和现场审核。

第二阶段审核是在第一阶段审核的基础上对受审核方的环境管理体系进行更为深入的审核，侧重审核体系的运行与绩效。第二阶段审核也是认证活动的核心部分，其目的在于通过审核确认受审核方环境管理体系的符合性及其运行的有效性，判断受审核方的环境管理体系能否通过认证。

两个阶段审核的层次和深度不同，各自具有其独特的功能和作用不能相互替代。

7.4 OHSMS 18000 职业安全卫生管理体系概况

1999 年英国标准协会(BSI)等 13 个国家的相关组织提出职业安全卫生管理体系。

OHSMS 18000 标准秉承 ISO 14000 标准成功的思维及管理(PDCA)模式，且由于职业健康与安全体系、环境管理体系的密切联系和共同之处，其标准条款及相应要求也具备许多共同特点。

为了有效推动我国职业安全卫生管理工作，提高企业职业安全卫生管理水平，降低安全卫生风险因素及相关费用，降低生产成本，并使企业管理模式符合国际通行的惯例，促进国际贸易及提高我国企业的综合形象，以此增强其在市场上的竞争力，我国已开始全面推广实施职业安全生产管理体系工作。

7.4.1 实施 OHSMS 18000 标准的意义

1. 提高企业安全管理水平，建立现代企业制度

建筑企业开展职业安全卫生管理体系认证工作，是提高企业安全管理水平，建立现代

企业制度的重要内容。建设部于1999年重新修订了《建筑施工安全检查标准》，规范了施工现场的安全检查工作。但是，职业安全卫生管理体系的建立和体系审核与一般安全检查不同，也不同于一般的安全评价。它标志着我国安全生产管理的基本观点和方法的变化。安全检查的基本原理是"发现事故隐患—整改事故隐患—检查整改结果"；职业安全卫生管理体系的认证与审核的基本原理是"策划—实施与运行—检查与纠正措施—管理评审"。企业出于自身利益的需要，建立职业安全卫生管理体系，按要素、按程序控制，保证体系运行，能保证企业的安全生产长期保持在正常的和可控的状态下运行，能保证企业管理与国际标准和惯例接轨。

2. 使企业的安全生产管理由被动行为变为主动行为

OHSMS 18000 标准是市场经济体制下的产物，它将职业安全卫生与组织的管理融为一体，运用市场机制，突破了职业安全卫生管理的单一管理模式，将安全管理单纯靠强制性管理的政府行为，变为组织自愿参与的市场行为。使职业安全卫生工作在组织的地位，由被动消极地服从转变为积极主动地参与。建筑企业开展职业安全卫生管理体系认证工作是提高企业竞争力的需要。在市场经济的今天，建筑企业的竞争从投标阶段就已经开始，无职业安全卫生管理体系认证证书的企业，无论在国内市场，还是在国际市场，今后肯定会在竞争中处于不利地位。

3. 促进我国建筑企业职业安全卫生管理标准与国际接轨，有利于消除贸易壁垒

职业安全卫生管理体系认证是国际贸易发展的需要。欧、美等工业化发达国家提出，由于国际贸易的发展和发展中国家在世界经济活动中越来越多地参与，各国职业安全卫生的差异使发达国家在成本和贸易竞争中处于不利地位。只有在世界范围内采取统一的职业安全卫生管理标准，才能从根本上解决此问题。因此，在国际建筑市场上，发达国家建筑企业对发展中国家建筑企业的职业安全卫生管理体系均有安全生产准入的要求，即中国的建筑企业如果未达到其职业安全卫生的基本要求，就不能与之合作。

4. 有利于提高全员安全意识

实施 OHSMS 18000 标准，建立职业安全卫生管理体系，要求对本企业的员工进行系统的安全培训，使每个职工都参与组织的职业安全卫生工作。同时，标准还要求被认证组织要对相关方施加影响，提高安全意识。因此，一个企业实施 OHSMS 18000 标准，就会以点带面影响一片，随着 OHSMS 18000 标准的推广，将使全员的安全意识得到提高。

7.4.2 职业安全卫生管理体系的特征及实施原则

1. 职业安全卫生管理体系的特征

1) 系统性

职业安全卫生管理体系标准强调了组织结构的系统性，它要企业在职业安全卫生管理中同时具有两个系统：从基层岗位到最高决策层的运作系统和监控系统，决策人依靠这两个系统确保体系有效运行。同时，它强调了程序化和文件化的管理手段，增强了体系的系统性。

2) 先进性

职业安全卫生管理体系运用系统工程原理，研究和确定所有影响要素，把管理过程和控制措施建立在科学的危险辨识和风险评价的基础上，对每个要素规定了具体要求，建立和保持一套以文件支持的程序，保证了体系的先进性。

3) 动态性

职业安全卫生管理体系的一个鲜明特征就是体系的持续改进，通过持续的承诺、跟踪和改进，动态地审视体系的适用性、充分性和有效性，确保体系日臻完善。

4) 预防性

危险辨识、风险评价与控制是职业安全卫生管理体系的精髓所在，它充分体现了"预防为主"的方针。实施有效的风险辨识评价与控制，可实现对事故的预防和生产作业的全过程控制、对特种作业和生产过程进行评价，并在此基础上进行职业安全卫生管理体系策划，形成职业安全卫生管理体系作业文件，对各种预知的风险因素做到事前控制，实现预防为主的目的，并对各种潜在的事故隐患制订应急方案，力求损失最小化。

5) 全员性和全过程控制

职业安全卫生管理标准把职业安全卫生管理当作一个系统工程，以系统分析的理论和方法，要求全员参与，对全过程进行监控和实现系统目的。

2. 实施职业安全卫生管理体系的原则

(1) 着眼于持续改进。

(2) 从本质入手，体现预防为主。

(3) 强调最高管理者的承诺和责任。

(4) 立足于全员参与。

(5) 系统化与程序化的管理和必要的文件支持。

(6) 与其他管理体系兼容并协同操作。

7.4.3 职业安全卫生管理体系的建立

建立职业安全卫生管理体系一般要经过职业安全卫生管理体系标准培训、制订计划、职业安全卫生管理现状的评价(初始评审)、职业安全卫生管理体系设计、职业安全卫生管理体系文件编写、体系运行、内审、管理评审、纠正不符合规定的情况以及外部审核等基本步骤。

1. 职业安全卫生管理体系标准培训

(1) 企业领导通过调研，做出建立职业安全卫生管理体系的决策。

(2) 培训。包括企业领导、中层干部、业务骨干及全员分层次进行关于职业安全卫生管理体系标准、职业安全卫生知识、法律、法规的培训；内部审核员培训。

(3) 选定咨询机构和人员。

(4) 建立领导班子。领导小组应由企业最高管理者任组长，成员包括管理者代表及有关企业领导。

(5) 确定、任命管理者代表，建立工作班子。

2. 制订计划

(1) 编制认证工作计划，对各部门实施情况进行监督、检查与考核。

(2) 组织对本企业原有体系状况的调查，找出与标准要求的差距所在，为立足于本企业的实际情况，搞好职业安全卫生管理体系建立打好基础。

(3) 组织职业安全卫生管理体系文件的编写、审核和修改。

(4) 协调各部门接口问题。

(5) 与认证机构进行联络，组织迎接现场审核的有关工作。

3. 职业安全卫生管理现状的评估(初始评审)

(1) 确定评审范围。

(2) 组成评审组。

(3) 现场评审前准备工作，包括收集、评估数据和信息，初始职业安全卫生管理现状的评估方法的选择。

(4) 编写初始职业安全卫生管理现状的评估报告，并将初评信息进行归类，编写初评报告。

4. 职业安全卫生管理体系设计

(1) 确定职业安全卫生方针。

(2) 进行职能分析和确定机构。

(3) 制定目标、指标和职业安全卫生管理方案。

5. 职业安全卫生管理体系文件编写

(1) 职业安全卫生管理体系文件策划。

(2) 编写职业安全卫生管理手册。指对职业安全卫生管理体系标准和规定的职业安全卫生管理方针和目标进行描述。

(3) 编写职业安全卫生管理体系程序文件。指对实施职业安全卫生管理体系要素所涉及的各个职能部门的活动进行描述。

(4) 编写职业安全卫生管理体系的作业文件。包括详细的工作文件(作业指导书、表格、报告、记录等)。

(5) 职业安全卫生管理体系文件的评审和修改。

(6) 职业安全卫生管理体系文件的审批及发布实施。

6. 体系运行

(1) 运行准备。

① 进行职业安全卫生管理体系文件培训，务必使企业各级人员明确安全卫生管理体系文件要求。

② 检查资源配置到位情况，进一步落实资源。

(2) 各部门按职业安全卫生管理体系文件的规定实施管理，并留下记录文件。

7. 内审

(1) 制订审核计划。

(2) 组成审核组。

(3) 准备审核文件。
(4) 首次会议。
(5) 现场审核。
(6) 分析审核证据。
(7) 末次会议。
(8) 编制内审报告。
(9) 跟踪验证。

8. 管理评审

按标准要求、职业安全卫生管理方针、目标符合性及运行的有效性对职业安全卫生管理体系进行全面评价，找出薄弱环节加以改进。
(1) 制订管理评审计划，确定管理评审时间和方式。
(2) 收集管理评审信息，并加以汇总提要。
(3) 一般采用会议形式进行评审，形成总体管理评审结论。
(4) 对管理评审中发现的问题和需要改进的方面进行整改，由管理代表组织实施并监督验证。

9. 外部审核(认证审核)

职业安全卫生管理体系的认证审核是职业安全卫生管理体系外部审核的一种，是指独立于受审核方的认证机构依据职业安全卫生管理体系认证制度的要求而实施的以认证为目的的审核。与组织的内部审核相比，认证审核更具有权威性、客观性和公正性。

职业安全卫生管理体系的认证审核至少要包括两个阶段，即第一阶段审核和第二阶段审核。

第一阶段审核的目的在于全面了解受审核方职业安全卫生管理体系的基本情况，确认审核范围，为第二阶段审核做好充足的准备。通常包括文件审核和现场审核。

第二阶段审核是在第一阶段审核的基础上对受审核方的职业安全卫生管理体系进行更为深入的审核，侧重审核体系的运行与绩效。第二阶段审核也是认证活动的核心部分，其目的在于通过审核确认受审核方职业安全卫生管理体系的符合性及其运行的有效性，判断受审核方的职业安全卫生管理体系能否通过认证。

7.5 一体化管理体系的建立

7.5.1 三大标准体系的异同

1. 不同点

1) 目的、对象和适用范围不完全相同

ISO 9000 标准是指导组织建立质量管理体系，通过对影响质量的过程和要素的控制，旨在增强顾客满意度；ISO 14000 标准是用于组织建立环境管理体系，规范组织的环境管理。

通过体系的运行和持续改进,达到改善环境绩效,使社会及众多相关方满意;OHSMS 18000 标准是指导组织建立职业安全卫生管理体系。通过体系的运行和持续改进,达到改善组织职业安全卫生绩效,满足员工及组织内相关方的要求。

2) 要素名称虽相同或相近,但内容差别很大

例如,三大标准体系中都有"方针"和"目标"要素,虽然目标管理都要求在"组织的相关职能和层次上"建立并形成文件,但质量目标、环境目标和职业安全卫生目标的内容却不同。

3) 满足不同相关方的要求

ISO 9000 标准的目的是满足顾客要求,落脚点是产品,强制性要求较少,只有提高产品质量,才能使顾客满意。

ISO 14000 标准的目的是满足社会等众多相关方要求,落脚点是生产过程,强制性要求较多,企业在所有生产过程中只有减少污染,充分利用自然资源,才能增强其对社会的责任感,提高企业的社会信誉度。

OHSMS 18000 标准的目的是满足员工及组织内相关方要求,落脚点是所有的生产活动,强制性要求更多,是以人为本理念的具体体现,其目的是提高员工满意度,为员工创造一个安全舒适的环境,这样有利于调动全体员工的积极性,为企业创造价值。

这三个方面的优先顺序是先解决企业生存或者说企业吃饭问题,必须有市场,有顾客企业才能生存,第二步解决企业可持续发展的问题,即员工和社会环境的问题。其关系如图 7.2 所示。

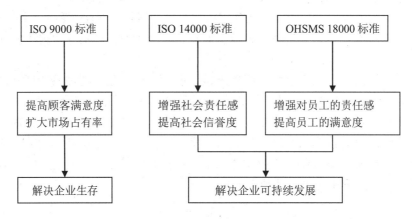

图 7.2 三大标准体系的作用

4) 管理体系要素不一一对应

各个管理体系都有其各自区别于其他体系的专用性要素,如图 7.3 所示。

2. 共同点

1) 三大标准体系的核心内容

三大标准体系的核心内容都是根据管理学原理,为组织建立了一个动态循环的管理过程框架,以持续改进的思想指导组织系统地实现其既定目标,如图 7.4 所示。

2) 三大标准体系的基本结构十分接近

三大标准在结构章节上尽管不是一一对应,但其基本结构是一致的,如图 7.5 所示。

3) 三大标准体系的管理性内容要求相同

管理性内容共同的部分如下。

(1) 组织结构和职责。

(2) 方针目标。

(3) 培训、意识和能力。

(4) 交流与沟通。

(5) 资源管理。

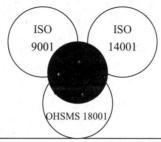

图 7.3　质量、环境、职业安全卫生管理体系要素

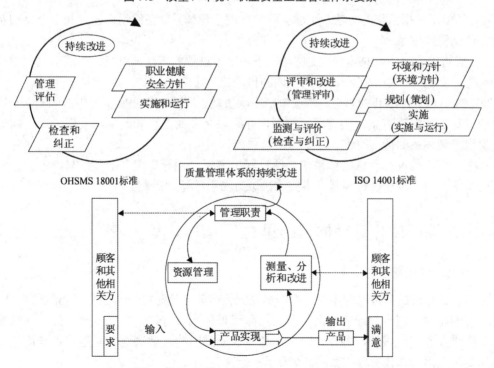

图 7.4　质量、环境和职业安全卫生管理体系管理过程

```
                          1. 范围
                          2. 引用标准(规范性引用文件)
                          3. 术语和定义

  4. 质量管理体系        4.1   环境管理体系要求      4.2   职业健康安全管理体系要素
  5. 管理职责            4.1.1 总要求                4.2.1 总要求
  6. 资源管理            4.1.2 环境方针              4.2.2 职业健康安全方针
  7. 产品实现            4.1.3 规划(策划)            4.2.3 策划
  8. 测量、分析和改进    4.1.4 实施与运行            4.2.4 实施与运行
                         4.1.5 检查和纠正措施        4.2.5 检查和纠正措施
                         4.1.6 管理评审              4.2.6 管理评审
```

图 7.5　质量、环境和安全管理体系标准结构

(6) 法律法规要求。

(7) 文件控制。

(8) 记录控制。

(9) 实施的运行。

(10) 监视和测量。

(11) 纠正措施和预防措施。

(12) 内部审核。

(13) 管理评审等。

4) 三大标准对管理体系建立的原则和实施的方法要求相同

(1) 都是自愿采用的管理型标准。

(2) 都要求采用系统的方法，通过实施完整的管理体系，在组织内建立起一个完整和有效的文件化管理体系。

(3) 都通过管理体系的建立、实施与改进，采用过程的方法，对组织的活动过程进行控制和优化，实现方针和承诺，并达到预期的目的。

(4) 都按 PDCA 循环的思想，通过识别影响质量、环境和职业安全卫生的因素，有针对性地制订计划和管理方案，实施运行控制，并采取必要的监视和测量，发现问题，实施改进，实现管理体系的持续改进。

总之，三大标准都要求在体系建立的过程中遵守"领导作用、全员参与、过程方法、管理的系统方法、持续改进和基于事实的决策方法"等管理原则。

7.5.2　全面一体化管理体系的建立

1. 全面一体化管理的由来

由于三大标准的问世时间不同，组织最初只是分别采用这些标准建立各自的管理体系。但是，它们毕竟不属于管理性标准，况且这些管理体系又有许多交叉重叠之处，这就难免造成工作重复和资源浪费，并使管理效率和效益受到影响。解决这一问题的最佳途径，就是组织实施全面一体化管理，如图 7.6 所示。

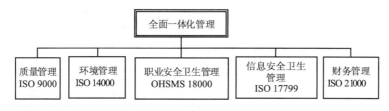

图 7.6　全面一体化管理内容

2. 全面一体化管理(TIM)

全面一体化管理是指组织在所有领域内以质量、环境和职业安全卫生为核心，以全面质量管理(TQM)理论为基础，依据国际管理性标准框架，融合其他管理要求，优化整合协调一致管理，其目的在于让顾客满意及员工、相关方受益而达到长期成功的管理途径。其中全面质量管理是一种现代的质量管理。它包括质量文化、质量方针、质量目标、质量体系、质量改进、质量策划、质量成本和质量审核 8 个组成部分。

国际管理性标准框架有 3 层含义。

(1) 要同时满足 ISO 9000、ISO 14000 和 OHSMS 18000 标准管理体系的需求和适用法律、法规及其他要求。

(2) 管理体系要容纳并结合组织的要求，核心思想是坚持持续改进，提高组织绩效。

(3) 管理体系均以体系文件为载体，从方针目标、管理手册、程序文件、作业性文件及记录 5 个层次予以表述和证实。

所有领域是指一个组织中的所有部门和产品、过程及活动所涉及的范围，包括组织所有层次和不同系统都融合在一个有机体之内，统一策划及设计，统一运作、统一形成自我完善的一体化管理体系。

3. 一体化管理体系的含义

一体化管理体系是指在一体化管理方面指挥和控制组织的建立方针及目标并实现这些目标的体系。有人将其分为：狭义的一体化管理体系和广义的一体化管理体系两种。

狭义的一体化管理体系，又称为"三标一体化管理体系"。它是组织依据三大标准建立的质量、环境和职业安全卫生的一体化管理体系，其目的是满足顾客、社会、员工及组织的相关方要求，用于第二方评价认定或第三方审核认证注册，这是对组织管理体系的最基本的要求。

广义的一体化管理体系，亦称全面一体化管理体系。它是在狭义一体化管理体系基础上的发展，其目的在于组织业绩(绩效)改进，追求卓越，满足顾客、社会、员工及组织相关方的期望。全面一体化管理体系是对组织一体化管理的较高要求。几种不同的管理体系如图 7.7 所示。

4. 建立全面一体化管理体系的意义

(1) 简化工作程序。
(2) 避免交叉重叠。
(3) 明确管理职责。
(4) 精简程序文件。

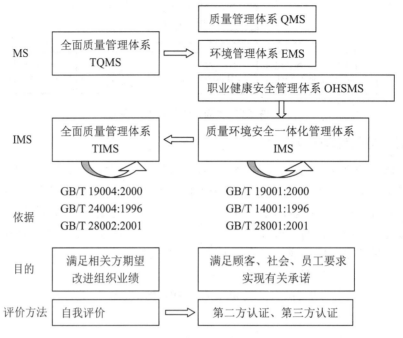

图 7.7 几种不同管理体系

(5) 理顺管理接口。
(6) 降低生产成本。
(7) 提高工作效率。

7.5.3 建立一体化管理体系需要注意的问题

1. 一体化管理体系策划和设计的若干统一点

(1) 统一三个定位——供应链及相关方、产品及相关活动、部门及其区域。
(2) 统一四种要求——顾客、社会、员工及相关方、法律法规及其他。
(3) 统一五项确定——目标、过程、准则、能力和资源。
(4) 统一三种关键——过程识别确定、环境评价判定和危害识别评价。

2. 建立一体化管理体系需要正确处理好几个关系

1) 正确处理好一体化管理体系的"自在"管理体系的关系

任何组织在客观上都存在着质量、环境、安全卫生的"自在"管理体系,而这个体系是不完整和不规范的。按照三大标准建立的一体化管理体系,不是对原有"自在"管理体系的全盘否定,而是依据三个标准加以改造,使之更加科学化、规范化和程序化。

2) 正确处理好一体化管理体系与企业标准化管理的关系

一体化管理体系文件是企业标准化管理的主要组成部分。企业的三大标准有技术标准、管理标准、工作标准及制度、规范等,是一体化管理体系文件中的作业性文件。显然,一体化管理体系文件属于企业管理标准的范畴,但它涉及的人工、机械、材料、施工方法、施工环境的内容更广，接口关系更严密。因此，建立一体化管理体系更有助于提高企业标准化工作的水平。

3) 正确处理好一体化管理体系与企业文化建设的关系

一体化管理体系的策划与设计，注重员工的质量意识、环境意识及职业安全卫生意识的提高。三大标准都强调管理职责及人员的培训教育，最大限度地发挥员工的创新热情。因此，要坚持以人为本，营造一种使组织成员在哲学理念、道德观念、思维方式及自身作风等方面都追求卓越的氛围。一体化管理体系文件为指导和约束企业整体行为以及员工的行为提供了统一的准则。

本 章 小 结

本章阐述了 ISO 9000、ISO 14000 和 OHSMS 18000 标准管理体系实施的意义、管理原则及建筑企业进行认证的基本步骤，探讨了 ISO 9000、ISO 14000 和 OHSMS 18000 标准管理三大体系的异同点以及建立一体化管理体系的意义和要求。

练习与作业

1. ISO 9000 标准管理体系实施的意义是什么？
2. ISO 9000 标准管理体系实施的原则有哪些？
3. 什么是 ISO 14000 标准管理体系？
4. ISO 14001 的主要特点有哪些？
5. OHSMS 18000 标准管理体系实施的意义是什么？
6. OHSMS 18000 标准管理体系实施的原则有哪些？
7. ISO 9000、ISO 14000 和 OHSMS 18000 标准管理三大体系有哪些不同点？
8. 什么是全面一体化管理？全面一体化管理的内容有哪些？

第 8 章 建筑企业财务管理

【本章学习目标】

- 了解财务管理的目标、对象和内容。
- 熟悉建筑企业资产类型、特点及其管理。
- 掌握建筑企业资金的筹集方式,理解资金成本与资本结构。
- 熟悉建筑企业成本预测、计划、控制及分析方法。
- 了解建筑企业销售收入和利润构成及分配。
- 熟悉资产负债表、利润分配表和现金流量表的内容和意义。
- 掌握财务报表分析和财务比率分析,了解杜邦财务分析体系和沃尔比重评分法。

8.1 财务管理概述

8.1.1 财务管理的目标

财务是指企业合理地组织财务活动,正确地处理财务关系,从价值角度对资金运行进行科学的统筹安排,控制投入与产出、耗费与盈亏,使企业资产得以高效运行。财务管理是企业管理的一个重要组成部分,其实质就是企业理财。

财务管理是有关资金的获得与有效使用的管理工作。财务管理的目标,取决于企业的总目标,并且受财务管理自身特点的制约。企业管理的目标可以概括为生存、发展和获利。为实现企业目标,就要求企业通过财务管理筹集企业发展所需要的资金,通过合理、有效地使用资金使企业获利,力求保持以收抵支和偿还到期债务的能力,减少破产的风险,使企业能够长期、稳定地生存下去。并以此来判断一项财务决策是否符合企业目标。

财务管理的目标可以表述为股东财务最大化,或称企业价值最大化。股东创办企业的目的是扩大财富,他们是企业的所有者,企业价值最大化就是股东财务最大化。企业的价值在于它能给所有者带来未来报酬,包括获得股利和出售股权换取现金。股票价格的高低代表投资大众对公司价值的客观评价,反映了资本和获利之间的关系,反映了每股盈余及其风险的大小。

按照不同出资者的企业形式,企业价值可以表述为:独资企业的企业价值可以表述为出资者出售企业可以得到的现金;合伙企业的企业价值可以表述为合伙人转让其财产份额可以得到的现金;公司企业的企业价值可以表述为股东转让其股份可以得到的现金,已经上市的股份公司,其股票价格代表了企业价值。总之,企业的价值是其出售的价格,而个别股东的财富是其拥有的股份转让时所得的现金。

8.1.2 财务管理的对象及内容

1. 财务管理的对象

财务管理是有关企业资金的筹集、投资和分配的管理工作,其对象是企业资金及其流转过程。资金流转以现金为起点和终点,其他非现金资产都是现金在流转过程中的转化形式。因此,可将企业财务管理的对象概括为现金及其流转过程。从财务的观点来看,成本和费用是现金消耗,收入和利润是现金的来源。财务管理也将涉及成本、收入和利润。建筑企业在设立时,首先必须筹集法定的资本金,再根据建筑生产经营的需要,向银行借款,或向社会发行债券或股票,筹集各种渠道的资金,皆表现为货币资金形态,即为现金。企业用现金购买各种生产资料,购置建筑机械、运输设备以及建筑生产所需材料和结构件等劳动资料和劳动对象,为建筑生产建立必要的物质条件。资金从现金形态转化为建筑生产所需的机械设备和材料等非现金的物质形态。在建筑生产过程中,资金从建筑用的机械设备和材料等物质形态经过未完工程转化为已完工程形态。在工程完工以后,要将已完工程点交给发包建设单位,并按合同造价(或工程标价)进行工程价款的结算,取得工程阶段收入。在此过程中,企业资金从已完工程形态转化为货币形态。由于从发包建设单位取得的工程结算收入,表现为工程的全部价值,它不仅补充劳动资料、劳动对象的耗费和工资的支出,而且包括企业的积累。这样企业就完成了从货币形态垫支又恢复到货币形态的循环过程,称为现金循环过程。

建筑企业在资金的筹集、使用、耗费、收入和分配过程中,与各方面发生各种经济关系,称为财务关系。建筑企业在其财务活动中所发生的财务关系,主要表现为以下几个方面,如图 8.1 所示。

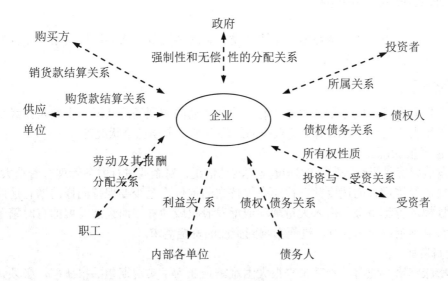

图 8.1　企业财务关系

(1) 筹资活动中与投资者和债权人发生财务关系。
(2) 投资活动中投资者与接受投资方发生财务关系。
(3) 营运资金活动中与供货单位、购买方和内部职工之间发生财务关系。
(4) 利润及其分配活动中与工商税务、投资方和主管部门之间发生财务关系。

2. 财务管理的内容

企业财务管理的目标是股东财富最大化。股东财富最大化的途径是提高报酬率和减少风险,而企业报酬率高低和风险大小又取决于投资项目、资本结构和股利政策。因此,财务管理的主要内容为投资决策、筹资决策和股利分配决策等。

1) 投资决策

投资是指以收回现金并取得收益为目的而发生的现金流出,如购买公债、股票和债券,兴办工厂,购置设备等,企业都要发生货币性流出,并期望取得更多现金流入。不论企业进行直接投资或间接投资,还是进行长期投资或短期投资,财务管理部门都要会同有关管理者共同参与资金的投放,做出投资结构和组合的合理决策,以便更好地协调投资风险与投资收益,取得较高的投资收益。

2) 筹资决策

筹资决策要解决的问题是如何取得企业所需要的资金,包括向谁、在什么时候和筹集多少资金。筹资决策和投资、股利分配有着密切关系,筹资的数量多少要考虑投资需要,在利润分配时加大保留盈余,可以减少外部筹资。筹资决策的关键是决定各种资金来源在总资金中所占的比重,即确定资本结构,以使筹资风险和筹资成本相配合。

3) 股利分配决策

股利分配是指企业赚得的利润中,有多少作为股利发给股东,有多少留存在企业作为再投资资金。企业进行股利分配体现了履行其承担的社会责任,股利决策的制定受诸多因素的影响。企业应根据自己的具体情况确定最佳的股利政策。

8.1.3 财务管理的环境

财务管理的环境包括经济环境、法律环境、金融环境等,它们纵横交错、相互制约,对企业财务管理有着重大影响。

1. 经济环境

财务管理的经济环境是指企业进行财务管理活动的宏观经济状况。主要是指经济发展状况、通货膨胀、利息率波动情况、政府的经济政策、市场竞争状况等。

1) 经济发展状况

经济发展状况是指经济发展的速度及其波动情况,对企业进行财务管理有着重大影响。企业为了适应经济增长的速度并在行业中保持它的地位,至少要保持同样的增长速度。这就需要大规模的筹集资金,借入大量款项或增发股票或债券。而经济发展的有时繁荣有时衰退最先影响到企业的销售额,进而影响到企业的资金需求。

2) 通货膨胀

通货膨胀将给企业财务管理带来很大困难。企业为了实现期望的报酬率,必须调整收入和成本,采用套期保值等办法减少损失。

3) 利息率波动情况

银行贷款利率的波动,将影响到证券价格的波动,既给企业机会,也是对企业的挑战。企业应及时调整筹资结构和投资决策,以减少成本损失,增加收益。

4) 政府的经济政策

我国政府具有较强的调控宏观经济的职能,其制定的国民经济的发展规划、国家的产业政策、经济体制改革的措施和政府的行政法规等,对企业的财务活动有着重大影响。

5) 市场竞争

就企业来说,竞争是机会,也是威胁。为了提高竞争地位,企业往往需要大规模的投资。竞争综合体现了企业的全部实力和智慧,经济增长、通货膨胀和利率波动所带来的财务问题,以及企业的对策都会在竞争中体现出来。

2. 法律环境

财务管理的法律环境是指企业与外部发生经济关系时,所应遵守的各种法律、法规和规章。企业在其经营活动中,要和国家、其他企业或社会组织、企业职工或其他公民,及国外的经济组织或个人发生经济关系。在处理这些经济关系时,应当遵守有关的法律规范,包括企业组织法律法规、税务法律法规、财务法律法规等。

1) 企业组织法律规范

企业组织法律规范是指企业组建过程中所必须遵守的法律法规，是组织法规，又是行为法规。如《公司法》《全民所有制工业企业法》《外资企业法》《中外合资经营企业法》《中外合作经营企业法》《个人独资企业法》《合伙企业法》等。

2) 税务法律法规

我国现行的税收法律体系是在原有税制的基础上，经过1994年工商税制改革逐渐完善形成的，共有24个税种，按其性质和作用大致分为流转税类、资源税类、所得税类、特定项目的税类、财产和行为税类、农业税类、关税等7类。建筑企业相关的主要税种介绍如下。

(1) 流转税类。流转税是对商品生产、商品流通和提供劳务的销售额或营业额征税的各个税种的统称。主要在生产、流通或者服务业中发挥调节作用，包括增值税、消费税和营业税。

① 增值税。增值税是对在我国境内销售货物或者提供加工、修理修配劳务，以及进口货物的单位和个人，就其取得的货物或应税劳务的销售额，以及进口货物的金额计算税款，并实现税款抵扣制的一种流转税。

建筑企业从事多种经营，即在从事营业税应税项目的同时也从事增值税应税项目，如建筑企业从事建筑安装工程，同时从事建筑材料销售，这就需要区分不同的经营行为分别核算、申报、缴纳营业税和增值税。

$$增值税应纳税额=销项税额-进项税额$$
$$销项税=运营销售收入\times 适用税率$$
$$进项税=运营外购原材料、燃料和动力等支出\times 适用税率$$

② 营业税。营业税是对我国境内提供应税劳务、转让无形资产和销售不动产的行为为课税对象所征收的一种税。营业税的纳税义务人为在中华人民共和国境内提供应税劳务、转让无形资产或者销售不动产的单位和个人。上述应税劳务是指属于交通运输业、建筑业、金融保险业、邮电通信业、文化体育业、娱乐业和服务业税目征收范围的劳务。

经国务院批准，自2016年5月1日起，在全国范围内全面推广营业税改征增值税(以下称营改增)试点，建筑业、房地产业、金融业、生活服务业等全部营业税纳税人，纳入试点范围，由缴纳营业税改为缴纳增值税，见表8.1。至此，营业税退出历史舞台。由于建筑业生产周期长，在今后一段时间内还会涉及有关营业税方面的问题，所以，也要对营业税有所了解。

在营改增转型时会遇到前期遗留的问题，国家税务总局对此做了一些特别规定，就是老项目老办法，新项目新办法，2016年5月1日前的项目称为老项目，2016年5月1日后的项目称为新项目。老项目依然采用3%的简易税率，新项目采用对应的税率(17%、13%、11%、6%)等，但是要去税务主管局备案，否则采取就高不就地低原则处理。

a. 一般纳税人以清包工方式提供的建筑服务，可以选择适用简易计税方法计税。

以清包工方式提供建筑服务，是指施工方不采购建筑工程所需的材料或只采购辅助材料，并收取人工费、管理费或者其他费用的建筑服务。

b. 一般纳税人为甲供工程提供的建筑服务，可以选择适用简易计税方法计税。

甲供工程，是指全部或部分设备、材料、动力由工程发包方自行采购的建筑工程。

表 8.1　营改增后的税率

税率 11%	税率 17%	税率 0	税率 6%	征收率 3%
交通运输	有形动产租赁服务	跨境应税行为	税率 11%、17%、0 之外的	一般特指小规模纳税人
邮政				
基础电信				
建筑				
不动产租赁服务				
销售不动产				
转让土地使用权				

　　c. 一般纳税人为建筑工程老项目提供的建筑服务，可以选择适用简易计税方法计税。建筑工程老项目，是指下面的情况。

　　i.《建筑工程施工许可证》注明的合同开工日期在 2016 年 4 月 30 日前的建筑工程项目。

　　ii. 未取得《建筑工程施工许可证》的，建筑工程承包合同注明的开工日期在 2016 年 4 月 30 日前的建筑工程项目。

　　d. 一般纳税人跨县(市)提供建筑服务，适用一般计税方法计税的按照 2%的预征率在建筑服务发生地预缴税款后，向机构所在地主管税务机关进行纳税申报。

　　e. 一般纳税人跨县(市)提供建筑服务，选择适用简易计税方法计税的按照 3%的征收率计算应纳税额。纳税人应在建筑服务发生地预缴税款后，向机构所在地主管税务机关进行纳税申报。

　　(2) 所得税类。所得税是以单位(法人)或个人(自然人)在一定时期内的纯收入额为征税对象的各个税种的总称。包括企业所得税、外商投资企业和外国企业所得税、个人所得税。主要在国民收入形成以后，对生产经营者的利润和个人的纯收入发挥调节作用。

　　企业所得税是指国家对境内企业生产经营所得和其他所得依法征收的一种税。企业税的纳税义务人是指在中国境内实行独立经济核算的企业或者组织，以其取得的生产经营所得和其他所得为征税对象，实行 33%的比例税率。

　　企业计算所得税时，一般是在企业税前会计利润(利润总额)的基础上，根据所得税法的规定对税前会计利润进行调整，确定应税所得税额。

　　(3) 特定项目的税类。主要包括城市维护建设税、土地增值税、固定资产投资方向调节税(已停征)、筵席税、车辆购置税、耕地占用税等。主要是为了达到特定目的，对特定对象和特定行为发挥调节作用。

　　① 城市维护建设税。简称城建税，是国家对缴纳增值税、消费税、营业税的单位和个人就其实际缴纳的"三税"税额为计税依据而征收的一种税。是国家为加强城市的维护建设，扩大和稳定城市维护建设资金的来源而采取的一项税收措施。城建税按纳税人所在地的不同，设置了 7%、5%和 1%三档地区差别比例税率。

　　② 教育附加税。是对缴纳增值税、消费税、营业税的单位和个人，就其实际缴纳增值税、消费税和营业税的税额为计算依据而征收的一种附加税。分别与增值税、消费税和营业税同时缴纳。

③ 土地增值税。土地增值税是对转让国有土地使用权、地上建筑物及其附着物并取得收入的单位和个人，就其转让房地产所取得的增值额征收的一种税。土地增值税的纳税义务人为转让国有土地使用权和转让房地产并取得收入的单位和个人，包括各类企业、事业单位、国家机关和社会团体及其他组织以及个体经营者。土地增值税实行 4 级超率累进税率。

3) 财务法律规范

财务法律规范包括企业财务通则和行业财务制度。《企业财务通则》是各类企业进行财务活动和实施财务管理的基本规范。经过国务院批准由财政部发布的《企业财务通则》于 1994 年 7 月 1 日起执行。在《企业财务通则》中，主要对企业的建立资本金制度、固定资产的折旧、成本的开发范围及利润的分配等问题做出了规定。行业财务制度是根据《企业财务通则》的规定，是适应不同行业特点和管理要求，由财务部制定的行业规范。2006 年 12 月 4 日，财政部颁发了新的《企业财务通则》(财政部令第 41 号)，该通则于 2007 年 1 月 1 日起施行。修订的《通则》对财政对企业财务的管理方式、政府投资等财政性资金的财务处理政策、企业职工福利费的财务制度、规范职工激励制度、强化企业财务风险管理等方面进行了改革。

3. 金融环境

金融环境又叫金融市场环境，是指企业的资金供应者和资金需要者双方通过某种形式融通资金的领域。金融市场环境是由金融机构、金融市场、利息率等因素组成。

1) 金融机构

我国主要的金融机构，按其业务范围、职能和服务对象等不同分类，如图 8.2 所示。

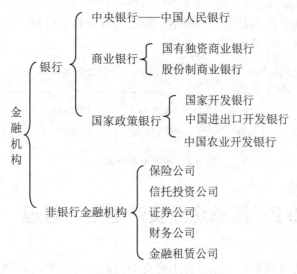

图 8.2　金融机构的分类

2) 金融市场

金融市场是资金融通的特定场所。金融市场需要满足两个条件：①有资金交易行为；②有一个特定的场所。广义的金融市场是指一切资本流动的场所，包括实物资本和货币资本的流动。广义的交易对象包括货币借贷、票据承兑和贴现、有价证券的买卖、黄金和外汇买卖、办理国内保险和生产资料的产权交换等。狭义的金融市场一般是有价证券市场，即股票和债券的发行和买卖市场。金融市场的分类如图 8.3 所示。

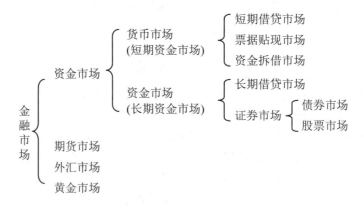

图 8.3　金融市场的分类

3) 金融资产及其特点

金融资产是指现金或有价证券等可以进入金融市场交易的资产。金融资产具有以下几个属性。

(1) 流动性：金融资产能够在短期内不受损失的变为现金的属性。
(2) 收益性：某项金融资产的收益率高低。
(3) 风险性：某种金融资产不能恢复原投资价格的可能性。

金融资产的三种特性之间相互联系、相互制约。流动性与收益性、风险性之间成反比；收益性与风险性之间成正比。

在金融市场上，利率是金融资产的价格，即资金使用权的价格。一般来说，金融市场上未来的利率水平预测，如图 8.4 所示。

图 8.4　利率水平预测

8.2　建筑企业资产运营与管理

资产是指过去的交易或事项形成，并由企业拥有的或者控制的资源，该资源预期会给企业带来经济效益，也包括各种财产、债券和其他权利。资产可以按照不同的标准分类，主要分为流动资产、固定资产、长期资产、无形资产及其他资产等。本节着重讲解流动资产、固定资产、无形资产等的分类和管理。

8.2.1 流动资产管理

1. 流动资产的特点及其管理的内容

流动资产是指可以在 1 年或超过 1 年的一个营业周期内变现或耗用的资产，主要包括现金、有价证券、应收账款、存货等。

流动资产管理，包括现金及有价证券管理、应收账款管理、存货管理等内容。

1) 流动资产的特点

合理的流动资产投资可以降低企业风险，提高企业收益。投资与流动资产方面的资金也称为经营性投资，一般具有以下几个特点。

(1) 变现能力强。相对于非流动资产而言，如固定资产、长期资产、无形资产，流动资产具有较强的变现能力。如果企业资金周转不善，出现财务困难时，可以迅速变现流动资产，及时获取现金，以满足企业经营或偿债的需求。

(2) 数量波动大。企业对流动资产投资的数量应随着企业经营环境及状况的变化而不断改变，如季节性企业更是如此。

(3) 资金占用形态易变。流动资产投资的具体占用形态经常发生变化，其具体占用形态在时间上具有继起性，在空间上具有并存性。

(4) 资金占用时间短。流动资产投资的往往是逐次追加，而不是一次性的，并且占用时间较短，对企业影响的时间也较短。流动资产投资通常会在 1 年或超过 1 年的一个营业周期内收回。因此，流动资产投资所需要资金往往可以通过短期负债来筹集。

2) 流动资产管理的内容

建筑企业的流动资产按其占用形态的不同，可以分为货币资产、短期资产、债券资产、存货等内容。企业应权衡风险和收益，根据各部分内容的具体特点加强管理，以便降低企业的风险，提高企业收益。

(1) 货币资金。货币资金也称为现金，包括库存现金和银行存款以及银行本票、银行汇票、信用证、在途资金等其他货币资金。建筑企业持有大量现金将会增强企业的偿债能力，降低企业的财务风险，但同时也会降低企业的投资收益。

(2) 短期投资。短期投资是指企业资产中各种准备随时变现的有价证券及不超过 1 年的其他投资，其中主要是指有价证券。建筑企业进行短期投资的有价证券，一般要引起现金的减少，因此将有价证券视同现金进行管理。持有适量的有价证券既能为企业带来较好的收益，同时又能增强企业资产的流动性，降低企业的财务风险。

(3) 债券资产。债券资产是指企业在生产经营过程中所形成的应收及预付的各种款项，包括应收工程款、应收账款、应收票据、预付账款、其他应收及预付款项等。建筑企业为增强市场竞争能力，增加工程结算收入或销售额，必然会发生各种债券，但同时会引起坏账损失费用的发生，企业必须权衡收入和赊账费用支出，制定科学的信用政策，以便增加收入、减少费用和损失。

(4) 存货资产。存货是指建筑企业在建筑生产经营过程中未变现或耗用而储备的各种资产，主要包括原材料、在建工程、在产品、产成品、半成品、低值易耗品、包装物等。存货在流动资产中所占比重较大,而其流动性相对又较差。因此,合理地规划存货需要量,使存货保持在最优的水平上,加强存货控制是建筑企业财务管理的一项重要内容。

3) 企业的资产组合策略

建筑企业的资产按照时间长短划分为流动资产和非流动资产,企业资产总额中流动资产和非流动资产所占比例称为资产组合。不同的资产组合将给企业带来不同的风险和收益,因此,企业应对资产组合进行合理的安排。

(1) 正常的资产组合。建筑企业的流动资产中包括两个部分,即正常需要量和保险储备量。其中正常需要量是指企业为满足正常的施工生产经营需要而占用的流动资产;而保险储备量是指企业为应付意外情况的发生,在正常施工生产经营需要量以外储备的流动资产。正常的资产组合是指企业对流动资产在保障正常需要的情况下,再适当留有一定的保险储备量。

【例 8.1】 某建筑企业根据以往经验确定流动资产的正常需要量一般占工程价款收入的 35%,保险储备量占工程价款收入的 8%,据此确定的正常资产组合应为流动资产占工程总价款收入的 45%。若企业预期工程价款收入为 2000 万元时,则企业预计的流动资产需要量为 900 万元,如图 8.5 所示。

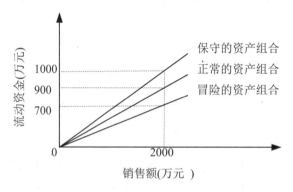

图 8.5　企业资产组合策略

在建筑企业总资产构成中,采用正常的资产组合,流动资产所占比例适中,企业风险一般,收益也一般。

若工程价款收入一定,则应尽量减少流动资产。但企业流动资产占用数额过少,将有可能导致企业中断施工生产,降低偿债能力,从而增加企业风险;若流动资产占用数额较多,则非但不能带来额外收益,却会因此增加筹资成本。因此,建筑企业必须权衡风险和收益,并选择合适的资产组合。

(2) 冒险的资产组合。建筑企业为了提高投资收益率,一般应考虑尽量减少流动资产占用数额,在保障正常需要量情况下,不安排或只安排少量的保险储备量,构成冒险的资产组合。

如例 8.1 中,企业预期工程价款收入为 2000 万元时,按照冒险资产组合策略,安排流动资产的占用量为与其工程价款收入的 35%,即 700 万元,如图 8.5 所示。

利用冒险的资产组合,可以提高企业的投资收益率,同时也增大企业的风险,因此,此策略是用于肯于冒险以获得高效益的企业。

(3) 保守的资产组合。建筑企业为了降低风险,往往在保证正常需要量和正常保险储备量的基础上，再安排一部分额外的保险量，构成保守的资产组合。

根据例 8.1 的资料，当建筑企业预期的价款收入为 2000 万元时，按照保守的资产组合策略，安排流动资产的占用量为预期工程价款收入的 50%，即保证流动资产的正常建筑生产经营需要量为预期工程价款收入的 35% 和正常保险储备量为预期工程价款收入的 8%。此外，再安排预期工程价款收入的 5% 为保险储备量，流动资产占用量为 800 万元，如图 8.5 所示。

利用保守的资产组合，企业的投资收益率一般较低，但所冒风险也较小。因此，该策略适用于重视安全和回避风险的建筑企业。

不同的资产组合策略将对企业的风险和收益产生不同的影响，企业应认真地权衡投资的风险和收益，选择最优的资产组合策略。企业的资产组合一般会受到很多因素的影响，除了上述的风险和收益外，企业所属的行业和企业经营规模对资产组合也有重要影响。行业不同，其流动资产的比重有所不同。企业规模的扩大也会引起流动资产的比重相对下降，此外，若利息率发生变化，企业为减少负债利息的支出，一般会随着利息率的升高或降低相应地调整流动资产在总资产中的比重，使其呈相反方向变化。

2. 现金及有价证券管理

现金是指可以直接用来购买商品或用来偿还债务的交换媒介或支付手段，即货币资金，包括库存现金、银行存款和各种银行票证，如银行本票、银行汇票等。有价证券是企业现金的一种转换形式，有价证券变现能力强，可以随时兑换成现金。企业有多余现金时，亦可将现金兑换为有价证券。因此，可将有价证券视为现金的替代品，是现金的一部分。现金具有普遍的可接受性，可以直接投入使用，它是企业资产中最活跃的因素，是企业财务活动的主体。

1) 现金管理的目标

为了维持正常的建筑生产经营活动，建筑企业应持有适量的现金。拥有大量现金，也就增强了偿债能力和承担风险能力。如果缺乏必要的现金，不仅会失去良好的购买机会，也难以应付日常的业务开支，还会对企业的信誉产生不利的影响。但是现金属于非收益性资产，不会带来报酬，若持有量过多，将会使一部分现金由于无法投入正常周转而成为闲置资金，丧失应有的获利能力。

企业持有一定量的现金，主要是为了满足以下几个方面的需要。

(1) 交易性需要。建筑企业持有适量的现金，可以满足日常开支的需要，如企业购买材料物资、支付职工工资、缴纳各种税费、支付投资者利润或股利等。尽管企业可以从日常经营业务收入中取得现金，并发生现金支出业务，但其日常经营中收入现金和支出现金二者之间在时间上很难协调。企业如缺乏适量的现金，将会影响其经营中的正常交易，或在某些情况下丧失现金折扣，发生折扣损失，或发生材料价格上的损失等。

(2) 预防性需要。建筑企业持有适量现金，可以满足预防意外事故发生的需要。所谓适量现金，是指企业预计的现金需要量，一般是指在正常的施工生产经营情况下企业对现金的需要量。企业日常经营过程中有时会发生各种意外事故，这将影响企业现金的日常收支，使企业现金收支失去平衡。

(3) 投机性需要。建筑企业若持有现金，并用于有利可图的投机活动中，将会获取丰厚的投资收益。例如，当预期银行存款利率下调，而有价证券的价格有上升趋势时，企业若将现金投放于有价证券，可以从有价证券的价格上涨中获取较好的利益。

建筑企业现金管理的目的在于保证企业正常施工生产经营活动需要的同时，有效并节约地使用现金，并从闲置的现金中获取最多的利息、股息或投资差额收入。若企业现金持有量不足，将会影响其正常施工经营活动；但若现金持有量过多，则可能会降低企业的收益。建筑企业进行现金管理，应力求保持正常交易所需现金，降低财务风险，同时又使企业不至于过多地闲置现金，以便于增加企业收益。

2) 现金管理的有关规定

按照现行制度，国家财政部门对建筑企业现金管理的有关规定主要有以下各项内容。

(1) 库存现金的适用范围。库存现金的适用范围主要包括：①支付职工工资、津贴；②支付个人劳务报酬；③根据国家规定颁发给个人的科学技术、文化艺术、体育等各种奖金；④支付各种劳保、福利费用以及国家规定的对个人的其他支出；⑤向个人收购农副产品和其他物资的价款；⑥出差人员的差旅费；⑦结算起点以下的零星支出；⑧中国人民银行确定其他需要支付现金的其他支出。

(2) 库存现金限额。建筑企业的库存现金数量应由开户银行根据企业的实际需要予以核定，一般应以企业三至五天的零星开支数额为限。

(3) 企业不得"坐支"现金。建筑企业从日常施工生产经营业务中取得的现金收入必须当日或次日送存银行，而不是直接用于各种业务的现金支出。一般将由现金收入直接支付现金支出的行为称为"坐支"。

(4) 企业不得出租和出借银行账户。

(5) 企业不得签发空头支票和远期支票。

(6) 企业不得套用银行信用。

(7) 企业不得保存账外公款。企业不得将公款以个人名义存入银行和保存账外现金等各种形式的账外公款，俗称"小金库"。

3) 现金持有总成本

建筑企业持有现金的总成本包括三个部分内容，即机会成本、管理成本和短缺成本。

(1) 现金的机会成本。这是指企业因持有现金而丧失的再投资收益。建筑企业持有现金就会丧失其他方面的投资收益，例如不能进行有价证券投资等，由此所丧失的投资收益就是现金的机会成本。这种机会成本与现金的持有量成正比，持有量越大，机会成本就越高，通常可以用有价证券的投资收益率来衡量现金的机会成本。

(2) 现金的管理成本。这是指建筑企业在现金管理过程中所发生的各种费用，如现金管理人员的工资和安全措施费等。现金的管理成本相对地固定在一定数额上，在相关范围内与现金的持有量大小无关。

(3) 现金的短缺成本。这是指企业因缺乏必要的现金，不能应付日常施工生产经营活动开支的正常需要，而使企业可能遭受的损失和因此付出的代价。现金持有量越大，企业因现金短缺可能发生的损失越少，企业现金的短缺成本也就越低。现金的短缺成本随着现金持有量的增加而降低。

4) 最佳现金持有量的确定

企业最佳现金持有量的确定方法，主要有因素分析法、成本分析法和存货模式法，现分别叙述如下。

(1) 因素分析法。因素分析法是根据企业上一期间现金的实际占用量及有关因素的变动情况，建立因素分析模式，确定现金最佳持有量的一种方法。其计算如式(8-1)所示：

$$\text{最佳现金持有量} = \left(\text{基期现金平均占用额} - \text{基期不合理占用额}\right) \times \left(1 + \text{预测期收入增长}\%\right) \quad (8\text{-}1)$$

【例 8.2】 某企业本年现金的实际平均占用数额为 80 000 元，经分析其中不合理占用数额为 11 500 元，预计下一年销售收入增长 20%。要求采用因素分析法确定下一年的现金最佳持有量。

解：根据上述资料进行因素分析，确定现金最佳持有量为

$$(80\ 000 - 11\ 500) \times (1 + 20\%) = 86\ 200(元)$$

(2) 成本分析法。成本分析法是通过分析现金持有总成本，从中确定现金持有成本最低时的现金数额，即为现金最佳持有量的一种方法。

现金持有总成本包括机会成本、管理成本、短缺成本等，三种成本之间与现金持有量之间的关系，如图 8.6 所示。

上述三项成本之和最小的现金持有量，即为最佳现金持有量，如图 8.6 所示。机会成本线向右上方倾斜，短缺成本线向右下方倾斜，管理成本线为一平行于横轴的平行线，总成本线则是一条抛物线，该抛物线的最低点即为持有现金的最低成本。

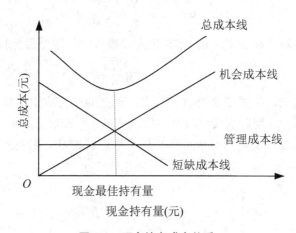

图 8.6 现金持有成本关系

运用该种方法确定现金最佳持有量，可以先分别计算出各种方案现金的机会成本、管理成本和短缺成本，再从中选择出现金持有量总成本最低的方案，其相应的现金持有量即为最佳现金持有量。

(3) 存货模式法。存货模式法即根据经济批量原理，建立现金持有成本与持有量之间的关系式，分析确定企业最佳现金持有量的一种方法。

存货模式法的假定条件：假设现金收入是每隔一段时间由有价证券转换取得，现金支出则是在一定时期内均匀发生的。现金的持有总成本可以分为以下几个部分。

① 现金的机会成本。由于持有现金而放弃了投资有价证券所损失的潜在投资收益，形成现金的机会成本。一般可以根据将现金投资与有价证券可能得到的利息、股息或价格差额收益计算。现金的机会成本与现金持有量之间成正比例变动，等于现金的平均持有量与

有价证券投资收益率之乘积，公式为

$$C_1 = \frac{N}{2} \times i \tag{8-2}$$

式中：C_1——现金持有的机会成本；
N——现金的一次转换量，即现金持有量；
i——有价证券投资收益率。

② 现金的转换成本。是企业在证券市场上将有价证券转换为现金收入过程中所发生的各种成本，包括交易手续费、过户费、印花税、佣金等。现金的转换成本与现金的持有量无关，但与有价证券转换为现金的交易次数直接相关，交易次数越多，现金的转换成本就越大。其转换成本的计算公式为

$$C_2 = \frac{T}{N} \times r \tag{8-3}$$

式中：C_2——现金的转换成本；
T——一定时期内现金需要量总额；
r——现金与有价证券交易一次的变动成本。

在分析现金最佳持有量时，我们是假设企业现金的短缺成本为零，则现金持有总成本是现金的机会成本与转换成本之和。现金持有总成本的计算公式为

$$T_c = C_1 + C_2 = \frac{N}{2} \times i + \frac{T}{N} \times r \tag{8-4}$$

对上式两边求导数，并令 $T_c' = 0$，推导出存货模式法的现金最佳持有量的计算公式为

$$N^* = \sqrt{\frac{2T_c r}{i}} \tag{8-5}$$

由式(8-5)可以看出，如果资金持有量越大，现金的机会成本就越高，而现金与有价证券的转换次数也就越少，现金的转化成本也相应地越低；相反，如果现金平均持有量越小，现金持有成本也就越低，现金与有价证券转换次数也就越多，现金的转换成本也就越高，其关系如图8.7所示。

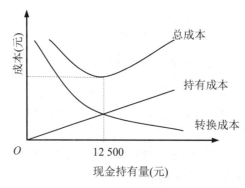

图 8.7 最佳现金持有量

【例 8.3】 某企业预计全年需要现金总额 250 000 元，现金与有价证券转换一次成本为 50 元，有价证券投资收益率为 16%。要求采用存货模式确定最佳现金持有量。

解：根据以上资料计算确定企业的最佳现金持有量为

$$N^* = \sqrt{2 \times 250\,000 \times 50 / 16\%} = 12\,500(元)$$

5) 现金日常收支管理

建筑企业在施工生产经营过程中，应按照国家《现金管理暂行条例》和《银行结算办法》中有关货币资金的使用规定处理现金收支，完善企业现金收支的内部管理，做好现金收支凭证的保管、现金收支的职责分工与内部控制工作。预测现金最佳持有量，制定现金预算，并按照预算安排现金收支。企业应及时清理现金，做到日清月结，确保账实相符，保证现金的安全完整。

在现金管理中，除了上述工作以外，还应进行现金的日常控制。

(1) 力争现金流量同步。企业应尽可能地使其现金流入与现金流出在时间与数量上相一致，使企业持有现金的交易性金额降至最低。

(2) 充分利用现金浮游量。所谓现金浮游量，是指从企业开出支票、收款人收到支票并存入银行，至银行将这笔款划出企业存款户之前这一段时间的货币资金占用量。

(3) 加速催收货款。企业应采取措施，加速催收账款，尽力缩短应收账款的占用时间。

(4) 延迟付款。企业应在不影响自己信誉的前提下，尽可能推迟应付款项的支付期，充分地利用供货方所提供的信用优惠。

3. 应收账款管理

应收账款是指建筑企业因对外承揽施工任务、对外销售产品、提供劳务或其他服务而应向发包方、购货方或接受劳务单位及其他单位收取的各种款项。随着市场经济的发展，商品交易中商业信用的广泛推行，建筑企业应收账款也逐渐增多，因此对应收账款进行管理也就日益重要。

1) 应收账款管理的目的

企业在日常经营过程中发生大量的应收账款，其原因主要有以下两个方面。

(1) 商业竞争。在市场竞争比较激烈的情况下，企业需要进行赊销以促进销售。对于各因素几乎相同的产品，实行赊销的销售额将大于现金销售的销售额，因为赊销会给顾客带来资金方面的优惠，由于扩大销售的竞争需要，企业不得不以赊销或其他优惠方式招揽顾客，由此产生了应收账款，它是一种商业信用。

(2) 商品销售和款项收回的时间差距。商品销售成交的时间和收到货款的时间不一致，也会产生应收账款。由于货款结算所采用的方式不同，结算所需的时间不同，而销货企业必须承担由此引起的资金垫支。但由于商品销售和货款回收的时间差所产生的应收账款不属于商业信用，不应视为债券资产的内容。

应收账款管理的目的，主要是为了扩大销售额，增强企业的竞争能力，降低应收账款投资成本，使企业提供商业信用、扩大销售所增加的收益大于因此而增加的各种费用，取得较多的利润。

2) 信用政策的制定

企业的信用政策又称为应收账款政策，是建筑企业财务政策的一个重要组成部分。企业进行应收账款管理，必须制定合理的信用政策，企业的信用政策主要包括信用标准、信用条件和收款政策。

(1) 信用标准。信用标准是指顾客获得企业交易信用所应具备的条件。企业在设定某一顾客的信用标准时，通常要评价其信用品质。可以通过 5C 系统来评价顾客的信用品质，即品质(Character)、能力(Capacity)、资产(Capital)、抵押(Collateral)和条件(Conditions)。

① 品质。是指顾客的信誉，即顾客履行债务清偿的可能性。品质是评价顾客信用的重要因素。

② 能力。是指顾客偿付债务的能力，可以从其拥有的流动资产的数量和质量及其流动比率、速动比率等指标加以考虑。顾客所拥有的流动资产数量多、质量好，其转化为现金的能力越强，偿付债务的能力也就越强。

③ 资产。是指顾客的财务实力和财务状况，反映顾客可能偿还债务的资产实力。

④ 抵押。是指顾客若拒付货款或无能力支付所欠款项时，可以用作债务抵押的资产状况。

⑤ 条件。是指可能影响顾客付款能力的经济环境。企业应充分地了解顾客在过去困难时期的清偿债务历史，再向顾客提供相当的商业信用。

对建筑企业来说，信用标准是企业同意向发包建设单位等客户提供商业信用而提出的基本要求，通常以预期的坏账损失率做出判别标准。企业确定信用标准时，既要考虑企业承担违约风险的能力，又要考虑同行业竞争对手所确定的信用标准，使企业在扩大工程承包和产品销售的同时，尽可能地降低违约风险，提高企业的市场竞争能力。

(2) 信用条件。信用条件是指企业要求顾客支付赊销货款的条件，主要包括信用期限、折扣期限及现金折扣。

① 信用期限。是指企业为顾客规定的最长付款期限，即企业允许顾客从购货到付款之间的时间。如企业允许顾客在购货后的 30 天内付款，则信用期限是 30 天。企业确定信用期限时，应分析改变现行信用期限对收入和成本的影响。若企业信用期限放长，将会使企业的销售额增加，但同时将会增加企业的应收账款占用额、收账费用和坏账损失；若企业信用期限缩短，将会使企业的销售额降低，虽然各项有关费用也较小，但企业利润也会因此而减少。企业应对其收益和费用加以权衡，确定企业合理的信用期限。

② 折扣期限。是指企业规定的顾客可以享受现金折扣的付款期限。企业规定折扣期限，促使顾客及时偿付货款，这样既可以及时收回资金，减少应收账款的资金占用，又可以避免相应的资金占用利息、管理费用及可能发生的坏账损失，增加企业收益。

③ 现金折扣。是指顾客在企业规定的折扣期限内付款所享受的货款金额方面的优惠。例如，企业规定的货款支付条件为"$2/8, n/30$"，它说明企业规定的信用期限为 30 天，折扣期限额为 8 天，现金折扣率为 2%。

3) 应收账款的收账管理

发生应收账款后，企业应采取各种措施，尽力争取按期收回款项，避免因拖欠时间过长而发生坏账损失。收账是应收账款管理的一项重要的工作。

(1) 应收账款的收账程序。企业催收应收账款的程序一般如下。

① 信函通知。当顾客拖欠账款时，应先给顾客一封有礼貌的通知信件，接着可以寄出一封措辞较平直的信件催收款项。

② 电话催收。信函通知后，如未见款项收回，则可以进一步通过电话催收。

③ 派人面谈。如电话催收仍不见效，则可以派企业专门的收账人员直接与顾客面谈，双方协商解决。

④ 诉诸法律。如果企业与顾客谈判不成，那么只好交给企业的律师采取法律行动催收账款。

(2) 应收账款的收账政策。

企业应分析顾客拖欠工程款的原因，需要分析工程项目竣工前拖欠，还是竣工后拖欠，即分析客户拖欠工程款的原因是由于投资缺口发生的拖欠，还是由于项目投产后经济效益的好坏、有无还款能力发生的拖欠。应区别不同的原因和期限，采用不同的收账政策。顾客拖欠货款的原因主要有以下两种。

① 无力偿付。是指顾客因经营管理不善，财务出现困难，没有资金偿付到期债务。对于这种情况应进行具体分析，例如对过期较短的顾客不予过多地打扰；对过期稍长的顾客可以措辞婉转地写信催款；对于过期较长的顾客应频繁地写信催收并电话催询；对于过期很长的顾客，可以在催款时措辞严厉，必要时提请有关部门仲裁或提请诉讼等。

② 故意拖延。是指顾客虽有偿付能力，但为本身利益而尽力拖欠，不偿付款项。对于这种情况，企业需要制定合理的催款方法，如：采用讲理、疲劳战、激将和软硬兼施等方法，或者提请仲裁或诉讼等办理货款的回收。

企业在催收账款时要发生各种费用，一般来说，收账措施越有力，催收费用也就越大，可能收回的账款也就越多，因此发生的坏账损失也就越少。因此企业制定收账政策，应在收账费用和减少的坏账损失之间做出权衡，根据各收账方案总成本的大小加以选择。

4. 存货管理

在企业的流动资产中，存货所占比重较大，存货利用程度的高低直接影响着企业的财务状况。因此，为了使存货水平达到最优，对存货进行正确的规划和有效的控制，成为建筑企业财务管理的一项重要内容。

1) 存货管理的目标

存货是指建筑企业在施工生产经营过程中为耗用或者销售而储备的各种物资，包括主要材料、结构件、机械配件、周转材料、燃料、低值易耗品、在建工程、在产品、半成品、产成品、协作件、商品等。企业在施工生产经营过程中，总有储存存货的需要，并因此占用或多或少的资金。这种存货的需要出自以下原因。

(1) 保证施工生产或者销售的需要。实际上，由于市场供应情况及企业购货条件的限制，企业很少能够做到随时购入生产或销售所需要的各种物资，若不储备一定量的存货，一旦生产或销售所需物资短缺，生产经营将会被迫停工，造成停工损失。为了避免或减少停工待料、停工待货等事故，企业需要储备存货。

(2) 出资价格的考虑。零星购货的价格往往比较高，而批量购货在价格上常有优惠。但存货储备过多，将会增加各项费用开支、增加存货成本。

存货管理的主要目的是既要控制存货水平，又要在充分发挥存货功能的基础上，降低存货成本，即要在考虑存货成本与存货效益之间做出权衡，达到两者的最佳结合。

2) 存货成本

企业在购入及储存存货过程中要发生各种费用成本，与储备存货有关的成本主要有以下3种。

(1) 取得成本。取得成本是指为了取得某种存货而支付的成本，通常由两部分组成，即材料的订货成本和购置成本。

① 订货成本。订货成本是指为了取得订单而发生的成本,如办公费、差旅费、邮费、电报电话费等支出。如果存货是从外部购入的,订货成本是指订货费用,如采购材料所花费的文件处理费、差旅费等;如果存货是企业内部自制的,则是安排生产各种存货的生产准备成本。

订货成本中有一部分与订货次数无关,视为订货的固定成本,如常设采购机构的基本开支等,用 F_1 表示;另一部分与订货次数有关,成为订货的变动成本,如差旅费和邮资等,每次的变动订货成本用 K 表示,订货次数等于存货年需要量 D 与每次进货量 Q 之商。订货成本的计算公式为

$$\text{订货成本} = F_1 + \frac{D}{Q} K \tag{8-6}$$

② 购置成本。存货的购置成本是指存货本身的价值,购置成本的大小是由存货采购数量的多少与采购单价的高低决定的。一定时期内的采购数量是根据企业自身的生产规模和生产计划确定的一个较为固定的量,所以,购置成本的变动主要受采购单价的影响。而采购单价除了受市场供求、供应商和产品质量等因素影响外,还受一次采购批量大小的影响。一般情况下,采购批量越大,企业可能享受到的价格折扣就越多,单价就越低;但是采购批量越大,储存成本就越高。所以一次采购批量应有一个经济合理的限额。存货的年需要量用 D 表示,单价用 U 表示,则存货的购置成本公式为

$$\text{购置成本} = DU \tag{8-7}$$

(2) 储存成本。储存成本是指为保持存货而发生的成本,包括存货占用资金应支付的利息、仓库存储费、保险费、仓库建筑物和机械设备的折旧费、仓库工作人员工资和办公费等。储存成本可区分为固定成本和变动成本两部分,前者在一定期间的发生额基本是固定的,它与存货的数量无关,通常用 F_2 表示;后者则以存货的储存量为转移,储存量越大,这部分成本也就越高。储存成本中的单位存货变动成本可用 K_e 表示。储存成本公式为

$$\text{储存成本} = F_2 + \frac{Q}{2} K_e \tag{8-8}$$

(3) 缺货成本。缺货成本是指由于存货供应中断而造成的各种损失,包括材料供货中断而造成的停工损失、产成品库存短缺而造成的拖欠发货而发生的额外成本支出、丧失销售机会的损失及企业信誉因此所受到的负面影响等。

如果用 TC 表示存货总成本,用 TC_a 表示取得成本,用 TC_e 表示储存成本,用 TC_s 表示缺货成本,则企业储存存货的总成本公式为

$$\begin{aligned} TC &= TC_a + TC_e + TC_s \\ &= F_1 + \frac{D}{Q} K + DU + F_2 + \frac{Q}{2} K_e + TC_s \end{aligned} \tag{8-9}$$

3) 存货控制

存货控制是指企业在日常生产经营过程中,按照存货计划的要求,对存货的使用和周转情况进行组织、协调和监督。企业进行存货日常管理的有效方法主要有经济批量控制、再订货点控制以及巴雷特分析法等。

在日常生产经营过程中,企业应按照存货计划的要求,对存货的使用和周转情况进行组织、协调和监督,实行分级归口管理,各归口的管理部门要根据具体情况将资金计划指

标进行分解，分配给所属的单位和个人。在经理领导下，由财务部门对存货资金进行统一管理，企业必须加强对存货资金的集中统一管理，促进供产销相互协调，实现资金使用的综合管理，加速资金周转。

4) 流动资金需要量的预测

流动资金需要量的预测是通过预测流动资产各项目资金的平均占用额来进行的，对于不同项目应采用不同的预测方法，主要有以下几种方法。

(1) 资金占用比例法。又称比例计算法，是根据预测确定的相关指标，如净资产、营业收入、营业成本费用、营业利润等，按基期流动资金实际平均占用额与相关指标的关系，预测流动资金需用量的一种方法。资金占用比例法适用全部流动资金占用数额的测算。其计算公式为

$$\text{预测期流动资金需用量} = \text{预测期营业收入} \times \text{基期营业收入流动资金率} \times \left(1 - \text{预测期流动资金周转加速率}\right) \quad (8\text{-}10)$$

其中

$$\text{基期营业收入流动资金率} = \frac{\text{基期流动资金平均占用额} - \text{不合理资金占用额}}{\text{基期营业收入}} \times 100\% \quad (8\text{-}11)$$

(2) 因素分析法。又称分析计算法，是以上年实际存货资金占用数额为基础，分析计划年度各因素变动情况，加以调整后核定资金占用数额的一种方法。其计算式如式(8-12)所示。

$$\text{预测期流动资金需用额} = \left(\text{基期流动资金平均占用额} - \text{不合理占用额}\right) \times \left(1 + \text{预测期生产增长率}\right) \times \left(1 - \text{预测期流动资金周转加速率}\right) \quad (8\text{-}12)$$

【例 8.4】 某企业上年度存货平均余额为 1 800 000 元，其中超储积压等不合理占用额为 8000 元。预测其生产预计增长 20%，存货资金周转加速 8%。则计算该企业预测期存货资金需用额为

$$\text{存货资金需用额} = (1\,800\,000 - 80\,000) \times (1 + 20\%) \times (1 - 8\%)$$
$$= 1\,700\,000 \times 120\% \times 90\% = 1\,836\,000(\text{元})$$

因素分析法可以用来计算企业存货资金的占用数额，主要适用于产品品种繁多、规格复杂、价格又较低的辅助材料、机械配件和低值易耗品等的资金占用数额的确定。

(3) 余额测算法。余额测算法是以流动资产项目的上年结账余额为基础，根据预测年度发生数额和摊销数额来测算流动资产资金需用量的一种方法。余额测算法适用于流动资产占用数额比较稳定的项目，如待摊费用等。其计算如下式所示

$$\text{预测期流动资金需用量} = \text{预测期期初结余额} + \text{预测期发生额} - \text{预测期摊销额} \quad (8\text{-}13)$$

(4) 定额日数法。又称周转期计算法，是根据各种流动资产项目的平均周转额及其资金周转天数来测算资金占用额的一种方法。其计算如下式所示

$$\text{预测期流动资金需用额} = \text{流动资金平均日周转额} \times \text{流动资金周转天数} \quad (8\text{-}14)$$

上式中，流动资金平均日周转额是指某项流动资金平均每天从本阶段流出的资金数额，它直接影响着流动资金占用数额的大小；而流动资金周转天数，即流动资金周转期，是指流动资金完成一次循环所需要的天数。

定额日数法一般应用于品种少、用量大、价格高和占用较多的流动资金项目预测，如原材料、在产品和产成品等存货项目资金占用数额的测算。定额日数法计算结果比较精确，但计算过程复杂，并且费时费力。

8.2.2 固定资产管理

1. 固定资产的特点及其管理的要求

1) 固定资产及其特点

固定资产是指使用年限在 1 年以上，单位价值在规定的标准以上，并且在使用的过程中保持原有实物形态的资产。建筑企业的固定资产是从事建筑安装工程施工的重要物资条件，包括建筑企业的主要劳动资料和非施工生产经营使用房屋设备等。企业投资与固定资产方面的资金具有以下几个特点。

(1) 固定资产投资额大，回收期长。固定资产投资的数量取决于企业的生产规模的大小，其投资回收期取决于固定资产使用年限的长短。一般来说，企业固定资产投资规模越大，其资金回收期限越长。

(2) 固定资产投资是一次性投入，其回收是分次进行的。企业用于购建和更新固定资产的资金是一次性集中投放，而且投放量很大，但其资金回收是逐次通过销售过程实现的。

(3) 固定资产投资的价值补偿与事物更新在时间上可以分离。固定资产的价值是随着其使用发生磨损，逐期计提折旧，计入当期成本费用，通过实现收入得以补偿。而固定资产的实物更新则是在固定资产报废或不宜再继续使用时进行。这就形成了固定资产投资价值补偿与事物更新在时间上的不同步。

2) 固定资产分类与管理要求

企业的固定资产管理，根据不同的管理需要和核算要求以及不同的分类标准，可以进行不同的分类。按照固定资产的经济用途和使用情况，综合地将固定资产分为生产经营用固定资产、非生产经营用固定资产、经营性租出固定资产、不需用固定资产、未使用固定资产、土地和融资租入固定资产等类别。企业可以根据自身的具体情况和经营管理、会计核算的需要进行必要的分类。

建筑企业的固定资产管理应根据固定资产的经济性质来组织，应满足以下几个方面的要求。

(1) 维持固定资产的再生产能力。企业必须建立健全完善的固定资产管理制度，加强资金投放和使用的计划管理，包括竣工验收、调拨转移、定期清查、报废处理等；编制固定资产折旧计划，及时调配固定资产所需资金，保证固定资产再生产能力得以维持，保持企业的长久发展能力。

(2) 正确地预测固定资产的需要量。企业应对固定资产的需要量及其占用资金情况进行准确的核定，取得资金调配的主动权，对企业一定时期的固定资产短缺或溢余进行及时的补充和适当的调整，有效利用固定资产。

(3) 提高固定资产的利用效果。企业应充分利用现有的固定资产，注重内部的挖潜革新，提高固定资产在单位时间内创造的生产效果。加强固定资产投资回收，提高固定资产的完好率、利用率、生产效率等。

2. 固定资金需要量的预测

固定资金需要量的预测是对企业未来一定时期内进行生产经营活动所需固定资产占用

资金进行的预计和测算。一般可通过预测固定资产需要量，再根据固定资产的原始价值计算出固定资金的需要量。固定资金需要量的预测既要保证生产经营的正常需要，又要尽可能地节约资金，减少固定资金占用；同时，既要考虑企业现有的技术条件，充分利用、挖掘现有生产经营能力的潜力，又要尽可能地采用先进的科学技术成果，不断提高企业生产经营的技术水平。预测固定资产需要量，应根据企业现有的生产规模、现有生产能力、产品生产特点及专业化程度等情况，分别不同生产部门、不同产品或工艺加工过程等多方面因素分析后确定，其内容主要是预测生产设备及其他配套性固定资产，如厂房、动力设备、运输设备以及非生产性固定资产的需要量。

1) 施工机械设备需要量的预测

建筑企业要完成一定的施工任务，必须配备一定数量的施工机械和运输设备。如要完成一定数量的土方工程，就要有相应数量的挖土机、推土机、装卸机、压路机、打夯机、井点设备、运土汽车和经纬仪、水平仪等。要完成一定数量的混凝土工程，就要有相应数量的混凝土搅拌机、后台上料的单斗装卸机、前台运送混凝土的机动翻斗车等。如果混凝土是采用集中搅拌的，还要配备自卸汽车、混凝土搅拌运送车、混凝土输送泵等。这些施工机械设备只有与工种工程保持一定的比例，即与一定工程任务的土方工程量和混凝土工程量相适应的情况下，才能充分发挥机械设备的效能，提高机械设备的利用率。

建筑企业在预测施工机械设备的需要量时，应先根据企业施工任务的特点，即工程结构、性质、施工工艺、集中分散情况，以及以往年度历史资料等，确定万元工作量的主要实物工程量，再根据工程任务计算主要工种工程实物量。再根据各种施工机械设备单位能力年产量定额，计算完成工程量所需的施工机械设备，如下式所示

$$施工机械设备需要量 = \frac{预测年度工种工程量}{施工机械设备单台能力产量定额} \tag{8-15}$$

预测各种主要施工机械设备需要量的同时，还要计算各种配套机械设备的需要量。如计算挖土和运土机械设备需要量的同时，要计算装土用的装载机、平土用的推土机、压土用的压土机和打夯机、抽水用的井点设备、测量用的经纬仪和水平仪等。同时，可测算混凝土工程、垂直运输、平面运输、安装工程、水电安装工程等所需施工机械设备的需要量。

2) 生产设备需要量的预测

建筑企业附属生产单位，如机修厂、木材加工厂、混凝土构件预制厂等，其生产设备需要量的预测方法是将其预期的生产任务和生产能力相比较，在测定单台设备生产能力的基础上，求得与生产任务相一致的生产设备需要量。其计算公式如下式所示

$$生产设备需要量 = \frac{预测期生产任务(实物量或台时数)}{单台设备生产能力(实物量或台时数)} \tag{8-16}$$

(1) 预期生产任务的测算。企业预测某项生产设备在预测期须完成的生产任务时，可以采用"实物量法"或"台时数法"分别进行测算。

① 实物量法。采用实物量法预测企业的计划生产任务时，就是根据企业在预测期内按计划规定完成的各种产品生产数量，作为预测期生产任务来测算生产设备的需要量。主要适用于产品单一或品种不多的生产设备需要量的预测。在实际工作中，当企业生产产品的品种较多时，常常是将产品结构或工艺相近的产品作为一类，从每类产品中选择一种产品作为标准产品，同时其他产品则需要按一定系数折算成标准产品来测算生产设备的需要量。

② 台时数法。采用台时数法预测企业的计划生产任务时，就是以预测期产品的生产数

量为基础,再乘以单位产品的定额台数作为计划生产任务预测生产设备的需要量。当企业生产产品的品种比较多又各有差异,同时企业的同一种生产设备又可以加工各种不同的产品或零件、部件,并且加工对象又经常变动时,一般只能采用"台时数法"测算预测期的生产任务。其测算如下式所示

$$预测期生产任务总台时数 = \sum \left(预测期产品生产量 \times 单位产品定额台时 \times 定额变动系数 \right) \qquad (8\text{-}17)$$

上式中,单位产品定额台时是指企业在预测期内加工单位产品所需要的台时数,一般应以现行定额为准;单位定额变动系数则是考虑到企业在预测期内的工艺技术和劳动生产率水平可能会发生变化,为使预测期内所制订的计划完成生产任务具有一定的先进性,根据修改后的定额与现行定额所确定的百分比,如下式所示

$$定额变动系数 = \frac{修改后定额}{现行定额} \qquad (8\text{-}18)$$

(2) 单台设备生产能力的测算。单台设备生产能力是指单台生产设备加工产品的能力,企业预测某项生产设备生产能力时,可以根据不同情况分别采用"实物量法"或"台时数法"进行测算。

① 实物量法。采用实物量法预测单台设备生产能力时,就是根据生产设备的台班产量、每天开工班次及全年计划工作日数计算每台生产设备的年产量,其测算公式如下式所示

$$单台生产设备年产量 = 每台班产量 \times 每天开班次数 \times 全年计划工作日数 \qquad (8\text{-}19)$$

上式中,生产设备的台产量可以根据设计、核定的或实际可以达到的生产能力进行测算;每天开工班次应根据企业预测期的计划生产任务、现有人力及生产设备的数量进行确定;全年计划工作日数应根据全年日历天数扣减法定节假日和生产设备预计检修停工日数后的日数确定,其计算如下式所示

$$全年计划工作日数 = 全年日历天数 - 节假日数 - 计划检修停工天数 \qquad (8\text{-}20)$$

② 台时数法。采用台时数法预测单台设备生产能力时,就是根据生产设备的每班工作台数、每天开工班次及全年计划工作日数计算每台设备全年工作的有效台时数,其计算如下式所示

$$单台生产设备全年工作有效台时总数 = 每班工作台时数 \times 每天开班时数 \times (全年日历天数 - 节假日数 - 计划检修停工天数) \qquad (8\text{-}21)$$

(3) 生产设备需要量的预测。确定了预测期生产任务和单台设备生产能力指标的基础上,可以分别采用"实物量法"或"台时数法"测算预测期内生产设备需要量。

① 实物量法。根据预测的预测期生产任务的产品数量与单台生产设备的年产量相平衡,预测生产设备的需要量,其计算公式如下式所示

$$生产设备需要量 = \frac{预测期生产任务总数量}{单台生产设备的年产量} \qquad (8\text{-}22)$$

即

$$生产设备需要量 = \frac{预测期内生产任务总量}{每台班产量 \times 每天开班次数 \times (全年日历天数 - 节假日数 - 计划检修停工天数)} \qquad (8\text{-}23)$$

【例 8.5】 企业生产 A 产品,预计全年总产量为 60 000 件,某项生产设备全年有效

工作日数为274天,每天开工两班,每班产量20件。预测生产设备需要量为

$$生产设备需要量=\frac{60\,000}{20\times2\times274}=6(台)$$

② 台时数法。根据预测的预期生产任务的台时总数与单台生产设备的全年工作有效台数相平衡,预测生产设备的需要量,其计算公式如式(8-24)和式(8-25)所示。

$$生产设备需要量=\frac{计划生产任务总台时数}{单台设备全年工作有效台时数} \tag{8-24}$$

$$生产设备需用量=\frac{\sum 某种产品计划生产数量\times单位产品定额台时\times单位定额变动系数}{每班工作台时数\times每天开工班次数\times\left(\frac{全年日}{历天数}-\frac{节假}{日数}-\frac{计划检修}{停工天数}\right)} \tag{8-25}$$

【例8.6】 某企业某项生产设备同时生产AB两种产品,有关资料如表8.2所示。

表8.2 资料表

项 目	A产品	B产品
预计年产量/台	500	800
单位定额工时/台时	150	80
定额变动系数/%	98	90

企业预测期按日历天数365天计算,法定节假日为59天,预计设备检修停工日数为20天,每天开工两班次,每天开工7.5小时,则测算生产设备需要量为

$$生产设备需要量=\frac{500\times150\times98\%+800\times100\times90\%}{7.5\times2\times(365-59-20)}=33.92(台)$$

(4) 计算生产设备负荷系数。企业预测生产设备需要量之后,还应以预测的生产设备需要量与其现有数量相比较,计算生产设备负荷系数,以便于测出企业现有生产设备的不足或多余数量,及时地做出补充或调配固定资产占用的决策。其计算公式如下

$$生产设备负荷系数=\frac{预期生产设备需要量}{现有生产设备数量}\times100\% \tag{8-26}$$

或者将预测期生产任务定额台时总数与现有生产设备有效台时数相比较,计算生产设备负荷系数的公式如下

$$生产设备负荷系数=\frac{预测期生产任务总台时数}{现有生产设备数量\times单台设备全年工作有效台时数}\times100\% \tag{8-27}$$

生产设备负荷系数等于或接近1,说明企业现有生产能力与其生产任务相一致,现有设备数量正合适;若生产设备负荷系数明显小于1,说明企业现有生产能力有剩余,可以适当增加产量或减少生产设备数量;若生产设备负荷系数大于1,说明企业现有生产能力不足,应增加生产设备数量。企业应首先挖掘内部潜力,其次再考虑筹措资金,安排购建或扩建固定资产。

【例8.7】 某生产设备现有数量为30台,经预测该项设备需要量为34台,则计算该生产设备的负荷系数:

$$生产设备的负荷系数=34\div30=1.13=113\%$$

计算结果表明,该项生产设备的现有量不足,应进行购建。

3) 其他固定资产需要量的预测

(1) 配套性固定资产需要量的预测。配套性固定资产需要量与生产设备需要量有一定的

比例关系，可以在测定生产设备需要量的基础上，按照基年期与生产设备的比例关系，结合预测年度提高设备利用率的要求进行测算。再将预测年度需要数量与基年实有数量进行比较，即可测算出预测年度配套性固定资产的多余或不足。

(2) 非生产性固定资产需要量的预测。非生产性固定资产需要量的预测，应根据企业的实际需要和可能条件决定，即在现有非生产性固定资产数量的基础上，结合施工人数的增减和改善职工物质文化生活的实际需要，估算出预测年度需要增加(或减少)的非生产性固定资产项目。

3. 固定资产折旧的计提方法

建筑企业的固定资产由于受到有形损耗和无形损耗两个因素的影响，会发生价格损耗。这部分损耗价值，通过计提折旧费用，将其计入工程和产品的成本中，由当期取得的工程结算收入或产品销售收入予以补偿。正确地计提额定资产折旧，是正确计算工程成本和产品成本，保证固定资产简单再生产的前提条件。

施工企业的固定资产中，应按使用中的固定资产计提折旧，未使用和不需用的固定资产则不提折旧，具体情况如表8.3所示。

表8.3 计提固定资产折旧情况对照表

允许折旧的固定资产	不允许折旧的固定资产
1. 房屋和建筑物	1. 未使用和不需用的除房屋建筑物以外的固定资产
2. 在用的机械设备、仪器仪表、运输车辆和工具器具等	2. 经营租入的固定资产
3. 季节性停用和大修理停用的设备	3. 已提足折旧继续使用的固定资产
4. 经营租出的固定资产	4. 单独估价入账的土地
5. 融资租入的固定资产	5. 破产和关停并转企业的固定资产
	6. 连续停工一个月以上的固定资产
	7. 提前报废的固定资产

另外，由于生产任务不足，处于半停工状态企业的固定资产，除另有规定外，可减半提取折旧。固定资产折旧一般按月计提，月内投入使用的固定资产，当月不计提折旧，从次月起计提折旧；月内减少或者停止使用的固定资产，当月应计提折旧，从次月起停止计提折旧。

按照财务制度规定，建筑企业固定资产计提折旧一般应采用平均年限折旧法和工作量法。技术进步较快或使用寿命受工作环境影响较大的施工机械和运输设备，经财政部批准，可采用双倍余额递减法或年数总和法计提折旧。

1) 平均年限折旧法

平均年限法，又称使用年限法，是指按照固定资产的预计使用年限平均分摊固定资产折旧额的方法。平均年限法计算的折旧额在各个使用年(月)份均相等，累计折旧额呈直线趋势，故称为直线折旧法。平均年限法计提的固定资产折旧额及其折旧率的计算公式如下

$$年折旧额 = \frac{固定资产原值 \times (1-预计净残值率)}{预计使用年限} \quad (8\text{-}28)$$

$$年折旧率=\frac{(1-预计净残值率)}{预计使用年限}\times100\% \quad (8-29)$$

$$月折旧率=年折旧率\div12$$

$$月折旧额=固定资产原值\times月折旧率$$

上式中，预计净残值率应按照固定资产原值的 3%~5%确定，净残值率低于 3%或者高于 5%时，由企业自主确定，并报主管财政机关备案。

2) 工作量法

工作量法，是指按照固定资产施工生产过程中所完成的工作量计提折旧的一种方法。这种方法弥补了平均年限法只重使用时间，不考虑使用强度的特点。采用工作量法计算折旧额，公式如下

$$每一工作量折旧额=\frac{固定资产原值\times(1-预计净残值率)}{预计总工作量}$$

$$\begin{array}{l}某项固定资\\产月折旧额\end{array}=\begin{array}{l}该项固定资产\\当月工作量\end{array}\times\begin{array}{l}每一工作\\量折旧额\end{array} \quad (8-30)$$

例如，对于运输设备计提折旧时，按照行驶里程计算应提折旧额，公式如下

$$单位里程折旧额=\frac{固定资产原值\times(1-预计净残值率)}{预计总行驶里数}$$

$$\begin{array}{l}某项固定资\\产月折旧额\end{array}=\begin{array}{l}该项固定资产\\当月行驶里程\end{array}\times\begin{array}{l}单位里程\\折旧额\end{array} \quad (8-31)$$

对于施工机械设备计提折旧时，按照台班数计算应提折旧额，公式如下

$$单位台班折旧额=\frac{固定资产原值\times(1-净残值率)}{预计总工作台班}$$

$$\begin{array}{l}某项固定资\\产月折旧额\end{array}=\begin{array}{l}该项固定资产\\当月实际台班\end{array}\times\begin{array}{l}单位台班\\折旧额\end{array} \quad (8-32)$$

3) 双倍余额递减法

双倍余额递减法，是在不考虑固定资产残值的情况下，根据每期期初固定资产账面余额和双倍的直线法折旧率计算固定资产折旧的一种方法。计算其应提折旧额和折旧率，公式如下

$$年折旧率=\frac{2}{预计使用年限}\times100\% \quad (8-33)$$

$$年折旧额=固定资产账面净值\times年折旧率 \quad (8-34)$$

由于双倍余额递减法不考虑固定资产残值的情况，因此，在应用这种方法时，必须注意不能使固定资产的账面折余价值降低到它的预计残值收入之下。即实行双倍余额递减法计提折旧的固定资产，应当在其固定资产折旧年限到期以前两年内，将固定资产净值扣除预计残值后的余额平均摊销。

4) 年数总和法

年数总和法，又称合计年限法，是将固定资产的原值减去净残值后的净额乘以一个逐年递减的年折旧率计算每年的折旧额。其计算公式如下

$$年折旧率=\frac{预计使用年数-已使用年数}{预计使用年限总和}\times100\%$$

$$某年折旧额=(固定资产原值-预计净残值)\times该年折旧率 \quad (8-35)$$

$$月折旧率=年折旧率\div 12$$
$$月折旧额=(固定资产原值-预计净残值)\times 月折旧率$$

双倍余额递减法和年数总和法均为加速折旧法,也称为快速折旧法或递减折旧法,其特点是在固定资产有效使用年限的前期多提折旧,后期则少提折旧,从而相对地加快折旧计提的速度,以使固定资产转移成本在其有效使用年限中加快得到补偿。

8.2.3　无形资产及其他资产管理

1. 无形资产管理

无形资产是指企业为生产产品或者提供劳务,出租给他人或管理目的而特有的、没有实物形态的非货币性长期资产。无形资产分为可辨认无形资产和不可辨认无形资产。可辨认无形资产是指具有专门的名称,可以个别地辨认的无形资产,包括专利权、非专利技术、商标权、土地使用权等。不可辨认无形资产是指那些不能个别辨认的、存在于整个企业中的无形资产,如商誉等。

1) 无形资产的计价

企业的无形资产在取得时,应按取得时的实际成本计价。

(1) 购入的无形资产,按实际支付的价款作为实际成本;投入者投入的无形资产,按投资各方确定的价值作为实际成本。

(2) 企业接受的债务人以非现金资产抵债方式取得无形资产,按应收债券的账面价值加上应支付相关税费作为实际成本。

(3) 以非货币性交易购入的无形资产,按换出资产的账面价值加上应支付的相关税费作为实际成本。

(4) 接受捐赠的无形资产,应按捐赠方提供的凭证上标明的金额加上应支付的相关税费作为实际成本,或者以同类无形资产的市价作为实际成本。

(5) 自行开发并按法律程序申请取得的无形资产,按依法取得时发生的注册费和聘请律师费等费用,作为无形资产的实际成本。

2) 无形资产的摊销

无形资产的成本,应当自取得当月起在预计的有效使用年限内分期平均摊销,计入当期管理费用或其他业务支出等项目。无形资产的有效使用年限应按照如下原则确定。

(1) 合同规定收益年限,但法律没有规定有效年限的,摊销不应超过合同规定的收益年限。

(2) 合同没有规定收益年限,但法律规定有效年限的,摊销期不应超过法律规定的有效年限。

(3) 合同规定了收益年限,法律也规定了有效年限,摊销期不应超过收益年限和有效年限二者之中较短者。

(4) 如果合同没有规定收益年限,法律也没有规定有效年限的,摊销期不应超过8年。

(5) 无形资产采用直线法平均计算每年的摊销额,无残值和清理费用,其年摊销额的计算公式为

$$\text{某无形资产年摊销额} = \frac{\text{无形资产的账面价值}}{\text{预计的有效使用年限}} \quad (8\text{-}36)$$

$$\text{月摊销额} = \text{年摊销额} \div 12$$

2. 其他资产管理

其他资产是指除流动资产、长期资产、固定资产、无形资产以外的资产，主要包括长期性质的待摊费用和其他长期资产。

1) 长期待摊费用

长期待摊费用是指企业已经指出，但摊销期限在 1 年以上(不含 1 年)的各项费用。长期待摊费用应单独核算，在费用项目的收益期限内分期平均摊销。

除购置和建造固定资产以外，所有筹建期间发生的费用，应先在长期待摊费用中归集，待企业开始生产经营起一次计入开始生产经营当期的损益。若长期待摊费用项目不能使以后会计期间受益的，应当将摊销的该项目的摊余价值全部计入当期损益。

2) 其他长期资产

其他长期资产一般包括国家批准储备的特准物资、银行冻结存款以及临时设施和涉及诉讼中的财产等。其他长期资产可以根据资产的性质及特点单独核算和管理。

8.3 建筑企业资金的筹集与运用

8.3.1 资金筹集概述

资金筹集是指企业根据其建筑生产经营、投资及调整资金结构的需要，运用筹资方式，通过筹资渠道和资金市场获得所需资金的行为。它是建筑企业财务管理的主要内容，也是组建建筑企业，并保证企业持续发展的前提。

1. 筹资渠道与筹资方式

1) 筹资渠道

资金筹集渠道是指企业获得资金的来源，即资金从何处取得。目前我国建筑企业筹集资金的渠道主要有：国家财政资金；金融机构资金，包括银行信贷资金和非银行信贷金融机构信贷资金；其他企业、社会团体和事业单位资金；职工和民间资金；国外资金；企业内部积累资金等。各种渠道的资金在体现资金供应量大小时，存在着较大的差异。有些渠道的资金供应量大，而有些渠道的资金供应量则较小。资金供应量的大小在一定程度上取决于财务环境的变化，特别是货币政策、财政政策等。

2) 筹资方式

筹资方式是指企业取得资金的具体形式，即资金是如何取得的。目前我国建筑企业筹集资金的方式主要有：吸收直接投资、发行股票、银行借款、发行企业债券、融资租赁、商业信用等。

企业筹资管理的重要内容是如何针对客观存在的筹资渠道，选择合理的筹资方式来筹集资金。选择合理的筹资方式，并有效地进行筹资组合，达到降低资金成本，最大限度地规避筹资风险。

2. 资本金制度

资本金制度是国家围绕资本金的筹集、管理及所有者的责、权、利等方面所做的法律规定。建立资本金制度，有利于促进企业健全自主经营、自负盈亏、自我发展和自我约束的经营机制。对于保障所有者权益和实现企业自负盈亏都有着重要意义。

1) 资本金及其构成

资本金是指企业在工商行政管理部门登记的注册资本。按照我国企业法人登记管理条例的规定，企业申请开业，必须有法定资本金。所谓法定资本金，是指国家规定开办企业必须筹集的最低资本金数额，即法定程序确定的资本。

我国现行法规一般要求企业实收资本与注册资本的一致性，但允许外商投资企业分期筹集其注册资本。

建筑企业筹集的资本金，按其投资主体可分为国家资本金、法人资本金、个人资本金、外商资本金等。

2) 资本金的筹集

在符合国家法律法规的前提下，企业可以采取国家投资，各方集资或者发行股票等方式筹集资本金。投资者可以用现金、实物或无形资产等形式向企业投资；投资者交付的出资额超出资本金的差额、法定资产重估增值以及接受捐赠的财产等计入资本公积；企业对筹集的资本金依法享有经营权，在企业经营期内，投资者除依法转让外，不得以任何方式抽回。企业筹集的资本金，必须聘请中国注册会计师验证，并出具验资报告，由企业据以发给投资者出资证明。

为了加强对企业筹集资本金的管理，建筑企业财务制度明确了资本金保全以及投资者对其出资所拥有的权利和承担的义务。

3. 筹资的动机与要求

1) 企业筹资的动机

企业筹资是为了更好地生存与发展。企业筹资通常受一定动机的驱使，主要有以下几种动机。

(1) 扩张性动机。这是指企业为了扩大生产经营规模而筹集资金。这种扩张性筹资会给企业带来收益增长的机会，也给企业带来更大的风险。

(2) 竞争性动机。这是指企业为了开发新产品和进行技术改造而筹集资金，从而增强企业的竞争实力。

(3) 偿债性动机。这是指企业为了偿还到期债务而筹集资金。偿债性筹资可区分为调整型偿债筹资(通常为主动性的筹资策略)和财务恶化型偿债筹资(通常为被动性的筹资策略)两种情况。

(4) 混合性动机。这是指企业综合上述几种情况筹集资金，企业需要扩大生产经营规模、增强竞争能力的长期资金，又需要举借债务以旧换新，形成混合型的筹资。

2) 企业筹资的要求

建筑企业在筹集资金过程中，应对影响筹资活动的各种因素，如资金成本、筹资风险、资金结构、投资项目的经济效益、筹资难易程度等进行综合分析与评价，并应满足以下要求。

(1) 合理确定筹资数额。企业应合理确定资金需要量，使筹资数量与资金需要两项平衡一致，防止筹资不足或筹资过大，增大资金的筹集成本，降低筹资效果。

(2) 正确选择筹资渠道与方式，力求降低资金成本。各种筹资方式与渠道的难易程度、财务风险、资金成本各不相同。企业财务人员应结合本企业实际情况，选择最适合的筹资渠道与方式，实现最佳的筹资组合，力争将筹资成本降低到最低限度。

(3) 适时取得资金来源，保证资金投放需要。企业在筹资活动中，应预计好用资时间，及时将筹集到的资金投放使用。避免筹资过早造成投放前的闲置浪费，或筹资滞后影响投放的有利时机。

(4) 努力创造良好的筹资环境。企业应不断地改善施工生产管理，把握建筑市场动向，增强企业实力，获取投资者的信任，增强企业筹资的吸引力。

此外，企业筹资应留有余地，即企业筹资后还应保持一定的举债空间和偿债能力，为企业长期稳定、健康的发展创造条件。

8.3.2 普通股筹资

发行股票筹资是股份有限公司筹集长期资金的基本方式，同时也是股份公司获取其他类型资金的基础。

1. 股票的种类和价格

股票是股份公司为筹集自由资金而发行的有价证券，使股东按所持股份承担义务和享有权利的书面凭证。股票是代表股东权的有价证券，是一种票式证券，票面应记载规定事项，须由董事长签字和发行公司盖章，股东与股票的权利和义务不可分离。

1) 股票的种类

股票按股东的权利和义务不同，可分为普通股和优先股；按其是否记名，可分为记名股和不记名股；按股票是否表明金额，可分为面值股票和无面值股票；按其投资主体不同，可分为国家股、法人股、个人股和外资股；股票按其发行对象和上市地区不同，可分为 A 股、B 股、H 股和 N 股等。

2) 股票的价值和价格

(1) 股票价值。股票的价值主要有以下几种。

① 票面价值：即股票票面上所记载的金额。

② 设定价值：发行无面值股票时，根据核定股本和发行股数为股票设定的价值。

③ 账面价值：即每股所代表本公司账面资产净值。

④ 清算价值：公司破产清算时，每股所代表被清理资产的实际价值。

⑤ 内在价值：筹资者或投资者对某种股票分析得出的股价计算。

(2) 股票价格。股票价格实际上就是股票的市场价值，也就是在证券市场上买卖股票的价格。股票价格的高低取决于股票所能带来的收益的大小。

2. 股票的发行、上市、暂停与终止

1) 股票的发行

股份有限公司在设立时要发行股票筹资；公司设立之后，为了扩大经营，调整资本结构,仍需要增资发行股票筹资。股票发行实行"公平、公正、公开"的原则,必须"同股同权,同股同利"。发行股票应接受国务院证券监督管理机构的管理和监督。

(1) 股票发行的条件。按照《公司法》的规定,公司设立发行股票应具备下列条件:每股金额相等;同次发行的股票,每股的发行条件和价格应当相同;股票发行价格可以按票面金额,也可以超过票面金额,但不得低于票面金额;股票应当载明公司名称、公司登记日期、股票种类、票面金额及代表的股份数、股票编号等主要事项。

公司发行新股,必须具备下列条件:前一份发行的股份已募足,并间隔1年以上;公司在最近3年内连续盈利,并可向股东支付股利;公司在3年内财务会计文件无虚假记载;公司预期利润率可达同期银行存款利率等。

(2) 股票发行的程序。股份有限公司设立时发行股票和增资发行新股,在程序上有所不同。

① 设立发行股票的程序:提出募捐股份申请;公告招股说明书,制作认股书,签订承销协议和代售股款协议;招认股份;召开创立大会,选举董事会和监事会;办理设立登记,交割股票。

② 增资发行股票的程序:股东大会做出发行新股票的决议;由董事会向国务院授权的部门或省级人民政府申请并经批准;公告招股说明书和财务会计报表及附属明细表,与证券经营机构签订承销合同,定向募集时向新股认购人发出认购公告或通知;招认股份,缴纳股款;改组董事会和监事会;办理变更登记,并向社会公告。

(3) 股票的发行方式。股票的发行方式主要有公开间接发行和不公开直接发行两种方式。

① 公开间接发行。是指通过中介机构,公开向社会公众发行股票。我国股份有限公司采用募集设立方式向社会公开发行新股时,须由证券经营机构承销的做法,就属于股票的公开间接发行。

② 不公开直接发行。是指不公开对外发行股票,只向少数特定的对象直接发行,因而无须经中介机构承销。我国股份有限公司采用发起设立方式和以不向社会公开募集的方式发行新股的做法,即属于股票的不公开直接发行。

2) 股票上市

股票上市是指股份有限公司公开发行的股票经批准在证券交易所进行挂牌交易。经批准在证券交易所上市交易的股票成为上市股票。具备股票上市条件的股份有限公司经申请由国务院或国务院授权证券管理部门批准,其股票方可上市。我国《公司法》规定,股东转让其股份,以及股票进入证券市场流通,必须在依法设立的证券交易所里进行。股票上市公司必须公告其上市报告,将其申请文件存放在指定的地点供公众查阅,并定期公布其财务状况和经营情况。

3) 股票暂停与终止

股票上市公司若公司股本总额、股权分布等发生变化,不再具备股票上市条件;或者公司不按规定公开其财务状况,或对财务状况报告做虚假记载;或者公司有重大违法行为;或者公司最近3年连续亏损等,应由国务院证券管理部门决定暂停其股票上市,后果严重的终止其上市。另外,公司决定解散、被行政主管部门依法责令关闭或者宣告破产的应由国务院证券管理部门决定终止其股票上市。

3. 股票筹资的优缺点

1) 普通股票筹资优点

与其他融资方式相比,普通股筹措资本具有以下优点:没有固定的利息负担;没有固定的到期日；增加公司举债能力；提高公司信誉等。

2) 普通股筹资缺点

普通股筹措资本具有以下缺点：普通股筹资成本高；公司增加了对社会股东的责任；可能会分散公司的控制权；降低普通股每股净收益，可能引起股价下跌等。

8.3.3 长期负债筹资

1. 长期借款筹资

长期借款是指企业向银行或其他非银行机构借入的，使用期限在1年或1年以上的各种借款，主要用于固定资产投资和流动资金的长期占用。

企业可以根据不同的借款用途向提供贷款的机构和单位，如政策性银行、商业银行和保险公司等，借入用于固定资产投资借款、更新改造借款、科技开发借款和新产品试制借款等。

借款合同是规定借贷双方权利和义务的契约，合同订立后，即产生法律效力，当事人在享受权利的同时，必须严格遵守合同条款，履行合同规定的义务。长期借款除根据借款合同的规定按期支付利息外，银行还会向借款企业收取其他费用。

长期借款筹资具有筹资速度快、筹资成本低、筹资弹性大及发挥财务杠杆的作用等优点。但同时，长期借款筹资具有财务风险高、限制条款多、筹资数量有限等缺点。

2. 发行债券筹资

债券是债务人为筹集借入资金而发生的，向债权人承诺在未来一定时期支付利息和偿还本金的一种有价证券。债券的基本要素主要有：债券的面值、债券的期限、债券的利率、债券的价格等。

长期债券按照不同的标识可以分为不同的类别，按照债券是否记有持券人的姓名或名称，分为记名债券和无记名债券；按其有无指定的财产做担保，分为抵押债券和信用债券；按照利率的不同，可分为固定利率债券和浮动利率债券。按照债券的偿还方式不同，可分为一次到期债券和分次到期债券；按其能否上市，债券可分为上市债券和非上市债券；按照债券的附加条件，可分为优惠债券、收益债券、附有认股证债券和可转换债券等。

债券发行可分为溢价发行、平价发行和折价发行。债券发行价格的计算式为

$$债券发行价格 = \frac{票面金额}{1+市场利率} + \sum_{i=1}^{n} \frac{票面金额 \times 票面利率}{(1+市场利率)^i} \quad (8-37)$$

式中：n——债券期限；

t——付息期数。

【例 8.8】 某公司发行每张面值为 80 元，每年付息两次，票面利率为 9% 的 4 年期公司债券，发行时市场利率为 5%，则该债券的发行价格为

$$债券的发行价格 = \frac{100}{(1+5\%)^8} + \sum_{t=1}^{8} \frac{100 \times 9\% \times \frac{6}{12}}{(1+5\%)^t}$$

=80×0.6768+4.5×6.4632=96.76(元)

公司发行的债券通常需要有债券评定机构评定等级。按国际通行的惯例，债券的等级分为三等九级，即 A、B、C 三等。长期债券筹资具有资金成本低，保障普通股的控制权，发挥财务杠杆的作用，筹资对象广，筹资市场大等优点，但是债券筹资的财务风险高，限制条件十分严格。

3. 租赁筹资

租赁是出租人在一定的期间内有偿向承租人出租资产使用权的一种经济行为。

1) 融资租赁

融资租赁是指租赁公司(出租人)用资金购买企业(承租人)选定的设备，并按协议将其租给承租企业长期使用的一种融通资金方式，又称为融资租赁。融资租赁的特点如下。

(1) 融资与融物相结合。
(2) 涉及三方当事人，至少有两个以上合同。
(3) 租赁公司按用户的选择购入设备，交与承租人使用。
(4) 租期较长。
(5) 租赁合同较稳定，不能因一方的需要随意撤销。
(6) 设备所有权与使用权相分离。
(7) 合同期满后根据合同规定处理设备：续租、留购、退还等。

融资租赁根据出租人购买设备的资金来源和付款对象，可分为直接租赁、转租赁和售后回租；根据出租人对设备的出资比例分为单一投资租赁和杠杆租赁等。

2) 租金的计算

融资租赁的资金包括租赁手续费、利息及构成固定资产价值的设备价款、运输费、途中保险费和安装调试费等。

租金的支付方式：后付租金和先付租金方式。

(1) 后付租金。在我国筹资企业与租赁公司商定的租金支付方式，大多是租金于每年年末支付一次，且各期数额相等。后付租金的计算如下

$$A = \frac{P_0}{\text{PVIFA}_{i,n}} \tag{8-38}$$

式中：A——后付年租金；
P_0——年金现值，即固定资产价值；
$\text{PVIFA}_{i,n}$——年金现值系数；
n——租赁期数；
i——贴现率。

(2) 先付租金。筹资企业有时可能与租赁公司商定，等额租金于每年初支付，即采用先付租金形式。先付租金的计算如下

$$A = \frac{P_0}{\text{PVIFA}_{i,n-1}+1} \tag{8-39}$$

式中：A——先付年租金；
P_0——现值，即固定资产价值；

PVIFA$_{i,n-1}$——年金现值系数。

3) 融资租赁的优缺点

(1) 融资租赁的优点。迅速获得所需资产；租赁筹资具有较大的灵活性；融资租赁的租金相对固定；分享国外出租人的税收优惠或加速折旧所获得的好处；租金在税前扣除，有利于减轻企业所得税负担；免遭设备陈旧过时的风险；租金在整个租赁期内分摊，适当降低企业不能偿付的风险。

(2) 融资租赁的缺点。资金成本较高；不利于改进设备；在国际融资租赁时，要承担外汇风险；不得已解除合同时，承租企业要一次付清全部债款，压力较大；租赁期满不能获得设备残值，可视为企业的机会损失。

8.3.4 短期负债筹资

短期负债筹资是公司筹措资金的主要方式，是企业为获得短期借入资金，解决临时性或短期资金流转困难而做出的举债承诺。

1. 短期负债筹资的特点

短期负债融资所筹集资金的可使用时间较短，一般不超过 1 年，主要有以下几个特点。

(1) 筹资速度快，容易取得。短期负债在较短时间内即可归还，因此债权人顾虑较少，极易取得。

(2) 筹资具有较大的弹性。与长期负债相比，短期负债的限制则相对宽松，所筹集的资金较为灵活，富有弹性。

(3) 筹资成本较低。一般来说，短期负债的利率低于长期负债，短期负债筹资的成本也较低。

(4) 筹资风险高。短期负债需要在短期内归还，因而要求筹资企业在短期内必须有足够的资金用于偿还债务，若资金安排不当，则会使企业陷入财务危机。

2. 短期负债筹资的主要方式

1) 商业信用

商业信用是指在商品交换中由于延期付款或预支贷款所造成的企业间的信贷关系，是企业间的一种直接信用行为。商业信用是因商品交易中，钱与货在时间上分离而产生的，属于自然性融资。

(1) 应付账款。应付账款是企业购买货物暂未付款而对卖方的欠账，即卖方允许买方滞后一段时间支付货款的形式。应付账款按其付款期限和折扣信用条件的不同，可以分为免费信用、有代价信用和展期信用 3 种。

(2) 应付票据。应付票据是企业使用延期付款方式进行交易时，所开具的反映债权债务关系的带息或不带息的票据。一般是由供货者或购买者签发，由承兑人(付款方或代理银行)承兑，期限最长不超过 6 个月。根据承兑人不同，可将应付票据分为商业承兑汇票和银行承兑汇票两种。

(3) 预收账款。预收账款是企业在交付货物之前向买方预先收取部分或全部货款的一种信用形式，相当于向买方借用资金，然后用货物清偿。可以缓解资金占用过多的矛盾。

商业信用融资具有自然性，融资方便，不需要成本或成本很低，灵活性强，限制条件少等优点；但商业信用融资的信用期限一般都较短，并且如果放弃现金折扣，要付出较高的资金成本。

2) 短期借款

短期借款又称为银行短期贷款，是指企业向银行或其他非银行金融机构借入的期限在1年以内的借款。短期借款是企业筹集短期资金的主要方式，按照借款目的和用途分为若干种，主要由生产周转借款、临时借款和结算借款等。

企业举借短期借款，首先必须提出申请，经过审查同意后，借贷双方签订借贷合同，注明借款的用途、金额、利率、期限、还款方式、违约责任等，然后企业根据借款合同办理借款手续，便可取得借款筹资。

短期借款融资可以随企业的需要安排，便于灵活使用，且取得较为简便；尤其对于季节性和临时性的资金需求，采用短期借款更为方便。但需要在短期内归还，特别是带有诸多附加条件的情况下更使风险加剧。

8.3.5 资金成本与资本结构

1. 资金成本

1) 资金成本及其意义

资金成本是指企业为筹集和使用资金而付出的代价，包括资金筹集费用和使用费用。资金筹集费用是指企业为筹集长期资金而付出的各种费用，包括委托金融机构发行股票、债券的注册费、代理费、印刷费、发行手续费、公证费、担保费、资信评估费和广告费等，以及向银行借款支付的手续费；资金使用费用是指企业为使用长期资金而付出的各种费用，包括银行借款、发行债券的利息以及发行股票的股利和股息。

资金成本是企业财务管理的一个重要概念，国际上将其列为一项"财务杠杆"。资金成本是比较筹资方式、选择筹资方案和进行资本结构决策的依据。个别资金成本用于选择某种资金来源方式；综合资金成本用于资本结构决策；边际资金成本用于追加资本结构决策。资金成本是评价企业投资项目可行性的主要经济标准；资金成本是评价企业经营业绩的基本标准。

资金成本率是以资金占用费用与企业筹资总额扣除资本筹集费后的比率。如下式所示

$$资金成本率=\frac{资金占用费}{筹资总额\times(1-筹资费率)}\times 100\% \tag{8-40}$$

2) 个别资金成本

不同的资金来源方式，其个别资金成本的计算有所不同，如下式所示。

(1) 长期借款的资金成本：

$$借款资本=\frac{借款年利息\times(1-所得税税率)}{借款总额\times(1-借款手续费率)}\times 100\% \tag{8-41}$$

(2) 长期债券的资金成本：

$$债券成本=\frac{债券年利息\times(1-所得税税率)}{债券发行总额\times(1-筹资费率)} \tag{8-42}$$

(3) 优先股的资金成本：

$$\text{优先股成本} = \frac{\text{优先股年股息}}{\text{优先股发行总额} \times (1-\text{筹资费率})} \quad (8\text{-}43)$$

(4) 普通股的资金成本：

$$\text{普通股成本} = \frac{\text{预计第一年年股利}}{\text{普通股发行总额} \times (1-\text{筹资费率})} + \text{股利年增长率}$$

$$\text{普通股成本} = \frac{\text{预计第一年每股股利}}{\text{普通股每股价格} \times (1-\text{筹资费率})} + \text{股利年增长率} \quad (8\text{-}44)$$

(5) 留存收益的资金成本：

$$\text{留存收益成本} = \frac{\text{预计第一年年股利}}{\text{普通股发行总额}} + \text{股利年增长率} \quad (8\text{-}45)$$

(6) 商业信用成本(应付账款的成本)。销货方的现金折扣一般表示为"1/8，$n/30$"，如果卖方在规定的付款期内付款，就可以享受免费信用，否则就承担机会成本。商业信用成本的计算如下

$$\text{商业信用成本} = \frac{\text{现金折扣}}{\text{票面金额}-\text{现金折扣}} \times \frac{360\text{天}}{\text{延期付款天数}} \times 100\%$$

或者

$$\text{商业信用成本} = \frac{\text{现金折扣率}}{1-\text{现金折扣率}} \times \frac{360\text{天}}{\text{延期付款天数}} \times 100\% \quad (8\text{-}46)$$

【例 8.9】 企业按"2/8，$n/30$"的条件购入货物，贷款 50 000 元。按信用条件，如果企业在 8 天内付款，就享受了 8 天的免费信用，并得到折扣 0.1 万元(50 000×2%)，免费信用额为 4.9 万元。如果企业决定享受折扣并在第 8 天付款，那么它就从销货企业取得了 8 天期的 4.9 万元的信用资金；如果企业放弃折扣，在 8 天后付款(但不超过 30 天)，就要承受因放弃折扣而造成的隐含利息成本，即

$$\text{商业信用成本} = \frac{2\%}{1-2\%} \times \frac{360}{30-10} \times 100\% = 36.7\%$$

3) 综合资金成本

综合资金成本是指以各种资本占全部资本的比重为权数，对各种来源资本的个别资本成本进行加权平均计算而得，它是由个别资本成本和加权平均权数两个因素决定的。综合资本成本的计算如式(8-47)所示。

$$\text{综合资本成本} = \sum(\text{某种资本来源资本比重} \times \text{该资本来源的个别资本成本}) \quad (8\text{-}47)$$

【例 8.10】 某企业的资本总额为 8000 万元，目前的资金来源为银行借款 500 万元，借款成本为 3.35%；发行债券 1500 万元，债券成本为 4.16%；发行优先股 800 万元，优先股成本为 7.73%；发行普通股 5000 万元，普通股成本为 8.18%；利润留存 2000 万元，留存收益成本为 8.67%。则计算目前资本结构的综合资本成本率为

$$\text{综合资本成本率} = \frac{500}{10\,000} \times 3.35\% + \frac{1500}{10\,000} \times 4.16\% + \frac{1000}{10\,000} \times 7.73\% +$$

$$\frac{5000}{10\,000} \times 10.81\% + \frac{2000}{10\,000} \times 10.67\%$$

$$= 9.835\%$$

2. 资本结构

企业筹集的资金可以归结为自有资金和借入资金两大类，自有资金和借入资金的比例

关系，称为资金来源结构，简称资本结构。

为了协调资金成本与财务风险的矛盾，在筹资决策中，需要对借入资本和自有资本的比例进行合理安排。资金成本的高低是衡量资本结构是否合理的主要标准；资本结构的变化影响企业综合资本成本的高低。

为了进行筹资决策，确定最优资本结构，应计算各种长期资金来源的综合资金成本，选择综合资金成本最低的资本结构。企业综合资金成本最低时的资本结构与企业价值最大时的资本结构是一致的。因此，企业以加权平均计算的综合资金成本的高低作为确定最佳资本结构的衡量标准。

3. 财务杠杆与财务风险

企业以借债、租赁和优先股的方式筹集资金时，债务利息等固定费用不变。当投资利润增大时，每一元利息所负担的固定费用就会相对减少，从而提高自有资金利润率。企业可以利用资金成本固定型的筹资方式筹集债务资金，进行负债经营，充分发挥财务杠杆的作用。

杠杆利益是企业资本结构决策中的一个重要因素，企业进行资本结构决策时应在杠杆利益与相关经营风险和财务风险之间进行合理权衡。

1) 经营杠杆

经营杠杆又称营业杠杆或营运杠杆，是指企业在进行经营决策时对经营成本中固定成本的利用。运用营业杠杆，企业可以获得一定的杠杆利益，同时也承担着营业风险。

当企业的产销规模一定时，由于固定成本总额并不随着产品销量的增减变动而变动，而固定成本却随着产销量的增加而减少，从而给企业带来利润的增长，称为营业杠杆利益。但同时，当销售下降时，将使企业的税前利润下降得更快，从而给企业带来经营风险。

经营杠杆系数也称营业杠杆程度，是指息税前利润的变动率相当于销售额变动率的倍数，如下式所示

$$\text{DOL} = \frac{\Delta \text{EBIT}/\text{EBIT}}{\Delta Q/Q} \tag{8-48}$$

式中：DOL——经营杠杆系数；
　　　EBIT——变动前息税前利润；
　　　ΔEBIT——息税前利润变动额；
　　　Q——变动前销售额；
　　　ΔQ——销售额变动量。

若企业销售单一产品时，可用下式计算

$$\text{DOL}_Q = \frac{Q(P-V)}{Q(P-V)-F} \tag{8-49}$$

式中：DOL_Q——销售量为 Q 时的经营杠杆系数；
　　　P——单位产品销售价格；
　　　V——单位变动成本；
　　　F——全期固定成本总额。

若企业经营多种产品时，可用下式计算

$$\text{DOL}_S = \frac{S-\text{VC}}{S-\text{VC}-F} \tag{8-50}$$

式中：DOL_S——销售额为 S 时的经营杠杆系数；

VC——变动成本总额。

【例 8.11】 某企业生产单一产品，固定成本总额为 50 万元，变动成本率为 60%，则测算销售额为 500 万元时的经营杠杆系数为

$$DOL_{500} = \frac{500 \times (1-60\%)}{500 \times (1-60\%) - 50} = 1.33$$

影响企业经营风险的因素主要有产品需求的变动、产品售价的变动、产品成本的变动、产品成本结构的变动等。

2) 财务杠杆

财务杠杆又称融资杠杆，是指企业在进行资本结构决策时债务利息的利用。在企业资本结构一定的条件下，企业从息税前利润中支付的债务利息是相对固定的，当息税前利润增多时，每一元税前利润所负担的利息就会相应地减少，从而增加企业的税后利润，为所有者带来额外的收益。但当息税前利润减少时，每一元税前利润所负担的债务利息就会相应地增加，从而使税后利润下降得更快，给企业带来财务风险。

财务杠杆系数，又称财务杠杆程度，是指普通股每股税后利润变动率相当于息税前利润变动率的倍数，如下式所示

$$DFL = \frac{\Delta EPS / EPS}{\Delta EBIT / EBIT} \tag{8-51}$$

式中：DFL——财务杠杆系数；

EPS——普通股每股净利润；

ΔEPS——普通股每股净利润变动额。

或表示为

$$DFL = \frac{EBIT}{EBIT - I - \frac{PD}{1-T}} \tag{8-52}$$

式中：I——债务利息；

PD——优先股股利；

T——企业适用的所得税。

若无优先股时，则

$$DFL = \frac{EBIT}{EBIT - I} \tag{8-53}$$

【例 8.12】 某企业全部资金为 80 万元，债务比率为 40%，债务成本率为 8%，所得税税率为 33%，当销售额为 500 万元时，其息税前利润是 150 万元，则财务杠杆系数计算如下

$$DFL_{500} = \frac{150}{150 - 100 \times 40\% \times 10\%} = 1.03$$

一般来说，当企业资本总额和息税前利润相同时，企业资本结构中债务比重越大，财务杠杆系数也就越大，企业面临的财务风险也就越大，但预期的普通股每股股利也就越高；相反，企业负债比率越小，财务杠杆系数就越小，企业面临的财务风险就越小，同时普通股股利也越小。

3) 复合杠杆

复合杠杆又称总杠杆或联合杠杆，是指对经营杠杆和财务杠杆的综合运用。

复合杠杆系数又称总杠杆系数，是指普通股每股利润变动相当于销售量变动率的倍数，

也可以用经营杠杆系数与财务杠杆系数的乘积表示，如下式所示

$$DCL = DOL \times DFL = \frac{\Delta EBIT/EBIT}{\Delta S/S} \times \frac{\Delta EPS/EPS}{\Delta EBIT/EBIT}$$

$$= \frac{\Delta EPS/EPS}{\Delta S/S} = \frac{\Delta EPS/EPS}{\Delta Q/Q} \tag{8-54}$$

【例 8.13】 若上述企业经营杠杆系数为 1.33，财务杠杆系数为 1.03，则复合杠杆系数为：1.33×1.03=1.37。

复合杠杆系数的作用体现在：运用复合杠杆能够估计由于销售变动对普通股每股利润的影响程度，同时能够了解经营杠杆和财务杠杆之间的关系，选择经营杠杆和财务杠杆的最优组合。

4）财务风险的测量

财务风险是指由于利用财务杠杆而给企业带来的破产风险，或使普通股每股利润大幅度变动的风险。财务风险可以通过期望自有资金利润率及其标准来测量。期望自有资金利润率的计算如下

$$期望自有资金利润率 = 期望全部资金利润率 + \frac{借入资金}{自有资金}$$

$$\times (期望全部资金利润率 - 借入资金利息率) \tag{8-55}$$

式(8-55)表明，当企业经营状况良好时，期望全部资金利润率大于借入资金利息时，企业资本结构中负债比率越大，期望自有资金的利润率就越高，企业面临风险适当；若企业经营状况较差时，即期望全部资金利润率低于借入资金利息率时，负债比率越大，财务风险越大，期望自有资金利润率就越低。

4. 筹资的每股盈余分析

筹资的每股盈余分析法是指利用每股盈余(利润)无差别点来进行资本结构决策的方法。每股盈余无差别点是指企业筹资时每股盈余不受融资方式影响的销售水平，或是各种筹资方案下每股盈余等同时的息税前利润点，又称筹资无差别点。根据每股盈余无差别点可以分析判断在何种情况下运用举债筹资，或采用股权筹资，采用何种资本结构。

1）每股盈余的计算

企业筹资方案的每股盈余的计算式如下

$$EPS = \frac{(S-VC-F-I)(1-T)-DP}{N}$$

或

$$EPS = \frac{(EBIT-I)(1-T)-DP}{N} \tag{8-56}$$

式中：EPS——普通股每股盈余(利润)；

S——销售额；

VC——变动成本总额；

F——固定成本总额；

I——利息费用；

T——所得税税率；

N——发行在外的普通股股利;

DP——优先股股利;

$EBIT$——息税前利润总额。

2) 每股盈余无差别点的确定

计算出不同筹资方案的每股盈余(利润)EPS_1 和 EPS_2，$EPS_1=EPS_2$，从中解出两个不同筹资方案的每股盈余(利润)无差别点的销售额(或息税前利润)，确定各筹资方案的有利区域，以选择最优的筹资方案，进行筹资决策。

【例 8.14】 某企业原有资本 800 万元，其中债务资本 200 万元，年利率 12%；优先股资本 150 万元，年股利率 15%；普通股资本 450 万元，每股面值 80 元，现拟追加筹资 200 万元，扩大业务，有以下两种筹资方式可供选择。

方式一：发行普通股，每股面值 80 元，即 2 万股；

方式二：举借长期债务 200 万元，年利息率 13%。

企业现有资本结构：变动成本率为 60%，固定成本总额为 150 万元，使用所得税税率 33%。则运用每股利润无差别点分析企业如何选择筹资方式，确定资本结构。

解：计算两筹资方案的每股盈余无差别点的销售额 S_0

$$\frac{(S_0 - 60\%S_0 - 150 - 200\times12\%)\times(1-33\%) - 150\times15\%}{4.5+2}$$

$$= \frac{(S_0 - 60\%S_0 - 150 - 200\times12\% - 200\times13\%)\times(1-33\%) - 150\times15\%}{4.5}$$

求得 $S_0 = 730.20$(万元)

此时 $EPS = 8.71$(元)

若计算两筹资方案的每股盈余无差别点的息税前利润 $EBIT_0$

$$\frac{(EBIT_0 - 200\times12\%)\times(1-33\%) - 150\times15\%}{4.5+2}$$

$$= \frac{(EBIT_0 - 200\times12\% - 200\times13\%)\times(1-33\%) - 150\times15\%}{4.5}$$

求得 $EBIT_0 = 142.08$(万元)

此时 $EPS = 8.71$(元)

两筹资方案的每股盈余无差别点如图 8.8 所示。

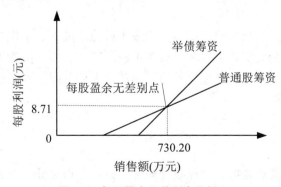

图 8.8 每股盈余无差别点分析

8.4 建筑企业成本、费用管理

8.4.1 成本费用概述

1. 工程成本的内容

建筑安装工程的施工过程,既是建筑工程的建造过程,又是物化劳动和活劳动的耗费过程。建筑企业在工程施工过程中所发生的各项耗费,称为工程成本。工程成本的高低,既反映了企业的施工与管理水平,同时也体现了企业在市场中的竞争能力。因此,正确核算工程成本并加强工程成本管理,就成为建筑企业经营管理的重要内容。

工程成本的直接费用主要包括材料费、人工费、机械使用费、其他直接费等。

1) 直接费用项目

(1) 材料费。这是指在施工过程中所耗用的、构成工程实体或有助于工程形成的各种主要材料、外部结构件成本,以及施工周转性材料的摊销和租赁费等。

(2) 人工费。这是指直接从事工程施工的工人(包括施工现场制作构件工人、施工现场水平、垂直运输等辅助工人,但不包括机械工人)的工资和职工福利费。

(3) 机械使用费。这是指建筑施工过程中使用施工机械所发生的费用和按照规定支付的施工机械进出场费等。其中,使用施工机械所发生的费用包括:机上操作人员工资、燃料、动力费,机械折旧费、修理费,替换工具及部件费,润滑剂擦拭材料费,安装、拆卸及辅助设施费,养路费,牌照税,使用外单位施工机械租赁费,以及保管机械而发生的保管费等。

(4) 其他直接费。这是指现场施工用水、电、风、气费,冬雨季施工增加费,夜间施工增加费,流动施工津贴,材料二次搬运费,生产工具、用具使用费,检验试验费,工程定位复测、工程点交和场地清理费用等。

2) 间接费用项目

间接费用是指企业所属施工单位,如分公司、项目经理部等,为组织和管理施工生产活动而发生的各项费用。包括临时设施摊销费,施工单位管理人员工资、职工福利费,管理部门用固定资产折旧费、修理费,工具、用具使用费,办公费,差旅交通费,劳动保护费等。

工程直接费用加上分配的间接费用,构成工程施工成本。工程施工成本采用制造成本法核算,不是工程完全成本。工程施工成本不包括期间费用,如管理费用和财务费用等。按照现行制度规定,期间费用直接计入当期损益,无须分配计入工程成本,因此在建工程只按工程施工成本计算。

2. 期间费用

1) 管理费用

建筑企业的管理费用是指企业行政管理部门,即公司总部为组织管理企业施工生产经营活动所发生的各项费用。包括行政管理人员工资、职工福利费、折旧费、修理费、低值易耗品摊销、办公费、差旅费、工会经费、职工教育经费、劳动保险费、待业保险费、董事会费、咨询费、审计费、诉讼费、绿化费、税金、土地使用税、技术转让费、技术开发费、无形资产摊销、业务招待费、计提的坏账准备和存货的跌价准备、存货盘亏毁损和报废(减盘盈)损失，以及其他有关管理费用等。

2) 财务费用

建筑企业的财务费用是指企业为筹集施工生产经营所需资金而发生的各项费用，包括施工生产经营期间发生的利息费用(扣减利息收入)、支付金融机构的手续费用、汇总损益以及企业筹资发生的其他财务费用等。

建筑企业成本管理是围绕着成本费用预测、成本费用计划、成本费用控制、成本费用核算、成本费用分析和考核的环节来进行的。这些环节的内容相辅相成，互为条件，互相制约，构成一个完整的成本费用管理体系。

8.4.2 工程成本预测

成本预测是在编制成本预算之前，根据企业的经营总目标和预测其可能发生的各个影响因素，采用定量和定性分析方法，确定目标成本、预计成本水平及其变动趋势的一种管理活动。

1. 成本预测的步骤

成本预测通常按以下步骤进行。

1) 确定初选目标成本，提出目标成本草案

所谓目标成本，是指在确保实现目标利润的前提下，企业在成本方面应达到的目标。它规定着企业未来降低成本的努力方向，一般具有效益性、可控性、目的性与先进性的特点。目标成本的确定应经过反复测算才能完成。一般可采用按目标利润或现金的成本水平两种方法进行预测。两种方法如下。

(1) 目标利润法。即根据企业预测期的目标利润测算。以事先确定的目标利润为前提，根据销售预测和国内外同类企业的情报资料，考虑具有竞争能力的价格水平，用预计销售收入扣除目标利润就可得到所需的目标成本：

$$目标成本=预计销售收入-目标利润-应纳税金$$

按这种方法可以使目标成本与目标利润的水平衔接起来。但它无法直接确定目标固定成本和目标单位变动成本指标，还须在此基础上继续分析。

(2) 现金成本水平法。根据企业的历史最好的成本水平或国内外同类产品现金水平选择标准，也可以按照上年实际水平扣减成本降低率作为目标成本。可以是国内外同种产品的现金成本，或是本企业历史上现金水平的实际成本，或按企业平均现金的消耗定额制定的定额成本或计划成本。

这种方法可以直接确定单位目标成本，但无法与目标利润联系起来。

2) 预测成本的发展趋势

目标成本提出后，企业还需要利用有关模型预测总成本发展趋势，以检验在现有条件下实现目标成本的可能性与现实性。预测总成本的内容包括两个方面，一是预测一定时期内各项生产成本营业费用的总体水平和结构；二是预测在一定销售量时的有关成本水平。

确定在当前生产条件下不采取任何新的降低成本措施，预测期产品成本能否达到初选目标成本的要求。

3) 提出各种成本降低方案

在初步确定了成本目标之后，应采取各种积极措施降低当前的产品成本，提出成本降低方案。成本降低方案的提出可以从改进产品设计、改善生产经营管理和控制管理费用 3 个方面进行，以便降低成本，保证生产和产品质量的需要。

(1) 改进产品设计，开展价值分析，节约原材料、燃料和人力等资源的消耗。产品结构设计是否先进合理，是决定产品设计成本水平的重要环节和先决条件，不仅影响产品的性能和质量，更影响到产品成本数额的大小。因为产品的设计基本上决定了产品投产后的原材料、燃料、动力和人工的消耗程度，如果产品结构设计不合理，将使产品成本超支，造成较大的浪费。因此，在产品结构设计上应采用价值分析，以最低总成本实现产品的必要功能，提高产品效益。

(2) 改善产品经营管理，合理组织生产。生产经营管理的好坏，如劳动力的合理组织、工艺方案的选择、零部件的外购或自制决策、新设备增加等与产品成本的高低有着密切的关系，影响产品成本数额的大小。因此，企业应合理地组织产品生产，挖掘降低产品成本的潜力，针对生产经营管理中存在的问题，提出各种不同的改进方案，并对不同方案的经济效果进行对比分析，从中选择最优的成本降低方案。

(3) 控制费用开支，降低管理费用。间接经营和管理费用在成本中占有很大的比重，企业各部门应实行严格的费用控制制度，控制管理费用支出，达到降低成本的目的。

4) 修订目标成本

企业的成本降低措施和方案确定后，应进一步测算各项措施对产品成本的影响程度，修订初选目标成本，最终确定预测期的目标成本。经过上一步骤，既可以了解企业在目前条件下实现目标成本的可能性有多大，又能促使企业积极采取措施降低成本，并测算出这些措施对未来成本水平的影响，经过测算比较，若原定目标成本草案与现实差距太大，难以达到，则应适当修正目标，使之尽量符合客观实际，并与相应保证措施相联系。

2. 工程成本预测的含义

工程成本预测，是指根据历史及报告期的有关工程成本费用资料和各种影响因素，分析计划年度各个工程项目的工程任务和施工技术及管理情况，测算计划年度各项工程成本降低情况，以便为企业进行经营决策提供信息。工程成本预测是以各项工程当年的预算成本为基础，预测工程成本降低额，进一步预测工程成本水平。

3. 工程预算成本

工程预算成本是根据全国或地区统一制定的预算定额，并按统一规定编制工程预算方法计算的工程成本。由于预算定额是建筑行业的平均定额，所以据以计算的工程预算成本，也是建筑行业的平均成本，它是计算工程造价的依据。工程预算成本的预测一般应按下列程序进行。

1) 制定分部分项工程的地区同一单位估价表

(1) 根据分部分项工程的材料消耗定额和地区材料预算价格，计算分部分项工程的材料费。

(2) 根据分部分项工程的劳动定额和工资标准,计算分部分项工程的人工费。

(3) 根据分部分项工程的机械台班定额和机械台班费标准,计算分部分项工程的机械使用费。

(4) 根据分部分项工程材料费、人工费、机械使用费的合计数和其他直接费定额,计算分部分项工程的其他直接费。

(5) 将分部分项工程的材料费、人工费、机械使用费和其他直接费加总,计算分部分项工程的直接费用,从而制定出各个分部分项工程的地区同一单位估价表(直接费用部分)。

2) 预测工程预算成本

(1) 根据工程量和地区同一单位估价表的相应单价,计算各项工程的直接费用。

(2) 根据间接费用和期间费用定额,计算工程间接费和期间费用(包括财务费用和管理费用);以工程的直接费用加上间接费用和期间费用,计算工程预算成本。

工程预算成本不仅包括工程的直接费和间接费成本,还包括财务费用和管理费用等期间费用,它属于工程的完全成本。因此,在将工程施工成本与工程预算成本进行对比分析时,必须在工程预算成本中剔除期间费用,使两者口径一致。

4. 工程成本降低额的预测

工程成本降低额的预测可采用成本预测的因素分析法。成本预测可以采用诸如历史资料分析法、因素预测法、定额测算法和预计成本测算法等方法。其中,因素预测法则是通过分析与定型产品的成本有关的技术进步、劳动生产率变动以及物价变动方向和经济发展前景,考虑各种影响成本的有关因素,如工程量(或产品产量)、主要材料消耗、劳动生产率和费用变动等因素,以及预计采取相应措施对成本指标的影响程度来预测工程(或产品)未来的成本水平的一种定量分析方法。

在预测各项措施对工程(或产品)的影响程度时,应抓住主要影响因素,并对这些主要因素进行分析。一般可以从节约主要材料消耗、提高劳动生产率、合理利用设备、节约管理费用和减少废品损失等方面进行测算,具体测算方法如下。

1) 预算材料费用对成本的影响

材料费用在产品成本中占有较大的比重,其高低直接影响着工程(或产品)成本的大小。而材料费用主要受材料消耗定额和材料价格等因素变动的影响,材料消耗定额降低和材料价格降低都会引起材料费用的降低,从而影响工程(或产品)成本的降低,其成本的降低率计算,如下式所示

$$\text{材料消耗定额影响的成本降低率} = \text{材料费用占成本的比重} \times \text{材料消耗定额降低率} \tag{8-57}$$

$$\text{材料价格降低影响的成本降低率} = \text{材料费用占成本的比重} \times \left(1 - \text{材料消耗定额降低率}\right) \times \text{材料价格降低率} \tag{8-58}$$

综合材料消耗定额和材料价格因素的影响,计算材料费用降低影响到的成本降低率如下式所示

$$\text{材料费用降低影响的成本降低率} = \text{材料费用占成本的比重} \times \left[1 - \left(1 - \text{材料消耗定额降低率}\right) \times (1 - \text{材料价格降低率})\right] \tag{8-59}$$

2) 测算工资费用对成本的影响

(1) 劳动生产率的变动与单位工程(或产品)成本中工资费用的变动成反比关系,而平均

工资的增长与单位工程(或产品)成本中的工资费用的变动成正比关系。计算劳动生产率提高超过平均工资增长影响的成本降低率,如下式所示

$$\begin{matrix}\text{劳动生产率提高超过工资}\\ \text{增长而影响的成本降低率}\end{matrix} = \begin{matrix}\text{生产工人工资}\\ \text{占成本的比重}\end{matrix} \times \left(1 - \frac{1+\text{平均工资增长率}}{1+\text{劳动生产率提高率}}\right) \quad (8\text{-}60)$$

式(8-60)中,劳动生产率可以用产量来表示,也可以用工时表示。由于以产量表示的劳动生产率与以工时表示的劳动生产率互为倒数,因此可以根据预测期工时定额降低幅度来计算影响成本的降低率,如下式所示

$$\begin{matrix}\text{工时定额降低而工资增}\\ \text{长影响的成本降低率}\end{matrix} = \begin{matrix}\text{生产工人工资}\\ \text{占成本的比重}\end{matrix} \times \left(1 - \frac{1+\text{平均工资增长率}}{1+\text{工资定额降低率}}\right) \quad (8\text{-}61)$$

(2) 测算在施工生产工人人数和工资不变的情况下,由于劳动生产率提高而形成的成本节约程度。计算劳动生产率提高而平均工资不变影响的成本降低率,如下式所示

$$\text{成本降低率} = \begin{matrix}\text{生产工人工资}\\ \text{占成本的比重}\end{matrix} \times \left(1 - \frac{1}{1+\text{劳动生产增长率}}\right) \quad (8\text{-}62)$$

3) 预测生产增长超过变动费用增加对成本的影响

在企业生产经营过程中所发生的制造费用和管理费用中,属于变动费用部分,如消耗性资料和运输费等,随着产量的增长而有所增长,但其增加幅度一般小于生产增长速度,因此会减少单位工程(或产品)中应分摊的管理费用,从而降低单位成本。计算生产增长超过变动费用增加引起成本的降低率,如下式所示

$$\begin{matrix}\text{生产增长超过费用增}\\ \text{长影响成本降低率}\end{matrix} = \begin{matrix}\text{变动费用占}\\ \text{成本的比重}\end{matrix} \times \left(1 - \frac{1+\text{费用增加率}}{1+\text{生产增加率}}\right) \quad (8\text{-}63)$$

4) 测算生产增长而固定费用不变对成本的影响

在企业生产经营过程所发生的制造费用和管理费用中,属于固定费用部分,如管理人员工资、办公费、差旅费和折旧费用等,一般不随产量增长而增加,因此随着生产的增长,会使单位成本应分摊的固定费用减少,降低单位成本。计算由于生产增长而固定费用不变影响成本的降低率,如下式所示

$$\begin{matrix}\text{生产增长而固定费用}\\ \text{不变影响成本降低率}\end{matrix} = \begin{matrix}\text{固定费用占}\\ \text{成本的比重}\end{matrix} \times \left(1 - \frac{1}{1+\text{生产增长率}}\right) \quad (8\text{-}64)$$

5) 测算返工率降低对成本的影响

企业生产中发生的返工损失也是工程成本的构成项目之一,提高工程施工质量,降低返工率,可以降低工程施工中的质量成本。

在预测了各个因素变动对成本影响的降低率之后,即可计算成本降低额,如下式所示

$$\text{成本降低额} = \text{预测期总成本} \times \text{各因素影响的成本降低率} \quad (8\text{-}65)$$

8.4.3 工程成本计划

成本费用计划是在多种成本费用预测的基础上,经过分析、比较、论证和判断之后,以货币形式预先规定计划期内生产的耗费和成本所要达到的水平,并且确定各个成本项目比上期预计要达到的降低额和降低率,提出保证成本和费用计划实施所需要的主要措施方案,它是进行成本费用控制的主要依据。建筑企业的工程成本计划,需要编制年度、季度

工程直接费计划，月度、单位工程直接费计划和间接费用以及期间费用计划等。

1. 年度和季度工程直接费计划

年度和季度工程直接费计划是通过工程预算成本和降低成本的技术措施组织实施进行计算编制。即以工程预算成本减去降低工程成本措施的经济效益(节约额)，计算的材料费、人工费、机械使用费和其他直接费的计划成本。

技术组织措施经济效益的计算，对不需要一次费用的措施，只需计算计划期内的节约额；对需要一次性费用的措施，则除需计算计划期内的节约额之外，还要计算计划期的净节约额，如下式所示

$$计划期净节约额 = 计划期节约额 - 一次性措施费用 \tag{8-66}$$

在编制工程成本计划时，只要汇总计算技术组织措施中的材料费、人工费、机械使用费和其他直接费方面的节约额，就能据以计算编制工程直接费计划。

在实际工作中，编制年度和季度工程成本计划时，还应根据企业的具体情况，计算企业施工定额与预算定额的差异，或对那些低于统一预算定额的分部分项工程，均按预算定额差异乘以工程量来计算它的节约额，并与技术组织措施经济效益一起，从预算成本中减去后，计算工程的材料费、人工费、机械使用费、其他直接费的计划成本、编制年度和季度工程直接费计划。

2. 月度和单位工程直接费计划

月度、单位工程直接费的计划成本，一般可以根据按照分部分项工程实物量和施工定额编制的施工预算成本，减去工程成本技术组织措施的节约额测算。降低工程成本技术组织措施的节约额可以根据各项工程的实物工程量计算。

3. 间接费用和期间费用计划

施工企业计划年度的间接费用计划要根据各施工单位组织机构编制、工程规模及其集中分散情况以及各项费用定额和开支标准等，按照期间费用的各个费用项目确定，作为企业考核间接费用计划执行情况的依据。管理费用的计划要根据施工企业行政管理部门编制、各项费用定额和开支标准等，按照管理费用项目来确定。施工企业在计划年度若有银行借款和发行债券计划，应根据银行借款数额和利率计算利息及手续费支出；根据债券发行面值、票面利率和发行费率计算利息及金融机构手续费支出，估算财务费用。

8.4.4 工程成本控制

工程成本控制是指企业在施工经营过程中，按照既定的工程成本目标，对构成工程成本的各种消耗情况进行严格的计算、考核和监督，及时解释偏差，并采取有效措施，纠正不利差异，使工程成本费用控制在预定的目标范围内。工程成本控制是现代成本管理工作的重要环节，是落实工程成本管理目标，实现工程成本计划的有力保证。

1. 工程成本控制的程序

工程成本控制的基本程序一般包括以下几个步骤。

1) 制定成本控制标准

工程成本控制标准是对各项费用开支和资源消耗规定的数量界限。根据施工定额制定工程成本控制标准，并据以制定各项降低成本的技术组织措施。

2) 执行标准

执行标准，即对工程成本的形成过程进行具体的计算和监督。根据工程成本指标审核各项费用开支和各种资源的消耗，适时降低成本的技术组织措施，保证工程成本计划实现。

3) 确定差异

计算各项成本费用的实际消耗脱离工程成本控制标准的差异，分析其成本差异发生的程度和性质，确定造成成本差异的原因和责任归属。

4) 消除差异

挖掘企业内部增产节约的潜力，提出降低工程成本措施，消除不利的成本差异。

5) 考核奖惩

考核工程成本指标执行的结果，将工程成本的考核纳入经济责任制，实行物质奖励与惩罚。

2. 建立责任成本制度

责任成本制度是指企业内部按生产经营组织系统确定完成成本责任，建立成本责任中心，并按责任归属传递、控制、考核和报告工程成本信息，从而将工程成本责任落实到各部门、各层组织和执行人，按照经营决策所规定的成本目标进行控制、考核的一种内部经济责任制度。要有效地控制工程成本，必须建立、健全责任成本制度。

1) 划分责任成本单位

责任成本单位，通常称为责任成本中心，即对成本负责控制和保证完整的责任单位。根据施工生产经营管理组织形式，划分工程成本责任归属层次。按照分层负责的原则，明确各层责任划分，组成一个自上而下阶梯状的责任成本体系。就建筑企业来说，尤其要明确划分项目经理部一级的权限和责任成本，赋予其相应的权利，包括有关的人员聘用权、奖金分配权、材料采购选择权、施工方案及施工生产的决定权、指挥权等。

2) 确定责任成本的内容

按照各责任成本单位的责任范围，确定其责任成本。以责任成本作为每个责任成本单位的业绩考核指标。责任成本应是各个责任成本单位的可控成本，是按已确定的经济责任分管的范围所确定的成本责任的归属。对项目经理来说，其责任成本应包括以下内容。

(1) 按劳动定额、人工结算价格和工程量计算的工程人工费。

(2) 按材料消耗定额、材料结算价格和工程量计算的材料费。

(3) 按机械台班定额、机械台班结算价格和工程量计算的工程机械使用费。

(4) 按工程人工费、材料费、机械使用费和其他直接费定额计算的工程其他直接费。

(5) 间接费用、管理费用和财务费用中的可控费用部分等。

3) 确定责任成本的控制信息

在确定责任成本单位和责任成本内容的同时，还要按照责任归属原则建立一套完整的计算、记录和报告的责任成本账务处理程序，提供及时、准确和可靠的责任成本信息，用于反映和衡量责任成本单位的成本水平是否与预期成本目标一致，据以考核各有关责任单位的成本管理业绩情况。

此外，企业还必须建立内部价格结算体系，健全内部经济合同制度，建立奖惩制度，充分调动各方面的积极性，保证责任成本制度的顺利推行。

8.4.5 工程成本分析

建筑企业为了考核工程成本计划的执行情况，分析成本节约或超支情况及其原因，需要对工程成本进行分析，以便寻求进一步降低工程成本的有效途径，制定降低成本开支的有效措施。

在分析工程成本时，首先应通过比较工程预算成本的降低额和降低率，对工程成本计划的完成情况进行总的评价，以检查企业降低工程成本措施的执行情况及其经济效果。在对工程成本降低情况进行总的分析时，还应进一步分析各个项目成本的超支或降低情况及其原因。

在对工程成本计划的完成情况进行总体评价的同时，应按照企业所属各个施工单位进行工程成本分析。各个施工单位由于工程任务的不同和技术装备水平的差异等，成本降低任务完成情况也有所不同。因此，必须根据企业所属各个施工单位的成本资料，分析各施工单位工程成本降低任务完成与否的原因，检查降低工程成本的技术组织措施的执行情况，以便进一步挖掘企业降低成本的潜力。

为了确定各项竣工工程的成本降低情况，还要对竣工的单位工程进行成本分析，据以进一步评价各个施工单位施工生产活动的经济效益。

8.5 建筑企业销售收入和利润管理

8.5.1 利润的总构成

在进行利润分配之前，首先要计算出企业在一定时期内实现的利润总额，再扣减企业应向国家缴纳的所得税，计算税后净利润。建筑企业利润是企业施工生产经营成果的集中体现，也是衡量企业施工生产经营管理业绩的主要指标。建筑企业利润总额是企业在一定时期内生产经营的最终成果，主要包括营业利润、投资净收益和营业外收支净额。而净利润则是由利润总额减去应纳所得税额之后计算所得，如下式所示

$$利润总额=营业利润+投资净收益+营业外收支净额 \tag{8-67}$$

$$净利润=利润总额-应纳所得税额 \tag{8-68}$$

1. 营业利润

建筑企业营业利润是企业在一定时期内实现的施工生产经营所得利润，是利润总额的主要构成部分，在数量上表现为工程结算利润和其他业务利润在扣除当期的管理费用和财务费用后的余额，如式(8-69)所示。

$$营业利润=工程结算利润+其他业务利润-管理费用-财务费用 \tag{8-69}$$

1) 工程结算利润

工程结算利润是建筑企业从事施工生产经营业务所获得的利润,是建筑企业在一定时期内工程结算收入减去工程结算成本及附加后的余额。其计算公式为

$$\text{工程结算利润} = \text{工程结算收入} - \text{工程结算成本} - \text{工程结算税金及附加} \quad (8\text{-}70)$$

式(8-70)中,工程结算收入是指建筑企业已完工程或竣工工程向发包单位结算的工程价款收入。工程价款收入的确认分别采用下列办法:对采用按月结算的工程价款,即在月中按已完分部分项工程结算确认工程价款收入;对采用分段结算工程价款的企业,即按工程形象进度划分的不同阶段(部位),分段结算确认工程价款收入;对采用竣工后一次结算工程价款的企业,即在单项工程或建设项目全部建筑安装工程竣工以后结算确认工程价款收入。工程结算收入除包括工程合同中规定的工程造价外,还包括因合同变更、索赔、奖励等形式的收入。这部分收入是在执行合同过程中,由于合同工程内容或施工条件变更、索赔、奖励等原因形成的追加收入,经发包单位签证同意后,构成建筑企业的工程结算收入。

工程结算成本是建筑企业未取得工程价款结算收入而发生的工程施工成本,包括工程施工中的材料费、人工费、机械使用费、其他直接费和分摊的间接费用。

工程结算税金及附加包括工程结算收入计征的营业税,即按营业税计征的城市维护建设税和教育附加税。

2) 其他业务利润

建筑企业的其他业务利润是指企业在一定时期内除了工程施工业务外的其他业务收入扣减其他业务支出和其他业务税金及附加后的余额。其计算公式为

$$\text{其他业务利润} = \text{其他业务收入} - \text{其他业务支出} - \text{其他业务税金及附加} \quad (8\text{-}71)$$

建筑企业的其他业务收入主要包括产品销售收入、机械作业收入、材料销售收入、无形资产转让收入、固定资产出租收入等;其他业务支出是企业为取得当期其他业务收入而发生的与其相关的各种成本,主要包括产品销售成本、机械作业成本、材料销售成本、无形资产转让成本、固定资产出租成本等。其他业务税金及附加包括按其业务收入计征的营业税及按营业税计征的城市维护建设税和教育税附加。

2. 投资净收益

建筑企业的投资净收益是指企业对外股权投资和债券投资所获得的投资收益减去投资损失后的净额。其计算公式为

$$\text{投资净收益} = \text{投资收益} - \text{投资损失} \quad (8\text{-}72)$$

其中投资收益包括企业转让有价证券所获得款项高于账面价值的差额收入、债券利息收入、联营投资所得的利润或到期收回投资高于账面价值部分,以及在权益法下,企业的股权投资在受资企业增加的净资产按投资比例拥有的份额等。投资损失则包括到期收回投资或转让有价证券取得的款项低于原账面价值的差额,以及权益法下,企业的股权投资在受资企业减少的净资产中按投资比例应分摊金额等。

3. 营业外收支净额

建筑企业的营业外收支净额是指企业所获得的与企业施工生产经营活动没有直接关系的各项营业外收入减去各项营业外支出的余额。其计算公式为

$$\text{营业外收支净额} = \text{营业外收入} - \text{营业外支出} \quad (8\text{-}73)$$

其中，营业外收入主要包括固定资产盘盈、处理固定资产净收益、处理临时设施净收益、转让无形资产收益、罚款收入、无法支付应付款项、教育附加费返还以及非货币性交易收益等。营业外支出主要包括固定资产盘亏、处理临时设施净损失、转让无形资产损失、计提的固定资产、无形资产、在建工程等减值准备、公益救济性捐赠、赔偿金、违约金和债务重组损失等。

综上所述，企业的利润总额在数量上表现为企业一定时期全部收入扣除全部支出后的余额，它不但可以综合反映企业一定时期的经营业绩，同时也是评价企业理财效果和管理水平的依据，从而为企业分配利润奠定基础。

8.5.2 企业利润分配的原则

一般来说，企业取得利润的总额，可以在扣除应纳所得税后进行利润分配。利润分配时应遵循以下几项原则。

1. 遵守国家各项财经法规的原则

要求企业在进行利润分配时应严格遵循国家各项财经法规，依法纳税，确保国家利益不受侵犯。合法性原则主要表现在两个方面：首先应将企业税前会计利润总额按规定调整后计算应税所得额，并依法纳税后才可进行税后利润的分配。其次，企业应按财经法规的要求合理确定税后利润分配的项目、顺序及比例，尤其必须按规定提取最低法定比例的盈余公积金。若企业亏损，一般不应向投资者分配利润。

2. 盈利确认原则

这项原则要求企业欲进行利润分配，当年必须有可以确认的利润，或有累计为分配利润及留存收益。若企业当年无账面利润或没有留存收益，则不能进行利润分配。

3. 资本金保全原则

因为利润分配应是投资者投入资本增值部分的分配，而并非投资者资本金的返还。在分配利润时，企业不得在亏损的情况下用资本金向投资者分配利润；若出现此情况，应视为自动清算而非真正的利润分配，这与上述利润确认原则是一致的。资本金保全原则从根本上保证了企业未来生存发展资金，为企业的经营起保护作用。

4. 保护债权人权利原则

保护债权人权利原则要求企业分配利润前应先清偿所有到期债务，而不能故意拖欠债权人债务进行利润分配，伤害债权人权益。此外，企业进行利润分配时应使企业保持一定的偿债能力，以免日后资金周转困难时损害债权人利益。在企业与债权人签订某些有限制性条款的债务契约时，其利润分配政策应征得债权人的同意。

5. 利润分配应兼顾企业所有者、经营者和职工的利益

利润分配政策合理与否，直接关系到企业所有者、经营者和职工的利益，所以利润分配既要考虑上述几方面的共同利益，也应考虑各方面的局部利益，以协调好各方面的近期利益与企业发展的关系，合理确定提取盈余公积金、公益金和分配给投资者利润的金额。

此外，在向投资者分配利润时做到股权平等、公平利益、同股同利等。

6. 利润分配要有利于增强企业发展能力，并处理好企业内部积累与消费的关系

企业的利润分配政策应有利于增强企业的发展能力，这要求企业利润分配要贯彻积累优先原则，合理确定提取盈余公积金、公益金和分配给投资者的利润的比例，以促进企业健康发展。企业分配利润时提取的公益金主要用于集体福利支出，若提取比例过大，有可能使企业财力缺乏，降低企业应对各种风险的能力，最终影响企业的发展，并影响到投资者和职工的利益。但若提取比例过小，职工生活条件得不到改善，而挫伤职工的积极性，也影响企业发展。故企业利润分配中应处理好积累与消费的关系，调动职工积极性，促进企业持续健康发展。

8.5.3 利润分配的秩序

企业实现的利润总额在依法缴纳所得税后成为可供分配的利润，根据《企业财务通则》规定，除国家另有规定外，可按下列程序分配。

(1) 用于抵补被没收财物损失、支付违反税法规定的各项滞纳金和罚款。
(2) 弥补超过用税前利润抵补期限，按规定需用税后利润弥补的亏损。
(3) 提取法定盈余公积金，用于企业发展生产经营、弥补亏损或按国家规定转增资本金。
(4) 按规定提取公益金，用于企业职工集体福利方面的支出。
(5) 支付优先股股利。
(6) 提取任意盈余公积金，可用于派发股东股利。
(7) 支付普通股股利。企业以前年度未分配的利润可以并入本年度向投资者分配。

下面分别说明利润分配各项目的意义。

(1) 对于企业因违反有关规定而没收的财物损失或支付各项税收的滞纳金和罚款，必须在税后利润中支付，以免抵减应税所得额，损害国家利益，失去处罚的意义。

(2) 超过5年弥补期仍未弥补足的亏损应从税后利润中弥补，以体现现代企业自主经营、自负盈亏的经济实体应承担的经济责任。

(3) 盈余公积金是企业按税后利润一定比例提取的积累资金，是企业用于防范风险，补充资本的重要资金来源，它既是保全企业资本，防止因企业乱分利润而损害债权人利益的手段，也是企业为生产发展积累资金的重要手段。法定盈余公积的提取比例为8%，当法定盈余供给已达到注册资本50%时，可不再提取。法定盈余公积可用于弥补亏损或转增资本公积金，但企业用盈余公积金转增资本后，法定盈余公积的金额不得低于注册资本的25%。

(4) 公益金是企业税后利润中提取的用于企业职工集体福利方面的资金，其提取比例由各企业自行决定。公司提取的公益金性质上属于所有者权益，但由于企业安排用于职工集体福利设施支出，如用于建造职工住宅、食堂、幼儿园、卫生所等，但职工对这些福利设施只有使用权，而所有权属于企业的投资者。

(5) 向投资者分配利润应遵循纳税优先、企业积累优先和无盈利不分利的原则，其分配顺序是利润分配的最终阶段。应指明的是，向投资者分配的利润并不限于当年利润，如企业存在以前年度的未分配利润，可并入当年利润一同分配。

8.5.4 常见的股利政策

股利政策的制定受诸多因素的影响，而各公司的股利政策又受管理者的经营思想的影响，因此存在多种股利政策。在实务中较常用的有以下几种。

1. 剩余股利政策

1) 股利分配方案的确定

股利分配方案与公司的资本结构相关，而资本结构是由投资者所需资金构成，故股利政策要受到投资机会和资本成本的共同影响。而剩余股利政策就是在公司有良好的投资机会时，根据一定的目标资本结构，测算出投资所需要的权益资本，先从盈余中留用，然后将剩余的盈余用作股利分配。

采用剩余股利政策的公司一般应遵循以下 4 个步骤。

(1) 确定目标资本结构，即确定权益资本与债务资本的比率。在这个资本结构下，综合资金成本将达到最低水平。

(2) 确定目标资本结构下投资所需权益资本数额。

(3) 最大限度使用留存盈余来满足投资方案所需权益资本数额。

(4) 现有留存盈余在满足资本预算后仍有余额，才能将其作为股利发给股东。

【例 8.15】 假设某公司某年的税后净利为 500 万元，第二年有三个投资方案，所需资金分别为 500 万元、800 万元和 900 万元，公司最佳资本结构为：权益资本占 50%，债务资本占 50%，该公司采用剩余股利政策。据以上资料所确定的三个投资方案下股利数额如表 8.4 所示。

表 8.4 三个投资方案股利数额 单位：万元

项 目	投资方案 A	投资方案 B	投资方案 C
1. 投资所需资金	500	800	900
2. 现有留存盈利	500	500	500
3. 投资所需权益资金	250	400	450
4. 股利发放额	250	80	50
5. 股利发放率(%)	50	20	8

2) 采用剩余股利政策的缘由

剩余股利政策意味着公司只将剩余的盈余发放股利，这样做的根本原因在于保持最佳资本结构，使综合资金成本最低。从例 8.15 中可看出，完全遵照执行剩余股利政策，将使股利发放额每年随投资方案和盈利水平的变化而变化。即使盈利不变，股利将与投资方案所需资金额呈反向变动。然而，大量事实表明，大多数公司乐于维持一个相对稳定的股利支付水平，以维护公司市场形象和坚定股东投资信心。但这并不意味着公司在制定股利政策时会放弃剩余股利政策，这是因为公司通过以下两种途径将各年股利加以平衡。

(1) 如果公司继续发展，它就能做到在不减少股利的前提下，根据需要将盈利的大部分留存下来。

(2) 公司可通过暂时提高负债与权益比率,筹集所需资金,以避免削减股利。若公司在某一特定年份有许多好的投资机会,向外借款利用财务杠杆将比削减股利更有利。公司只需要在以后年度将盈利留存下来,使负债与权益恢复到原来的最佳结构,仍能保持最低的综合资金成本。

2. 固定或持续增长的股利政策

1) 分配方案的确定

大量事实表明,绝大多数企业和股东喜欢稳定型或持续增长的股利政策。长期的稳定股利政策表现为每股股利固定在某一水平上,且不论经济情况如何,也不论公司经营好坏,绝对不降低年度股利的发放额,只有公司管理当局认为公司盈利确已增加,且未来盈利足以保证支付更多的股利时,才会提高每股股利支付额。不过,在通货膨胀情况下,大多数公司的盈余会随之提高。此时,大多数投资者也希望公司能提供足以抵消通货膨胀不利影响的股利,因此通货膨胀时期应提高股利发放额。其基本特征如图 8.9 所示。

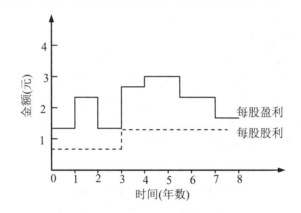

图 8.9 固定或持续增长的股利政策

2) 采用本政策的缘由

持续固定增长的股利政策的主要目的是避免出现由于经济不善而削减股利的情况。一般而言,此种股利政策会吸引投资者,在其他因素相同时,采用这种鼓励政策公司的股票价格会更高些。原因如下。

(1) 稳定的股利支付向市场传递出公司正常发展的信息,可以消除股东内心的不确定因素。当盈余下降时公司并不削减股利,会使市场对这种股票更有信心。因此,公司管理当局可通过股利信息影响投资者。当然若公司当局不能保证公司盈利持续稳定增长,稳定的股利政策也会使投资者增持该公司股票。

(2) 许多需要和依靠固定股利收入满足其现金收入需要的股东更喜欢稳定的股利支付方式。尽管股东们在足以满足其现金需要时,可出售部分股票以获得收入,但许多股东又常因需要支付交易成本而不愿意卖出股票;而且,当公司消减股利时,往往意味着盈利已下滑,股价也会随之下跌。因此,投资者更喜欢稳定的股利。

(3) 固定或持续增长型股利政策,可以消除投资者对未来股利的不安全感。此外,具有稳定股利的股票会吸引机构投资者购买。

(4) 稳定的股利政策可能同剩余股利政策相悖。但考虑到股票市场会受到多种因素的影响，其中包括股东心理状态和其他要求，因此为将股利维持在稳定水平上，即使暂时偏离目标资本结构，也可能比降低股利或降低股利增长率更有利。

这种股利政策的缺点在于股利的支付与盈余水平脱节，当盈余较低时仍需要支付固定股利，这可能导致企业资金短缺，财务状况恶化；同时不可能保持最低的综合资金成本。

3. 固定股利支付率政策

1) 分配方案的确定

固定股利支付率政策是指企业确定一个股利占盈余的百分比，每年按着固定的比率向股东分配股利。采用这一政策，各年股利会因公司经营状况的好坏而变化，盈利较多的年份股利支付额较高；盈利较少的年份股利支付额较低。这一股利政策的问题在于，如果公司盈利各年波动较大，其股利也将上下波动，如图8.10所示。

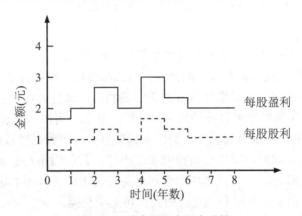

图8.10 固定股利支付率政策

2) 采用本政策的缘由

主张采用固定股利支付率的公司认为，这样能使股利与公司盈余紧密结合，从而体现多盈多分，少盈少分，无盈不分的原则，只有这样才算真正公平地对待每位股东。但因为股利常常被认为是公司未来发展的信息来源，这样做将会对公司股份的稳定产生不利影响。

但对我国某些内部职工持股比例较高的公司而言，采用这种股利政策，可使职工个人利益和公司利益紧密结合起来，使职工意识到他们的切身利益与公司利益紧密结合，从而充分调动职工的积极性和创造性，增强企业活力，这样有利于企业经济效益的提高，从而为企业盈利逐年递增创造条件。若企业经济效益持续稳定增长，则每股股利也随之增长，这样，一方面公司内部职工股东财富增加，同时，企业外部股东股利也不断增加，进而吸引更多投资者购买该公司的股票，使得公司股价上涨，从而实现股东财富最大化。

4. 低正常加额外股利的政策

1) 分配方案的确定

采用该种股利政策的公司，一般先将每年支付的股利固定在一个较低水平，这个较低水平的股利称为正常股利。然后，根据公司的盈利状况，在盈利较多的年份向股东发放额外股利，但额外股利并不固定化，不意味着公司永久提高规定股利率。这种股利政策如

图 8.11 所示。

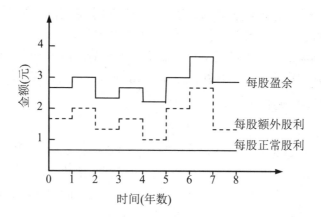

图 8.11 低正常加额外股利的政策

2) 采用本政策的缘由

采用低正常股利加额外股利的股利政策基于以下两个理由。

(1) 使公司在支付股利方面有较大的弹性。当公司盈余较少或投资需用较多资金时,可以少付甚至不付额外股利,而只维持较低的正常股利,以减轻公司负担;而公司盈利较多且资金又很充实时,可向股东多付额外股利,使股东分享公司盈利增长的好处。

(2) 这种政策可使那些依靠股利度日的股东每年至少可得到虽然较低但较稳定的股利,从而留住这些投资者。此外,即使公司盈利状况不佳,公司因不得已而支付正常股利,但此种正常股利在预先确定时,就已考虑到公司财务安排上的各种不利因素,而将股利水平定得较低,因此不会由于正常股利的支付而使公司无法负担。

当然这种股利政策也存在一定缺陷。当公司盈利极少或需要投资资金时,这种股利政策使公司仍需要支付股利,尽管所付正常股利可能不致使公司陷入财务困境,但毕竟股利支付会导致公司资金流出,这对资金本已较紧的公司来说,无疑会产生不利影响;如果公司盈余稳定增长,使其持续支付额外股利,定将会提高股东对派发股利的期望值,股东会把额外股利视为正常股利,一旦公司盈余减少而降低甚至不发额外股利,将会引起股东不满,不利于公司股价的稳定。

上述 4 种股利政策各有所长,各公司在分配股利时应充分考虑各种影响因素,制定最符合公司具体情况和未来发展的股利政策。

8.6　建筑企业财务评价

8.6.1　财务报表分析

1. 概述

财务报表分析是指以财务报表和其他资料为依据和起点,采用专门方法,系统分析和评价企业的过去和现在的经营成果、财务状况,为企业的财务管理工作和优化经济决策提供重要的财务信息。

1) 财务报表分析的目的

财务报表分析的一般目的可以概括为：评价过去的经营业绩，衡量现在的财务状况，预测未来的发展趋势。不同的报表使用者，进行财务分析的目的有所不同。企业财务报表的使用者主要有以下几类。

(1) 企业的投资人。投资人，即企业所有者或股东，比较关注企业的盈利能力、其资本的保值增值，对其投资的回报有强烈的要求。他们需要了解企业在建筑市场的竞争能力、企业的盈利能力和抗风险能力，以获得高额的投资回报，追求企业的持续发展。

(2) 企业的债权人。债权人，比较关注企业资产的流动性，重视企业资本结构及其资产的实力，需要了解企业的偿债能力，保障债务本息的清偿。

(3) 企业的经理人员。经理人员，需要了解企业各方面的能力，包括营运能力、盈利能力、偿债能力及对社会贡献能力等，以改善企业的财务政策和经营决策策略，规划和调整市场定位目标，促使企业经营效益的持续增长。

(4) 政府机构。政府，需要了解企业纳税情况、职工收入、就业情况以及对社会的贡献大小，了解企业遵守政府法规和市场秩序的情况，了解企业占用资金的使用效率，预测财政收入的增长情况，有效地组织和优化社会资金和资源配置等。

(5) 企业的供应商。供应商，需要了解企业的商业信用和偿债能力，以便选择长期合作企业，实施何种信用政策的决策。

(6) 企业的职工。企业职工，需要了解劳务报酬情况，判断企业的盈利能力与职工的收入和待遇是否相符。

(7) 中介机构。中介机构，需要了解企业的审计重点、与咨询内容有关方面的信息等。

2) 财务报表分析的方法

财务报表分析的方法主要有比较分析法和因素分析法。

(1) 比较分析法。

比较分析法又称对比分析法，是通过两个或几个有关的可比数据进行对比，揭示差异和矛盾的一种分析方法。

① 按照比较对象(与谁比)的不同可分为趋势分析(与本企业不同时期的指标比)、横向分析(与同行业平均数或竞争对手的指标比)和差异分析(实际执行结果与计划指标比)。

② 按照比较内容(比什么)进行分类，可分为比较会计要素总量(即比较报表项目的总金额，如利润总额、净利润、净资产、总资产等)、比较结构百分比(即比较结构百分比指标)和比较财务比率(即比较财务比率指标，如流动比率和速动比率等)。

(2) 因素分析法。

因素分析法是依据分析指标和影响因素之间的关系，从数量上确定各因素对指标的影响程度的一种分析方法。主要包括连环替代法(即依次用分析值替代标准值，测定各因素对指标的影响)、差额分析法(是对差额即增加额的分析)和指标分解法(即将一个指标分解为几个指标，分析影响原因)等。

2. 资产负债表

资产负债表是反映企业在某一特定日期全部资产、负债和所有者权益等财务状况的报表。它表明企业在某一特定日期所拥有或控制的经济资源、所承担的现有义务和所有者对其净资产的要求权。

通过资产负债表可以反映企业所拥有和控制的资源及其分布情况,以及企业的生产经营能力(资产);反映企业所负担的债务及其偿债能力(负债);反映企业所有者所拥有的权益,以及所有者权益在总资产中所占的份额及其构成情况(所有者权益)。资产负债表能够提供进行财务分析的基本资料,表明企业未来财务状况的变动及其变化趋势等。

我国资产负债表以"资产=负债+所有者权益"为平衡基础,按账户式反映,即资产负债表分为左方和右方,左方列示资产各项目,右方列示负债和所有者权益各项目,各项目均按其流动性由大到小排列,资产各项目的合计等于负债和所有者权益各项目的合计。资产负债表的基本格式如表 8.5 所示。

表 8.5 资产负债表

会企 01 表

编制单位:　　　　　　　　　　　年　月　日　　　　　　　　　　单位:元

资　产	期末余额	年初余额	负债和所有者权益(或股东权益)	期末余额	年初余额
流动资产:			流动负债:		
货币资金			短期借款		
交易性金融资产			交易性金融负债		
应收票据			应付票据		
应收账款			应付账款		
预付账款			预收账款		
应收利息			应付职工薪酬		
应收股利			应交税费		
其他应收款			应付利息		
存　货			应付股利		
一年内到期的非流动资产			其他应付款		
其他流动资产			一年内到期的非流动负债		
流动资产合计			其他流动负债		
非流动资产:			流动负债合计		
可供出售金融资产			非流动负债:		
持有至到期投资			长期借款		
长期应收款			应付债券		
长期股权投资			长期应付款		
投资性房地产			专项应付款		
固定资产			预计负债		
在建工程			递延所得税负债		
工程物资			其他非流动负债		
固定资产清理			非流动负债合计		

续表

资　产	期末余额	年初余额	负债和所有者权益(或股东权益)	期末余额	年初余额
生产性生物资产			负债合计		
油气资产			所有者权益(股东权益)		
无形资产			实收资本(股本)		
开发支出			资本公积		
商誉			减：库存股		
长期待摊费用			盈余公积		
递延所得税资产			未分配利润		
其他非流动资产			所有者(股东)权益合计		
非流动资产合计：					
资产总计			负债和所有者权益总计		

3. 利润分配表

利润分配表是反映企业一定期间对实现利润的分配或亏损弥补情况的会计报表，是利润表的附表，说明利润表所反映的净利润的分配去向。通过利润分配表，可以了解企业实现净利润的分配情况或亏损弥补情况，了解利润分配的构成，以及年末分配利润的总额。利润分配表的基本格式如表 8.6 所示。

表 8.6　利润分配表

编制单位：　　　　　　　　　　　年度　　　　　　　　　　　　单位：元

项　目	行　次	本年实际	上年实际
一、净利润	1		
加：年初未分配利润	2		
其他转入	4		
二、可供分配的利润	8		
减：提取法定盈余公积	9		
提取法定公益金	8		
提取职工奖励及福利基金	11		
提取储备基金	12		
提取企业发展基金	13		
利润归还投资	14		
三、可供投资者分配的利润	16		
减：应付优先股股利	17		
提取任意盈余公积	18		

项　目	行　次	本年实际	上年实际
应付普通股股利	19		
转作资本(或股本)的普通股股利	20		
四、未分配利润	25		

4．现金流量表

现金流量表是以现金为基础编制的财务状况变动表，反映企业一定期间内现金流入和现金流出及其增减变动情况，说明企业的偿债能力和支付能力；分析企业未来获取现金的能力；企业投资和理财活动对经营成果和财务状况的影响。这里的现金是指广义的现金，即包括现金及现金等价物。现金流量表的基本格式如表 8.7 所示。

表 8.7　现金流量表

会企 03 表

编制单位：　　　　　　　　　　年　月　　　　　　　　　　单位：元

项　目	本期金额	上期金额
一、经营活动产生的现金流量		
销售商品、提供劳务收到的现金		
收到的税费返还		
收到的其他与经营活动有关的现金		
经营活动现金流入小计		
购买商品、接受劳务支付的现金		
支付给职工以及为职工支付的现金		
支付的各项税费		
支付的其他与经营活动有关的现金		
经营活动现金流出小计		
经营活动产生的现金流量净额		
二、投资活动产生的现金流量		
收回投资所收到的现金		
取得投资收益所收到的现金		
处置固定资产、无形资产和其他长期资产收回的现金净额		
处置子公司及其他营业单位收到的现金净额		
收到的其他与投资活动有关的现金		
投资现金流入小计		
购建固定资产、无形资产和其他长期资产所支付的现金		

续表

项　目	本期金额	上期金额
投资所支付的现金		
取得子公司及其他营业单位支付的现金净额		
支付的其他与投资活动有关的现金		
投资活动现金流出小计		
投资活动产生的现金流量净额		
三、筹资活动产生的现金流量		
吸收投资所收到的现金		
借款所收到的现金		
收到的其他与筹资活动有关的现金		
筹资活动现金流入小计		
偿还债务支付的现金		
分配股利、利润或偿付利息所支付的现金		
支付的其他与筹资活动有关的现金		
筹资活动现金流出小计		
筹资活动产生的现金流量净额		
四、汇率变动对现金及现金等价物的影响		
五、现金及现金等价物净增加额		
加：期初现金及现金等价物余额		
六、期末现金及现金等价物余额		

资产负债表、利润表和现金流量表，这三张表分别从不同角度反映企业的财务状况、经营成果和现金流量情况。资产负债表反映企业在一定日期所拥有的资产、需偿还的债务以及投资者所拥有净资产的情况。利润表反映企业一定期间内的经营成果，即利润或亏损的情况，表明企业运用所拥有资产的获利能力。现金流量表反映企业一定期间内现金的流入和流出，表明企业获得现金和现金等价物的能力。

8.6.2　财务比率分析

评价和总结企业财务状况与经营成果的分析指标主要包括偿债能力指标、运营能力指标和盈利能力指标 3 类指标的分析。

1. 偿债能力分析

偿债能力是指企业对债务清偿的承受能力和保证程度。企业债务清偿能力的分析主要包括短期偿债能力分析和长期偿债能力分析。

1) 短期偿债能力分析

(1) 流动比率。是用于反映短期偿债能力的比率。一般情况下，流动比率越高，说明企业短期偿债能力越强，债权人的权益越有保证，流动比率的计算公式为

$$\text{流动比率} = \frac{\text{流动资产}}{\text{流动负债}} \tag{8-74}$$

一般认为，企业的流动比率为 2∶1 较为适宜。一般情况下，影响流动比率的主要原因是营业周期、应收账款和存货的周转速度等。

(2) 速动比率。是从流动资产中扣除存货部分，除以流动负债的比值。其计算公式为

$$\text{速动比率} = \frac{\text{速动资产}}{\text{流动负债}} \tag{8-75}$$

其中　　　　　　　速动资产=流动资产-存货待摊费用-待处理流动资产损失

一般而言，速动比率为 1 时是安全标准。因为如果速动比率小于 1，必使企业面临很大的偿债风险；如果速动比率大于 1，企业因现金及应收账款资金占用过多而大大增加企业的机会成本。影响速动比率可信性的重要因素是应收账款的变现能力。

(3) 现金流动负债比率。主要从动态角度对企业实际偿债能力进行考察。其计算公式为

$$\text{现金流动负债比率} = \frac{\text{年经营现金净流量}}{\text{年末流动负债率}} \times 100\% \tag{8-76}$$

该指标较大，表明企业经营活动产生的现金净流量较多，越能保障企业按时偿还到期债务，但比率过高则表示企业流动资金利用不充分，获益能力不强。

2) 长期偿债能力分析

(1) 资产负债率。表明在企业资产总额中，债权人提供资金所占的比重，以及企业资产对债权人权益的保障程度。资产负债率越小，表明企业的长期偿债能力越强。其计算公式为

$$\text{资产负债率} = \frac{\text{负债总额}}{\text{资产总额}} \tag{8-77}$$

(2) 产权比率。是衡量长期偿债能力的指标之一，也称为债务股权比率。产权比率越低，表明企业的长期偿债能力越强，债权人权益的保障程度越高，承担风险越小，但企业不能充分地发挥负债的财务杠杆效应。其计算公式为

$$\text{产权比率} = \frac{\text{负债总额}}{\text{所有者权益}} \tag{8-78}$$

资产负债率侧重分析债务偿付安全性的物质保障程度，产权比率则侧重解释财务结构的稳健程度以及自有资金对偿债风险的承受能力。

(3) 有形净值债务率。是企业负债总额与有形净值的百分比。有形净值是股东权益减去无形资产净值后的净值，即股东具有所有权的有形资产净值。其计算公式为

$$\text{有形净值债务率} = \frac{\text{负债总额}}{\text{股东权益-无形资产净值}} \tag{8-79}$$

有形净值债务率指标实质上是产权比率的延伸，它更为谨慎和保守地反映在企业清算中使债权人投入的资本受到股东权益保障的程度。从长期偿债能力看，该比率越低越好。

(4) 已获利息倍数。又称为利息保障倍数，是用于衡量企业偿付借款利息的能力。其计算公式为

$$\text{已获利息倍数} = \frac{\text{息税前利润}}{\text{利息支出}} \tag{8-80}$$

企业若要维持正常的偿债能力，从长期看，已获利息倍数至少应当大于 1，且比值越高，企业长期偿债能力也就越强。已获利息倍数越小，则说明该企业承担的亏损及偿债安全性的风险越大。

2. 营运能力分析

营运能力是指在外部建筑市场环境下,通过企业内部人力资源和生产资料的合理配置,对财务目标产生作用的能力。

1) 人力资源营运能力分析

通常采用劳动效率指标对人力资源营运能力进行评价和分析。劳动效率是指企业主营业务收入净额(或净产值)与平均职工人数之间的比率,即

$$劳动效率 = \frac{主营业务收入净额或净产值}{平均职工人数} \tag{8-81}$$

2) 生产资料营运能力分析

生产资料的营运能力,实际上就是企业占总资产及其各个构成要素的营运能力。生产资料营运能力分析主要包括以下几个指标。

(1) 营业周期。是指从取得存货开始到销售存货并收回现金为止的这段时间。其长短取决于存货周转天数和应收账款周转天数。其计算公式为

$$营业周期 = 存货周转天数 + 应收账款周转天数 \tag{8-82}$$

(2) 存货周转率。是用于衡量和评价企业购入存货、投入生产、销售收回等各环节管理状况的综合性指标。其计算公式为

$$存货周转率(次数) = \frac{主营业务成本}{平均存货} \tag{8-83}$$

用时间表示的存货周转速度的指标是存货周转天数。其计算公式为

$$存货周转天数 = \frac{平均存货 \times 360天}{主营业务成本} \tag{8-84}$$

式(8-84)中的"平均存货"项目是由资产负债表中存货项目的期初数与期末数之和除以2计算所得,以下相同。

(3) 应收账款周转率。是用于反映应收账款周转速度的指标。即为年度内应收账款周转为现金的平均次数,它说明应收账款的流动速度。其计算公式为

$$应收账款周转率(次数) = \frac{主营业务收入净额}{平均应收账款余额} \tag{8-85}$$

用时间表示的应收账款周转速度的指标是应收账款周转天数,也称为平均应收账款回收期或平均收现期,它表明企业从取得应收账款的权力到收回款项、转换为现金所需要的时间。其计算公式为

$$应收账款周转天数 = \frac{平均应收账款余额 \times 360天}{主营业务收入净额} \tag{8-86}$$

一般来说,应收账款周转速度越高,平均收现期越短,说明应收账款的回收越快。

(4) 流动资产周转率。用于反映流动资产的周转速度。其计算公式为

$$流动资产周转率(次数) = \frac{主营业务收入净额}{平均流动资产总额} \tag{8-87}$$

$$流动资产周转天数 = \frac{平均流动资产总额 \times 360天}{主营业务收入净额} \tag{8-88}$$

在一定时期内,流动资产周转次数越多,周转天数就越短,表明以相同的流动资产占用现实的周转额越多,流动资产利用效果越好。

(5) 固定资产周转率。用于反映固定资产的周转速度。其计算公式为

$$\text{固定资产周转率(次数)} = \frac{\text{主营业务收入净额}}{\text{固定资产平均净值}} \qquad (8\text{-}89)$$

该比率越高,说明企业固定资产利用充分,能充分发挥效率。反之,若固定资产周转率越低,说明固定资产使用效率不高,企业的营运能力不强。

(6) 总资产周转率。用于反映资产总额的周转速度。其计算公式为

$$\text{总资产周转率(次数)} = \frac{\text{主营业务收入净额}}{\text{平均资产总额}} \qquad (8\text{-}90)$$

总资产周转率高,表明企业全部资产的使用效率高;如果这个比率较低,说明使用效率较差,从而影响企业的盈利能力。

3. 盈利能力分析

盈利能力是指企业的资本增值能力,通常表现为企业利润数额的大小和盈利水平的高低。企业盈利能力分析,一般可以根据以下几个方面进行。

1) 收入盈利能力分析

(1) 主营业务净利率。用于反映每一元主营业务收入(工程结算收入)所带来的净利润的多少。其计算公式为

$$\text{主营业务净利率} = \frac{\text{净利润}}{\text{工程结算收入}} \qquad (8\text{-}91)$$

(2) 主营业务毛利率。用于反映每一元主营业务收入(工程结算收入)扣除主营业务成本(工程结算成本)后,有多少可以用于各项期间费用和形成盈利的。其计算公式为

$$\text{主营业务毛利率} = \frac{\text{工程结算收入} - \text{工程结算成本}}{\text{工程结算收入}} \qquad (8\text{-}92)$$

(3) 成本费用利润率。用于反映净利润与为取得净利润所发生的各项费用的比率。其计算公式为

$$\text{成本费用利润率} = \frac{\text{净利润}}{\text{工程结算成本} + \text{工程结算税金及附加} + \text{管理费用} + \text{财务费用}} \qquad (8\text{-}93)$$

(4) 资产净利率。这是企业一定期间的净利润与企业的资产相比较,用于反映企业资产利用的综合效果。其计算公式为

$$\text{资产净利率} = \frac{\text{净利润}}{\text{平均资产总额}} \times 100\% \qquad (8\text{-}94)$$

(5) 净资产收益率。用于反映企业所有者权益的投资报酬率,又称为净值报酬率或权益报酬率。其计算公式为

$$\text{净资产收益率} = \frac{\text{净利润}}{\text{平均净资产}} \times 100\% \qquad (8\text{-}95)$$

一般认为,企业净资产收益越高,企业自有资本获取收益的能力越强,营运效益越好,对企业投资人和债权人的保证程度越高。净资产收益率是最具有综合性与代表性的指标,它反映了企业资本运营的综合效益。

(6) 资本保值增值率。这是用于反映企业所有者投入资本的保值增值情况的指标。其计算公式为

$$\text{资本保值增值率} = \frac{\text{扣除客观因素后的年末所有者权益}}{\text{年初所有者权益}} \times 100\% \qquad (8\text{-}96)$$

2) 社会贡献能力分析

(1) 社会贡献率。这是用于反映企业对社会贡献大小的指标。其计算公式为

$$社会贡献率=\frac{企业社会贡献总额}{平均资产总额} \tag{8-97}$$

(2) 社会积累率。这是用于反映企业上缴国家财政总额相对于企业对社会贡献的比率。其计算公式为

$$社会积累率=\frac{上缴国家财政总额}{企业社会贡献总额} \tag{8-98}$$

8.6.3 财务状况综合分析

财务状况综合分析是指将营运能力、偿债能力、盈利能力和发展能力等诸方面的分析纳入一个有机的整体中，全面地对企业经营状况、财务状况进行解剖和分析，从而对企业经济效益的优劣做出准确的评价与判断。财务综合分析方法主要有杜邦财务分析体系和沃尔比重评分法。

1. 杜邦财务分析体系

杜邦财务分析体系是利用财务指标之间的内在联系，对企业施工生产经营活动及其经济效益进行综合分析评价的方法。杜邦财务分析体系如图8.12所示。

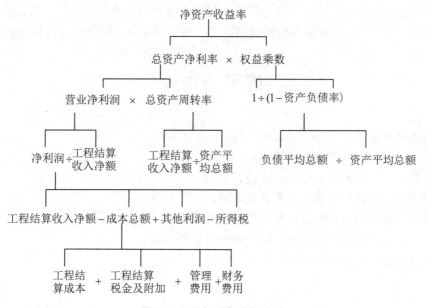

图 8.12 杜邦财务分析体系

2. 沃尔比重评分法

沃尔比重评分法是指将选定的财务比率用线性关系结合起来，并分别给定各自的分数比重，然后通过与表中比率进行比较，确定各项指标的得分及总体指标的累计分数，从而对企业的信用水平做出评价。沃尔比重评分法如表8.8所示。

表 8.8　沃尔比重评分法

财务评价指标	标准值	实际值	关系比率	权数	得分
销售利润率	15%	21%	1.4	15	21
总资产报酬率	8%	20.9%	2.09	15	31.35
资本收益率	12%	21%	1.75	15	26.25
资本保值增值率	88%	113%	1.046	8	8.46
资产负债率	50%	28.3%	0.566	5	2.83
流动比率	2%	2.013%	1.007	5	5.04
应收账款周转率	4%	4.8%	1.2	5	6
存货周转率	2%	2.08%	1.54	5	7.7
社会贡献率	20%	26%	1.30	8	13
社会积累率	40%	75.1%	1.8775	15	28.16
合计	—	—	—	80	151.79

本 章 小 结

本章阐述了建筑企业资产类型与管理；建筑企业的资金筹集与运用；建筑企业的成本和利润管理；建筑企业销售收入和利润的管理；建筑企业财务评价的内容和分析方法。

练习与作业

1. 试述财务管理的目标、对象和内容。
2. 试述建筑企业资产类型和特点。
3. 建筑企业资金的筹集方式有哪些？
4. 试述财务杠杆与财务风险含义及类型。
5. 建筑企业在利润分配上一般应遵循哪些原则？
6. 财务报表分析和财务比率分析分别包括哪些内容？
7. 什么是杜邦财务分析体系？

第 9 章 建筑企业信息管理

【本章学习目标】

- 了解建筑企业管理的信息管理。
- 熟悉建筑企业施工项目管理中的信息分类。
- 了解施工项目信息管理的基本要求,掌握施工项目信息管理的内容。
- 了解建设工程信息管理系统的概念和功能。
- 熟悉建设工程项目管理软件的种类。

9.1 建筑企业信息管理概述

1. 信息的概念和特征

信息是在经济社会中经常用到的一个术语,世界上对信息没有一个确切的定义。但管理信息系统中常用的几种有代表性的信息可定义为:信息是加工后的数据;信息是具有新内容、新知识的消息;信息是关于客观事实的可通信的知识;信息对接收者有用,信息服务于决策,它对接收者的决策和行为产生影响。信息中的数据是指广义上的数据,它包括文字、数值、语言、图表、图像等表达形式。人们将数据经过加工处理提炼出精华以后,提供给人们有用的资料才成为信息。信息的特征如下。

(1) 真实性。事实是信息的基本特征,也是信息的价值所在。信息须反映事物或现象的本质及其内在的联系,真实、准确地把握好信息,是处理施工项目管理相关数据的最终目的。不符合事实的信息不仅无用而且有害,不能成为施工项目管理信息。

(2) 系统性。在施工项目管理工作中,不能片面地处理数据,不能片面地产生、使用信息。信息本身就需要系统地掌握施工项目管理中的费用管理、进度管理、质量管理、合同管理以及其他管理方面的数据后才能得到。

(3) 时效性。信息有可变信息和稳定信息,信息在施工项目管理工作中是动态的,随着时间的延续,信息不断变化、不断产生,某些信息的价值已降低或消失,这就要求信息管理工作中及时处理数据,及时获得有价值的信息,真正做到事前管理。如某工程项目基础工程施工完毕,其信息的价值就逐渐降低或消失,应及时地收集和掌握主体工程施工的相关信息,才能做好主体工程施工的决策和管理工作。

(4) 层次性。信息对使用者是有不同的对象的,相对于管理层次,信息也是分层次的。高层管理者需要战略信息,中层管理者需要策略信息,基层管理者需要执行信息。在工程项目管理中,高层管理者往往对采用新技术、新材料、新工艺、新设备的决策,需要更多的外部信息和深度加工的内部信息;中层管理者对工程的材料、进度、安全、投资、合同执行等,需要较多的内部数据和信息;基层管理者需要及时掌握各个分部分项工程实际产生的数据和信息。

(5) 不完全性。人对客观事物认识是局限性的,需要一个逐步深入的过程,对复杂事物获得全部信息是不切实际的,对已获得的信息也难以确保无误。认识到这一点,有利于提高施工项目管理者对施工工程客观规律的认识,避免采集工程项目施工中数据的不完全性。

(6) 共享性。信息是一种资源,它可以给使用者带来巨大的效益和财富。信息能够分享,在转让或传递过程中,对信息本身的形态和内容并无改变和损失,对使用者来讲具有共享性。

(7) 传输性。这是信息的本质特征。信息可通过文件、图纸、广告、报刊、电信、计算机网络等进行传播。

(8) 压缩性。人们对信息进行加工、整理、集中、综合、概括和归纳,使信息被浓缩而不会丢失信息的本质。

2. 系统与信息集成化的概念

1) 系统的基本概念

系统是一个由相互有关联的多个要素，按照特定的规律集合起来，具有特定功能的有机整体。

系统包括以下基本观点。

(1) 系统必须实现特定的目标体系。
(2) 系统与外界有明确的界限。
(3) 系统可以划分为相互有联系的多个子系统，每个子系统都有自己的目标体系和边界。
(4) 子系统之间存在物质和信息交换，反映了系统的运行状况。
(5) 系统是动态的、发展的。

2) 信息系统的集成化

信息系统的集成化是指让参加建设工程各方在信息使用的过程中做到一体化、标准化、通用化和系列化。例如，标准化包括：代码体系标准化、指标体系标准化、系统模式标准化、描述工具标准化和研制开发过程标准化等。建设领域信息系统集成化，要求提供的工程管理软件必须标准化。信息系统集成化通过系统开发工具 CASE(计算机辅助系统工程)实现，这一系统对全面收集信息提供了有效的手段，对系统的完整性和统一性提供了保障。

3. 信息管理的概念

信息管理是指对信息的收集、加工整理、储存、传递与应用等一系列工作的总称。信息管理的目的就是通过有组织的信息流通，使决策者能及时、准确地获得相应的信息。应把握好以下几个环节。

(1) 了解和掌握信息的来源，对信息进行分类。
(2) 掌握和正确运用信息管理的手段。
(3) 掌握信息流程的不同环节，建立信息管理系统。

4. 建筑企业管理信息概述

建筑企业信息管理工作涉及多部门、多环节、多专业、多渠道，工程信息量大，来源广泛，形式多样，主要有以下信息形态。

1) 文字图形信息

文字图形信息包括勘察、测绘、设计图纸及说明书和计算书，合同，工作条例及规定，施工组织设计，原始记录，统计报表，报表和信函等。

2) 语言信息

语言信息包括口头分配任务，工作指示、汇报，工作检查，介绍情况，谈判交涉，建议和批评，工作讨论和研究以及会议等。

3) 新技术信息

新技术信息包括通过网络、电话、电报、电传、计算机、电视、录像、录音和广播等现代化手段收集及处理的一部分信息。

施工项目管理是建筑企业管理的一项最重要的工作，基于此，本章主要讲述建筑企业施工项目管理中的信息管理。

9.2　建筑企业施工项目管理中的信息分类

施工项目信息管理是指项目经理部以施工项目管理为目标，以施工项目信息为管理对象，所进行的有计划、有步骤地收集、处理、储存、传递、维护和应用各类各相关专业信息等一系列工作的总和。项目经理部为实现施工项目管理的需要，使施工项目管理人员能及时、准确地获得进行项目规划、项目控制和管理决策所需的信息，应建立健全项目信息管理系统，优化信息结构，通过动态地、高速度地、高质量地处理大量项目施工及相关信息，以及有组织、有秩序地进行信息流通，实现施工项目管理信息化，为做出最优决策，取得良好经济效果和预测未来提供科学依据。

从项目管理的角度，施工项目信息可分为管理目标信息、生产要素信息、管理工作流程信息、信息稳定程度信息、管理性质信息、层次信息等种类。

1) 管理目标信息

管理目标信息可分为成本控制信息、质量控制信息、进度控制信息和安全控制信息等。

(1) 成本控制信息。与其直接有关的信息为：施工项目成本计划、施工任务单、限额领料单、施工定额、成本统计报表、对外分包经济合同、原材料价格、机械设备台班费、人工费、运杂费等。

(2) 质量控制信息。与其直接有关的信息为：国家与地方政府部门颁布的有关质量政策、法令、法规、标准等，质量目标的分解图表、质量控制的工作流程和工作制度、质量管理体系构成、质量抽样检查数据、各种材料和设备的合格证、质量证明书、检测报告等。

(3) 进度控制信息。与其直接有关的信息为：施工项目进度计划、施工定额、进度目标分解图表、进度控制工作流程和工作制度、材料和设备到货计划、各分部分项工程进度计划、进度记录等。

(4) 安全控制信息。与其直接有关的信息为：施工项目安全目标、安全控制体系、安全控制组织和技术措施、安全教育制度、安全检查制度、伤亡事故统计、伤亡事故调查与分析处理等。

2) 生产要素信息

生产要素信息可分为劳动力管理信息、材料管理信息、机械设备管理信息、技术管理信息、资金管理信息等。

(1) 劳动力管理信息。主要包括劳动力需要量计划、劳动力流动、调配等。

(2) 材料管理信息。主要包括材料供应计划、材料库存、储备与消耗、材料定额、材料领发及回收台账等。

(3) 机械设备管理信息。主要包括机械设备需要量计划、机械设备合理使用情况、保养与维修记录等。

(4) 技术管理信息。主要包括各项技术管理组织体系、制度和技术交底、技术复核、已完工程的检查验收记录等。

(5) 资金管理信息。主要包括资金收入与支出金额及其对比分析、资金来源渠道和筹措方式等。

3) 管理工作流程信息

管理工作流程信息分为计划信息、执行信息、检查信息、反馈信息等。

(1) 计划信息。包括各项计划指标、工程施工预测指标等。

(2) 执行信息。包括项目施工过程中下达的各项计划、指标、命令等。

(3) 检查信息。包括工程的实际进度、成本、质量的实施状况等。

(4) 反馈信息。包括各项调整措施、意见、改进的办法和方案等。

4) 信息稳定程度信息

信息稳定程度信息分为固定信息与流动信息。

(1) 固定信息。指在较长时期内，相对而言稳定，变化不大，可以查询得到的信息，包括各种规范、规程、定额、标准、条例、制度等。如施工定额、材料消耗定额、施工质量统一验收标准、施工质量验收规范、施工操作规程、生产作业计划标准、施工现场管理制度、政府部门颁布的技术标准、不变价格等。

(2) 流动信息。是指随施工生产和管理活动不断变化的信息，如施工项目的质量、成本、进度、安全的统计信息、计划完成情况、原材料消耗量、库存量、人工工日工资数、机械台班数等。

5) 管理性质信息

管理性质信息分为生产信息、技术信息、经济信息与资源信息等。

(1) 生产信息。指有关施工生产方面的信息，如施工进度计划、材料消耗等。

(2) 技术信息。指技术部门提供的有关信息，如技术规范、施工方案、技术交底等。

(3) 经济信息。指施工项目成本计划、成本统计报表、资金耗用等。

(4) 资源信息。指施工项目资金来源、劳动力供应、材料供应、机械设备供应等。

6) 层次信息

层次信息可分为战略信息、策略信息、业务信息等。

(1) 战略信息。指提供给上级领导的重大决策性信息。

(2) 策略信息。指提供给施工项目部各职能部门的管理信息。

(3) 业务信息。指基层技术、管理、作业人员例行性工作、生产或需用的日常信息。

9.3　建筑企业施工项目信息管理

信息管理是信息的收集、整理、处理、存储、传递和应用的总称。信息管理的主要作用是通过动态、及时的信息处理和有组织的信息流通，使指挥和各级管理人员能全面、及时和准确地获得所需的信息，以便采取正确的决策和行动。

9.3.1　施工项目信息管理的基本要求

为了能够全面、及时和准确地向项目管理人员提供有关信息，施工项目信息管理应满足以下几个方面的要求。

1) 有严格的时效性

能适时提供信息，往往对指导施工十分有利，甚至可以取得很大的经济效益。要保证信息的时效性，应当注意解决以下几个问题。

(1) 当信息分散于不同的地区的时候，要能迅速有效地进行收集和传递。
(2) 要注意信息处理的口径统一。
(3) 要能够在短时间内将各种信息进行加工和整理。
(4) 使用计算机和网络进行信息处理。

2) 有必要的精度

要保证信息的精度，应该对原始数据进行认真的审查和校核，避免分类和计算的错误。对加工整理后的数据和资料，也要细致复核。信息的精度以满足使用要求为限，过高的精度需要更大的成本。

3) 要考虑信息成本

信息的收集和处理所需要的费用与信息收集的多少和信息处理的精度有关。在进行施工项目信息管理时，要综合考虑信息成本及信息所产生的收益，寻求最佳的切入点。

4) 要有针对性和实用性

信息管理的重要任务之一，就是根据需要，提供针对性强、实用性强的信息。要做到这一点，应采取如下措施。

(1) 运用数理统计的方法，对搜集的信息数据进行分析，找出影响重大的信息，并力求给予定性和定量的描述。
(2) 要将过去的和现在的、内部的和外部的、计划的与实施的信息加以对比和分析，以便观察当前的情况和发展的趋势。
(3) 要有适当的预测和决策支持信息，使之更好地为管理决策服务。

施工项目信息管理总是贯穿于项目管理的全过程。如何有效、有序、有组织地对施工项目全过程的各类介质信息进行管理，为预测未来和正确决策提供依据，提高管理水平，因此，对施工项目经理部的信息管理基本要求如下。

(1) 施工项目经理部应建立项目信息管理系统，对施工项目实施全方位、全过程信息化管理。
(2) 施工项目经理部，可以在各职能部门中设信息管理员或兼职信息管理人员，也可以单设信息管理人员或信息管理部门。信息管理人员必须经有资质的单位进行培训后，才能承担项目信息管理工作。
(3) 施工项目经理部应负责收集、整理、管理本施工项目范围内的信息。实行总分包的施工项目，项目分包人应负责分包范围内的信息收集、整理。承包人负责汇总、整理发包人的全部信息。
(4) 施工项目经理部应及时收集信息，并将信息准确、完整、及时地传递给使用单位和人员。对施工项目的各种原始信息来源、要收集的信息内容、标准、时间要求、传递途径、反馈的范围、责任人员的工作职责、工作程序等有关问题做出具体规定，形成制度，认真执行，以保证原始资料的全面性、准确性、及时性和可靠性。为了便于信息的查询使用，要求施工项目经理部在收集项目信息时，首先应填写项目目录清单，其作用是通过此表让信息管理员输入计算机，或信息使用者尽快地在计算机找到所需项目的信息。项目目录清单格式如表9.1所示。
(5) 施工项目信息收集应随工程的进展进行，保证真实、准确、具有时效性，经有关负责人审核签字，及时输入计算机中，纳入施工项目管理信息系统内。

表9.1 项目目录清单

序号	项目名称	项目电子文档名称	内存/盘号	单位工程名称	单位工程、电子文档名称	负责单位	负责人	日期	附注
1									
2									
3									
…									
N									

9.3.2 施工项目信息的内容

通常施工项目经理部在项目管理过程中应收集并整理的施工项目信息的内容包括项目公共信息和项目个体信息两个方面。

1. 项目公共信息

(1) 政策法规信息：有关的政策、法律、法规和部门、企业的规章制度。

(2) 自然条件信息：工程项目所在地气象、地貌、水文地质资料。

(3) 市场信息：材料设备的供应商及价格信息、新技术、新工艺。

(4) 其他公共信息。

2. 项目个体信息

(1) 工程概况信息：工程概况、工程造价计算书、场地与环境交通概况、参与建设各单位概况、社会环境。

(2) 商务信息：施工图预算、中标的投标书、各类施工合同、工程款索赔。

(3) 施工记录信息：施工日志、质量检查记录、材料设备进场及消耗记录。

(4) 技术管理信息：施工试验记录、施工记录、施工预检记录、隐蔽工程验收记录、分部工程验收记录、各专业工程验收记录、施工组织设计、施工方案、技术交底、工程质量验收、设计变更、竣工验收资料与竣工图。

(5) 工程进度控制信息：施工进度计划、WBS作业包、WBS界面文件。

(6) 工程质量控制信息：质量目标、质量体系，材料、成品、半成品、构配件、设备出厂质量证明或检(试)验报告及进场后的抽检复验报告。

(7) 工程成本控制信息：预算成本、责任目标成本、实际成本、降低成本计划、成本分析。

(8) 工程安全控制信息：安全管理制度及措施、安全交底、安全设施检查与验收、安全教育、安全事故调查与处理。

(9) 资源管理信息：劳动需要量计划、主要材料、构配件、成品、半成品需要量计划、机械、设备需要量计划、资金需要量计划。

(10) 行政管理、现场管理信息：来往函件、会议通知、会议纪要，施工现场管理制度，文明施工制度、防火、保安、卫生防疫、场容规章、现场评比记录。

(11) 竣工验收信息：施工单位工程竣工报告，工程竣工验收报告，工程竣工质量验收备案表，单位工程质量验收文件(包括监理、设计、勘察、消防、桩基有关单位的质量检查、论证报告及准许使用文件等)，建设工程档案验收许可证，工程结算，工程回访与保修。

9.3.3 施工项目信息管理系统

施工项目信息管理系统是针对施工项目的计算机应用软件系统，通过及时地提供施工项目的有关信息，支持项目管理人员进行项目规划及在项目实施中控制项目目标。施工项目信息管理系统是一个由几个功能子系统的关联而合成的一体化的信息系统，其特点为：提供统一格式的信息，简化各种项目数据的统计和收集工作，使信息成本降低；及时全面地提供不同需要、不同浓缩度的项目信息，从而可迅速做出分析解释，及时产生正确的控制；完整系统地保存大量的项目信息，能方便、快速地查询和综合，为项目管理决策提供信息支持；利用模型方法处理信息，预测未来，科学地进行决策。

1. 施工项目信息管理系统结构

施工项目信息管理系统一般是由项目目录清单子系统、公共信息子系统和项目信息子系统所组成，其系统结构见图9.1。

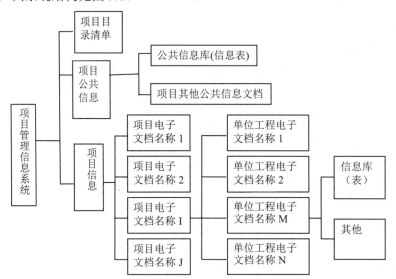

图 9.1 施工项目信息管理系统的结构

"公共信息库"中包括的"信息表"有：法规和部门规章表，材料价格表，材料供应商表，机械设备供应商表，机械设备价格表，新技术表，自然条件表等。

"项目其他公共信息文档"是指除"公共信息库"中文档以外的项目公共文档。

"项目电子文档名称 I"一般以具有指代意义的项目名称作为项目的电子文档名称(目录

名称)。

"单位工程电子文档名称 M"一般以具有指代意义的单位工程名称作为单位工程的电子文档名称(目录名称)。

"单位工程电子文档名称 M"的信息库应包括：工程概况信息，施工记录信息，施工技术资料信息，工程协调信息，工程进度信息，资源计划信息，成本信息，资源需要量计划信息，商务信息，安全与文明施工管理信息，工程项目行政管理信息，竣工验收信息等。这些信息所包含的表即为单位工程电子文档名称 M 的信息库中的表；除以上数据库文档以外的反映单位工程信息的文档归为"其他"。

2. 施工项目信息管理系统的内容

1) 建立信息代码系统

将各类信息按信息管理的要求分门别类，并赋予能反映其主要特征的代码，一般有顺序码、数字码、字符码、混合码等，用以表征信息的实体或属性；代码应符合唯一化、规范化、系统化、标准化的要求，以便利用计算机进行管理；代码体系应科学合理、结构清晰、层次分明，具有足够的容量、弹性和可兼容性，能满足施工项目管理需要。图9.2 为单位工程质量管理信息编码示意图。

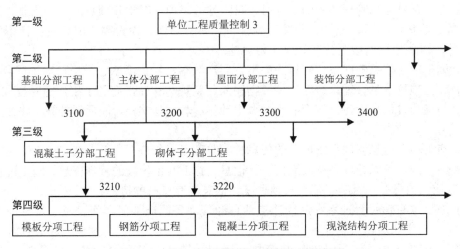

图 9.2　单位工程质量管理信息编码示意图

2) 施工项目管理中的信息流程

依据施工项目管理工作的要求和对项目组织结构、业务功能及流程分析，建立各单位及人员之间的信息连接，并要保持纵横内外信息流动的渠道畅通有序，否则施工项目管理人员无法及时得到必要的信息，就会失去控制的基础、决策的依据和协调的媒介，将影响施工项目管理工作顺利进行。

3) 施工项目信息管理中的信息处理

施工项目信息管理中的信息处理主要包括数据收集和输入、数据传输、数据存储、数据加工处理、数据输出等工作。施工项目信息管理中的信息处理有采用人工信息管理系统和采用计算机信息管理系统。以计算机作为信息处理工具的人机系统通常具有以下功能。

(1) 数据收集和输入。将分散在各地的数据进行收集并记录下来，整理成信息系统所需求的格式或形式。收集信息先要识别信息，确定信息需求，建立信息收集渠道的结构。而信息的需求应由施工项目管理的目标出发，从客观情况调查入手，加上主观思路规定数据的范围。

(2) 数据传输。数据传输有两种主要方式，一种是计算机网络形式传输；另一种是盘片传输。建立数据传输渠道的结构，明确各类信息数据应传输至何地点、传输于何人、何时传输，采用何种方式传输等。信息数据的传输者传输数据时，应保持原始数据的完整、清楚，使接收者能准确地理解所接收的数据。

(3) 数据存储。管理中的大量数据被存储在磁盘、光盘等存储设备上。数据存储的目的是将数据保存，以备随时查询使用。

(4) 数据加工处理。对数据进行核对、变换、分类、合并、排序、更新、检索、抽出、分配、生成和计算等处理，建立索引或目录文件。运用网络计划技术模型、线性规划模型、存储模型等对数据进行统计分析和预测，成为统计信息和预信息。

(5) 数据输出。将处理好的数据按各管理层次的不同需求，编制打印成各种报表和各种文件，或以电子邮件、Web 网页等不同的形式输出。

3. 施工项目信息管理系统的基本要求

施工项目信息管理系统应满足下列基本要求。

(1) 进行项目信息管理体系的设计时，应同时考虑项目组织和项目启动的需要，包括信息的准备、收集、标识、分类、分发、编目、更新、归档和检索等。信息应包括事件发生时的条件，以便使用前核查其有效性和相关性。

(2) 施工项目信息管理系统应目录完整、层次清晰、结构严密、表格自动生成。

(3) 施工项目信息管理系统应方便数据输入、整理与存储，有利于用户随时提取。

(4) 施工项目信息管理系统应能及时调整数据、表格与文档，能灵活补充、修改与删除数据。

(5) 施工项目信息管理系统内含的信息种类与数量应能满足项目管理的全部需要。

(6) 施工项目信息管理系统应能使设计信息、施工准备阶段的管理信息、施工过程项目管理各专业的信息、项目结算信息、项目统计信息等有良好的接口。

(7) 施工项目信息管理系统应能连接项目经理部各职能部门之间以及项目经理部与各职能部门、与作业层、与企业各主管部门、与企业法定代表人、与发包人和分包人、与监理机构等，使施工项目管理层与企业管理层及作业层信息收集渠道畅通、信息资源共享。

9.4 计算机在建筑企业项目管理中的应用

计算机在建筑企业项目管理中的应用非常广泛，本节首先讲述计算机在建设工程信息管理中的应用和基于互联网的建设工程项目信息管理系统，然后介绍建设工程项目管理软件的分类和常用项目管理软件。

9.4.1 建设工程信息管理系统概述

建设工程信息管理系统是处理项目信息的人机交互系统，它通过收集、存储和分析项目实施过程中的有关数据，辅助工程项目管理人员和决策者规划、决策和检查，其核心是辅助对项目目标的控制。

建设工程信息管理系统作为建设工程管理的基本手段，其作用如下。

(1) 利用计算机数据存储系统，集中存储与项目管理有关的信息，并随时进行查询和更新。

(2) 利用计算机准确和及时地完成工程项目管理所需要的信息处理。

(3) 通过建设工程信息管理系统可以满足决策者的需要，方便和迅速地生成大量的控制报表。

所以，建设工程信息管理系统的目标是实现信息系统的管理以及提供必要的决策支持。一般认为，建设工程信息管理系统的基本功能包括投资控制、进度控制、质量控制和合同管理，如图9.3所示。

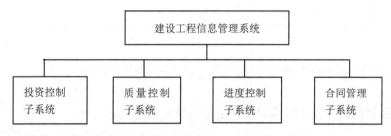

图 9.3　建设工程信息管理系统的基本构成

各子系统的基本功能如表 9.2 所示。

表 9.2　各子系统的基本功能

子系统	基本功能
进度控制子系统	(1) 编制双代号网络计划(CPM)和单代号搭接网络计划(MPM)； (2) 编制多阶网络(多平面群体网络)计划； (3) 工程实际进度的统计分析； (4) 实际进度与计划进度的动态比较； (5) 工程进度变化趋势预测； (6) 计划进度的定期调整； (7) 工程进度各类数据的查询； (8) 提供多种(不同管理平面)工程进度报表； (9) 绘制网络图； (10) 绘制横道图
投资控制子系统	(1) 投资分配分析； (2) 编制项目概算和预算； (3) 投资分配与项目概算的对比分析； (4) 项目概算与预算的对比分析； (5) 合同价与投资分配、概算和预算的比较； (6) 实际投资与概算、预算和合同价的对比分析； (7) 项目投资变化趋势预测； (8) 项目结算与预算、合同价的比较； (9) 项目投资的各类数据查询； (10) 提供多种项目投资报表

续表

子系统	基本功能
质量控制子系统	(1) 项目建设的质量要求和质量标准的制定； (2) 分项工程、分部工程和单位工程的验收记录和统计分析； (3) 工程材料试验记录； (4) 工程设计质量鉴定记录； (5) 安全事故的处理记录； (6) 提供多种工程质量报表
合同管理子系统	(1) 提供和选择标准的合同文本； (2) 合同文件和资料的管理； (3) 合同执行情况的跟踪和处理过程的管理； (4) 涉外合同的外汇折算； (5) 经济法规库的查询； (6) 提供各种合同管理报表

9.4.2 基于互联网的建设工程项目信息管理系统

1. 基于互联网的建设工程项目信息管理系统的概念

信息沟通就是交换和共享数据、信息和知识的过程。建设工程信息沟通是指在项目建设全过程中，运用现代信息和通信技术以及其他合适的手段，相互传递、交流和共享信息和知识的行为及过程。

1) 传统工程建设组织中存在的信息沟通障碍以及主要问题

(1) 重视纵向命令，缺乏横向沟通。

(2) 沟通线路长，沟通层次多。

(3) 信息传递手段落后，信息方式单调。

(4) 信息管理混乱，缺少统一信息编码。

(5) 信息传递中有效内容的短缺。

(6) 信息传递中信息内容的扭曲。

(7) 信息传递中信息内容过载。

(8) 信息内容传递的延误。

(9) 信息管理和沟通的成本过高。

2) 未来建设工程信息管理和沟通具有的特征

(1) 在建设工程项目各组成部分之间和各实施阶段，参建各方都能随时随地获得所需要的各种信息。

(2) 用虚拟现实的和逼真的工程项目模型指导建设工程项目的决策、设计与施工全过程。

(3) 减少距离的影响，使项目团队成员相互沟通时有同处一地的感觉。

(4) 对信息的产生、保存以及传播进行有效的管理。

3) 建设工程信息的网络沟通的 3 类网站

(1) 政府建设相关部门的网站。

(2) 建设相关企业的网站。

(3) 各类信息的通用网站。

4) 基于互联网的建设工程项目信息管理系统

基于互联网的建设工程项目信息管理系统是指在项目实施的过程中，对项目的参与各方的信息和知识进行集中式管理，即项目各方有共用的文档系统，同时也有共享的项目数据库，其主要功能是安全地获取、记录、寻找和查询信息。它不是某一个具体的软件产品或信息系统，而是国际上工程建设领域一系列基于互联网技术标准的项目信息沟通系统的总称。其特点如下。

(1) 以 Extranet 作为信息交换工作平台，其基本形式是项目主体网，对信息的安全性有较高的要求。

(2) 采用 100%的 B/S 结构，用户在客户终端只需要安装一个浏览器即可。

(3) 系统的主要功能是项目信息的共享和传递，而不是对信息的加工和处理。

(4) 该系统通过信息的集中管理和门户设置为项目参与各方提供一个开放、协同和个性化的信息沟通环境。

2. 基于互联网的建设工程项目信息管理系统的功能

1) 基于互联网的建设工程项目信息管理系统的功能框架

基于互联网的建设工程项目信息管理系统的功能框架见图 9.4。

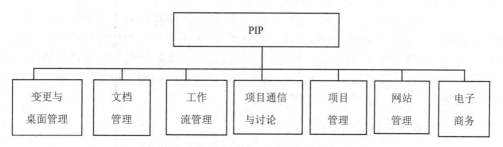

图 9.4 基于互联网的建设工程项目信息管理系统的功能框架

2) 基于互联网的建设工程项目信息管理系统的基本功能

(1) 通知与桌面管理。这一模块包括变更通知、公告发布、项目团队通信录及书签管理等功能，其中变更通知是指当某一项目参与单位的项目信息发生改变时，系统用 E-mail 进行提醒和通知。

(2) 日历和任务管理。日历和任务管理包括共享进度计划的日历管理和任务管理。

(3) 文档管理。文档管理是基于互联网的建设工程项目信息管理系统一项十分重要的功能，它在项目的站点上提供标准的文档目录结构，项目参与各方可以进行定制。项目的参与各方可以完成文档的查询、版本控制、文档的上传和下载、在线审阅等工作。其中在线审阅是基于互联网的建设工程项目信息管理系统的一项重要功能，可以支持多种文档格式，项目参与各方可以在同一张 CAD 图纸上进行标记、圈阅和讨论。

(4) 项目通信与协同工作。在基于互联网的建设工程项目信息管理系统为用户制定的主页上，项目参与各方可以通过系统中内置的邮件通信功能进行项目信息的通信；另外还可以就某一主体进行在线讨论，讨论的每一个细节都会被记录下来，并分发给有关各方。

(5) 工作流管理。工作流管理是对项目工作流程的支持，它包括在线完成信息请求 RFI、工程变更、提交请求以及原始记录审批等，并对处理情况进行跟踪统计。

(6) 网站管理与报告。包括用户管理、使用报告生成功能，其中很重要的一项功能就是要对项目参与各方的信息沟通以及成员在网站上的活动进行详细的记录。

3) 基于互联网的建设工程项目信息管理系统的拓展功能

(1) 多媒体的信息交互。

(2) 在线项目管理。

(3) 集成一些电子商务功能。

9.4.3 建设工程项目管理软件的分类

1. 从项目管理软件适用的各个阶段进行划分

1) 适用于某阶段的特殊用途的项目管理软件

这类软件种类繁多，软件定位的使用对象和适用范围被限制在一个比较窄的范围内，所以注重实用性。如项目评估与经济分析软件、房地产开发评估软件、概预算软件、招投标管理软件、快速报价软件等。

2) 普遍适用于各个阶段的项目管理软件

常见的有进度计划管理软件、费用控制软件、合同与办公事务管理软件等。

3) 对各个阶段进行集成管理的软件

工程建设的各个阶段是紧密联系的，每一个阶段的工作都是对上一个阶段工作的细化和补充，同时要受到上一阶段所确定的框架的制约，很多项目管理软件的应用过程就体现了这种相互控制和相互补充的关系。例如，一些高水平的费用管理软件就能够清晰地体现标价的形成、合同价的确定、工程结算、费用分析比较与控制和工程决算等整个过程，并可以自动地将这一过程的各个阶段联系在一起。

2. 从项目管理软件提供的基本功能划分

1) 进度计划管理

基于网络技术的进度计划管理功能是建设工程项目管理中开发最早、应用最普遍和技术上最成熟的功能，也是目前绝大多数面向建设项目管理的信息系统的核心部分。该类软件的基本功能如下：定义作业、用一系列逻辑关系连接作业、计算关键线路、时间进度分析、资源平衡、实际计划的执行状况、输出报告、画出甘特图和网络图。

2) 费用管理

最简单的费用管理是用于增强时间计划性能的费用跟踪，高水平的费用功能应能够胜任项目寿命周期内所有费用单元的分解、分析和管理工作。包括从项目开始阶段的预算、报价及其分析和管理，到中期的结算与分析、管理，最后的决算和项目完成后的费用分析。这类软件具有独立使用的系统，有些与合同事务管理功能集成在一起。费用管理软件的基本功能如下：投标报价、预算管理、费用预测、费用控制、绩效检查和差异分析。

3) 资源管理

资源是指在项目实施过程中投入的要素之和，根据使用过程的特点可以划分为消耗性资源和非消耗性资源。资源管理软件应包括以下功能：拥有完善的资源库、能自动调配所有可行的资源、能通过其他功能的配合提供资源需求、能对资源需求和供给的差异进行分析以及能自动或协助用户通过不同途径解决资源冲突问题。

4) 风险管理

工程管理中的风险包括时间上的风险、费用上的风险、技术上的风险等。项目管理软件风险管理功能中常见的风险管理技术包括：综合权重的三点估计法、因果分析法、多分布形式的概率分布法和基于经验的专家系统等。项目管理软件中的风险管理功能应包括：项目风险的文档化管理、进度计划模拟以及减少乃至消除风险的计划管理。目前有些风险管理软件是独立使用的，有些是和上述的其他软件功能集成使用的。

5) 交流管理

交流是任何组织的核心，也是项目管理的核心。大型项目的参与各方，经常分布在跨地域的多个地点上，大多采用矩阵化的结构组织形式，这种组织结构形式对交流管理提出了很高的要求。目前流行的大部分项目管理软件都集成了交流管理的功能，所提供的功能包括：进度报告发布、需求文档编制、项目文档管理、项目组成员间及其与外界的通信与交流、公告板和消息触发式的管理交流机制等。

6) 过程管理

过程管理功能是每一个项目管理软件所必备的功能，它可以对项目管理工作中的项目启动、计划编制、项目实施、项目控制和项目收尾等过程提供帮助。过程管理的工具能够帮助项目组织的管理方法和管理过程实现电子化和知识化。项目负责人可以为其所管理的项目确定适当的过程，项目管理团队在项目的执行过程中也可以随时对其完成的任务进行了解。

7) 多功能集成的项目管理软件套件

套件是指将管理建设项目所需的信息集成在一起进行管理的一组工具。一个套件通常可以拆分为一些功能模块或独立软件，这些功能模块或独立软件大部分可以单独使用，但如果这些功能模块或独立软件组合在一起使用，可以最大限度地发挥它们的效率。这些功能模块或独立软件都是由同一家软件公司开发，彼此之间有统一的接口，可以相互调用数据，并且功能上相互补充。

3. 从项目管理软件适用的工程对象进行划分

1) 面向大型、复杂建设工程项目的项目管理软件

这类软件锁定的目标市场一般是那些规模大和复杂度高的大型建设项目，其典型的特点是专业性强，具有完善的功能，提供了丰富的视图和报表，可以为大型项目的管理提供有力的支持。但购置费用较高，使用方法复杂，使用人员必须经过专门的培训。

2) 面向中、小型项目和企业事务所管理的项目管理软件

这类软件的目标市场是一般的中、小型项目或企业内部的事务管理过程，其典型的特点是提供了项目管理所需的最基本的功能，如时间管理、资源管理和费用管理；内置或附加了二次开发的工具；有很强的易学性，使用人员一般只要具备项目管理的知识，经过简单的引导，就可以使用，购置费较低。

9.4.4 常用的项目管理软件

1. 综合进度计划管理软件

1) Primavera Project Planner (P3)

P3 是用于项目进度计划、动态控制、资源管理和费用控制的总和进度计划管理软件。其特点在于：拥有较为完善的管理复杂和大型建设工程项目的手段，拥有完善的编码体系，包括 WBS (工作分解结构) 编码、作业代码编码、作业分类码编码、资源编码和费用科目编码等。这些编码以及编码所带来的分析、管理手段，给项目管理人员的管理以充分的回旋余地。项目管理人员可以从多个角度对工程进行有效的管理。P3 的具体功能有以下几方面。

(1) 同时管理多个工程，通过各种视图、表格和其他分析、展示工具，帮助项目管理人员有效控制大型、复杂项目。

(2) 可以通过开放数据库互联(ODBC)与其他系统结构进行相关数据的采集、数据存储和风险分析。

(3) 提供了上百种标准的报告，同时还内置报告生成器，可以生成各种定义的图形和报告表格。但它在大型广场层次划分上的不足和相对薄弱的工程汇总功能将其应用限制在一个比较小的范围内。

(4) 某些代码长度上的限制妨碍了该软件与项目其他系统的直接对接，给用户的使用带来不便。

2) Primavera Project Planner for Enterprise(P3E)

P3E 是 P3 改进后的结果，P3E 的特点如下。

(1) 首次在项目管理软件中增加了企业项目结构图(EPS)，利用 EPS 使得企业或项目组织可以按多重性对项目进行层次化的组织，使得企业可以基于 EPS 层次化的结构的任一层次和任一点进行项目执行情况的财务分析。

(2) 提供了完善的编码结构体系。除了提供企业项目结构、工作分解结构、资源分解结构、费用分解结构、作业分类码、报表结构等，所有的结构体系均提供了直观的树形视图。

(3) 提供了丰富的报表。

(4) 支持基于 EPS 和 WPS 的自上而下预算分摊。P3E 支持按项目权重、里程碑权重、作业步骤及其权重进行绩效衡量，这些设置连同多样化的"赢得值"技术，使得"进度价值"的计算方法拟人化而又符合客观实际。

(5) 提供了专业的、结合进度的资源分析和管理工具，可以通过资源分解结构对企业的全部资源进行管理，资源还可以按角色、技能和种类划分。使用资源的角色、技能、种类可以为资源协调与替代提供方便，从而使资源得到充分的利用。

(6) 内置了风险管理功能。对项目的不确定性因素的管理分析，是企业风险控制的基础。P3E 的风险管理功能，提供了风险识别、分类、指定影响分析的优先等级功能。用户也可以自行创建风险管理计划，估计并指定发生概率，并指定组织中特定的人对特定的风险管理工作负责。

(7) 内置了临界值的管理与问题追踪功能。通过预先设置的费用、进度以及赢得值的临界值及其处理措施，对实施中出现的超临界状态自动通知相关责任人，并可以利用问题跟踪功能对问题进行跟踪。

(8) 支持大型关系数据库 Oracle、SQL Server，为企业和建设工程项目管理信息系统的构建提供了极大的便利。

(9) 拥有更为直观易用的操作界面和更为全面的在线帮助。

3) Microsoft Project

由 Microsoft 公司推出的 Microsoft Project 是到目前为止在全世界范围内应用最广的、以进度计划为核心的项目管理软件，Microsoft Project 可以帮助项目管理人员编制进度计划，管理资源的分配，生成费用预算，也可以绘制商务图表，形成图文并茂的报告。该软件的典型功能特点如下。

(1) 进度计划管理。Microsoft Project 为项目的进度计划管理提供了完备的工具。用户可以根据自己的习惯和项目的具体要求采用"自下而上"或"自上而下"的方式安排整个建设项目。

(2) 资源管理。Microsoft Project 为项目资源管理提供了适度、灵活的工具，用户可以方便地定义和输入资源，可以采用软件提供的各种手段观察资源的基本情况和使用状况，同时还提供了解决资源冲突的手段。

(3) 费用管理。Microsoft Project 为项目管理工作提供了简单的费用管理工具，可以帮助用户实现简单的费用管理。

(4) 突出的易学易用性，完备的帮助文档。Microsoft Project 是迄今为止易用性最好的项目管理软件之一，其操作界面和操作风格与大多数人平时使用的 Microsoft Office 软件中的 Word 和 Excel 完全一致。

(5) 强大的扩展能力，与其他相关产品的融合能力。作为 Microsoft Office 的一员，Microsoft Project 也内置了 Visual Basic for Application (VBA)。VBA 是 Microsoft 开发的交互式应用程序宏语言。用户可以利用 VBA 作为工具进行二次开发，一方面可以帮助用户实现日常工作的自动化；另一方面还可以开发软件所没有提供的功能。此外，用户还可以依靠 Microsoft Project 与 Office 家族的其他软件的紧密联系，将项目数据输出到 Word 中生成报告，输出到 Excel 中生成电子表格文件或图形，输出到 Power Point 中生成演示文件，还可以将 Microsoft Project 的项目文件直接存储为 Access 数据库文件，实现项目管理信息系统的直接对接。

4) Open Plan 项目管理软件

(1) 进度计划管理。Open Plan 采用自上而下的方式分解工程，拥有无限级别的子工程，每个作业都可以分解为子网络和孙网络，无限分解。这一特点为大型、复杂建设工程项目多级网络计划的编制和控制提供了便利。此外，其作业数目不限，同时提供了 256 位宽度的作业编码和作业分类码，为建设工程项目的多层次和多角度管理提供了可能，使得用户可以很方便地实现这些编码与工程信息管理系统中其他子系统编码的直接对接。

(2) 资源管理与资源优化。资源分解结构(RBS)可结构化地定义数目无限的资源，包括资源群、技能资源和驱控资源，以及通常资源、消费品和消耗品。拥有资源强度非线性曲线和流动资源计划。

在资源优化方面拥有独特的资源优化计算方法，4 个级别的资源优化程序，可以通过对作业的分解、延伸和压缩进行资源优化，可以同时优化无限数目的资源。

(3) 项目管理模板。Open Plan 中的项目专家提供了几十种基于美国项目管理学会(PMI)专业标准的管理模板。用户可以使用或自定义管理模板，建立 C/SCSC (费用/进度控制系统标准) 或 ISO 标准，帮助用户自动应用项目标准和规程进行工作。

(4) 风险分析。Open Plan 集成了风险分析模拟工具，可以直接使用进度计划数据计算最早可能开始时间、最早可能完成时间、最迟必须开始时间、最迟必须完成时间、自由时差和总时差及作业危险程度指标等。

(5) 开放的数据结构。Open Plan 全面支持 OLE2.0、Excel 与 Windows 应用软件，可简单地复制和粘贴；工程数据文件可保存为通用的数据库，如 Access、Oracle、SQL Server、Sybase，以及 FoxPro 的 DBF 数据库。用户还可以修改数据库结构增加自己的字段，并定义计算公式。

2. 合同管理与费用控制管理软件

1) Expedition 合同管理软件

由 Primavera 公司开发的合同管理软件 Expedition，以合同为主线，通过对合同执行过程中发生的诸多事务进行分类、处理和登记，并和相应的合同有机关联，使用户可以对合同的签订、预付款、进度款和工程变更进行控制；同时可以对各项工程费用进行分摊和反检索分析，可以有效处理合同各方的事务，跟踪有多次审阅和多人审阅的文件审批过程，加快事务的处理过程，可以快速检索合同事务文档。

Expedition 可用于建设工程项目管理的全过程。该软件同时具有很强的拓展能力，用户可以利用软件本身的工具进行二次开发，进一步增强该软件的适应性。

Expedition 的基本功能可以归纳为以下几个方面。

(1) 合同与采购订单管理。用户可以创建、跟踪和控制其合同和采购清单的所有细节，提供各类实时信息。Expedition 内置了一套符合国际惯例的工程变更管理模式，用户也可以自定义变更管理的流程。还可以根据既定的关联关系帮助用户自动处理项目实施过程中的设计修改审定、修改图分发、工程变更、工程概预算与合同进度款结算。

(2) 变更的跟踪管理。Expedition 对变更的处理采取变更事项的跟踪形式。将变更文件分为四大类：请示类、建议类、变更类和通知类，可以实现对变更事宜的快速检索。通过可自定义的变更管理，用户可以快速解决变更问题，可以随时评估变更对工程费用和总体进度计划的影响，评估对单个合同的影响和对多个合同的连锁影响，对变更费用提供从估价到确认的全过程管理，通过追踪已解决和未解决的变更对项目未来费用变化趋势进行预测。

(3) 费用管理。费用控制上，通过可动态升级的费用工作表，将实际情况自动传递到费用工作表中，各种变更费用也可反映到对应的费用级别中，从而为用户提供分析和预测项目趋势时所需要的实时信息，以便用户做出更好的费用管理决策；通过对所管理的工程的费用趋势分析，用户能够采取适当行动，以避免不必要的损失。

(4) 交流管理。Expedition 通过内置的记录系统来记录各种类型的项目交流情况。通过请示记录功能帮助用户管理整个工程的不同时间跨度内各种送审件，无论其处于哪一个阶段，在什么人手中，都可以随时评估其对费用和进度的潜在影响；通过会议纪要功能来记录每次会议的各类信息；通过信函和收发文功能，实现往来信函和文档的创建、跟踪和存档；通过电话记录功能记录重要的电话交谈内容。

(5) 记事。可以对送审件、材料到货、问题和日报进行登录、归类、事件关联、检索与制表等。

(6) 项目概况。可以反映项目各方信息，项目执行状态以及项目的简要说明。

2) Prolog Manager

Prolog Manager 是 Meridian 公司开发的以合同事务管理为主线的项目管理软件。该软件可以处理项目管理中除进度计划管理以外的大部分事务，其典型功能包括以下几个方面。

(1) 合同管理。可以管理工程所涉及的所有合同信息，包括相关的单位信息，每个合同的预算费用、已发生的变更、将要发生的变更以及进度款的支付和预留等。

(2) 费用管理。可以准确获取最新的预算和实际费用信息，使用户及时了解建设工程项目费用的情况。

(3) 采购管理。可以管理建设工程项目中需要采购的各种材料、设备和相应的规范要求，可以直接和进度作业连接。

(4) 文档管理。提供图纸分发、文件审批和文档传送的功能，可以通过预先设置的有效期限发出催办函。

(5) 工程事务管理。可以完成项目管理过程中事务性管理工作，包括对工程中的人工、材料、设备和施工机械等进行记录和跟踪，处理施工过程中的日常记事、施工日报、安全通知、质量检查和现场工作知识等。

(6) 标准化管理。可以将项目管理所需的各种信息，分门别类地管理起来；各个职能部门按照所制定的标准对自己的工作情况进行输入和维护，管理层可以随时审阅项目各个方面的综合信息，考核各个部门的工作情况，掌握工作的进展，准确及时地做出决策。

(7) 兼容性。可以输入、输出相关数据，可以与其他应用软件相互读写信息。既可以将进度作业输出到有关进度软件，又可以将进度计划软件的作业输入到该软件中。

3) Cobra 成本控制软件

Cobra 是 Welcome 公司开发的成本控制软件，其功能特点如下。

(1) 费用分解结构。可以将工程及其费用自上而下的分解，可以在任意层次上修改预算和预测。可以设定不限数目的费用科目、会计日历、取费费率、费用级别和工作包，使用户建立完整的项目费用管理结构。

(2) 费用计划。可以和进度计划管理相结合，形成动态的费用计划。预算元素或目标成本的分配可在作业级或工作包级进行，也可以直接从预算软件或进度计划软件中读取。支持多种预算，可以实现量、价分离，可以合并报告多种预算费用计划。每个预算可按用户指定的时间间隔分布。支持多国货币，允许使用 16 种不同的间接费率，自定义非线性曲线，并提供大量的自定义字段，可以定义计算公式。

(3) 实际执行反馈。可以用文本文件或 DBF 数据库递交实际数据，可连接用户自己的工程统计软件和报价软件，自动计算间接费。可修改过去输入错误的数据，可整体重算。

(4) 执行情况评价/赢得值。软件内置了标准评测方法和分摊方法，可以按照所使用的货币、资源数量或时间计算完成的进度，可用工作包、费用科目、预算元素或分级结构和部门等评价执行情况。拥有完整的标准报告和图形，内置电子表格。

(5) 预测分析。提供无限数量的同步预测分析，可手工干预或自动生成；无限数量的假设分析；可使用不同的预算、费率、劳动力费率和外汇汇率，可自定义计算公式；还可用需求金额，来反算工时。

(6) 进度集成。提供了在工程实施过程中任意阶段的费用和进度集成动态环境，该软件的数据可以完成从软件提供的项目专家或其他项目中读取，不需要重复输入。工程状态数据可以利用进度计划软件自动更新，修改过的预算也可以自动更新到新项目专家进度中去。

(7) 开放的数据结构。数据库结构完全开放，可以方便地与用户自己的管理系统连接。

4) PERT 系统

梦龙智能项目管理系统 PERT 是梦龙科技(集团)公司应用网络技术的原理，采用高新技术手段开发的，适用于各种项目计划管理的智能化软件。PERT 系统在开发过程中，参考了国内外其他软件的特点，经三峡工程项目管理的大量试用，反复修改使其不断完善，目前已被我国建筑、安装、科研、监理等行业的单位使用。PERT 系统界面新颖、操作直观、功能可靠。

(1) 做图方便灵活。能在计算机上直接做出网络图，并可随时转换成另一种形式：单代号网络图、双代号逻辑网络图、时标网络图、时标逻辑网络图、横道图、汇聚单代号网络图、单双混合方框网络图及中外两种文字的网络图，在图形上可任意插入，删除方便并智能连接，逻辑关系任意调整。相同内容随意复制，关键节点自动生成，网络图层次分明并可随意调整。PERT 系统还提供了文本方式双代号输入法、紧前关系输入法、紧后关系输入法 3 种输入方法做网络图。三者之间可相互转换，用任何一种方法输入即可自动生成网络图。

(2) 瞬间可生成流水网络。采用 PERT 软件做流水网络瞬间即可生成。只要做好一个标准层，其他层自动生成普通流水网络或小流水(分层分段的立体流水)网络(小流水施工法对工期控制非常有效)，自动带层段号。

(3) 子网络功能。一般较复杂的工程项目要用多级网络进行控制，根据工程的实际情况可分为一级、二级……多级网络，不同的管理层对应不同级别的网络，做到真正的分级管理。

(4) 动态控制及前锋线功能。网络图不能实行动态控制，不可能给工程项目管理带来较大的效益。PERT 系统将工程实际进展情况输入计算机，便会显示带前锋线的网络图，做到真正的动态管理。前锋线是对实际工程进度的记录，根据前锋线可直接了解到每项工作的提前和滞后，将前锋线拉直来预测完工时间并给出新的关键线路及相对原计划提前或滞后的时间，为领导决策提供准确的依据，有利于工程项目的管理和进度控制。

(5) 资源费用优化控制。PERT 系统资源按不同种类分类管理(可自定义名称)，通常按人、机、材分开管理，按不同属性进行分布，通过网络做出各种资源的分布曲线及报表，对这些资源及数据可进行优化计算。根据不同分布曲线分别做出用工计划、机具安排计划、材料供应计划及费用投资计划，统筹兼顾，合理安排。

(6) 综合控制功能。一个工程项目涉及对合同及图纸等诸多工程信息的管理，这类工程信息都与工程进度有关联，当工程进度发生变化时，诸如实际工作与原计划不符、图纸发生变更、合同需更改等许多信息的变化，靠人工直接管理是很困难的，PERT 系统提供了这类信息的自动预警体系，使工程项目得到有序的管理。

(7) 集成管理。许多项目管理软件都把工艺过程、网络计划的编制、资源的管理在同一个计算机程序中处理，系统操作人员不但要懂财务、合同、投资，还要懂设备、材料、图纸等多专业的知识，一个人是不可能把各个方面都控制下来的，这样的处理难以达到有效的控制。在工程控制中，要有各方面的反馈信息才能对下一步进行科学的决策和控制。PERT集成系统，是根据企业的特点，利用了 Internet 和 Intranet 等计算机网络技术，开发了以网络计划为核心的项目管理集成系统，它可以使用投资控制、人事管理、材料管理、设备管理、合同管理等各部门的资源，这些资源数据可通过各部门采集处理，并且各系统之间数据共享、协调工作，方可达到项目管理效果。

3. BIM 在建筑管理上的应用

1) BIM 的概念

BIM 的英文全称为 Building Information Modeling，即建筑信息模型，是创建并利用三维数字模型对项目进行设计、建造及运营管理的过程。BIM 有以下三层含义。

(1) Modeling(建模)：是一个动态过程，也就是说，BIM 首先是基于建筑生命周期的，这个过程分成若干阶段，每个阶段都要建立一个以上的模型，用来描述和指导整个建筑物的建设过程。

(2) Model(模型)：就是建模过程中的每一个阶段的模型以及最后总的模型，叫作 BIM 模型。

(3) Management(管理)：实际上就是对上面所说的建模的过程以及结果模型等对象的管理。

BIM 需要通过软件才能实现，所涉及的软件可以分成很多类，从规划开始直到建筑物生命结束，可以分成很多的阶段，每个阶段都会有至少一种专业软件，如 BIM 建模软件、BIM 机电分析软件、BIM 综合碰撞检查软件、BIM 造价分析软件、日照分析软件、结构分析软件和 MEP 等。需要根据应用需求来决定合适的 BIM 软件。

2) BIM 在建筑领域应用具有重要意义

BIM 是在计算机辅助设计(CAD)等技术基础上发展起来的多维模型信息集成技术，是对建筑工程物理特征和功能特征信息的数字化承载和可视化表达。BIM 能够应用于工程项目规划、勘察、设计、施工、运营和维护等各阶段，实现建筑全生命期各参与方在同一多维建筑信息模型基础上的数据共享，为产业链贯通、工业化建造和繁荣建筑创作提供技术保障；支持对工程环境、能耗、经济、质量、安全等方面的分析、检查和模拟，为项目全过程的方案优化和科学决策提供依据；支持各专业协同工作、项目的虚拟建造和精细化管理，为建筑业的提质增效、节能环保创造条件。

信息化是建筑产业现代化的主要特征之一，BIM 应用作为建筑业信息化的重要组成部分，必将极大地促进建筑领域生产方式的变革。

3) BIM 发展目标

在《关于印发 2011—2015 年建筑业信息化发展纲要的通知》(建质〔2011〕67 号)(以下简称为《通知》)和《住房与城乡建设部关于推进建筑业发展和改革的若干意见》(建市〔2014〕92 号)中就推进建筑信息模型(Building Information Modeling，BIM)中提出 BIM 发展目标：到 2020 年年末，建筑行业甲级勘察、设计单位以及特级、一级房屋建筑工程施工企业应掌握并实现 BIM 与企业管理系统和其他信息技术的一体化集成应用。到 2020 年年末，以下新立项项目勘察设计、施工、运营和维护中，集成应用 BIM 的项目比率达到 90%：以国有资金投资为主的大中型建筑；申报绿色建筑的公共建筑和绿色生态示范小区等。

4) 工作重点

《通知》中对建筑行业提出了工作重点：各级住房与城乡建设主管部门要结合实际，制定 BIM 应用配套激励政策和措施，扶持和推进相关单位开展 BIM 的研发和集成应用，研究适合 BIM 应用的质量监管和档案管理模式。

有关单位和企业要根据实际需求制订 BIM 应用发展规划、分阶段目标和实施方案，合理配置 BIM 应用所需的软硬件。改进传统项目管理方法，建立适合 BIM 应用的工程管理模式。构建企业级各专业族库，逐步建立覆盖 BIM 创建、修改、交换、应用和交付全过程的企业 BIM 应用标准流程。通过科研合作、技术培训、人才引进等方式，推动相关人员掌握 BIM 应用技能，全面提升 BIM 应用能力。

建设单位的工作重点是：全面推行工程项目全生命期、各参与方的 BIM 应用，要求各参建方提供的数据信息具有便于集成、管理、更新、维护以及可快速检索、调用、传输、分析和可视化等特点。实现工程项目投资策划、勘察设计、施工、运营和维护各阶段基于 BIM 标准的信息传递和信息共享。满足工程建设不同阶段对质量管控和工程进度、投资控制的需求。

(1) 建立科学的决策机制。在工程项目可行性研究和方案设计阶段，通过建立基于 BIM 的可视化信息模型，提高各参与方的决策参与度。

(2) 建立 BIM 应用框架。明确工程实施阶段各方的任务、交付标准和费用分配比例。

(3) 建立 BIM 数据管理平台。建立面向多参与方、多阶段的 BIM 数据管理平台，为各阶段的 BIM 应用及各参与方的数据交换提供一体化信息平台支持。

(4) 建筑方案优化。在工程项目勘察、设计阶段，要求各方利用 BIM 开展相关专业的性能分析和对比，对建筑方案进行优化。

(5) 施工监控和管理。在工程项目施工阶段，促进相关方利用 BIM 进行虚拟建造，通过施工过程模拟对施工组织方案进行优化，确定科学合理的施工工期，对物料、设备资源进行动态管控，切实提升工程质量和综合效益。

(6) 投资控制。在招标、工程变更、竣工结算等各个阶段，利用 BIM 进行工程量及造价的精确计算，并作为投资控制的依据。

(7) 运营维护和管理。在运营维护阶段，充分利用 BIM 和虚拟仿真技术，分析不同运营维护方案的投入产出效果，模拟维护工作对运营带来的影响，提出先进合理的运营维护方案。

5) 保障措施

(1) 大力宣传 BIM 理念、意义、价值，通过政府投资工程招标投标、工程创优评优、绿色建筑和建筑产业现代化评价等工作，以激励建筑领域的 BIM 应用。

(2) 梳理、修订、补充有关法律法规、合同范本的条款规定，研究并建立基于 BIM 应用的工程建设项目政府监管流程，研究基于 BIM 的产业(企业)价值分配机制，形成市场化的工程各方应用 BIM 费用标准。

(3) 制定有关工程建设标准和应用指南，建立 BIM 应用标准体系；研究建立基于 BIM 的公共建筑构件资源数据中心及服务平台。

(4) 研究解决提升 BIM 应用软件数据集成水平等一系列重大技术问题；鼓励 BIM 应用

软件产业化、系统化、标准化，支持软件开发企业自主研发适合国情的 BIM 应用软件；推动开发基于 BIM 的工程项目管理与企业管理系统。

(5) 加强工程质量安全监管、施工图审查、工程监理、造价咨询以及工程档案管理等工作中的 BIM 应用研究，逐步将 BIM 融入相关政府部门和企业的日常管理工作中。

(6) 培育产、学、研、用相结合的 BIM 应用产业化示范基地和产业联盟；在条件具备的地区和行业，建设 BIM 应用示范(试点)工程。

(7) 加强对企业管理人员和技术人员关于 BIM 应用的相关培训，在注册执业资格人员的继续教育必修课中增加有关 BIM 的内容；鼓励有条件的地区，建立企业和人员的 BIM 应用水平考核评价机制。

就像当初的 CAD 将人们从图板中解救出来一样，成为建筑行业的第一次革命，让人们从图板时代进入计算机辅助设计时代，BIM 实现的是从二维设计到三维全生命周期的革命，更重要的是，对于整个建筑行业来说，它改变了项目参与各方的协作方式，改变了人们的协同工作理念，最终实现协同工作、提高利润的目标。

本 章 小 结

本章阐述建筑企业管理信息管理的概念；建筑企业施工项目管理中的信息分类；建筑企业施工项目信息管理；计算机在建筑企业项目管理中的应用。

练 习 与 作 业

1. 什么是建筑企业管理的信息管理？
2. 建筑企业施工项目管理中的信息如何分类？
3. 施工项目信息管理的内容和基本要求是什么？
4. 什么是基于互联网的建设工程项目信息管理系统？它有何功能？
5. 常用的建设工程项目管理软件有哪些？

第 10 章　建筑企业投标及合同管理

【本章学习目标】

- 了解建筑工程招标投标的程序、开标的方式、工程承包合同的种类和内容及 FIDIC 条款。
- 理解工程招标的条件及招标投标的准备工作、投标策略、定标的方法、施工索赔。
- 掌握建筑工程招标承包制的含义、招标的形式、选择中标单位的标准。
- 企业怎样搞好投标工作及工程合同的管理。

10.1 建筑企业招投标概述

10.1.1 招标投标概述

1. 招标投标的概念

招标投标是市场经济条件下进行大宗货物的买卖、工程建设项目的发包与承包，以及其他项目的采购与供应时，所采用的一种商品交易方式。建筑产品也是商品，工程项目的建设以招投标的方式选择施工企业，是运用市场机制来体现价值规律的科学的管理模式。

工程招标是指招标人将拟建工程的建设规模、工程内容、建设条件、技术质量要求、工期要求和建设地点等拟成招标文件，通过发布招标公告或以向投标人发出投标邀请函的形式，招引有能力承建该工程的施工单位参加该工程的投标竞争，直至签订工程发包合同的过程。

工程投标是指投标人在获得招标信息后，根据工程招标人提供的招标文件的各项条件和要求，结合自身的承包能力，提出自己愿意承包该工程的条件和价格，供招标人选择，直至签订工程承包合同的过程。

2. 招标投标的原则

《中华人民共和国招标投标法》(以下简称《招标投标法》)规定：招投标活动应该遵循公开、公平、公正和诚实信用的原则。

1) 公开原则

公开原则是指招标投标的程序要有透明度，招标人应当将招标信息公布于众，以招引投标人做出积极的反应。在招投标制度中，公开原则要贯穿在整个招标投标活动中，有关招标投标的法律和程序都应当公布于众。公开原则对避免行政部门对市场影响，防止权钱交易等腐败现象的发生，具有重要的意义。

2) 公平原则

公平原则是指所有的投标人在招标投标活动中机会都是平等的，享有同等的权利，招标人对所有的投标人要一视同仁，不得对任何投标人进行歧视。招标投标竞争必须是建立在公平基础上的竞争，这样才可能使真正有能力的人中标，从而使招标投标活动的目的得以实现。

3) 公正原则

公正原则是指要求招标人按照事先公布的条件和标准对待各位投标人。招标人实行资格预审时，应当按照资格预审文件规定的标准和方法，对投标人进行评审。评标委员会应当按照评标标准和方法，对投标文件进行评审和比较。总之，对待所有投标人的条件要公正，这样，对各投标人才是公平的。

4) 诚实信用的原则

诚实信用的原则是市场经济交易当事人应当严格遵守的道德准则。《招标投标法》规定的诚实信用的原则，要求招标投标活动当事人必须具有诚实、守信、善意的心理状况；要求当事人在招标投标的活动中，应当实事求是，忠于事实真相，不得欺骗他人，损人利己。在法律上，诚实信用原则属于强制性规范，当事人不得以任何理由加以排除和规避。

10.1.2 招标方式

1. 公开招标

公开招标又称无限竞争性招标，是指招标人以招标公告的方式邀请不特定的法人或者其他组织投标。即招标人按照法定的程序，在国内外公开出版的报刊或通过广播、电视和网络等公共媒体发布招标广告，凡有兴趣并符合招标要求的承包商，不受地域、行业和数量的限制，均可申请投标，经过资格审查合格后，按规定的时间参加投标竞争。

公开招标的优点是，招标人可以在较大的范围内选择承包单位，投标竞争越激烈，择优率越高，越有利于招标人将工程项目的建设任务交给可靠的承包商实施，并获得有竞争性的商业报价，在较大程度上避免了招标活动中的贿标行为。因此，在国际上，政府采购经常采用公开招标的方式。

公开招标的缺点是，招标准备工作，对投标单位资格审查工作量大，招标需要的时间较长，费用较高。同时，参加投标者越多，中标的机会越小，风险越大，损失的费用也就越多。而这种费用的损失最终要反映在标价上，由招标人承担。因此，招标人一定要根据招标工程的具体情况，慎重选择是否需要公开招标。

2. 邀请招标

邀请招标也称优先竞争性招标，是指招标人以投标邀请书的形式，邀请特定的投标人投标。招标人向预先确定的若干家投标人发出投标邀请函，就招标工程的投标内容、工作范围和实施条件等做出简要的说明，请他们来参加投标竞争。被邀请的投标人同意参加后，从招标人处获得招标文件，并在规定的时间内投标报价。

邀请招标的投标人的数量以5~10家为宜，但不应多于10家。

与公开招标相比，邀请招标的优点是：不发布招标广告，不进行资格预审，简化了招标的程序，节约了招标的费用，缩短了招标的时间。由于对投标人以往的业绩和履约能力比较了解，减少了合同执行中承包商违约的风险。虽然不履行资格预审程序，但是为了体现公平竞争和便于招标人对各投标人综合能力进行选择，仍要求投标人按照招标文件中规定的有关条件，在投标书中报送有关资质和信誉的证明资料，在评标时以资格后审的形式作为评审的内容之一。

邀请招标的缺点是：由于投标竞争的程度不如公开招标，有可能提高中标的合同价，也有可能排除了某些在技术上或报价上有竞争力的潜在投标人参与竞争。

与公开招标相比，邀请招标耗时较短、花费较少，对于标底较小的招标项目比较有利。

另外，有些项目专业性强，有资格承接项目的潜在投标人比较少，或者需要在短时间内完成投标任务，也不宜采取公开招标的方式。

除了公开招标和邀请招标，还有一种招投标的方式——议标。

议标是一种谈判性采购，具体做法是：招标人指定少数几家承包单位，分别就承包范围内的有关事宜进行协商，直到与某一投标人达成协议，将工程任务委托其完成。

与公开招标和邀请招标相比，议标不具有公开性和竞争性，不属于《招标投标法》所规定的招标采购方式。

但是，从实践上看，公开招标和邀请招标的采购方式要求对报价和技术性条款不得谈判，议标则允许对报价等进行一对一的谈判。因此，对一些小型项目来说，采用议标的方式目标明确、省时省力。但是，议标容易发生幕后交易，为了规范建筑市场，议标方式仅适用于一些不宜采用公开招标和邀请招标的特殊工程或特殊条件下的工作内容，而且必须报请建设行政主管部门批准后才能采用。

议标通常用于下述几种情况。

(1) 军事工程或保密工程。

(2) 专业性强，需专门技术、经验或特殊施工设备的工程以及涉及使用专利技术的工程。

(3) 与已发包工程有联系的新增工程。指承包商的劳动力、机械设备都在施工现场，既可减少前期开工费，又可缩短准备时间，便于现场的协调管理工作。

(4) 性质特殊，内容复杂，发包时工程量或若干技术细节尚难确定的紧急工程或灾后修复工程。

(5) 工程实施阶段采用新技术或新工艺，实施阶段还需要其继续合作的工程。

10.2 招标投标的法律规定

10.2.1 建设项目招标的条件

(1) 设计概算已经批准。

(2) 建设项目已经正式列入国家、部门或地方的年度固定资产投资计划。

(3) 建设用地的征用工作已经完成。

(4) 有能够满足施工需要的施工图纸及技术资料。

(5) 建设资金和主要建筑材料、设备的来源已经落实。

(6) 已经建设项目所在地规划部门批准，施工现场的"三通一平"已经完成或一并列入施工招标的范围。

10.2.2 建设单位招标应具备的条件

(1) 招标人是法人或依法成立的其他组织。

(2) 有与招标工程相适应的技术、经济和管理人员。
(3) 有组织编制招标文件的能力。
(4) 有审查投标人资质的能力。
(5) 有组织开标、评标和定标的能力。

上述条件中，前两条是针对招标人招标资格的认定，后三条则是对招标人能力的要求。如果招标人不具备上述的某些条件时，可以委托具有相应资质的咨询、监理等单位代理工程项目的招标事宜。

10.2.3 投标企业应具备的条件

按照《招标投标法》的规定，投标人应该具备下列条件。

(1) 投标人应具备承担招标项目的能力。国家有关规定或者招标文件对投标人资格条件有规定的，投标人应当具备规定的资格条件。

(2) 投标人应当按照招标文件的要求编制投标文件。投标文件应当对招标文件提出的要求和条件做出实质性的响应。投标文件的内容应当包括拟派出的项目负责人与主要技术人员的简历、业绩和拟用于完成招标项目的机械设备等。

(3) 投标人应当在招标文件所要求提交投标文件的截止时间前，将投标文件送达投标地点。招标人收到投标文件后，应当签收保存，不得开启。招标人对招标文件要求提交投标文件截止时间后收到的投标文件，应当原样退回，不得开启。

(4) 投标人在招标文件要求提交投标文件的截止时间前，可以补充、修改或者撤回已提交的投标文件，并书面通知招标人。补充、修改的内容为投标文件的组成部分。

(5) 投标人根据招标文件载明的项目的实际情况，拟在中标项目的部分非主体、非关键性工作交由他人完成的，应在投标文件中载明。

(6) 两个以上法人或者其他组织可以组成一个联合体，以一个投标人的身份共同投标。但是，联合体各方均应当具备承担招标项目的相应能力及相应的资格条件。各方应当签订共同投标协议，明确约定各方拟承担的工作和相应的责任，并将共同投标协议连同投标文件一并提交招标人。联合体中标的各方应当共同与招标人签订合同，就中标项目向招标人承担连带责任。招标人不得强制投标人组成联合体共同投标，也不得限制投标人之间的竞争。

(7) 投标人不得相互串通投标报价，不得排挤其他投标人的公平竞争，损害招标人或者他人的合法权益。

(8) 投标人不得以低于合理预算成本的报价竞标，也不得以他人名义投标或者以其他方式弄虚作假，骗取中标。

所谓合理的预算成本，是指按照国家有关成本核算的规定计算的成本。

10.3 工程投标的程序

工程投标的程序如图 10.1 所示。

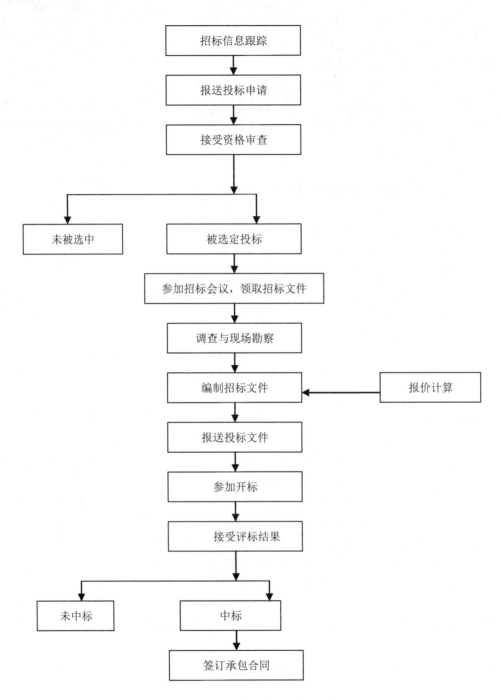

图 10.1　工程项目施工投标程序图

10.3.1　投标准备工作

1. 参加资格预审

招标人为了使招标获得理想结果，限制不符合要求条件的承包商盲目参加投标，通常在发售招标文件之前要进行投标资格预审，借以预先了解投标单位的技术、财务实力和管理经验。对承包商来说，只有资格预审合格，才能参加投标的实质性竞争，也就是说，资格预审是取得投标参赛资格的第一步。因此，投标人必须认真对待资格预审。

1) 国内投标资格预审

我国国内投标资格预审比较简单，按现行规定，申请资格预审单位应向招标人提交以下有关资料。

(1) 企业营业执照和资质证书。

(2) 企业简介。

(3) 自有资金情况。

(4) 全员职工人数，包括技术人员、技术工人数量及平均技术等级；企业自有主要施工机械设备一览表。

(5) 近3年承建的主要工程及其质量情况。

(6) 现有主要施工任务，包括在建和尚未开工工程一览表。

在实践中，一般由申请资格预审的承包商填报"投标资格预审表"交招标单位审查，或转报地方招标管理部门审批。填报"投标资格预审表"时，按规定应提交的有关资料可作为该表的附件。

2) 国际投标资格预审

国际工程投标资格预审内容比国内工程资格预审详细，通常由参加资格预审的单位向招标人购买资格预审文件，按规定填报《资格预审申请书》。世界银行贷款项目使用的《资格预审申请书》可作为范例。

招标人发售的资格预审文件中包括一份《资格预审须知》，用于指导资格预审申请单位正确地填写资格预审申请书。因此，在填写之前应仔细研究，仔细地了解对该文件的要求，然后按要求准备有关资料。经资格预审合格后，方允许购买招标文件，参加招标。

2. 研究招标文件

资格预审合格，取得了招标文件，即进入投标实战的准备阶段。投标准备阶段的首要工作是阅读、研究、分析招标文件，充分了解其内容和要求。其目的是：弄清楚承包者的责任和报价范围，以避免在报价中发生任何遗漏；弄清楚各项技术要求，以便确定经济适用而又可能加速工期的施工方案；弄清楚工程中需使用的特殊材料和设备，以便在报价之前调查市场价格，避免因盲目估价而造成失误；整理出招标文件中含糊不清的问题，有些问题应及时提请业主或咨询工程师予以澄清。

招标文件是投标的主要依据，研究招标文件重点应放在以下几个方面。

1) 研究工程综合说明

研究工程综合说明，借以获得对工程全貌的概括性了解。初步了解工程性质结构等。

2) 仔细研究设计图纸和技术说明书

熟悉并详细研究设计图纸和技术说明书，目的在于弄清工程的技术细节和具体要求，使制订施工方案和报价有确切的依据。为此，要详细了解设计规定的各部位做法和对材料品种规格的要求；对整个建筑物及各部件的尺寸，各种图纸之间的关系都要吃透，发现不清楚或相互矛盾之处，要提请招标人解释或订正。

3) 研究合同主要条款

研究合同主要条款，明确中标后应承担的义务和责任及应享有的权利，重点是承包方式，开竣工时间及工期奖罚，材料供应及价款结算办法，预付款的支付和工程款结算办法，工程变更及停工、窝工损失处理办法等。对于国际招标的工程项目，还应研究支付工程款所用的货币种类，不同货币所占比例及汇率。这些因素最终都会反映在标价上，所以都须认真研究，以利于减少风险。

4) 熟悉投标须知

熟悉投标须知，明确了解在投标过程中，投标人应在什么时间做什么事和不允许做什么事，目的在于提高效率。避免造成废标，徒劳无功。

全面研究了招标文件，对工程本身和招标人的要求有了基本了解之后，投标人才便于制订自己的投标工作计划，以争取中标为目标，有秩序地开展工作。

3. 调查投标环境与现场考察

投标环境是招标工程项目施工的自然、经济和社会条件。这些条件都是工程施工的制约因素，必然影响工程成本。施工现场考察是投标者必须经过的投标程序。按照国际惯例，投标者提出的报价单一般被认为是在现场考察的基础上编制的。一旦报价单提出之后，投标者就无权因为现场考察不周、情况了解不细或因素考虑不全面而提出修改投标书、调整报价或提出补偿等要求。

现场考察既是投标者的权利又是其职责。因此，投标者在报价之前必须认真研究招标文件，拟定调研提纲，确定重点要解决的问题，全面地、仔细地调查了解工地及其周围的政治、经济、地理等情况。

1) 国内投标环境调查要点

(1) 施工现场条件。

① 施工场地四周情况，布置临时设施、生活营地的可能性。

② 进入现场的通道、给水排水、供电和通信设施。

③ 地上、地下有无障碍物。

④ 附近的现有建筑工程情况。

⑤ 环境对施工的限制。

(2) 自然地理条件。

① 气象情况，包括气温、湿度、主导风向、年降雨量，以及雨期的起止时间。

② 场地的地理位置、用地范围。

③ 地质情况，地基土质及其承载力，地下水位。

④ 地震及其设防烈度，洪水、台风及其他自然灾害情况。

(3) 器材供应条件。

① 砂石等大宗地方材料的采购和运输。

② 须在市场采购的钢材、水泥、木材、玻璃等材料的可能供应来源和价格。

③ 当地供应构配件的能力和价格。

④ 当地租赁建筑机械的可能性和价格等。

(4) 其他条件。
① 工地现场附近的治安情况。
② 专业分包的能力和分包条件。
③ 业主的履约情况。
④ 竞争对手的情况。
2) 国际投标环境调查要点
(1) 政治情况。
① 工程所在国的社会制度和政治制度。
② 政局是否稳定。
③ 与邻国关系如何，有无发生边境冲突和封锁边界的可能。
④ 与我国的双边关系如何。
(2) 经济条件。
① 工程项目所在国的经济发展情况和自然资源状况。
② 外汇储备情况及国际支付能力。
③ 港口、铁路和公路运输以及航空交通与电信联络情况。
④ 当地的科学技术水平。
(3) 法律方面。
① 工程项目所在国的宪法。
② 与承包活动有关的经济法、工商企业法、建筑法、税法、外汇管理法、经济合同法及经济纠纷的仲裁程序等。
③ 民法和民事诉讼法。
④ 移民法和外包管理法。
(4) 社会情况。
① 当地的风俗习惯。
② 居民的宗教信仰。
③ 民族或部落间的关系。
④ 工会的活动情况。
⑤ 治安状况。
(5) 自然条件。
① 工程所在地的地理位置、地形、地貌。
② 气象情况，包括气温、湿度、主导风向和风力，年平均和最大降雨量等。
③ 地质情况，地基土质构造及特征，承载能力，地下水情况。
④ 地层、洪水、台风及其他自然灾害情况。
(6) 市场情况。
① 建筑和装饰材料、施工机械设备、燃料、动力、水和生活用品的供应情况，价格水平，过去几年的批发物价和零售物价指数以及今后的变化趋势预测。
② 劳务市场状况，包括工人的技术水平、工资水平，有关劳动保险和福利待遇的规定，在当地雇用熟练工人、半熟练工人和普通工人的可能性，以及外籍工人是否允许入境等。

③ 外汇汇率和银行信贷利率。

④ 工程所在国本国承包企业和注册的外国承包企业的经营情况。

4. 物色代理人或合作伙伴

物色代理人或合作伙伴是国际工程投标必要的准备工作之一。因为国际工程承包括动中通行代理制度，外国承包商进入工程项目所在国，须通过合法的代理人开展业务活动；有些国家还规定，外国承包商进入该国，必须与当地企业或个人合作，才允许开展业务活动。国内工程投标一般不需要此项准备工作。

1) 代理人服务的内容

代理人实际上是工程项目所在国为外国承包商提供综合服务的咨询机构或个人开业的咨询工程师。其服务内容主要如下。

(1) 协助外国承包商争取参加本地招标工程项目投标资格预审和取得招标文件。

(2) 协助办理外国人出入境签证、居留证、工作证以及汽车驾驶执照等。

(3) 为外国公司介绍本地合作对象和办理注册手续。

(4) 提供当地有关法律和规章制度方面的咨询。

(5) 提供当地市场信息和有关商业活动的知识。

(6) 协助办理建筑器材和施工机械设备以及生活资料的进出口手续。

(7) 促进与当地官方及工商界、金融界的友好关系。

2) 代理人的条件

代理人的活动往往对一个工程项目的投标成功与否，起着相当重要的作用。因此，对物色代理人应给予足够的重视。一个优秀的代理人应该具备下列条件。

(1) 有丰富的业务知识和工作经验。

(2) 资信可靠，能忠实地为委托人服务，尽力维护委托人的合法利益。

(3) 交际广，活动能力强，信息灵通，甚至有强大的政治、经济界的后台。

3) 代理合同和代理费用

找到适当的代理人以后，应及时签订代理合同，并颁发委托书。

(1) 代理合同应包括下列内容：①代理的业务范围和活动地区；②代理活动的有效期限；③代理费用和支付办法；④有关特别酬金的条款。

(2) 代理人委托书实际上就是委托人的授权证书，其参考格式如下。

中华人民共和国

×××公司委托书

本公司委托×××先生(住址：××××)为本公司在××国的注册代理人，授权他代表本公司在××国有关部门为本公司驻××国××市办事处注册办理一切必要手续，并为此目的同官方各有关部门进行必要的联系。本委托书的有效期至取得上述注册证书之日为止。

××××公司(印)

总经理(签字)

年　　月　　日

(3) 代理费用。一般为工程标价的 2%～3%，视工程项目大小和代理业务繁简而定。通常工程项目较小或代理业务繁杂的代理费率较高；反之则较低。在特殊情况下，代理费也有低到 1%或高达 5%的。代理费的支付以工程中标为前提条件。不中标者不付给代理费。代理费应分期支付或在合同期满后一次支付。不论中标与否，合同期满或由于不可抗力的原因而终止合同，都应付给代理人一笔特别酬金。只有在代理人失职或无正当理由而不履行合同的条件下，才可以不付给特别酬金。

4) 合作伙伴

有些国家规定，外国承包商进入该国，必须与当地企业或个人合作，才能开展经营活动。实际上，这些当地的合作者并不参加股份，也不对经营的盈亏负责，而只是做些代理人的工作，由外国承包人按协议付给一定酬金。对于此类合作者的选择，可参照代理人的条件去处理。

另有一类合作者，通常是当地有权势、有地位的人物，在合作企业中担任董事甚至董事长，支取一定的报酬，但既不参加股份，也不过问日常的经营活动，只是在某些特殊情况下运用他的影响，帮助承包商解决困难问题，维护企业利益。此类合作者实质上是承包商的政治顾问。其选择，主要应着眼于政治地位、社会关系和活动能力。

至于有些国家规定，本国的合作者必须参加一定的股份(例如 51%)，并担任一定的职位参加经营管理的，则须详细研究该国有关法规，了解外国承包商的权利义务和各种限制条件，再去选择资信可靠、能真诚合作的当地合作者，签订合作协议。

5. 办理注册手续

1) 我国异地投标的登记注册

我国建筑企业跨越省、自治区、直辖市范围，去其他地区投标，应到招标工程所在地建筑市场管理部门登记，领取投标许可证。登记时应交验企业营业执照、资质等级证书和企业所在地区省级建筑业主管部门批准赴外地承包工程的证件。中标后办理注册手续。注册期限按承建工程的合同工期确定；注册期满，工程未能按期完工的，须办理注册延期手续。

2) 国际工程投标注册

外国承包商进入招标工程项目所在国开展业务活动，必须按该国的规定办理注册手续，取得合法地位。有的国家要求外国承包商在投标之前注册，才准许进行业务活动；有的国家则允许先进行投标活动，待中标后再办理注册手续。

外国承包商向招标工程项目所在国政府主管部门申请注册，必须提交规定的文件。各国对这些文件的规定大同小异，主要为下列几项。

(1) 企业章程。包括企业性质、资本、业务范围、组织机构、总部所在地等。

(2) 营业证书。我国对外承包工程公司的营业证书由国家或省、自治区、直辖市的工商行政管理局签发。

(3) 承包商在世界各地的分支机构清单。

(4) 企业主要成员(公司董事会)名单。

(5) 申请注册的分支机构名称和地址。

(6) 企业总负责人(总经理或董事长)签署的分支机构负责人的委任状。

(7) 招标工程项目业主与申请注册企业签订的施工合同、协议或有关证明文件。

10.3.2 投标技巧

1. 主观条件和客观因素

投标人要想在投标中获胜,即中标得到承包工程,然后又要从承包工程中赢利,就需要研究投标策略,它包括投标策略和作价技巧。"策略""技巧"来自承包商的经验积累,对客观规律的认识和对实际情况的了解,同时也少不了决策的能力和魄力。

首先要从本企业的主观条件,即各项自身的业务能力和能否适应投标工程的要求进行衡量,主要考虑以下几项。

(1) 工人和技术人员的操作技术水平;
(2) 机械设备能力;
(3) 设计能力;
(4) 对工程的熟悉程度和管理经验;
(5) 竞争的激烈程度;
(6) 器材设备的交货条件;
(7) 得标承包后对今后本企业的影响;
(8) 以往对类似工程的经验。

如通过上述各项因素的综合分析,大部分的条件都能胜任者,即可初步做出可以投标的判断。国际上通常先根据经验、统计,规定可以投标的最低总分,再针对具体工程评定各项因素的加权综合总分,与"最低总分"比较,如超过时则可做出可以投标的判断。

其次,还须了解企业自身以外的各种因素,即客观因素,主要有以下几个方面。

(1) 工程的全面情况。包括图纸和说明书,现场地上、地下条件,如地形、交通、水源、电源、土壤地质、水文、气象等。这些都是拟订施工方案的依据和条件。

(2) 业主及其代理人(工程师)的基本情况。包括资历、业务水平、工作能力、个人的性格和作风等。这些都是有关今后在施工承包结算中能否顺利进行的主要因素。

(3) 劳动力的来源情况。如当地能否招募到比较廉价的工人,以及当地工会对承包商在劳务问题上能否合作的态度。

(4) 建筑材料、机械设备等的供应来源、价格、供货条件以及市场预测等情况。

(5) 专业分包,如卫生、空调、电气、电梯等的专业安装力量情况。

(6) 银行贷款利率、担保收费、保险费率等与投标报价有关的因素。

(7) 当地各项法规,如企业法、合同法、劳动法、关税、外汇管理法以及技术规范等。

(8) 竞争对手的情况。包括企业的历史、信誉、经营能力、技术水平、以往投标报价的价格情况和经常采用的投标策略等。

2. 投标策略

当充分分析了以上主客观情况,对某一具体工程认为值得投标后,这就需要确定采取一定的投标策略,以达到既能提高中标概率,中标后又能营利的目的。常见的投标策略有以下几种。

1) 靠提高经营管理水平取胜

这主要靠做好施工组织设计，采取合理的施工技术和施工机械，精心采购材料、设备，选择可靠的分包单位，安排紧凑的施工进度，力求节省管理费用等，从而有效地降低工程成本而获得较大的利润。

2) 靠改进设计和缩短工期取胜

即仔细研究原设计图纸，发现有不够合理之处，提出能降低造价的修改设计建议。提高对业主的吸引力。另外，靠缩短工期取胜，即比规定的工期有所缩短，达到早投产早收益，有时甚至标价稍高，对业主也是很有吸引力的。

3) 低利政策

主要适用于承包任务不足时，与其坐吃山空，不如以低利承包到一些工程，还是有利的。此外，承包商初到一个新的地区，为了打入这个地区的承包市场，建立信誉，也往往采用这种策略。

4) 加强索赔管理

有时虽然报价低，但着眼于施工索赔，还可能赚到高额利润。

例如，在香港某些大的承包企业就常用这种方法，有时报价甚至低于成本，以高薪雇佣1~2名索赔专家，千方百计地从设计图纸、标书、合同中寻找索赔机会。一般索赔金额可达10%~20%。当然这种策略并不是到处可用的，如在中东地区就较难达到目的。

5) 着眼于未来发展，目前少盈利

承包商为了掌握某种有发展前途的工程施工技术(如建造核电站的反应堆或海洋工程等)，可能采用这种策略，这是一种较有远见的策略。

以上这些策略不是互相排斥的，根据具体情况，可以综合灵活运用。

3. 作价技巧

投标策略一经确定，就要具体反映到作价上，但是作价还与它自身的技巧相辅相成。

在作价时，对什么工程定价应高，什么工程定价可低，或在一个工程中，在总价无多大出入的情况下，对哪些单价宜高，哪些单价宜低，都有一定的技巧。技巧运用得好与坏，得法与否，在一定程度上可以决定工程能否中标和盈利。因此，它是不可忽视的一个环节。下面是一些可供参考的做法。

(1) 对施工条件差的工程(如场地窄小或地处交通要道等)，造价低的小型工程，自己施工上有专长的工程以及由于某些原因自己不想干的工程，报价可高一些；结构比较简单而工程量又较大的工程(如成批住宅区和大量土方工程等)，短期能突击完成的工程，企业亟须拿到任务以及投标竞争对手较多时，报价可低一些。

(2) 海港、码头、特殊构筑物等工程报价可高，一般房屋土建工程则报价宜低。

(3) 在同一个工程中可采用不平衡报价法，但以不提高总标价为前提，并避免畸高畸低，以免导致投标作废。具体做法如下：

① 对能先拿到钱的项目(如开办费、土方、基础等)的单价可定得高一些，有利于资金周转，存款也有利息；对后期的项目(如粉刷、油漆、电气等)单价可适当降低。

② 估计到以后会增加工程量的项目单价可提高；工程量会减少的项目单价可降低。

③ 图纸不明确或有错误的，估计今后会修改的项目，单价可提高；工程内容说明不清

楚的，单价可降低。这样做有利于以后的索赔。

④ 没有工程量，只填单价的项目(如土方中的挖淤泥、岩石等备用单价)其单价宜高，因为它不在投标总价之内。这样做既不影响投标总价。以后发生时又可获利。

⑤ 计日工作一般可稍高于工程单价中的工资单价，因它不属于承包总价的范围，发生时实报实销，也可多获利。

⑥ 暂定金额的估计，分析它发生的可能性大，价格可定高些；估计不一定发生的，价格可定低些，等等。

10.4 建设工程施工合同管理

10.4.1 建设工程施工合同的概念

建设工程合同是承包人进行工程建设，发包人支付价款的合同。建设工程合同包括工程勘察、设计和施工合同。建设工程合同应采取书面合同。

建设工程施工合同的内容包括：工程范围，建设工期，中间交工工程的开、竣工时间，工程质量，工程造价，技术资料交付时间，材料和设备供应责任，拨款和结算，竣工验收，质量保修范围和质量保证期以及双方相互协作等条款。

根据招标工程的技术经济特征(如工程项目的条件和承包的内容)往往要求不同类型的合同。以付款方式进行划分，建设工程施工合同可分为以下几种。

1. 固定总价合同

固定总价合同就是按商定的总价承包工程。其特点是以图纸和工程说明书为依据，明确承包内容和计算承包价，并一次包死。在合同执行的过程中，除非建设单位要求变更原定的承包内容，承包商一般不得要求变更承包价。

这种方式对招标方来说比较简单，但对承包商来说如果设计图纸和说明书相当详细，则能比较精确地估算造价，签订合同时考虑得也比较周全，不至于有太大的风险；但如果图纸和说明书不够详细，或遇到复杂的工程地质情况、材料设备涨价幅度过大或恶劣的气候条件，承包商则要承受较大的风险。为此，承包商在报价时往往加大不可预见费用，因而不利于招标方降低工程费用，控制投资，对招标方不利。这种合同形式通常仅适用于工程规模较小、技术不太复杂、设计图纸完备、施工期较短的工程项目。

2. 单价合同

在没有施工详图就需开工，或虽有施工图，但工程的某些具体条件尚不完全清楚的情况下，既不能比较准确地计算工程量，又要避免凭运气使招标方或承包商中的任何一方承担过大的风险，采用单价合同还是比较适宜的。常见的单价合同有以下 3 种。

(1) 按分部分项工程单价承包。这种方法主要适用于没有施工图、工程量不明确、亟须开工的紧急工程。

(2) 按最终产品单价承包。这种承包方式适用于采用标准设计的住宅、中、小学校舍和通用厂房等工程。但考虑到基础工程因地质条件不同而造价变化较大，基础工程可按计量估价承包或分部分项工程单价承包。

(3) 按总价投标和决标，按单价结算工程价款。这种承包方式适用于设计已达到一定的深度，能据以估算出分部分项工程数量的近似值，但由于某些情况不完全清楚，在实际工作中可能出现较大变化的工程。

3．成本加酬金合同

这种承包方式的基本特点是按工程实际发生的成本加上商定的总管理费和利润，来确定工程造价。适用于开工前对工程的内容尚不十分清楚的情况。在实际中有以下4种情况。

1) 成本加固定百分数酬金合同

$$C = C_d(1 + P) \tag{10-1}$$

式中：C——总造价；

C_d——实际发生的工程成本；

P——固定的百分数。

从式(10-1)可以看出，总造价 C 将随工程成本 C_d 的升高而升高。不利于鼓励承包商降低成本，很少被采用。

2) 成本加固定酬金合同

$$C = C_d + F \tag{10-2}$$

式中：F——酬金。

这种合同价与上述成本加固定百分数酬金合同相似，不同之处在于发包方付给承包方的酬金是一笔固定的酬金。这种承包方式虽然不能鼓励承包商关心降低成本，但从尽快取得酬金出发，承包商将会关心缩短工期，这是其可取之处。为了鼓励承包商更好地工作，也有在固定酬金之外，再根据工程质量、工期和降低成本的情况另加奖金的，以充分调动承包商节约成本的积极性。

3) 成本加浮动酬金合同

这种承包方式要事先商定工程成本和酬金的预期水平。如果实际成本恰好等于预期水平，工程造价就是成本加预期酬金；如果实际成本低于预期水平，则增加酬金；如果实际成本高于预期水平，则减少酬金。这3种情况可分别表示为

若 $C_d = C_0$，则 $\qquad C = C_d + F \tag{10-3}$

若 $C_d < C_0$，则 $\qquad C = C_d + F + \Delta F \tag{10-4}$

若 $C_d > C_0$，则 $\qquad C = C_d + F - \Delta F \tag{10-5}$

式中：C_d——实际成本；

C_0——预期成本；

F——酬金；

ΔF——酬金的增减部分，可以是一个百分数，也可以是一个固定的数值。

采用这种承包方式，通常规定，当实际成本超支而减少酬金时，以原定的固定酬金数额为减少的最高限度。从理论上讲，这种承包方式既对承发包双方都没有太多风险，又能促使承包商关心降低成本和缩短工期；但在实践中估算预期成本比较困难，所以要求双方具有丰富的经验。

4) 目标成本加奖罚合同

在仅有初步设计和工程说明书即迫切要求开工的情况下,可根据粗略估算的工程量和适当的单价表编制概算,作为目标成本;随着详细设计逐步深化,工程量和目标成本可以加以调整,另外规定一个百分数作为酬金;最后结算时,如果实际成本高于目标成本并超过事先规定的界限,则减少酬金;如果实际成本低于目标成本一定的界限,则增加酬金。用公式表示如下:

$$C = C_d + P_1 \times C_0 + P_2 \times (C_0 - C_d) \tag{10-6}$$

式中:C_d——实际成本;

C_0——目标成本;

P_1——基本酬金百分数;

P_2——奖罚百分数。

此外,还可另加工期奖罚。

这种承包方式可以促使承包商关心降低成本和缩短工期,而且目标成本是随设计的进展而加以调整才确定下来的,故招标方和承包商都不会承担太多风险。

这类合同主要适用于以下项目。

(1) 需要立即开展工作的项目,如震后的救灾工作;

(2) 新型的工程项目,或对项目工程内容及技术经济指标未确定;

(3) 风险很大的项目。

我国《建设工程施工合同(示范文本)》在确定合同计价方式时,考虑到我国的具体情况和工程计价的有关管理规定,确定有固定价格合同、可调价格合同和成本加酬金合同。但是,从我国工程造价的改革趋势看,将来单价合同也会不断增加。

10.4.2 建筑施工合同的特点

建筑施工合同具有以下几个特点。

1. 合同标的的特殊性

施工合同的标的是各类建筑产品,建造过程中往往受到自然条件、地质水文条件、社会条件和人为条件等因素的影响,决定了每个施工合同的标的具有单件性的特点。

2. 合同履行期限的长期性

建筑施工结构复杂、体积庞大、建筑材料类型繁多,一般情况下工期较长。在合同履行期间,双方履行义务会受到不可抗力、履行过程中政策法律的变化及市场价格浮动等影响,这必然会导致合同履行管理难度的增加。

3. 合同内容的复杂性

施工合同履行过程中除合同主体双方之外,还涉及设计单位、材料设备供应单位和监理单位等,还需要与合同相关单位进行协调,以便合同的正常履行。

10.4.3 《建设工程施工合同文本》简介

根据有关工程建设施工的法律法规,结合我国工程建设施工的实际情况,并借鉴了国际上广泛使用的土木工程施工合同(特别是 FIDIC 土木工程施工合同条件),建设部、国家工商行政管理局于 1999 年 12 月 24 日发布了《建设工程施工合同(示范文本)》(以下简称《施工合同文本》)。《施工合同文本》是对建设部、国家工商行政管理局 1991 年 10 月 1 日发布的《建设工程施工合同示范文本》的改进,是各类公用建筑、民用住宅、工业厂房、交通设施及线路管理的施工和设备安装合同的样本。

《施工合同文本》由《协议书》《通用条款》《专用条款》3 个部分组成,并附有 3 个附件:附件一是《承包人承揽工程项目一览表》、附件二是《发包人供应材料设备一览表》、附件三是《工程质量保修书》。

1. 协议书

合同协议书是施工合同的总纲性法律文件,经过双方当事人签字盖章后合同即生效。标准化的协议书格式文字量不大,需要结合承包工程的特点填写约定的内容,包括:工程概况、工程承包范围、合同工期、质量标准、合同价款及合同生效时间,并明确对双方有约束力的合同文件组成。

2. 通用条款

通用条款是在广泛总结国内合同实施中成功经验和失败教训的基础上,参考 FIDIC《土木工程施工合同条件》相关内容编制的规范承发包双方履行合同义务的标准化条款。通用条款包括:词语定义及合同文件,双方一般权利义务,施工组织设计和工期,质量与检验,安全施工,合同价款与支付,材料设备的供应,工程变更,竣工验收与结算,违约、索赔和争议,其他,共 11 个部分,47 个条款。通用条款在使用时不能做任何改动,应原文照搬。

3. 专用条款

由于具体实施工程项目的工作内容各不相同,施工现场和外部环境条件各异,因此必须有反映招标工程具体特点和要求的专用合同条款的约定。合同范本中的专用条款部分只为当事人提供了编制具体合同时应包括的内容的指南,具体内容由当事人根据发包工程的实际要求细化。

具体工程项目编制专用条款的原则是:结合项目特点,针对通用条款的内容进行补充或修正,达到相同序号的通用条款和专用条款共同组成某一方面问题内容完备的约定。

4. 附件

范本中为使用者提供了"承包人承揽工程项目一览表""发包人供应材料设备一览表"和"工程质量保修书"三个标准化附件,如果具体项目的实施为包工包料,则可以不使用发包人供应材料设备表。

合同管理涉及的有关各方包括合同当事人和工程师。

合同当事人包括发包人和承包人。发包人是指在协议书中约定,具有工程发包主体资格和支付工程价款能力的当事人以及取得当事人资格的合法继承人。承包人是指在协议书中约定，被发包人接受具有工程施工承包主体资格的当事人以及取得该当事人资格的合法继承人。

施工合同示范文本定义的工程师，包括监理单位委派的总监理工程师或发包人指定的履行合同的负责人两种情况。

10.4.4　建设工程承包合同的管理

建设工程承包合同的管理包括合同的订立、施工准备阶段合同的管理、施工过程的合同管理和竣工阶段的合同管理。

1. 建设工程施工合同的订立

1) 工期和合同价格

(1) 工期。

在合同协议书中应明确注明开工日期、竣工日期和合同工期总日历天数。如果是招标选择的承包人，工期总日历天数应为投标书中承包人承诺的天数，不一定是招标文件要求的天数。因为招标文件通常规定本招标工程最长允许完工时间，而承包人为了竞争，申报的投标工期往往少于招标文件规定的最长期限，此项因素也是评标的一项重要指标。因此，合同工期应为中标通知书中注明的接受的承包人投标提出的工期。

(2) 合同价款。

① 发包人接受的合同价款。在合同协议书中要注明合同价款。虽然中标通知书中写明了投标书中的报价即为合同价款，但考虑到某些工程可能不是通过招标选择承包人，因此，标准化合同协议书内仍然要求填写合同价格。非招标工程的合同价款，由当事人双方协商后，填写在合同协议书中。

② 费用。在合同的许多条款内涉及"费用"和"追加合同款"两个专用术语。费用指不包括在合同价之内的，应当由发包人或承包人承担的经济支出。追加合同款是指合同履行中发生的需要增加合同款的情况，经发包人确认后，按照计算合同价款的方式，给承包人增加的合同价款。

③ 合同的计价方式。通用条款中规定有 3 类可供选择的计价方式：固定价格合同，可调价格合同，成本加酬金合同。具体工程承包计价方式不一定是单一的计价方式。只要在合同中明确约定具体工作内容采用的计价方式，也可以采用组合计价方式。

④ 工程预付款的预定。施工合同中的支付程序中是否有工程预付款，取决于工程的性质、承包工程量的大小以及发包人在招标文件中的规定。预付款是发包人为了帮助承包人解决施工前期资金紧张的困难，提前支付的一笔款项。在专用条款中应约定预付款总额、一次或分阶段支付的时间以及每次付款的比例、扣回的时间以及每次扣回的方法和是否需要承包人提供预付款保函等相关内容。

⑤ 支付工程进度款的约定。在专用条款内约定工程进度款的支付时间和支付方式，工程进度款支付可以采用按月计量支付、按里程碑完成工程进度分阶段支付或完成工程后一次性支付等方式。对合同内不同的工程部位或工作内容可以采用不同的支付方式，只要在

专用条款中具体明确即可。

2) 对双方有约束力的合同文件

(1) 合同文件的组成。

在协议书和通用条款中规定,对合同当事人双方有约束力的合同文件包括签订合同时已形成的文件和履行合同过程中构成对双方有约束力的文件两个部分。

订立合同时已形成的文件包括：施工合同协议书；中标通知书；投标书以及附件；施工合同专用条款；施工合同通用条款；标准、规范以及有关技术文件、图纸、工程量清单；工程报价单或预算书。

合同履行过程中,双方有关工程洽商和变更等书面协议或文件也构成对双方有约束力的合同文件,视为协议书的组成部分。

(2) 对合同文件中矛盾或歧义的解释。

① 合同文件的优先解释次序。通用条款规定,上述合同文件应能够相互解释,相互说明。当合同文件中出现含糊不清或不一致时,上面文件的序号就是合同的优先解释顺序。由于履行合同时双方达成一致的洽商和变更等书面协议发生的时间在后,且经过当事人签署,因此作为协议书的组成部分,排序放在第一位。如果双方不同意这种次序安排,可以在专用条款中约定本合同文件的组成和解释次序。

② 合同文件出现矛盾或歧义的处理程序。按照通用条款的规定,当合同文件内容含糊不清或不一致时,在不影响工程正常进行的情况下,由发包人和承包人协商解决。双方也可以提请负责监理的工程师做出解释。双方在协商不成或不同意监理工程师的解释时,按合同约定的解决争议的方式处理。

3) 标准和规范

标准和规范是检验承包人施工应遵循的准则以及判断工程质量是否满足要求的标准。国家规范中的标准是强制性标准,合同约定的标准不得低于强制性标准,但发包人从建筑产品的功能要求出发,可以对工程或部分部位提出更高的要求。在专用条款内必须明确本工程及主要部位应达到的质量要求,以及施工过程中需要进行质量检测和试验的时间、试验内容、试验地点和方式等具体约定。

对于采用新技术、新工艺施工的部分,如果国内没有相应的标准和规范时,在合同内也应约定对质量的检验方式、检验内容以及应达到的指标要求,否则无从判定施工质量是否合格。

4) 发包人和承包人的工作

(1) 发包人的义务。

通用条款规定以下工作属于发包人应完成的工作。

① 办理土地征用、拆迁补偿、平整场地等工作,使施工场地具备施工条件,并在开工后继续解决以上事项的遗留问题。专用条款内需要约定施工场地具备施工条件的要求以及完成时间,以便使承包人能够及时接收适用的施工现场,按计划开始施工。

② 将施工所需的水、电、电信线路从施工场地的外部接至专用条款约定的地点,并保证施工期间的需要。专用条款内需要约定三通的时间、地点和供应要求。某些偏僻地域的工程或大型工程,可能要求承包人自己从水源地或自己用柴油机发电解决施工用水和用电问题,则也应在专用条件内明确,说明通用条款的此项规定本合同不采用。

③ 开通施工场地与城乡公共道路的通道，以及专用条款约定的施工场地内的主要交通干道，保证施工期间的畅通，满足施工运输的需要。专用条款内需要约定移交给承包人交通通道或设施的开通时间和应满足的要求。

④ 向承包人提供施工场地的工程地质和地下管线资料，保证数据真实、位置准确。专用条款内需要约定向承包人提供工程地质和地下管线资料的时间。

⑤ 办理施工许可证和临时用地、停水、停电、中断道路交通、爆破作业以及可能损坏道路、管线、电力、通信等设施法律、法规规定的申请批准手续以及其他施工所需的证件。专用条款内需要约定发包人提供施工所需的证件、批件的名称和时间，以便承包人合理进行施工组织。

⑥ 确定水准点与坐标控制点，以书面形式交给承包人，并进行现场交验。专用条款内需要分项明确约定放线依据资料的交验要求，以便合同履行过程中合理地区分放线错误的责任归属。

⑦ 组织承包人和设计单位进行图纸会审和设计交底。专用条款约定具体的时间和地点。

⑧ 协调处理施工现场周围地下管线和邻近建筑物、构筑物及古树名木的保护工作，并承担有关费用。专用条款内需约定具体的范围和内容。

⑨ 发包人应做的其他工作，双方在专用条款中约定。专用条款内需要根据项目的特点和具体情况约定相关内容。

虽然通用条款内规定上述工作内容属于发包人的义务，但发包人可以将上述部分工作委托承包方办理，具体内容可以在专用条款中约定，其费用由发包人承担。属于合同约定的发包义务，如果出现不按合同约定完成，导致工期延误或给承包人造成损失时，发包人应赔偿承包人有关损失，延误的工期应顺延。

(2) 承包人的义务。

通用条款规定，承包人应履行以下义务。

① 根据发包人的委托，在其设计资质允许的范围内，完成施工图设计或工程配套的设计，经工程师确认后使用，发生的设计费用由发包人承担。

② 向工程师提供年、季、月进度计划及相应进度统计报表。专用条款内需要约定应提供计划、报表的具体名称和时间。

③ 按工程需要提供和维修非夜间施工使用的照明和围栏设施，并负责安全保卫。专用条款内需要约定具体的工作位置和要求。

④ 按专用条款约定的数量和要求，向发包人提供在施工现场办公和生活的房屋及设施，发生的费用由发包人承担。专用条款内需要约定设施名称、要求和完成时间。

⑤ 遵守有关部门对施工场地交通、施工噪声以及环保和安全等方面的管理规定，按管理规定办理有关手续，并以书面形式通知发包人。发包人承担由此发生的费用，因承包人责任造成的罚款除外。专用条款内需要约定承包人办理的有关内容。

⑥ 已竣工工程未交付发包人前，承包人按专用条款约定负责已完工程的成品保护工作，保护期间发生破坏，承包人自行修复。要求承包人采取特殊措施保护的单位工程的部位和相应追加合同价款，在专用条款内约定。

⑦ 按专用条款约定好施工现场地下管线和邻近建筑物、构筑物和古树名木的保护工作。专用条款内约定需要保护的范围和费用。

⑧ 保证施工场地清洁、符合环境卫生管理的有关规定。交工前清理现场达到专用条款约定的要求，承担因自身原因违反有关规定造成的损失和罚款。专用条款内需要根据施工管理规定和当地的环保法规约定施工现场的具体要求。

⑨ 承包人应做的其他工作，双方在专用条款内约定。

承包人不履行上述各项义务，造成发包人损失的，应对发包人的损失给予赔偿。

5) 材料和设备的供应

目前很多工程采用包工并部分包料承包合同，主材经常采用由发包人提供的方式。在专用条款中应明确约定发包人提供材料和设备的合同责任。施工合同范本附件提供了标准化的表格形式，见表10.1。

表 10.1 发包人供应材料设备一览表

序号	材料设备品种	规格型号	单位	数量	单价	质量等级	供应时间	送达地点	备注

6) 担保和保险

合同是否有履约担保不是合同有效的必要条件，按照合同具体约定来执行。如果合同约定由履约担保和预付款担保，则需要在专用条款内明确说明担保的种类、担保方式、有效期、担保金额以及担保书的格式。担保合同将作为施工合同条件。

工程保险是转移工程风险的重要手段，如果合同约定有保险的话，在专用条款内应约定投保的险种、保险的内容、办理保险的责任以及保险金额。

7) 解决合同争议的方式

发生合同争议时，应按如下程序解决：双方协商、和解解决；不能达成一致时请第三方调解解决；调解不成，则需要通过仲裁或诉讼最终解决。因此，在专用条款内需要明确约定双方共同接受的调解人，以及最终解决合同争议时采用仲裁还是诉讼的方式，仲裁委员会或法院的名称。

2. 施工准备阶段的合同管理

1) 施工图纸

(1) 发包人的图纸。

我国目前的建设工程项目通常由发包人委托设计单位负责，在工程准备阶段应完成施工图设计文件的审查。施工图纸经过工程师审核签认后，在合同约定的日期前发放给承包人，以保证承包人及时编制施工进度计划和组织施工。施工图纸可以一次提供，也可以各单位工程开始施工前分阶段提供，只要符合专用条款的约定，不影响承包人按时开工即可。

发包人应免费按专用条款约定的份数供应承包人。承包人要求增加图纸套数时，发包人应代为复制，但复制费用由承包人承担。发放承包人的图纸中，应在施工现场保留一套完整图纸供工程师及有关人员进行工程检查时使用。

(2) 承包人负责设计的图纸。

有些情况下承包人享有专利权的施工技术，若具有设计资质和能力，可以由其完成部分施工图的设计，或由其委托设计分包人完成。在承包工作范围内，包括部分由承包人负责设计的图纸，则应在合同约定的时间内将按规定的审查程序批准的设计文件提交工程师审核，经过工程师签字后才可以使用。但工程师对承包人设计的认可，不能解除承包人的设计责任。

2) 施工进度计划

就合同工程的施工组织而言，招标阶段承包人在投标书内提交的施工方案或施工组织设计的深度相对较浅，签订合同后通过对现场的进一步考察和工程交底，对工程的施工有了更深入的了解。因此，承包人应当在专用条款约定的日期，将施工组织设计和施工进度计划提交工程师。群体工程中采取分阶段进行施工的单项工程，承包人则应按照发包人提供图纸及有关资料的时间，按单项工程编制进度计划，分别向工程师提交。

工程师接到承包人提交的进度计划后，应当予以确认或提出修改意见，时间限制则由双方在专用条款中约定。如果工程师逾期不确认也不提出书面意见，则视为已经同意。工程师对进度计划和对承包人施工进度的认可，不免除承包人对施工组织设计和工程进度计划本身的缺陷所应承担的责任。进度计划经工程师予以认可的主要目的，是为发包人和工程师依据计划进行协调和对施工进度控制提供依据。

3) 双方做好施工前的准备工作

开工前，合同双方还应当做好其他各项准备工作。如发包人应当按照专用条款的规定使施工现场具备施工条件、开通施工现场公共道路，承包人应当做好施工人员和设备的调配工作。

对工程师而言，特别需要做好水准点与坐标控制点的交验，按时提供标准和规范。为了能够按时向承包人提供设计图纸，工程师可能还需要做好设计单位的协调工作，按照专用条款的约定组织图纸会审和设计交底。

4) 开工

承包人应在专用条款约定的时间按时开工，以便保证在合理工期内能及时竣工。但在特殊情况下，工程的准备工作不具备开工条件，则应按合同的约定区分延期开工的责任。

(1) 承包人要求的延期开工。

如果是承包人要求的延期开工，则工程师有权批准是否同意延期开工。承包人不能按时开工，应在不迟于协议约定的开工期前 7d，以书面形式向工程师提出延期开工的理由和要求。工程师在接到开工申请后的48h 内未予答复，为同意承包人的要求，工期相应顺延。如果工程师不同意延期要求，工期不予顺延。如果承包人未在规定时间内提出延期开工要求，工期也不予顺延。

(2) 发包人原因的延期开工。

因发包人的原因施工现场不具备施工的条件，造成承包人不能按照协议书约定的日期开工时，工程师应以书面形式通知承包人推迟开工日期。发包人应当赔偿承包人因此造成的损失，相应顺延工期。

5) 工程的分包

施工合同范本的通用条件规定，未经发包人同意，承包人不得将承包工程的任何部分分包；工程分包不能解除承包人的任何责任和义务。

发包人通过复杂的招标程序选择了综合能力最强的投标人，要求其来完成工程的施工，因此合同管理过程中对工程分包要进行严格控制。承包人出于自身能力考虑，可能将部分自己没有实施资质的特殊专业工程分包，也可将部分较简单的工作内容分包。包括在承包人投标书内的分包计划，发包人通过接受投标书已表示了认可，如果施工合同履行过程中承包人又提出新的分包要求，则需要经过发包人的书面同意。发包人控制工程分包的基本原则是，主体工程的施工任务不允许分包，主要工程量必须由承包人完成。

经过发包人同意的分包工程，承包人选择的分包人需要提请工程师同意。工程师主要审查分包人是否具备实施分包工程的资质和能力，未经工程师同意的分包不得进入现场参与施工。

虽然对分包的工程部位而言涉及两个合同，即发包人与承包人签订的施工合同和承包人与分包人签订的分包合同，但工程分包不能解除承包人对发包人应承担在该工程部位施工的合同。同样，为了保证分包合同的顺利履行，发包人未经承包人同意，不得以任何形式向发包人支付各种工程款项，分包人完成施工任务的报酬只能依据分包合同由承包人支付。

6) 预付款的支付

合同约定有工程预付款的，发包人应按规定的时间和数额支付预付款。为了保证承包人如期开始施工前的准备工作和施工开始，预付时间应不迟于约定时间的开工日期前 7d。发包人不按约定预付，承包人在约定预付时间 7d 后向发包人发出要求预付的通知。发包人收到通知后仍不能按要求预付，承包人可在发出通知后 7d 停止施工，发包人应从约定应付之日起向承包人支付应付款的贷款利息，并承担违约责任。

3. 施工过程的合同管理

1) 对材料和设备的质量控制

为了保证工程项目达到投资建设的预期目的，确保工程质量至关重要。对工程质量进行严格控制，应从使用的材料质量的控制开始。

(1) 材料设备的到货检验。

工程项目使用的建筑材料和设备按照专用条款约定的采购供应责任，可以由承保人负责，也可以由发包人提供全部或部分材料和设备。

① 发包人供应的材料设备。发包人应按照专用条款的材料设备供应一览表，按时、按质、按量地将采购的材料和设备运抵施工现场，与承包人共同进行到货清点。

a. 发包人供应材料设备的现场接收。发包人应当向承包人提供其供应材料设备的产品合格证明，并对这些材料设备的质量负责。发包人在其所供应的材料设备到货前 24h 内，应以书面形式通知承包人，由承包人派人与发包人共同清点。清点的工作主要包括外观检查；对照发货单证进行数量清点(检斤、检尺)；大宗建筑材料进行必要的抽样检验(物理、化学试验)等。

b. 材料设备接收后移交承包人保管。发包人供应的材料设备经双方共同清点接收后，由承包人妥善保管，发包人支付相应的保管费用。因承包人的原因发生损坏丢失，由承包人负责赔偿。发包人不按规定通知承包人验收，发生的损失由发包人负责。

c. 发包人供应的材料设备与约定不符时的处理。发包人供应的材料设备与约定不符时，应当由发包人承担有关责任。视具体情况不同，按照以下原则处理。

第一，材料设备单价与合同约定不符时，由发包人承担所有差价。

第二，材料设备种类、规格、型号、数量、质量等级与合同约定不符时，承包人可以拒绝接收保管，由发包人运出施工场地并重新采购。

第三，发包人供应材料的规格、型号与合同约定不符时，承包人可以代为调剂串换，发包方承担相应的费用。

第四，到货地点与合同约定不符时，发包人负责运至合同约定的地点。

第五，供应数量少于合同约定的数量时，发包人将数量补齐；多于合同约定的数量时，发包人负责将多出部分运出施工场地。

第六，到货时间早于合同约定时间，发包人承担因此发生的保管费用；到货时间迟于合同约定的供应时间，由发包人承担相应的追加合同价款。发生延误，相应顺延工期，发包人承担由此给承包人造成的损失。

② 承包人采购的材料设备。承包人负责采购材料设备的，应按照合同专用条款约定及设计要求和有关标准采购，并提供产品合格证明，对材料设备质量负责。

a. 承包人在材料设备到货前 24h 内应通知工程师共同进行到货清点。

b. 承包人采购的材料设备与设计或标准要求不符时，承包人应在工程师要求的时间内运出施工现场，重新采购符合要求的产品，承担由此发生的费用，延误工期的不予顺延。

(2) 材料和设备的使用前检验。

为了防止材料和设备在现场储存时间过长或保管不善而导致质量的降低，应在用于永久工程施工前进行必要的检查试验。按照材料设备的供应义务，对合同责任做如下区分。

① 发包人供应材料设备。发包人供应的材料设备进入施工现场后需要在使用前检验或者试验的，由承包人负责检查试验，费用由发包人负责。按照合同对质量责任的约定，此次检查试验通过后，仍不能解除发包人的供应材料设备存在的质量缺陷责任，即发包人检验通过之后，如果又发现材料设备有质量问题时，发包人仍应承担重新采购及拆除重建的追加合同价款，并相应顺延由此延误的工期。

② 承包人负责采购的材料和设备。采购的材料设备在使用前，承包人应按工程师的要求进行检验和试验，不合格的不得使用，检验和试验费用由承包人承担。工程师发现承包人采购并使用不符合设计或标准要求的材料设备时，应要求承包人负责修复、拆除或重新采购，并承担发生的费用，由此延误的工期不予顺延。承包人需要使用代用材料时，应经工程师认可后才能使用，由此增减合同的价款，双方以书面形式议定。由承包人采购的材料设备，发包人不得指定生产厂或供应商。

2) 对施工质量的监督管理

工程师在施工过程中应采用巡视、旁站和平行检验等方式监督检查承包人的施工工艺和产品质量，对建筑产品的生产过程进行严格的控制。

(1) 工程质量标准。

① 工程师对质量标准的控制。承包人施工的工程质量应当达到约定的标准。发包人对部分或者全部工程质量有特殊要求时，应支付由此增加的追加合同价款，对工期有影响的应给予相应的顺延。工程师依据合同约定的质量标准对承包人的工程质量进行检查，达到或超过约定标准的，给予质量认可，达不到要求时，则拒绝认可。

② 不符合质量要求的处理。不论何时，工程师一经发现质量达不到约定标准的工程部分，均可要求承包人返工。承包人应当按照工程师的要求返工，直到符合约定的标准。因承包人的原因达不到约定标准，由承包人承担返工费用，工期不顺延。因发包人的原因达不到约定标准，责任由双方分别承担。如果双方对工程质量有争议，由专用条款约定的工程质量监督部门鉴定，所需的费用及因此造成的损失，由责任方承担。双方均有责任的，由双方根据其责任分别承担。

(2) 施工过程中的检查和返工。

承包人应认真按照标准、规范和设计要求以及工程师依据合同发出的施工指令，随时接受工程师及其委派人员的检查，并为检验提供便利条件。工程质量达不到约定标准的部分，工程师一经发现，可以要求承包人拆除和重新施工，承包人应按工程师及其委派人员的要求拆除和重新施工，承担由于自身原因导致拆除和重新施工的费用，工期不予顺延。

经过工程师检查检验合格后，又发现因承包人原因出现的质量问题，仍由承包人承担责任，赔偿发包人的直接损失，工期不应顺延。

工程师的检查和检验，原则上不应影响施工的正常进行。如果实际影响了施工的正常进行，其后果责任由检验结果的质量是否合格来区分。检查检验不合格时，影响正常施工的费用由承包人承担，除此之外，均由发包人承担，相应顺延工期。

因工程师指令失误和其他非承包商原因发生的追加合同价款，由发包人承担。

(3) 使用专利技术及特殊施工工艺。

如果发包人要求承包人使用专利技术或特殊施工工艺，应负责办理相应的申报手续，承担申报、试验和使用费用。

若承包人提出使用专利技术或特殊施工工艺，应首先取得工程师的认可，然后由承包人负责办理申报手续并承担有关费用。

不论哪一方要求使用他人的专利技术，一旦发生擅自使用侵犯他人专利权的情况时，由责任者依法承担相应的责任。

3) 隐蔽工程与重新检验

由于隐蔽工程在施工中一旦完成隐蔽，将很难再对其进行质量检查，因此必须在隐蔽前进行检查验收。对于中间验收，应在专用条款中约定，对需要进行中间验收的单项工程和部位及时进行检查和试验，不影响后续工程的施工。发包人应为检验和试验提供便利条件。

(1) 检验程序。

① 承包人自检。工程具备隐蔽条件或达到专用条款约定的中间验收部位，承包人自行检查，并在隐蔽或中间验收前48h，以书面形式通知工程师验收。通知包括隐蔽和中间验收的内容、验收时间和地点。承包人准备验收记录。

② 共同检验。工程师接到承包人的请求验收通知后，应在通知约定的时间与承包人共同进行检查或试验。检查结果表明质量验收合格，经工程师在验收记录上签字后，承包人可进行工程隐蔽和继续施工。验收不合格，承包人在工程师限定的时间内修改后重新验收；如果工程师不能按时进行验收，应在承包人通知的验收时间前24h，以书面形式向承包人提出延期验收要求，但延期不能超过48h；若工程师未能按以上时间提出延期要求，又未按时参加验收，承包人可自行组织验收。承包人经过验收的检查、试验程序后，将检查、试验

记录送交工程师。本次检验视为工程师在场的情况下进行的验收，工程师应承认验收记录的结果；经工程师验收，工程质量符合标准、规范和设计图纸等要求，验收 24h 后，工程师不在验收记录上签字，视为工程师已经认可了验收记录，承包人可进行隐蔽或继续施工。

(2) 重新检验。

无论工程师是否参加了验收，当其对某部分的工程质量有怀疑时，均可要求承包人对已经隐蔽的工程进行重新检验。承包人接到通知后，应按要求进行剥离或开孔，并在检验后重新覆盖或修复。

重新检验表明质量合格，发包人承担由此发生的全部追加合同价款，赔偿承包人的损失，并相应顺延工期，检验不合格，承包人承担发生的全部费用，工期不予顺延。

4) 施工进度管理

(1) 按计划施工。

开工后，承包人应按照工程师确定的进度计划组织施工，接受工程师对进度的检查监督。一般情况下，工程师每月均应检查一次承包人进度计划执行情况，由承包人提交一份上月进度计划执行情况和本月的施工方案措施。同时，工程师还应进行必要的现场实地检查。

(2) 承包人修改进度计划。

实际施工过程中，由于受到外界环境条件、人为条件、现场情况等的限制，经常出现与承包人开工前编制的施工进度计划有出入的情况，导致实际施工进度与计划进度不符。不管实际进度是超前于计划还是滞后于计划，只要是与计划进度不符，工程师都有权利通知承包人修改和调整进度计划，以便更好地协调管理。承包人应当按照工程师要求修改进度计划并提出相应的措施，经工程师确认后执行。

因承包人自身的原因造成工程实际进度滞后于计划进度时，所有的后果都应由承包人自行承担。工程师不对确认后的改进措施效果负责，这种确认并不是工程师对工程延期的批准，而仅仅是要求承包人在合理的状态下施工。因此，如果修改后的进度计划不能按期完工，承包人仍应承担相应的违约责任。

(3) 暂停施工。

① 工程师指示的暂停施工。在施工过程中，工程师发出暂停施工指令的原因如下：外部条件的变化，如政策、法规的变化导致的停建和缓建；发包人应承担的责任，如后续施工场地未能及时提供等；协调管理方面的原因，如施工交叉、干扰；承包人的原因，如施工质量不合格等。

不论发生上述何种情况，工程师都应当书面通知承包人暂停施工，并在发出暂停施工通知后的 48h 内提出书面处理意见。承包人应当按照工程师的要求停止施工，并妥善保护已完工程。

承包人实施工程师提出的处理意见后，可以提出书面复工要求。工程师在收到复工通知后的 48h 内给予答复。如果工程师未能在规定的时间内提出处理意见，或收到承包人复工的要求后 48h 内未予以答复，承包人可以自行复工。

停工责任在发包人时，由发包人承担追加合同价款，赔偿承包人由此造成的损失，相应顺延工期；如果停工责任在承包人，由承包人承担发生的费用，工期不予顺延。如果因工程师未及时做出答复，导致承包人无法复工，由发包人承担违约责任。

② 由于发包人不能按时支付的暂停施工。施工合同范本通用条款中对以下两种情况，给予了承包人暂时停工的权利：一是延误支付预付款；二是拖欠工程进度款。发包人不按时支付预付款，承包人在约定时间 7d 后向发包人发出预付通知，发包人收到通知后仍不能按要求预付，承包人在发出通知 7d 后停止施工。发包人应从约定应付之日起，向承包人支付应付款的贷款利息。发包人不按合同规定及时向承包人支付进度款，且双方又未达成延期付款协议时，导致施工无法进行，承包人可以停止施工，由发包人承担违约责任。

(4) 工期延误。

① 可以顺延工期的条件。按照施工合同范本通用条件，以下原因造成的工期延误，经工程师确认后工期相应顺延。

　a. 发包人不能按专用条款约定提供开工条件。

　b. 发包人不能按约定日期支付工程预付款、进度款，致使工程不能正常进行。

　c. 工程师未按合同约定提供所需指令、批准等，致使施工不能正常进行。

　d. 设计变更和工程量增加。

　e. 一周以内非承包商原因停水、停电、停气造成停工累计超过 8h。

　f. 不可抗力。

　g. 专用条款中约定或工程师同意工期顺延的情况。

这些情况属于发包人违约或发包人应当承担的风险。

② 工期顺延确定的程序。发包人在工期可以顺延的情况发生 14d 内，应将延误的工期向工程师提出书面报告。工程师在收到报告后 14d 内予以确认答复，逾期不予答复，视为报告要求已经被批准。工程师确认工期是否应予顺延，应当首先考察事件实际造成的延误时间，然后依据合同、施工进度计划和工期定额等进行判定。经工程师确认顺延的工期应纳入合同工期，作为合同工期的一部分。如果承包人不同意工程师的确认结果，则按合同规定的争议解决方式处理。

(5) 发包人要求提前竣工。

施工中如果发包人出于某种考虑要求提前竣工，应与承包人协商。双方达成一致后签订提前竣工协议，作为合同文件的组成部分。提前竣工协议应包括以下内容：提前竣工的时间；发包人为赶工应提供的方便条件；承包人在保证工程质量和安全的前提下，可能采取的赶工措施；提前竣工所需的追加合同价款等。

承包人按照协议修订进度计划和制订相应的措施，工程师同意后执行。发包方为赶工提供必要的方便条件。

5) 设计变更管理

施工合同范本将工程变更分为工程设计变更和其他变更两类。其他变更是指合同履行中发包人要求变更工程质量标准及其他实质性变更。

工程师在合同履行管理中应严格控制变更，施工中承包人未得到工程师的同意，不允许对工程设计随意变更。如果由于承包人擅自变更设计，发生的费用和因此而导致的发包人的直接损失，应由承包人承担，延误的工期不予顺延。

(1) 工程师指示的设计变更。

施工合同示范文本通用条款中规定，工程师依据工程项目的需要和施工现场的实际情况，可以就以下方面向承包人发出变更通知：更改工程有关部分的标高、基线、位置尺寸；

增减合同约定的工程量；改变有关工程施工时间和顺序；其他有关工程变更需要的附加工作。

(2) 设计变更程序。

① 发包人要求的设计变更。施工中发包人需要对原工程设计进行变更，应提前 14d 以书面形式向承包人发出变更通知。变更超过原设计标准或批准的建设规模时，发包人应报规划管理部门和其他有关部门重新审查批准，并由原设计单位提供变更相应图纸和说明；工程师向承包人发出设计变更通知后，承包人按照工程师发出的变更通知及有关要求，进行所需的变更；因设计变更导致合同价款的增减及造成的承包人的损失由发包人承担，延误的工期相应顺延。

② 承包人要求的设计变更。施工中承包人不得因施工方便而要求对原工程设计进行变更。承包人在施工中提出的合理化建议被发包人采纳，若建议涉及对设计图纸或施工组织设计的变更及对材料、设备的换用，则须经工程师同意。未经工程师同意，承包人擅自更改或换用，承包人应承担由此发生的费用，并赔偿发包人的有关损失，延误的工期不予顺延。工程师同意采用承包人的合理化建议，所发生的费用和获得收益的分担或分享，由发包人和承包人另行约定。

(3) 变更价款的确定。

① 确定变更价款的程序。承包人在工程变更确定后 14d 内，可提出变更设计的追加合同价款要求的报告，经工程师确认后相应调整合同价款。如果承包人在双方确定变更后 14d 内，未向工程师提出变更工程价款的报告，视为该项变更不涉及合同价款的调整。工程师在收到承包人的变更合同价款报告后 14d 内，对承包人的要求予以确认或做出其他答复。工程师无正当理由不确认或答复时，自报告送达之日起 14d 后，视为变更价款已经确认。工程师确认增加的工程变更价款作为追加合同价款，与工程进度款同期支付。工程师不同意承包人提出的变更价款，按合同约定的争议解决条款处理。因承包人自身原因导致的工程变更，承包人无权要求追加合同价款。如由承包人原因实际施工进度滞后于计划进度，某工程部位的施工与其他承包人的施工发生干扰，工程师发布指示改变了他的施工时间和顺序导致施工成本的增加或效率的降低，承包人无权要求赔偿。

② 确定变更价款的原则。合同中已有适用于变更工程的价格的，按合同已有的价格变更合同价款；合同中只有类似于变更工程的价格的，可以参照类似价格变更合同价款；合同中没有适用或类似于变更工程的价格，由承包人提出适当的变更价格，经工程师确认后执行。

6) 工程量的确认

由于签订合同时在工程量清单内开列的工程数量是估计量，实际施工时可能与其有差异。因此，发包人支付工程进度款前，应对承包人完成的实际工程量予以确认或核实，按照承包人实际完成永久工程的工程量进行支付。

(1) 承包人提交工程量报告。

承包人应按专用条款约定的时间，向工程师提交本阶段已完工程的工程量报告，说明本期完成的各项工作内容和工程量。

(2) 工程量计量。

工程师接到承包人的报告 7d 内，按设计图纸核实已完工程量，并在现场实际计量前 24h

内通知承包人共同参加。承包人为计量提供便利条件并派人参加。如果承包人收到通知后不参加计量，工程师自行计量的结果有效，作为工程价款支付的依据。若工程师不按约定的时间通知承包人，致使承包人未能参加计量，工程师单方计量的结果无效。

工程师收到承包商报告 7d 内未进行计量，从第 8d 起，承包人报告中开列的工程量即视为已被确认，作为支付工程价款的依据。

(3) 工程量的计量原则。

工程师对照设计图纸，只对承包人完成的永久工程合格工程量进行计量。因此，属于承包人超出设计图纸范围的工程量不予计量，因承包商原因造成返工的工程量不予计量。

7) 支付管理

(1) 允许调整合同价款的情况。

① 可以调整合同价款的原因如下。

a. 法律、法规和国家有关政策变化影响到合同价款的变化。

b. 工程造价管理部门公布的价格调整。

c. 一周内非承包商原因造成的停水、停电、停气累计超过 8h。

d. 双方约定的其他因素。

② 调整合同价款的管理程序。发生上述事件后，承包人应当在情况发生后 14d 内，将调整的原因、金额以书面的形式通知工程师。工程师确认调整金额后作为追加合同价款，与工程进度款同期支付。工程师收到承包商通知后 14d 内不予以确认也不提出修改意见的，视为已经同意该项调整。

(2) 工程进度款的支付。

① 工程进度款的计算。本期应支付的工程进度款包括以下内容：经确认核实的完成工程量对应工程量清单或报价的相应价格计算应支付的工程款；设计变更应调整的合同价款；本期应扣回的工程预付款；根据合同允许调整合同价款原因应补偿承包人的款项和应扣减的款项；经过工程师批准的承包人的索赔款项等。

② 发包人的支付责任。发包人在双方计量确认后 14d 内向承包人支付工程进度款。发包人超过约定的支付时间仍不支付工程进度款，承包人可以向发包人发出支付通知。发包人在收到承包人的通知后仍不能按要求支付，可与承包人协商签订延期支付协议，经承包人同意后可以延期支付。发包人不按合同约定支付工程款，双方又未达成延期付款协议，导致施工无法进行，承包人可以停止施工，由发包人承担违约责任。延期支付协议中须明确延期支付的时间以及从计量结果确认后第 15d 起计算应付款的贷款利息。

8) 不可抗力

不可抗力发生后，对施工合同的履行会造成较大的影响。工程师应当有较强的风险意识，包括识别可能发生不可抗力风险的因素，督促当事人转移或分散风险，监督承包人采取有效的防范措施，不可抗力事件发生后能够采取有效的手段尽量减少损失。

(1) 不可抗力的范围。

不可抗力是指合同当事人不能预见、不能避免并且不能克服的客观情况。建设工程施工中的不可抗力包括因战争、动乱、空中飞行物坠落或其他非承包人责任造成的爆炸、火灾以及专用条款约定的风、雨、雪、洪水和地震等自然灾害。对于自然灾害形成的不可抗力，当事人双方订立合同时应在专用条款内予以约定。

(2) 不可抗力事件发生后的合同管理。

不可抗力事件发生后，承包人应在力所能及的条件下迅速采取措施，尽量减少损失，并在不可抗力事件结束后 48h 内向工程师通报受灾情况，以及预计清理和修复的费用。发包人应尽力协助承包人采取措施。

不可抗力事件继续发生，承包人应每隔 7d 向工程师报告一次受害情况，并于不可抗力事件结束后 14d 内，向工程师提交清理和修复费用的正式报告及有关资料。

(3) 不可抗力合同事件的责任。

① 合同约定工期内发生的不可抗力。施工合同范本通用条款规定，因不可抗力事件导致的费用及延误的工期由双方按以下方法分别承担。

a. 工程本身的损害、因工程损害而导致第三方人员伤亡和财产损失以及运至施工场地用于施工的材料和待安装的设备损害，由发包人承担。

b. 承发包双方人员的伤亡、分别由各自负责。

c. 承包人机械设备损坏及停工损失，由承包人承担。

d. 停工期间，承包人应工程师要求留在施工现场的必要的管理人员及保卫人员的费用，由发包人承担。

e. 工程所需清理、修复费用，由发包人承担。

f. 延误的工期应顺延。

② 延迟履行合同期间内发生的不可抗力。按照合同法规定的基本原则，因合同一方延迟履行合同后发生不可抗力，不能免除迟延履行方的相应责任。投保"建筑工程一切险""安装工程一切险"和"人身意外伤害险"是转移风险的有效措施。如果工程是发包人负责办理的工程险，当承包人有权获得工期顺延时间内，发包人应在保险合同有效期届满前办理保险的延续手续；若因承包人原因不能按期竣工，承包人也应自费办理保险的延续手续。对于保险公司的赔偿不能全部弥补损失部分，则应由合同约定的责任方承担赔偿义务。

9) 施工环境管理

(1) 遵守法规对环境的要求。

施工应遵守政府有关主管部门对施工场地、施工噪声以及环境保护和安全生产等的管理规定。承包人按规定办理有关手续，并以书面形式通知发包人，发包人承担由此发生的费用。

(2) 保持现场的整洁。

承包人应保证施工场地清洁，符合环境卫生管理的有关规定。交工前清理现场，达到专用条款约定的要求。

(3) 重视施工安全。

① 安全施工。

发包人应遵守安全生产的有关规定，严格按照安全标准组织施工，采取必要的安全防护措施，消除事故隐患。因承包人采取安全措施不力造成事故的责任和因此发生的费用，由承包人承担。

发包人应对其在施工场地的工作人员进行安全教育，并对他们的安全负责。发包人不得要求承包人违反安全管理规定进行施工。因发包人原因导致的安全事故，由发包人承担相应责任及发生的费用。

② 安全防护。

承包人在动力设备、输电线路、地下管道、密封防震车间、易燃易爆地段以及临街交通要道附近施工时，施工开始前应向工程师提出安全防护措施。经工程师认可后实施。防护措施费用，由发包人承担。

实施爆破作业，在放射、毒害性环境中施工，及使用毒害性、腐蚀性物品施工时，承包人应在施工前 14d 内，以书面形式通知工程师，并提出相应的防护措施。经工程师认可后实施，由发包人承担安全防护措施费用。

4. 竣工阶段的合同管理

1) 工程试车

(1) 竣工前的试车。

竣工前的试车分为单机无负荷试车和联动无负荷试车两类。双方约定需要试车的，试车内容应与承包人承包的安装范围相一致。

① 试车的组织。

a. 单机无负荷试车。单机无负荷试车所需的环境条件是在承包人的设备现场范围内，因此，安装工程具备试车条件时，由承包人组织试车。承包人在试车前 48h 向工程师发出要求试车的书面通知，通知包括试车内容、时间和地点。承包人准备试车记录，发包人根据承包人的要求为试车提供必要的条件。试车合格，工程师在试车记录上签字。

b. 工程师不能按时参加试车，须在开始试车前 24h 以书面形式向承包人提出延期要求，延期不能超过 48h。工程师未按以上时间提出延期要求，不参加试车，应承认试车记录。

c. 联动无负荷试车。进行联动无负荷试车时，由于需要外部的配合条件，需要由发包人组织试车。发包人在试车前 48h 书面通知承包人做好试车准备。通知包括试车内容、时间、地点、对承包人的要求等。承包人按要求做好试车准备工作。试车合格，双方在试车记录上签字。

② 试车中双方的责任。

a. 由于设计原因试车达不到验收要求，发包人应要求设计单位修改设计，承包人按修改后的设计重新安装。发包人承担修改设计、拆除及重新安装的全部费用和追加合同价款，工期相应顺延。

b. 由于设备制造原因试车达不到验收要求时，由该设备采购一方负责重新购置或修理，承包人负责拆除或重新安装。设备由承包人采购的，由承包人承担修理或重新购置、拆除及重新安装费用，工期不予顺延；设备由发包人采购的，发包人承担上述各项追加合同价款，工期相应顺延。

c. 由于承包人施工原因造成试车达不到要求，承包人按工程师要求重新安装和试车，并承担重新安装和试车的费用，工期不予顺延。

d. 试车费用已包括在合同价款之内或专用条款另有约定外，均由发包人承担。

e. 工程师在试车合格后不在试车记录上签字，试车结束 24h 后，视为工程师已经认可试车记录，承包人可继续施工或办理竣工手续。

(2) 竣工后的试车。

投料试车属于竣工验收后的带负荷试车，不属于承包的工作范围，一般情况下承包人不参加此项试车。如果发包人要求在工程竣工验收前进行或需要承包人在试车时予以配合，应征得承包人同意，另行签订补充协议。试车组织和试车工作由发包人承担。

2) 竣工验收

工程竣工验收是合同履行的一个重要阶段，工程未经竣工验收或竣工验收未通过的，发包人不得使用。发包人强行使用时，由此发生的质量问题及其他问题，由发包人承担责任。竣工验收分为分项工程竣工验收和整体工程竣工验收两大类，视施工合同约定的工作范围而定。

(1) 竣工验收须满足的条件。

① 完成工程设计和合同约定的各项内容。

② 施工单位在工程完工后对工程质量进行了检查，确认工程质量符合有关工程建设强制性标准，符合设计文件及合同要求，并提出工程竣工报告。工程竣工报告应经项目经理和施工单位有关负责人审核签字。

③ 对于委托监理的工程项目，监理单位对工程进行了质量评价，具有完整的监理资料，并提出工程质量评价报告。工程质量评价报告应经总监理工程师和监理单位有关负责人审核签字。

④ 勘察和设计单位对勘察和设计文件及施工过程中由设计单位签署的设计变更通知书进行确认。

⑤ 有完整的技术档案和施工管理资料。

⑥ 有工程使用的主要建筑材料、建筑构配件和设备合格证及必要的进场试车报告。

⑦ 有施工单位签署的工程质量保修书。

⑧ 有公安、消防、环保等部门出具认可的或准许使用的文件。

⑨ 建设行政主管部门及其委托的工程质量监督机构等有关部门责令整改的问题全部整改完毕。

(2) 竣工验收程序。

工程具备验收条件，发包人按照国家竣工验收有关规定组织验收工作。

① 承包人申请验收。工程具备竣工验收条件，承包人向发包人申请工程竣工验收，递交竣工验收报告并提供完整的竣工验收资料。实行监理的工程，工程竣工报告必须经总监理工程师签署意见。

② 发包人组织验收组。对符合竣工验收的工程，发包人收到工程竣工报告后28d内，组织勘察、设计、施工、监理、质量监督机构和其他有关方面的专家组成验收组，制订验收方案。

③ 验收步骤。由发包人组织竣工验收，验收过程主要包括以下内容。

a. 发包人、承包人、勘察、设计和监理单位分别向验收组汇报工程合同履约情况和在工程建设各个环节执行法律、法规和工程建设强制性标准的情况。

b. 验收组审阅建设、勘察、设计、施工和监理单位提供的工程档案资料。

c. 查验工程实体质量。

d. 验收组通过查验后，对工程施工、设备安装质量和管理环节等方面做出总体评价，形成工程竣工验收意见。参与工程竣工验收的发包人、承包人、勘察、设计、施工、监理等各方不能形成一致意见时，应报当地建设行政主管部门或监督机构进行协调，待意见一致后，重新组织工程竣工验收。

④ 验收后的管理。发包人在验收后 14d 内给予认可或提出修改意见。竣工验收合格的工程移交给发包人运行使用，承包人不再承担工程保管责任。需要修改缺陷的部分，承包人应按要求进行修改，并承担由自身原因造成的修改费用。

发包人收到承包人送交的竣工验收报告后 28d 内组织验收，或验收后 14d 内提出修改意见，视为竣工验收报告已经被认可。同时，从第 29d 起，发包人承担工程保管及一切意外责任。

因特殊原因，发包人要求部分单位工程或工程部位甩项竣工的，双方另行签订甩项竣工协议，明确双方责任和工程价款的支付方法。

中间竣工工程的范围和竣工时间，由双方在专用条款内约定，其验收程序与上述规定相同。

(3) 竣工验收时间确定。

工程竣工验收通过，承包人送交竣工验收报告的日期即为实际的竣工日期。工程按发包人要求修改后通过竣工验收的，实际竣工日期为承包人修改后提请发包人验收的日期。这个日期的重要作用是用于计算承包人的实际施工期限，与合同约定的工期比较，以判别提前竣工还是延期竣工。

合同约定的工期是指协议书中写明的时间与施工过程中遇到合同约定可以顺延工期条件情况后，经过工程师确认应给予承包人顺延的工期之和。

承包人的实际施工期限，从开工之日起到上述确认为竣工日期之间的日历天数。开工日在正常情况下是指专用条款内约定的日期，也可能是由于发包人或承包人要求延期开工，经工程师确认的日期。

3) 工程保修

承包人应当在工程竣工之前，与发包人签订质量保修书，作为合同附件。质量保修书的主要内容包括：工程质量保修范围和内容；质量保修期；质量保修责任；保修费用和其他约定 5 个部分。

(1) 工程质量保修范围和内容。

双方按照工程的性质和特点，具体约定保修的相关内容。房屋建筑工程的保修范围包括：地基基础工程，主体结构工程，屋面防水工程，有防水要求的卫生间和外墙面的防渗漏，供热与供冷系统，电气管线，给排水管道，设备安装和装修工程以及双方约定的其他项目。

(2) 质量保修期。

保修期从竣工验收合格之日起计算。当事人双方应针对不同的工程部位，在保修书中约定具体的保修年限。当事人协商约定的保修期限，不得低于法规规定的标准。国务院颁布的《建设工程质量管理条例》明确规定，在正常使用条件下的最低保修期限如下所述。

① 基础设施工程、房屋建筑的地基基础工程和主体工程，为设计文件规定的该工程的合理使用年限。

② 屋面防水工程、有防水要求的卫生间、房间和外墙的防渗漏为 5 年。

③ 供热与供冷系统为两个采暖期、供冷期。

④ 电气管线、给排水管道、设备安装和装修工程为两年。

(3) 质量保修责任。

属于保修范围的项目,承包人应在接到发包人的保修通知起 7d 内,派人保修。承包人不在约定的期限内派人保修,发包人可以委托其他人修理。

发生紧急抢救事故时,承包人接到通知后应立即到达事故现场修理。

涉及结构安全的质量问题,应当按照《房屋建筑工程质量保修办法》的规定,立即向当地建设行政主管部门报告,采取相应的安全措施。由原设计单位或具有相应资质等级的设计单位提出保修方案,承包人实施保修。

质量保修完成后,由发包人组织验收。

(4) 保修费用。

《建设工程质量管理条例》颁布后,由于保修期限较长,为了维护承包人的合法权益,竣工结算时不再扣留质量保修金。保修费用由造成质量缺陷的责任方承担。

4) 竣工结算

(1) 竣工结算的程序。

① 承包人递交竣工结算报告。工程竣工验收报告经发包人认可后,承发包双方应当按协议书约定合同价款及专用条款约定的合同价款调整方式,进行工程竣工结算;工程竣工验收报告经发包人认可后 28d,承包人向发包人递交竣工决算报告及完整的结算资料。

② 发包人的核实和支付。发包人自收到竣工结算报告及结算资料 28d 内进行核实,给予确认或提出修改意见。发包人认可竣工结算报告后,及时办理竣工结算价款的支付手续。

③ 移交工程。承包人接到竣工结算价款后 14d 内将竣工工程移交给发包人,施工合同即告终止。

(2) 竣工结算的违约责任。

① 发包人的违约责任:发包人收到竣工结算报告及结算资料后 28d 内无正当理由不支付工程竣工结算价款,从第 29d 起按承包合同同期银行贷款利率支付拖欠工程价款的利息,并承担违约责任;发包人收到竣工结算报告及结算资料后 28d 内不支付工程结算价款,承包人可以催告发包人支付结算价款。发包人在收到竣工结算报告及结算资料后 56d 内仍不支付,承包人可以与发包人协议将该工程折价,也可以由承包人申请人民法院将该工程依法拍卖,承包人就该工程折价或拍卖的价款优先受偿。

② 承包人的违约责任:工程竣工验收报告经发包人认可后 28d 内,承包人未能向发包人递交竣工结算报告及完整的结算资料,造成工程竣工结算不能正常进行或者工程竣工结算价款不能及时支付时,如果发包人要求交付工程,承包人应当交付;发包人不要求交付工程,承包人仍应承担保管责任。

10.5 工 程 索 赔

10.5.1 工程索赔的概念和分类

1. 工程索赔的概念

工程索赔是在工程承包合同履行中,当事人一方由于另一方未履行合同所规定的义务或者出现了应当由对方承担的风险而遭受损失时,向另一方提出赔偿要求的行为。在实际工作中,"索赔"是双向的,我国《建设工程施工合同示范文本》中的索赔就是双向的,既包括承包人向发包人的索赔,也包括发包人向承包人的索赔。但在工程实践中,发包人索赔数量较小,而且处理方便,可以通过冲账、扣拨工程款、扣保证金等实现对承包人的索赔;而承包人对发包人的索赔则比较困难一些。

通常情况下,索赔是指承包人(施工单位)在合同实施过程中,对非自身原因造成的工程延期、费用增加而要求发包人给予补偿损失的一种权利要求。

索赔有较广泛的含义,可以概括为如下三个方面。

(1) 一方违约使另一方蒙受损失,受损方向对方提出赔偿损失的要求。

(2) 发生应由业主承担责任的特殊风险或遇到不利自然条件等情况,使承包商蒙受较大损失而向业主提出补偿损失要求。

(3) 承包商本人应当获得的正当利益,由于没能及时得到监理工程师的确认和业主应给予的支付,而以正式函件向业主索赔。

2. 工程索赔产生的原因

1) 当事人违约

当事人违约常常表现为没有按照合同约定履行自己的义务。发包人违约常常表现为没有为承包人提供合同约定的施工条件、未按照合同约定的期限和数额付款等。工程师未能按照合同约定完成工作,如未能及时发出图纸和指令等也视为发包人违约。承包人违约的情况则主要是没有按照合同约定的质量和期限完成施工,或者由于不当行为给发包人造成其他损害。

2) 不可抗力事件

不可抗力又可以分为自然事件和社会事件。自然事件主要是不利的自然条件和客观障碍,如在施工过程中遇到了经现场调查无法发现、业主提供的资料中也未提到的、无法预料的情况,如地下水或地质断层等。社会事件则包括国家政策、法律、法令的变更,战争、罢工等。

3) 合同缺陷

合同缺陷表现为合同文件规定不严谨甚至矛盾,合同中的遗漏或错误。在这种情况下,工程师应当给予解释,如果这种解释将导致成本增加或工期延长,发包人应当给予补偿。

4) 合同变更

合同变更表现为设计变更、施工方法变更、追加或者取消某些工作、合同其他规定的变更等。

5) 工程师指令

工程师指令有时也会产生索赔,如工程师指令承包人加速施工、进行某项工作、更换某些材料或采取某些措施等。

6) 其他第三方原因

其他第三方原因常常表现为与工程有关的第三方的问题而引起的对本工程的不利影响。

3. 工程索赔的分类

工程索赔依据不同的标准可以进行不同的分类。

1) 按索赔的合同依据分类

按索赔的合同依据可以将工程索赔分为合同中明示的索赔和合同中默示的索赔。

(1) 合同中明示的索赔。合同中明示的索赔是指承包人所提出的索赔要求，在该工程项目的合同文件中有文字依据，承包人可以据此提出索赔要求，并取得经济补偿。这些在合同文件中有文字规定的合同条款，称为明示条款。

(2) 合同中默示的索赔。合同中默示的索赔，即承包人的该项索赔要求，虽然在工程项目的合同条款中没有专门的文字叙述，但可以根据该合同的某些条款的含义，推论出承包人有索赔权。这种索赔要求，同样有法律效力，有权得到相应的经济补偿。这种有经济补偿含义的条款，在合同管理工作中被称为"默示条款"，或称为"隐含条款"。默示条款是一个广泛的合同概念，它包含合同明示条款中没有写入、但符合双方签订合同时设想的愿望和当时环境条件的一切条款。这些默示条款，或者从明示条款所表述的设想、愿望中引申出来，或者从合同双方在法律上的合同关系引申出来，经合同双方协商一致，或被法律和法规所指明，都成为合同文件的有效条款，要求合同双方遵照执行。

2) 按索赔目的分类

按索赔目的可以将工程索赔分为工期索赔、费用索赔。

(1) 工期索赔。由于非承包人责任的原因而导致施工进程延误，要求批准顺延合同工期的索赔，称之为工期索赔。工期索赔形式上是对权利的要求，以避免在原定合同竣工日不能完工时，被发包人追究拖期违约责任。一旦获得批准合同工期顺延后，承包人不仅免除了承担拖期违约赔偿费的严重风险，而且可能使工期提前而得到奖励，最终仍反映在经济收益上。

(2) 费用索赔。费用索赔的目的是要求经济补偿。当施工的客观条件改变导致承包人增加开支，要求对超出计划成本的附加开支给予补偿，以挽回不应由他承担的经济损失。

3) 按索赔事件的性质分类

按索赔事件的性质可以将工程索赔分为工程延误索赔、工程变更索赔、合同被迫终止索赔、工程加速索赔、意外风险和不可预见因素索赔、其他索赔。

(1) 工程延误索赔。因发包人未按合同要求提供施工条件，如未及时交付设计图纸、施工现场和道路等，或因发包人指令工程暂停或不可抗力事件等原因造成工期拖延的，承包人对此提出索赔。这是工程中常见的一类索赔。

(2) 工程变更索赔。由于发包人或监理工程师指令增加或减少工程量或增加附加工程、修改设计、变更工程顺序等，造成工期延长和费用增加，承包人对此提出索赔。

(3) 合同被迫终止的索赔。由于发包人或承包人违约以及不可抗力事件等原因造成合同非正常终止，无责任的受害方因其蒙受经济损失而向对方提出索赔。

(4) 工程加速索赔。由于发包人或工程师指令承包人加快施工速度，缩短工期，引起承包人人力、财力或物力的额外开支而提出的索赔。

(5) 意外风险和不可预见因素索赔。在工程实施过程中，因人力不可抗拒的自然灾害、特殊风险以及一个有经验的承包人通常不能合理预见的不利施工条件或外界障碍，如地下水、地质断层、溶洞或地下障碍物等引起的索赔。

(6) 其他索赔。如因货币贬值，汇率变化，物价、工资上涨，政策法令变化等原因引起的索赔。

10.5.2 索赔的程序

1. 《建设工程施工合同文本》规定的工程索赔程序

当合同当事人一方向另一方提出索赔时，要有正当的索赔理由，且有索赔事件发生时的有效证据。发包人未能按合同约定履行自己的各项义务或发生错误以及第三方原因，给承包人造成延期支付合同价款、延误工期或其他经济损失，包括不可抗力延误的工期。

(1) 承包人提出索赔申请。索赔事件发生 28d 内，向工程师发出索赔意向通知。合同实施过程中，凡不属于承包人责任导致项目延期和成本增加事件发生后的 28d 内，必须以正式函件通知工程师，声明对此事项要求索赔，同时仍须遵照工程师的指令继续施工。逾期申报时，工程师有权拒绝承包人的索赔要求。

(2) 发出索赔意向通知后 28d 内，向工程师提出补偿经济损失和(或)延长工期的索赔报告及有关资料；正式提出索赔申请后，承包人应抓紧准备索赔的证据资料，包括事件的原因、对其权益影响的证据资料、索赔的依据，以及其他计算出的该事件影响所要求的索赔额和申请展延工期天数，并在索赔申请发出的 28d 内报出。

(3) 工程师审核承包人的索赔申请。工程师在收到承包人送交的索赔报告和有关资料后，于 28d 内给予答复，或要求承包人进一步补充索赔理由和证据。接到承包人的索赔信件后，工程师应该立即研究承包人的索赔资料，在不确认责任归属的情况下，依据自己的同期记录资料客观分析事故发生的原因，依据有关合同条款，研究承包人提出的索赔证据。必要时还可以要求承包人进一步提交补充资料，包括索赔的更详细说明材料或索赔计算的依据。工程师在 28d 内未予答复或未对承包人做进一步要求，视为该项索赔已经认可。

(4) 当该索赔事件持续进行时，承包人应当阶段性向工程师发出索赔意向，在索赔事件终了后 28d 内，向工程师提供索赔的有关资料和最终索赔报告。

(5) 工程师与承包人谈判。双方各自依据对这一事件的处理方案进行友好协商，若能通过谈判达成一致意见，则该事件较容易解决。如果双方对该事件的责任、索赔款额或工期展延天数分歧较大，通过谈判达不成共识的话，按照条款规定工程师有权确定一个他认为合理的单价或价格作为最终的处理意见报送业主并相应通知承包人。

(6) 发包人审批工程师的索赔处理证明。发包人首先根据事件发生的原因、责任范围、合同条款审核承包人的索赔申请和工程师的处理报告，再根据项目的目的、投资控制、竣工验收要求，以及针对承包人在实施合同过程中的缺陷或不符合合同要求的地方提出反索赔方面的考虑，决定是否批准工程师的索赔报告。

(7) 承包人是否接受最终的索赔决定。承包人同意了最终的索赔决定，这一索赔事件即告结束。若承包人不接受工程师的单方面决定或业主删减的索赔或工期展延天数，就会导致合同纠纷。通过谈判和协调双方达成互让的解决方案是处理纠纷的理想方式。如果双方不能达成谅解就只能诉诸仲裁或者诉讼。

承包人未能按合同约定履行自己的各项义务和发生错误给发包人造成损失的,发包人也可按上述时限向承包人提出索赔。

2. FIDIC 合同条件规定的工程索赔程序

FIDIC 合同条件只对承包商的索赔做出了规定。

(1) 承包商发出索赔通知。如果承包商认为有权得到竣工时间的任何延长期和(或)任何追加付款,承包商应当向工程师发出通知,说明索赔的事件或情况。该通知应当尽快在承包商察觉或者应当察觉该事件或情况后 28d 内发出。

(2) 承包商未及时发出索赔通知的后果。如果承包商未能在上述 28d 期限内发出索赔通知,则竣工时间不得延长,承包商无权获得追加付款,而业主应免除有关该索赔的全部责任。

(3) 承包商递交详细的索赔报告。在承包商察觉或者应当察觉该事件或情况后 42d 内,或在承包商可能建议并经工程师认可的其他期限内,承包商应当向工程师递交一份充分详细的索赔报告,包括索赔的依据、要求延长的时间和(或)追加付款的全部详细资料。如果引起索赔的事件或者情况具有连续影响,则:①上述充分详细索赔报告应被视为中间的;②承包商应当按月递交进一步的中间索赔报告,说明累计索赔延误时间和(或)金额,以及所有可能的、合理的详细资料;③承包商应当在索赔的事件或者情况产生影响结束后 28d 内,或在承包商可能建议并经工程师认可的其他期限内,递交一份最终索赔报告。

(4) 工程师的答复。工程师在收到索赔报告或对过去索赔的任何进一步证明资料后 42d 内,或在工程师可能建议并经承包商认可的其他期限内,做出回应,表示批准,或不批准,或不批准并附具体意见。工程师应当商定或者确定应给予竣工时间的延长期及承包商有权得到的追加付款。

10.5.3 索赔报告的编写

索赔报告的具体内容,随该索赔事件的性质和特点而有所不同。但从报告的必要内容与文字结构方面而论,一个完整的索赔报告应包括以下 4 个部分。

1. 总论部分

总论部分一般包括:序言、索赔事项概述、具体索赔要求、索赔报告编写及审核人员名单。

文中首先应概要地论述索赔事件的发生日期与过程;施工单位为该索赔事件所付出的努力和附加开支;施工单位的具体索赔要求。在总论部分最后,附上索赔报告编写组主要人员及审核人员的名单,注明有关人员的职称、职务及施工经验,以表示该索赔报告的严肃性和权威性。总论部分的阐述要简明扼要,说明问题。

2. 根据部分

本部分主要是说明自己具有的索赔权利,这是索赔能否成立的关键。根据部分的内容主要来自该工程项目的合同文件,并参照有关法律规定。该部分中施工单位应引用合同中的具体条款,说明自己理应获得经济补偿或工期延长。

根据部分的篇幅可能很大,其具体内容随各个索赔事件的特点而不同。通常,根据部分应包括以下内容。

(1) 索赔事件的发生情况。
(2) 已递交索赔意向书的情况。
(3) 索赔事件的处理过程。
(4) 索赔要求的合同根据。
(5) 所附的证据资料。

在写法结构上，按照索赔事件发生、发展、处理和最终解决的过程编写，并明确全文引用有关的合同条款，使建设单位和监理工程师能历史地、逻辑地了解索赔事件的始末，并充分认识该项索赔的合理性和合法性。

3. 计算部分

索赔计算的目的，是以具体的计算方法和计算过程，说明自己应得经济补偿的款额或延长时间。如果说根据部分的任务是解决索赔能否成立，则计算部分的任务就是决定应得到多少索赔款额和工期。前者是定性的，后者是定量的。

在款额计算部分，施工单位必须阐明下列问题：索赔款的要求总额；各项索赔款的计算，如额外开支的人工费、材料费、管理费和所失利润；指明各项开支的计算依据及证据资料，施工单位应注意采用合适的计价方法。至于采用哪一种计价法，首先，应根据索赔事件的特点及自己所掌握的证据资料等因素来确定；其次，应注意每项开支款的合理性，并指出相应的证据资料的名称及编号。切忌采用笼统的计价方法和不实的开支款额。

4. 证据部分

证据部分包括该索赔事件所涉及的一切证据资料，以及对这些证据的说明，证据是索赔报告的重要组成部分，没有翔实可靠的证据，索赔是不能成功的。在引用证据时，要注意该证据的效力或可信程度。为此，对重要的证据资料最好附以文字证明或确认件。例如，对一个重要的电话内容，仅附上自己的记录本是不够的，最好附上经过双方签字确认的电话记录；或附上发给对方要求确认该电话记录的函件，即使对方未给复函，亦可说明责任在对方，因为对方未复函确认或修改，按惯例应理解为他已默认。

10.5.4 对索赔人员的素质要求

随着市场经济的发展，建筑行业"僧多粥少"，施工单位在投标时盲目压低标价，签订不合理工期，致使工程索赔成为目前较为普遍存在的现象之一。

索赔是相互的，合同当事人双方都可能发生索赔事件。认清索赔的双向性，约束自己按合同要求的内容完成任务，不给对方提供索赔的理由是避免造成企业经济损失的首要任务。施工单位在积极维护自己利益的同时，如果自己确实违反了合同约定条款，并给业主造成损失时，应以理智的态度积极地处理业主方提出的索赔，这是提高企业守约形象的一种表现，也为向业主索赔成功奠定了基础。合理的索赔工作是双方履行合同中不可缺少的一个环节，不能等同胡搅蛮缠，双方当事人应以正常的心态来对待。

一个工程，能否获得较满意的索赔，具体办理索赔业务的人员的素质对其影响很大，一个合格的索赔人员应具备以下条件。

1. 精通各类业务

工程索赔涉及面广、牵涉内容多，这就要求索赔人员不仅要熟悉预算定额工作，还应熟悉国家法律、熟悉工程技术、懂合同等。

2. 敏锐的洞察力

这对一个索赔人员来说很重要，只有有了敏锐的洞察力，才能找到索赔理由并能说服业主给予认可。一厢情愿地去索赔是不会成功的。

3. 良好的人际关系

处理好业主及监理方的人际关系是必不可少的环节，这就要求索赔人员平时要表现得好，给业主留下一个办事严谨、公正的印象，这是索赔成功的必要条件。

建筑施工合同文本在合同条款中对部分索赔报告的申请时间和批复时间等有较为明确的规定。施工方发现索赔事项，应提前做好准备，按时上报索赔报告，并应积极主动找业主或监理方代表催办，否则时间拖得太长或业主方、监理方代表或知情人发生更换时，索赔工作将很难进行下去。

理论上来讲，只要理由充分，无论金额大小的索赔都可以向业主追缴，但在实际操作中，应本着抓大放小的原则，对于数额较小的索赔在业主方知悉的情况下，尽量不进行索赔，以免造成事事计较的印象，为日后索赔带来难度。同时索赔时理由一定要充分，不能采取瞒天过海、无中生有或人为扩大索赔事实，从而丢失企业信誉。

本 章 小 结

本章阐述了建筑企业招投标的概念和特点；招标投标的法律规定；工程投标的程序；投标报价的策略技巧；建筑企业合同管理；工程索赔的分类、依据及内容。

练 习 与 作 业

1. 工程招投标含义是什么？建设工程招投标活动应该遵循什么原则？
2. 建设项目招投标有哪些法律规定？
3. 建筑施工合同有哪些种类和特点？
4. 施工过程中合同管理主要有哪些内容？
5. 什么是工程索赔，它产生的原因主要有哪些？

第 11 章　建筑企业国际工程管理

【本章学习目标】

- 了解国际工程的特点和国际工程市场的运行机制。
- 了解国际工程承包的概念,掌握国际工程的招投标。
- 了解国际工程项目的各个参与方,熟悉国际工程项目的开发周期、建设程序和管理模式。
- 了解国际工程合同类型,掌握国际工程合同管理。
- 掌握国际工程风险类型及其防范,理解国际工程保险在国际工程风险管理中的作用。

11.1 建筑企业国际工程管理概述

11.1.1 国际工程

所谓的国际工程就是一个工程项目从咨询、融资、采购、承包、管理以及培训等各个阶段的参与者来自不止一个国家,并且按照国际上通用的工程项目管理模式进行管理的工程。按照此一般的定义理解,国际工程的实质内容应包含如下两个方面。

1. 国际工程包含国内和国外两个市场

国际工程既包括我国公司去海外参与投资和实施的各项工程,又包括国际组织和国外的公司到中国来投资和实施的工程。

2. 国际工程包括咨询和承包两大行业

国际工程咨询是以高水平的智力劳动为主的行业,一般都是为建设单位——业主一方服务的,也可应承包商聘请为其进行施工管理和成本管理等。主要工作内容包括工程项目前期的投资机会研究、预可行性研究、可行性研究、项目评估、勘测、设计、招标文件编制、监理、管理和后评价等各个方面。

国际工程承包就是一国的承包单位,接受外国业主提出的筹建工程项目的要求与条件,同意承担该工程项目的建设任务,并取得一定报酬的一种劳务合作活动。包括对工程项目进行投标、施工、设备采购及安装调试、分包和提供劳务等。承包人获得承包项目后,可以由其独立承担整个合同规定的建设任务,既包工包料,又包工期和包质量,也可以将一部分工程转包给他人,前者称为总包,后者称为分包。此外,国际工程承包也往往结合劳务出口进行。劳务的进口和出口是根据劳务输入国(聘请方)基本建设后的其他项目要求,由劳务输出国(受聘方)派出有关人员到劳务输入国进行有关项目的技术服务或劳动服务。

从上面的论述可以看出,国际工程涵盖着一个非常广阔的领域,各国际组织和国际金融机构等投资方,各咨询公司和工程承包公司等在本国以外地区参与投资和建设的工程的总和,就组成了全世界的国际工程。在国际经济事务中,各个行业、各种专业都会涉及国际工程,其中建筑业的国际工程业务相对更多。

11.1.2 国际工程的特点

国际工程具有以下几个特点。

(1) 国际工程是一项跨国的经济活动。工程项目涉及不同的国家,不同的民族,不同的政治和经济背景,合同各方各有各的经济和社会利益,因而不容易相互理解,常常产生矛盾和纠纷。

(2) 国际工程是一个跨多个专业和学科的系统工程,其本身也是一个不断发展和创新的学科。因为对从业人员的要求是非常严格的,必须是既懂得某一个专业领域的技术知识,又懂得国际化经营中的法律、合同、金融、外贸、保险、财会等多方面其他专业知识的综合性高素质人才。

(3) 国际工程的管理是严格的合同管理。参与的国家和单位不同，决定了国际工程不可能依靠行政管理的方法，而必须采用国际上多年来业已形成惯例的和行之有效的一整套合同管理方法。从前期招标文件的准备到招标、投标、评标都有非常严格的程序，工程实施和项目管理也是严格按照合同进行的。

(4) 国际工程是风险与利润并存。必须充分认识到这一点，国际工程事业是充满风险的事业，每年国际上都有一批工程公司倒闭，又有一批新的公司成长起来。因此，一个公司要想在这个市场中竞争、生存并获得一定的利润，就必须努力提升自己的经营水平，提高公司和成员的素质。

(5) 国际工程是一个由发达国家高度垄断的领域。国际工程市场是从西方发达国家许多年前到国外去投资、咨询和承包开始的，它们凭借雄厚的资本、先进的技术、高水平的管理和多年的经验，占有绝大部分国际工程市场，其他公司要想进入这个市场就需要付出加倍的努力。

(6) 国际工程市场是一个前景广阔的市场。随着经济全球化、一体化进程的加快和我国加入WTO，国际工程市场的前景将更加广阔。

11.1.3 国际工程市场的运行机制

国际工程市场提供关系中的主体包括发包工程的政府部门、企事业单位和个人组成的业主方；承担工程的勘察设计和施工任务的建筑企业组成的承包方；以及为市场主体服务的各种中介机构等。国际工程市场供应关系中客体既包括有形的产品建筑物，也包括无形的产品技术服务等。下面对国际工程市场中的主体和国际工程市场的运行机制进行简单介绍。

1. 国际工程市场的主体

国际工程市场的主体主要是业主方和承包方。业主方是既有进行某个工程项目的需求，又具有该工程项目相应的资金和各种工准建手续，在国际工程市场中发包工程建设的咨询、设计和施工任务，并最终得到项目产品所有权的政府部门、企事业单位和个人。在我国的工程建设中，常称作建设单位或甲方，在国际工程承包方通常称作业主方。它们在发包工程项目和组织工程建设时进入市场，成为国际工程市场的主体，是工程项目的主人和决策者。在工程项目的可行性研究阶段决定该工程的规模和建设内容；在公开竞争性投标阶段，它们选定中标的承包商。为此，业主方要成立项目办公室，选定自己的项目经理(又称业主项目经理)，以领导和管理工程项目。

1) 业主的权利

作为建设项目的主人，业主是工程项目的决策者，因此有自己的权利和义务。

(1) 决定与本工程项目有关的各分项工程合同授标权；必要时，有权指定分包商来进行某项工程的土建和安装等任务的实施。

(2) 根据现场施工条件及咨询工程师和监理工程师的建议，有权增减或取消合同内的工作项目，改变工程量及质量标准。

(3) 要求承包商提供各种合同担保、保函或保险。

(4) 有权选择某些工作项目，由自己派人施工。

(5) 对工程项目的施工进度和质量，有权进行全面的监督检查。

(6) 有权选定已建成的某部分工程，提前投入使用。

(7) 对承包商拖期建成工程项目并影响业主按期使用时，有权提取"拖期损失赔偿费"。

(8) 对承包商违反合同的行为，有权提出警告，以至发出暂停施工指令。

(9) 对无力实施项目的承包商或分包商，有权终止其施工合同。

(10) 对承包商提出的延长工期或经济索赔要求进行评审和决定。

2) 业主的义务

业主在行使自己权利的同时，也应对承包商及有关主管部门承担以下义务。

(1) 向承包商提供施工现场的水文气象及地表以下的情况数据，并组织承包商踏勘现场。

(2) 向承包商提供施工现场和通往施工现场的道路。

(3) 提供施工场地的测量图以及与施工有关的已掌握的资料，并向有关部门交涉保证施工地区的社会安全。

(4) 统一协调各承包商的工作，定期召开施工协调方面的会议。

(5) 按合同规定的时间，定期向承包商支付工程进度款。

(6) 对由来自业主方面的风险造成的损失，给承包商进行经济补偿或延长工期。

3) 业主项目经理的职责

业主项目经理作为业主的代表，有以下几个方面的主要职责。

(1) 保证施工质量，使工程项目的各个部分都达到设计标准，以满足长期运行的需要。

(2) 尽量减少工程成本，使工程项目的建设费不超过预算和计划，以满足长期运行的需要。

(3) 尽量减少工程成本，使工程项目的建设费不超过预算和计划，节约资金。

(4) 保证工程项目按期完工，尽早发挥其经济效益和社会效益。

4) 承包商的职责

承包方是指有一定生产能力、机械装备、技术专长和流动资金，具有承包工程建设任务的营业资格，在工程市场中能够按照业主的要求，提供不同形态的建筑产品，并最终得到相应的工程价款的建设施工单位。在我国的工程建设中，称为建筑企业或乙方，在国际承包中称为承包商。

承包商是由于在竞争性招标中中标而成为工程项目的施工单位。负责项目的施工建设，因而也承担着主要的施工风险，他们的行为受合同文件的严格约束，在合同条件中，规定承包商的主要职责和权力，在一般的合同条件下，规定的承包商的主要职责有如下几个方面。

(1) 按合同文件和施工规程的要求，提供必需的设备、材料和劳动力，按时保质地完成工程项目的施工。

(2) 按合同的规定，完成部分设计工作，绘制施工详图，经工程师审核和批准后按图施工。

(3) 在施工过程中，根据技术规程的要求进行施工，保证工程质量合格。

(4) 向保险公司投保工程保险、第三方责任险、运输险、设备损坏险等。

(5) 对业主或监理工程师提出的任何工程变更指令必须照办；必要时，可提出保留索赔的权利，或重新议定施工单价。

(6) 对监理工程师提出的任何施工缺陷，根据施工规程的要求予以修改或改进。

(7) 保证提供的建筑材料和施工工艺符合质量标准，提供的施工设备符合投标文件填报的型号和数量。

(8) 向业主提供施工履约担保与预付款保函。

(9) 遵守工程所在国的法律和法规，尊重工程所在国人民的生活习惯。

(10) 保证工程按合同规定的日期建成完工，并负责做好维修期(即缺陷责任期)内的维护保养工作，直至最终验收合格。

5) 承包商的权力

在一般的合同条件下，规定了承包商主要有如下几个方面的权利。

(1) 有权按合同规定的时限取得已完工程量的工程进度款。

(2) 由于客观原因(不是承包商的责任)形成工期拖延或造价提高时，有权得到工期延长或经济补偿。

(3) 有权要求业主提供施工场地和进行道路。

(4) 由于客观原因或业主责任(不是承包商的责任)引起施工费用增加时，有权提出索赔要求，并得到合理的经济补偿。

(5) 在业主违约或长期拒付工程进度款的条件下，有权提出暂停施工，甚至要求终止合同。

2. 国际工程市场的运行机制

市场主体的行为是受各方面条件制约的。在这些条件中，市场运行规律的影响起决定性作用。而这些规律的作用要通过其实现形式——市场运行机制来直接表现。因此，分析市场主体行为，就必须研究市场运行规律及其机制。

市场机制是指市场内部各部分、各环节运行的形式和制度。它由社会制度决定，体现社会制度的要求。现代经济社会的运行是通过宏观控制和价值规律的共同调节来实现的，计划机制和市场机制也就成为调节现代经济社会市场运行的综合机制，调节现代经济系统内部的运行。

调节市场运行的机制是一个有机的系统，除了综合机制外，还有单项机制。综合机制调节着市场运行的方向和目标，单项机制则保证某一方面目标的实现，调节市场运行的单项机制主要包括供求机制、价格机制、竞争机制、流通机制等。它们各有不同的作用范围和内容，又是彼此制约和相互影响的。

国际工程市场的运行机制的突出特点，是以承包合同为纽带，联系供求双方在需求、建设资金、知识、服务、施工技术、施工管理和劳务等方面的关系，达到双方的目的。国际工程中主要是建筑工程，建筑工程作为产品其本身具有特殊性，市场对它的需求也具有特殊性，从而决定了以下几个方面的国际工程市场运行机制的供求基本形态。

(1) 产品的固定性决定了施工人员和机械的流动性。

(2) 产品与交易的统一性决定了有关项目的一切生产活动和交易行为必须在建筑市场

中进行的市场调节性。

(3) 生产的个体性和建筑产品的单件性决定了业主方只能通过选择承包方来完成自己的建筑工程项目的交易特殊性。

(4) 工程项目的整体性和分部分项工程的相对独立性决定了工程项目在建造过程中由一个承建单位来统一协调的必要性。

(5) 产品交易的长期性决定了交易期内可能发生的条件变化及风险的不可预见性。

11.2 国际工程的承包

11.2.1 国际工程的承包

1. 国际工程承包的概念和特点

国际工程承包是国际上的承包商(公司)以提供自己的资本、技术、劳务、设备、材料、许可权等，为国外工程发包人(业主)营造工程项目，并按事先商定的条件、合同价位、支付方式等收取费用的一种经济技术合作方式。

国际工程承包依其结构，大致可以分为两大类：一类是"劳动密集型"的土木建筑工程承包，如房屋、水坝、体育场等。另一类是"技术密集型"的制造业工程承包，如海水淡化、通信、电子、航空、核电站等。在国际工程承包市场上，发达国家承包第二类工程项目，发展中国家多承包第一类工程项目。

国际工程承包的特点主要表现为差异性大、综合性强、风险大、合同金额大、合作范围广、策略性强等。

2. 国际工程承包的发展简况

国际工程承包是随着资本主义经济的发展而兴起的一项国际经济交易活动，至今已有近百年的历史。但承包市场的真正形成是在第二次世界大战以后，迄今为止，大体经历了4个发展阶段，也可称为4次浪潮。

(1) 第一阶段是第二次世界大战结束后的20世纪60年代，这是国际工程承包的创立发展阶段。一是战后的恢复和重建，使建筑业得到蓬勃和迅速的发展，产生了大量的国际工程承包项目。二是进入20世纪60年代，大批的原殖民地国家纷纷独立，逐步摆脱了殖民主的束缚，成为发展中国家，亟待发展和建设，推动了国际工程项目承包的发展。三是20世纪60年代的世界经济比较稳定，使得发展中国家资金流入总额上升，经济建设规模扩大，进一步推动了它们国际建筑工程项目的发展。在这一历史和经济背景下，国际工程承包发展壮大，并由发达国家逐步扩大到发展中国家。

(2) 第二阶段是20世纪70年代到80年代初期，这是国际工程承包商的黄金阶段。主要是由于世界石油价格大幅度上升，中东产油国外汇收入剧增，石油美元的积累使中东国家有了雄厚资金来改变其长期落后的面貌。除大力兴建机场、铁路、公路、港口、码头和输油管道，以及一些与输油有关的工业和能源项目外，同时也在过去人烟稀少的海滩和沙漠腹地建造起一座座现代化的城市，建筑规模急剧扩大。但由于这些国家既缺乏生产、设计和施工技术，又缺乏熟练的劳动力，因此对国际建筑工程市场的需求急剧增长，使得国际工程承包处理呈现了一个非常繁荣的时期。在这一阶段国际工程承包的发展表现出两个特点：第一是承包规模和金额加大；第二是发包和承包方式拓宽并扩大，开始采用"议标"和"邀请招标"等方式，支付方式出现了延期付款。

(3) 第三阶段从石油价格下跌(1983 年)到股市暴跌(1987 年)，是国际工程承包的疲软阶段。这一阶段由于两伊战争，油价下跌等多方面因素，致使不少发展中国家，特别是中东地区经济增长速度变慢，造成了国际工程承包市场出现停滞和萎缩状态，直至走入谷底。由于这一阶段的疲软，导致了国际工程承包市场的竞争更为激烈，发包条件更为严格，同时出现了 BOT 等新的承包方式。在支付方式中也出现了灵活多样的形式，除采用传统的"现汇支付"外，还可采用"石油支付"和"混合支付"等；同时，要求承包商"带资承包"的工程也越来越多。

(4) 第四阶段是从 1988 年至今，是国际工程承包的调整复苏阶段，但这一阶段的发展是不稳定的。1988 年开始回升，1990 年世界 250 家大承包公司国外的合同总额创历史新高。但 1990 年 8 月爆发的海湾战争和 1990 年后出现的世界经济不景气，使得国际工程承包市场在回升了两年以后又复而逆转，出现了萎缩的局面。这一阶段国际承包市场的特点是国际化趋势日益加强，它一方面表现为各国工程公司互相承包和联合承包工程；另一方面表现在形成了许多共同的制度和习惯做法，尤其体现在"合同条件"的国际化上。

3. 国际工程承包的基本模式

国际建筑市场上，在项目的实施阶段，业主对设计和施工任务的承包商有 3 种基本的承发包模式：平行承发包模式、施工总承包模式、项目总承包模式。

(1) 平行承发包模式。业主把一个设计、施工任务分别发包给多个设计单位和建筑施工单位，各个单位间都是平行和并列的关系，业主需要分别和多个设计、施工单位签订合同，因而其组织协调和合同管理的工作量非常大。

(2) 施工总承包模式。业主把一个项目的全部施工任务发包给施工总承包单位，总承包单位可以再把部分施工任务分包出去。一些具有较强管理经验和能力的总承包单位，把大部分的施工任务都发包出去，而自己仅仅承担施工管理工作，这种情况在西方发达国家和地区是很常见的。

(3) 项目总承包模式。也可称为"交钥匙工程"。业主把一个项目的全部设计和施工任务一次性发给一个单位，由这个单位进行统一的项目管理，业主的合同管理、组织协调和目标控制工作都相对容易些，其力度也可能更大一些。同时由于设计和施工的早期结合，也会使项目的经济效益更好一些。

项目的承发包模式是在建筑市场的长期发展中形成的，都有其各自的特点和适用范围以及详细的实施细则，必须根据项目的工程类型和实际情况来选择合适的承发包模式。

11.2.2 国际工程的招投标

1. 招标方式

国际工程项目的承包主要是通过招标投标的方式进行的，目前国际上通用的招标方式一般分为竞争性招标和非竞争性招标两大类。

1) 竞争性招标

竞争性招标包括公开招标和选择招标两种。

(1) 公开招标。也称为国际公开招标或国际竞争性招标。公开招标是招标人通过公共宣传媒介发布招标信息,世界各地所有合格的承包商均可报名参加投标,由业主选择条件对业主最有利者中标。

(2) 选择性招标。也称为邀请招标,是一种有限竞争招标。它是招标人通过咨询公司、资格审查或其他途径所了解到的承包商的情况,有选择性地邀请数家有实力、讲信誉和经验丰富的承包商参加投标,经评定后决定中标者。

2) 非竞争性招标

目前常见的非竞争性招标主要是谈判招标。谈判招标又称为议标。在议标方式下,招标人根据项目的具体要求和自己所掌握的情况,直接选择某一家承包商进行谈判;达不成协议,招标人可另找一家继续谈判,直到最后达成协议。

2. 招标程序

招标程序是指从成立招标机构开始,经过招标、投标、评标、授标书直到签订合同的全部过程。国际招标是按照严格的程序和要求进行的,需要做大量工作,经历时间少则一年,多则几年。以国际竞争性招标为例,其主要程序如下。

(1) 成立招标机构。

(2) 编制招标文件。

(3) 发布招标公告。

(4) 资格预审。

(5) 编制招标文件。

(6) 移送标书。

(7) 开标。

(8) 评标。

(9) 定标前评判。

(10) 定标。

(11) 签订合同。

3. 投标报价

在投标过程中,对承包商来说最重要的工作是报价。报价亦称为作标,它是指承包商在以投标方式承接工程项目时,以招标文件为依据,结合现场考察及市场调查所获得的情况,根据有关定额、费率和价格资料,计算并确定承包该项目工程的全部费用。报价是承包商投标的中心环节,是一项技术性极强的业务。一项工程投标成功与否,直接取决于报价的正确与否。报价过高,竞争力差,会失去中标的机会;报价过低,不仅会使承包商无利可图,甚至亏本,而且也会使业主产生怀疑。因而,报价水平的确定,应建立在科学的经济分析与经济核算的基础上。

11.3 国际工程项目管理

11.3.1 国际工程项目的项目各方

国际工程项目的项目各方主要包括业主、承包商、建筑师/工程师、分包商、供应商、工程测量师等。业主和承包商在前面已做了介绍,在此主要介绍项目的其他各方。

1. 业主

业主是工程项目的提出者、组织论证立项者、投资决策者、资金筹集者、项目实施的组织者,也是项目的产权所有者,并负责项目生产、经营和偿还贷款。业主机构可以是政府部门、社会法人、国有企业、股份公司、私人公司以及个人。

2. 承包商

承包商通常是指承担工程项目施工及设备采购的公司、个人及其联合体。

3. 建筑师/工程师

建筑师/工程师均指不同领域和阶段负责咨询或设计的专业公司和专业人员,他们的专业领域不同,在不同国家和不同性质的工作中担任的角色可能不一致。如在英国,建筑师负责建筑设计,而工程师则负责土木工程的结构设计。在美国也大体相似,建筑师在概念设计阶段负责项目的总体规划、布置、综合性能要求和外观,而由结构工程师和设备工程师来完成设计以保证建筑物的安全。但是在工程项目管理中建筑师或工程师担任的角色和承担的责任是近似的。在各国不同的合同文件中主要角色为建筑师,或工程师,或咨询工程师。各国均有严格的建筑师/工程师的资格认证及注册制度,作为专业人员,必须通过相应专业协会的资格认证,而有关公司或事务所必须在政府有关部门注册。

咨询工程师一般简称工程师,指的是为业主提供有偿技术服务的、独立的专业工程师。服务内容可以涉及各自专长的不同专业。

建筑师/工程师提供的服务内容很广泛,一般包括项目的调查、规划与可行性研究、工程各阶段的设计、工程监理参与竣工验收、试车和培训、项目后评价以及各类专题咨询。在国外对建筑师/工程师的职业道德和行为准则都有很高的要求,主要包括:努力提高专业水平,运用自己的才能为委托人提供高质量的服务;按照法律和合同处理问题;保持独立和公正;不得接受业主支付的酬金之外的任何报酬,特别是不得与承包商、制造商和供应商有业务合伙和经济关系;禁止不正当竞争,为委托人保密等。

建筑师/工程师虽然本身就是专业人员,是专家,但是由于在工程项目管理中涉及的知识领域十分广阔,因而建筑师/工程师在工作中也常常要雇用其他的咨询专家作为顾问,以弥补自己知识的不足,使工作更加完善。

4. 分包商

分包商是指那些直接与承包商签订合同,分担一部分承包商与业主签订合同中的任务的公司。业主和工程师不直接管理分包商，他们对分包商的工作有要求时，一般通过承包商处理。

国外有许多专业承包商和小型承包商，专业承包商在某些领域有特长，在成本、质量和工期控制等方面有优势，数量上占优势的是大批小承包商。宏观看来，大小并存、专业分工的出现有利于提高工程项目建设的效率。专业承包商和小承包商在大工程中都扮演分包商的角色。

5. 供应商

供应商既可以与业主直接签订供货合同，也可以直接与承包商或分包商签订供货合同，视合同类型而定。

6. 工料测量师

工料测量师是英国、英联邦国家以及我国香港地区对工程经济管理人员的称谓，在美国叫造价工程师或成本咨询工程师，在日本叫建筑测量师。

工料测量师的主要任务是为委托人进行工程造价管理，协助委托人将工程成本控制在预定目标之内。工料测量师既可以受雇于业主，协助业主编制工程的成本计划，建议采用的合同类型，在招标阶段编制工程量表及计算标底，也可在工程实施阶段进行支付控制，以至编制竣工决算报表。工程测量师受雇于承包商时可为承包商估算工程量，确定投标报价或在工程实施阶段进行造价管理。

以上介绍的是工程项目实施的主要参与方，随着不同的合同类型，不同的项目管理模式有不同的参与方，即使是同一个参与方(如建筑师)，也可能在不同合同类型和不同的实施阶段中，承担不同的职责。

11.3.2 国际工程项目的开发周期和建设程序

1. 国际工程项目的开发周期

一项国际工程，从业主提出建设意图到工程实施完成，要经过一定过程，这就是国际工程开发周期。一般来讲，国际工程的开发周期包括以下 5 个阶段。

(1) 规划阶段。
(2) 设计阶段。
(3) 招标阶段。
(4) 施工阶段。
(5) 试车和试生产阶段。

2. 国际工程项目的建设程序

各国的工程项目建设程序、政府的和私人的项目都有一些不同，但大型工程项目建设过程一般包括如下几个程序或阶段。

(1) 机会研究。
(2) 可行性研究。
(3) 项目评估立项。

(4) 项目实施准备。
(5) 工程设计。
(6) 工程施工与设备采购安装。
(7) 竣工验收及投产。

11.3.3 国际工程项目的管理模式

国际工程项目一般来讲都是较大的工程项目，提高项目管理的水平，可以节省投资，缩短工期和创造巨大的经济效益。目前，国际上有一些传统的项目管理模式，也有近年来新发展起来的新的项目管理模式。下面分别进行简略介绍。

1. 传统项目管理模式

所谓传统的项目管理模式是一种已经历多年并仍然在国际上最为通用的管理模式。世行项目、亚行项目及采用国际咨询工程师联合会(FIDIC)土木工程施工合同的项目均采用这种模式。其各方关系如图 11.1 所示。

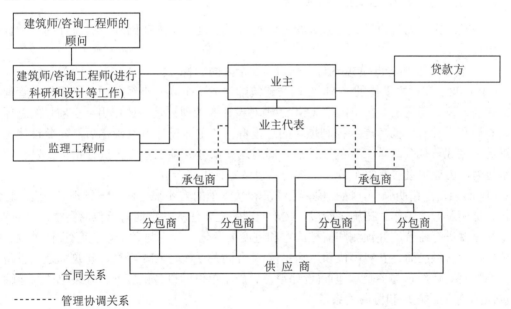

图 11.1 国际上传统的项目管理模式

该模式由业主方委托建筑师/咨询工程师进行项目前期的机会研究和可行性研究等各项准备工作。项目评估通过并获得立项后再进行设计，在设计阶段就开始进行施工招标文件准备，随后通过招标选择承包商。订立工程施工合同后，业主方指派业主代表与咨询方和承包商联系，负责项目的管理工作。其优点是采用广泛、管理方法较成熟，项目各方对有关程序比较熟悉；业主可自由选择咨询设计人员，对设计要求可控制；可自由选择监理人员对工程进行监理；可以采用各方都比较熟悉的标准合同文本；有利于项目的合同管理、分项管理和减少投资。缺点是项目周期长、前期投入高、业主管理费高以及变更时易引起较多索赔等。

该管理模式的项目实施过程如图 11.2 所示。

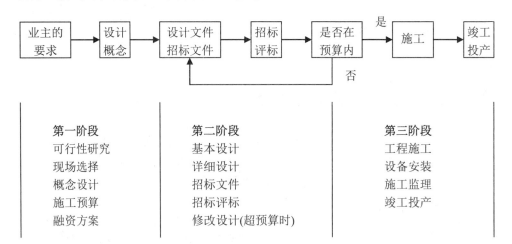

图 11.2　传统项目模式实施过程

2. 建筑工程管理模式(又简称 CM 模式)

这种模式又称为阶段发包方式或快速轨道方式，是近年来在国外广泛流行的一种合同管理模式。

1) 与传统的连续建设模式不同，有如下 3 个方面的特点

(1) 有业主和业主委托的 CM 经理与建筑师组成一个联合小组共同负责组织和管理工程的规划、设计和施工。在小组中 CM 经理对设计的管理只是协调作用。在项目的总体规划、布局和设计时，要考虑到控制项目的总投资，在主体设计方案确定后，随着设计工作的进展，完成一部分分项工程的设计后，即对这一部分分项工程组织进行招标，发包给一家承包商，由业主直接就每个分项工程与承包商签订承包合同。

(2) 必须挑选精明强干，懂工程、懂经济和懂管理的人才来担任 CM 经理，负责工程的监督、协调及管理工作。在施工阶段，CM 经理的主要任务是定期与承包商会晤，对成本、质量和进度进行监督，并预测和监控成本和进度的变化。业主与各个承包商(设计单位、施工单位、设备供应商、安装单位和运输单位)是合同关系，与 CM 经理、建筑师之间也是合同关系。而 CM 经理与各个承包商(设计单位、施工单位、设备供应商、安装单位和运输单位)则是业务上的管理和协调关系。

(3) CM 模式的最大优点是可以缩短工程的周期，节约建设投资，减少投资风险。一方面，整个工程可以提前投产；另一方面，减少了由于通货膨胀等不利因素造成的影响。

CM 模式的缺点是分项招标可能导致承包费用较高。因此，必须做好分析比较，研究项目分项的多少，选定一个最优的结合点。

2) CM 模式有两种实现形式

(1) 代理型建筑工程管理模式。这是一种较为传统的形式，CM 经理是业主的咨询和代理，业主和 CM 经理的服务合同是以固定酬金加管理费的办法，业主在各施工阶段和承包商签订工程施工合同。业主采用这种形式的优点是：业主可自由选定建筑师/工程师，在招标前可确定完整的工作范围和项目原则。缺点是在明确整个项目的成本之前，投入较大；

CM 经理不对进度和成本做出保证；索赔与变更的费用可能较高，业主方风险较大。

(2) 风险型建筑工程管理模式。是纯粹的 CM 模式与传统模式的结合。在这种模式中，CM 经理同时也担任施工总承包商的角色，一般业主要求 CM 经理提出保证最大工程费用，以保证业主的投资控制，如最后结算超过 GMP，由 CM 公司赔偿，如低于 GMP，节约的投资归业主所有。风险型建筑工程管理模式的优点是：完善的管理与技术支持；在项目初期选定项目组的成员；可提前开工提前竣工，业主方则任务较轻，风险较小。缺点是：保证的成本中包含设计和投标的不确定因素，可供选择的高水平的风险型 CM 公司较少。建筑工程管理模式的两种实现形式如图 11.3 所示。

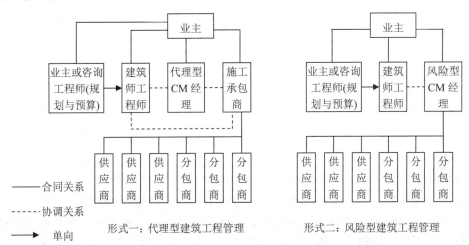

图 11.3 建筑工程管理模式的两种实现形式

3．设计—建造与交钥匙工程模式

在这种模式中，业主只需选定一家公司负责项目的设计和施工，设计建造总承包商在总结合同的基础上对整个项目的成本负责。他选择一家咨询设计公司进行设计，然后采用竞争性招标方式选择分包商，或利用本公司的设计和施工力量完成部分工程。由于对分包采用阶段分包方式，项目可以提早投产。设计—建造模式的主要优点是：在项目初期选定项目组成员，连续性好，项目责任单一和早期的成本保证；可采用 CM 模式，可减少管理费用、减少利息及价格上涨的影响；在项目初期预先考虑施工因素可减少由于设计错误或疏忽引起的变更。主要缺点是：业主无法参与建筑师/工程师的选择；业主对最终设计和细节的控制能力降低，工程设计可能会受施工者的利益影响。设计—建造模式的组织形式如图 11.4 所示。

"交钥匙"模式是具有特殊含义的设计—建造方式，即承包商根据合同规定为业主提供包括项目融资、设计、施工、设备采购、安装和调试直至竣工移交的全套服务。1995 年 FIDIC 出版了一本书即"设计建造与交钥匙工程合同条件"，是把这两种方式放在一起编制合同条件。

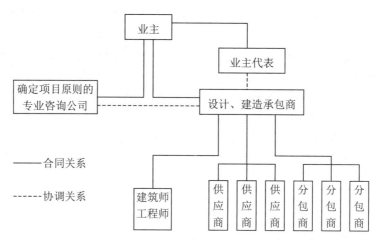

图 11.4 设计—建造模式的组织形式

4. 设计—管理模式

设计—管理模式是由同一实体向业主提供设计和施工管理服务的工程管理方式。采用设计—管理模式时，业主只签订一份既包括设计也包括 CM 管理和服务在内的合同，设计师与管理机构是同一实体，常常是设计机构与施工管理企业的联合体。

设计—管理模式的实现形式有两种：也是业主与设计管理公司和施工总承包商分别签订合同，由设计管理公司负责设计并对项目实施进行管理；二是业主只是与设计管理公司签订合同，并不针对他们施工和供货。设计—管理模式的两种实现形式如图 11.5 所示。

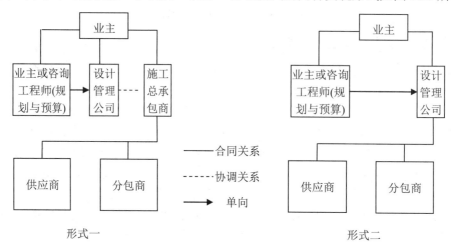

图 11.5 设计—管理模式的两种实现形式

5. 建造—运营—移交模式

建造—运营—移交模式(见图 11.6)是 20 世纪 80 年代在国外兴起的依靠国外私人资本进行基础设施建设的一种融资和建造的项目管理方式，也有人称为是基础设施国有项目民营化。是东道国政府开放本国基础设施建设和运营市场，吸收国外资金的一种项目模式。东道国通过售给项目公司以特许权，由该公司负责融资和组织建设，建成后负责运营及偿还贷款，在特许期满时将工程移交给东道国政府。

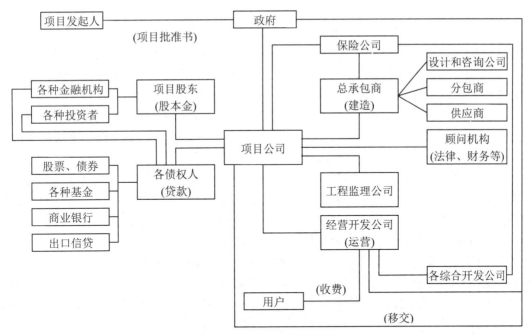

图 11.6 建造—运营—移交模式

11.4 国际工程合同管理

11.4.1 国际工程合同

1. 国际工程合同

国际工程合同是指不同国家的有关法人之间为了实现在某个工程项目中的特定目的而签订的确定相互权利和义务的协议。

2. 签订国际工程合同的注意事项

国际工程一般是跨国的大型或较大型的经济活动，合同管理是其主要的项目管理手段。因此，合同的签订是非常谨慎和严密的，内容也远比一般国内的合同复杂，在签订合同时应注意以下几个方面。

(1) 合同管理是国际工程项目管理的核心，国际工程合同从前期准备(指编制招标文件)、招投标、谈判、修改、签订到实施，都是国际工程中十分重要的环节。合同有关任何一方都不能粗心大意。只有订立一个好的合同才能保证项目的顺利实施。

(2) 国际工程合同文件内容全面，包括合同协议书、投标书、中标函、合同条件、技术规范、图纸和工程量表等多个文件。编制合同文件时，各部分的论述都应力求详尽具体，以便在施工时减少矛盾和争论。

(3) 国际工程咨询和承包在国际上有上百年历史，经过不断地总结经验，在国际上已经有了比较完善的合同范本，这些范本还在不断地修订和完善，可供我们学习和借鉴。

(4) 各个工程项目都有各自的特点，"项目"本身就是不重复的，一次性的活动。国际工程项目由于处于不同的国家和地区、不同的工程类型、不同的资金条件、不同的合同模式、不同的业主和咨询工程师和不同的承包商，因而可以说每个项目都是不相同的。研究国际工程合同管理时，既要研究其共性，更要研究其个性和特殊性。

(5) 国际工程合同制定时间长，实施时间更长。一个合同实施期短则1~2年，长则20~30年。因而合同中的任何一方都必须十分重视合同的订立和实施，依靠合同来保护自己的权益。

(6) 一个国际工程项目往往是一个综合性的商务活动，实施一个工程除主合同外，还可能需要签订多个合同，如融资贷款合同、各类货物采购合同、分包合同、劳务合同、联营体合同、技术转让合同及设备租赁合同等。其他合同均是围绕主合同，为主合同服务的，但每一个合同的订立和管理都会影响到主合同的实施。

综上所述，我们可以看出合同的制定和管理是搞好国际工程项目的关键，工程项目管理包括进度管理、质量管理与造价管理，而这些管理均是以合同要求和规定为依据。项目任何一方都应配备得力人员认真研究合同，管好用好合同。

11.4.2 国际工程合同的分类

国际工程合同的形式和类别纷繁复杂，形式不一，目前有许多种分类方法。

(1) 按合同的内容进行分类，可分为工程咨询服务合同(包含设计合同和监理合同等)、勘察合同、工程施工合同、货物采购合同(包含各类机械设备采购以及材料采购等)和安装合同等。

(2) 按承发包模式和承包的范围进行分类，可分为：设计建造合同、交钥匙合同、施工总承包合同、分包合同、劳务合同、设计管理合同及CM合同等。

(3) 按合同的履行和支付方式进行分类，可分为总价合同、单价合同和成本补偿合同三大类。

(4) 按合同本身的法律意义进行分类，可分为双务合同和单务合同、诺成性合同和实践性合同、明示合同和暗示合同及正式合同与简式合同等。

11.4.3 总价合同、单价合同和成本补偿合同

1. 总价合同

总价合同有时称为约定总价合同，或包干合同。这种合同一般要求投标人按照招标文件要求报一个总价，在这个价格下完成合同规定的全部项目。

总价合同的使用范围一般是在如下的两类工程中：一是房屋建筑项目。在这类工程中，招标时要求全面而详细地准备好设计图纸、施工详图和详细的规范和说明，以便投标人能详细地计算工程量，工程项目不太复杂，风险不太大，工期也不太长。二是设计建造与交

钥匙项目。这时业主可以不焦躁地将设计与建造工作一并承包给一个总承包商，而总承包商则承担着更大的责任与风险。

采用总价合同，在投标时投标人必须报出各单项工程的价格，以便确定合同执行过程中的具体的支付方式。很小的单项工程，可在完工后一次支付，较大的单项工程则按施工过程分阶段支付或按完成的工程量百分比支付。

总价合同一般有固定总价合同、调价总价合同、固定工程量总价合同和管理费总价合同4种形式。

(1) 固定总价合同：这种合同适用于工期较短，对工程项目要求十分明确的项目。承包商的报价以相信的设计图纸及计算为基础，并考虑到一些费用的上升因素，如图纸及工程要求不变动则总价固定，但当施工中图纸或工程质量要求有变更，或工期要求提前，则总价也应改变。承包商将承担全部风险，将为许多不可预见的因素付出代价，因此一般报价较高。

(2) 调价总价合同：这种合同适用于工期较长的项目。在报价及订合同时，以招标文件的要求及当时的物价计算总价合同。但在合同条款中双方商定：如果在执行合同中由于通货膨胀引起合同成本增加到某一限度时，合同总价应相应调整。这种合同业主承担了通货膨胀这一不可预见的费用因素的风险，承包商承担其他风险。

(3) 固定工程量总价合同：这种合同适用于工程量变化不大的项目，业主要求投标人在投标时按单价合同办法分别填报分项工程单价，从而计算出工程总价，据此签订合同。原定工程项目全部完成后，根据合同总价付款给承包商。如果改变设计或增加新项目，则用合同中已确定的单价来计算新的工程量和调整总价。这种合同对业主有利，一是可以了解投标人投标时的总价是如何计算得来的，便于业主审查投标价格，特别是对投标人过度的不平衡报价，可以在合同谈判时压价；二是在物价上涨情况下，增加新项目时可利用已确定的单价。

(4) 管理费总价合同：业主雇用某一公司的管理专家对发包合同的工程项目进行管理和协调，由业主付给一笔总的管理费用。

2. 单价合同

单价合同适用于工程项目的内容和设计指标一时不能十分确定，或是工程量可能出入较大的工程项目。这种合同一般要求投标人按照招标文件的要求报出各单项工程的单价，并根据单项工程的价格计算总价。

对业主方面来说，单价合同的主要优点是可以减少招标准备工作，缩短招标准备时间，能鼓励承包商通过提高工效等手段从成本节约中提高利润，业主只按工程量表的项目开支，可减少意外开支，合同执行过程中再报交的项目很少，结算程序也比较简单。缺点是其存在的风险较大，且不易估算。

单价合同一般又分为估算量单价合同、纯单价合同和单价与包干混合式合同3种。

(1) 估算量单价合同：业主在准备此类合同的招标文件时，委托咨询单位按分部分项工程列出工程量表并填入估算的工程量，承包商投标时在工程量表中填入各项的单价，据此计算出总的投标报价。合同执行过程中，以实际完成的工程量计算。在工程全部完成时以竣工图最终结算工程的总价格。但有时会因为实际完成的工程量与估算的工程量相差较大时，易引起价格纠纷。为此 FIDIC 在其"土木工程施工合同条件"中提倡工程结束时总实际工程量超过估算工程量±15%时再进行价格调整的方法。

(2) 纯单价合同：在设计单位还来不及提供施工详图，或虽有施工图但由于某些原因不能比较准确地计算工程量时采用这种合同。招标文件只向投标人给出各分项工程内的工作项目一览表、工程范围及必要的说明，而不提供工程量，承包商只要给出表中各项目的单价即可，将来施工时按实际工程量计算。有时也可由业主一方在招标文件中列出单价，而投标一方提出修正意见，双方磋商后确定最后的承包单价。

(3) 单价与包干混合式合同：一些大型土木工程项目都采用这种形式。该形式以单价合同为基础，对能用某种单位计算工程量的，均要求报单价，对其中某些不易计算工程量的分项工程采用包干的办法，而按实际完成工程量及合同上的单价结算。

3. 成本补偿合同

成本补偿合同也称成本加酬金合同，简称 CPF 合同。它是一种业主向承包商支付实际工程成本中的直接费外，再按事先协议好的某一种方式支付管理费及利润的一种合同方式。适用于对工程内容及其技术经济指标尚未完全确定而又急于上马的工程、维修工程与施工风险很大的工程等。CPF 合同对业主而言，最大的优点是能在设计资料不完整时使工程尽早开工，并且可采用 CM 模式，完成阶段设计后阶段发包，从而使项目早日完工，节约时间和尽早收回投资。其缺点是业主对工程总造价不易控制，要承担很大的风险，主要是不知道最后的总成本，因而可能最终支付很高的合同价格。CPF 合同对承包商而言，其优点是有一个比较有保证的酬金，风险较小，而主要缺点是合同的不确定性，由于设计未完成，不知道合同的终止时间，有时很难计划安排其他工程。

成本补偿合同有多种形式，简略介绍部分主要形式如下。

(1) 成本加固定费用合同。适用于工程总成本一开始估计不准，可能变化较大的工程项目。业主对人工、材料和机械台班费等工程项目的直接成本实报实销给承包方，再根据双方讨论同意的工程规模、估计工期、技术要求、工作性质及复杂性、风险估算等为承包方确定一笔固定数目的酬金作为管理费及利润。如果设计变更或增加新项目，使直接成本超过原定估算成本的 10%左右时，固定报酬费用也要增加。这种方式虽不能鼓励承包商关心降低成本，但为了尽快得到酬金，承包商会关心缩短工期。业主有时为了鼓励承包商积极工作，也可在固定费用之外根据工程质量、工期和节约成本等因素，给承包商另加奖金。

(2) 成本加定比费用合同。这种形式往往只是在工程初期很难确定或描述工程的范围和性质，或工期紧迫、无法按常规编制招标文件招标时采用，一般公共项目不采用此形式。业主要分段或在工程完成时付给承包方工程直接成本和在签订合同时由双方确定一定比例的报酬费。这种方式的报酬费随着成本加大而增加，不利于缩短工期和降低成本。

(3) 成本加奖金合同。这种形式适用因招标前设计图纸和规范等准备不充分，不能据以确定合同价格，而仅能制定一个概算指标的工程项目。奖金是根据报价书中成本概算指标制定的。合同中对这个概算指标规定了一个"底点"(为工程成本概算的 60%~75%)和一个"顶点"(为工程成本概算的 110%~135%)。承包商在概算指标的"顶点"之下完成工程则可得到奖金，超过"顶点"则要对超出部分支付罚款。如果成本控制在"底点"之下，则可加大酬金值或酬金百分比。

(4) 成本加保证最大酬金合同。这种形式适用于设计已达到一定深度,工作范围已明确的工程。订合同时,双方协议一个保证最大酬金额,在工程范围或设计没有较大变更的情况,施工过程中及完工后,业主偿付给承包商花费在工程中的直接成本(包含人工、材料等)及管理费和利润。但最大限度不得超过成本加保证最大酬金。

(5) 最大成本加费用合同。这种方式简称 MCPF 合同,是在工程成本总价合同基础上加上固定酬金费用的方式,即当设计深度已达到可以报总价的深度,投标人报一个工程成本总价,再报一个固定的酬金(包括各项管理费、风险费和利润)。合同规定,若实际成本超过合同中的工程成本总价,由承包商承担所有的额外费用;若是承包商在实际施工中节约了工程成本,节约的部分由业主和承包商按双方一定的比例分享。

总价合同、单价合同和成本补偿合同是根据支付形式来划分的,采用何种合同形式往往与设计的阶段和深度分不开。如果设计制作到概念设计阶段,则只能采用成本补偿合同方式;如果设计进行到基本设计阶段,则又可以采用单价合同方式;如果设计进行到详细设计阶段则既可以采用总价合同方式也可以采用单价合同方式。

11.4.4 国际工程的合同管理

国际工程合同的管理主要是对合同的签订、合同的履行、合同的转让与终止以及合同争议的解决等方面进行的。是国际工程管理的核心内容之一。

1. 合同的订立

1) 合同成立的要件

在国际工程事务中签订的合同一定要求成立和有效,尽管各国对合同有效成立的具体规定不完全相同,但都要求合同的有效和成立必须具备一定条件,即所谓合同有效成立的要件。

(1) 当事人应通过要约与承诺达成协议。
(2) 当事人必须具有签订合同的能力。
(3) 合同的标的和内容必须合法。
(4) 合同必须有对价或合法的约因。
(5) 当事人意思表示必须真实。
(6) 合同的形式必须符合合同法的要求。

2) 合同的基本条款

合同的基本条款及合同的主要内容,依照合同类型的不同而有所不同。合同作为一种法律关系的文书来说,其内容仍旧是当事人享有的权利和承担的义务,体现为用以确定当事人权利义务和责任的合同条款。可分为两大部分,即合同的必备条款和合同的选用条款。

(1) 合同的必备条款指一项合同必须具备的条款,若合同中缺少这类条款,或这类条款不明确,合同就很难履行,甚至导致合同本身不成立。一般来讲,包含如下几个方面。

① 关于合同当事人的名称或姓名、国籍和住所的条款,用以确定其是否具有签订合同的资格。

② 关于签约日期、地点的条款,合同成立日期是确定合同有效期的起点,签约地点是

日后确定司法管辖权和选择适用法律的根据之一。

③ 关于合同标的种类、范围、技术条件、质量、标准和数量条款,这是合同中的实质性内容,规定得越明确越好,当事人对合同的标的必须取得一致的协议,标的种类、范围、技术条件、质量、标准、规格和数量是明确合同标的具体条件,也是这一标的同另一标的相区别的具体特征。

④ 关于价格的条件、支付金额、支付方式和各种附带费用的条款,并在合同中明确当事人开户银行、账户、名称、账号等。

⑤ 关于合同履行的期限、地点和方式的条款,这类条款应明确当事人承担违约责任的方式,合同依法成立后,可维护合同的严肃性,督促当事人切实履行合同。

⑥ 关于违反合同的赔偿和其他责任的条款,这类条款应明确当事人承担违约责任的方式,合同依法成立后,可维护合同的严肃性,督促当事人切实履行合同。

(2) 合同的选用条款即是在签订合同时可以选用的条款,有如下几个方面。

① 关于合同能否转让或合同转让的条件。

② 关于合同发生争议时的解决方法以及所适用的法律。

③ 关于合同使用的文字及其效力。

④ 关于履行合同承担风险责任的借款的条款。

⑤ 关于标的物保险范围及保险费由何方负担的条款。

⑥ 关于合同的担保条款。

⑦ 关于不可抗力条款。

⑧ 关于索赔条款。

上述条款无论是必备条款,还是选用条款,都是对一般合同而言的,对于某些合同,凡法律有特殊规定的,当事人还应依照有关的法律规定商订合同条款,以便合同条款趋于完备。FIDIC制定的有关合同条件,则是将必备条款和选用条款综合编纂而成,用以作为工程承包合同可以援用的范本。

2. 合同的履行

1) 合同的履行

合同履行是指合同义务人全面的、适当地履行合同的义务。所谓全面履行,是指合同当事人应履行合同的全部义务,不能只履行部分义务。所谓适当履行,是指当事人应按照法律和合同的要求,使用适当的方式、在适当的时间和适当的地点履行合同的义务。各国法律都认为,合同当事人在订立合同之后,都有履行合同的义务;否则,就要根据不同的情况,承担相应的法律责任。

2) 合同履行的担保

合同的履约担保是保证合同履行的一项法律制度,其目的在于促使当事人履行合同,在更大程度上使权利人的利益得以实现。合同履行的担保是通过签订担保合同或担保条款表现出来的,这种合同担保和主合同紧密相关,但又具有自己的特征:第一,合同担保从属于合同,具有从属性,不能脱离合同而独立存在,合同是合同担保设立的前提,合同得以履行,合同的担保也就随之解除,只有提供担保的一方不履行合同且不承担应负责任时,才发生要求履行担保义务的问题。第二,合同担保一般是由当事人自愿设立的,具有自愿性，当事人可以自行约定担保的方式和担保的范围等。

在国际工程项目中常见的合同担保方式有：保证、抵押、定金、留置等方式。

(1) 保证。是指合同当事人以外的第三人做担保人，由担保人和债权人约定当债务人(被担保人)不履行合同时，由担保人按照约定履行债务或者承担责任。

(2) 抵押。是指债务人或者第三人向债权人提供一定的财产作为抵押物，用以担保债务的履行，债务人不履行债务时，债权人有权依照法律的规定以抵押物折价或者变卖抵押物的价款中优先受偿。

(3) 定金。是双方当事人订立合同时规定由一方预先付给对方一定数额的金钱或其他有价代替物。定金的担保作用是通过定金罚则体现出来的，根据大多数国家的规定，交付定金后，交付方不履行合同时，即丧失定金；接受定金方不履行合同时，应加倍返还。

(4) 留置。是指合同的当事人，依照合同约定，一方占有对方的财产，对方不按合同给付应付款项并超过约定期限的，占有人有权留置该财产，并以法律的规定，从留置财产的折价或变卖的价款中优先受偿。

3) 违约

违约是指合同一方当事人完全没有履行或未能全部履行其合同义务的行为。根据各国法律的规定，除某些例外情况，违约的一方均应负违约责任。但在如何认定构成违约的问题上，各国在法律上存在着较大的差异。

国际工程项目的合同在履行过程中如果一方违约，法律上应给予受害方以补偿，这种补偿的方法称为违约的救济补偿。各国法律对此规定不完全相同，但概括起来，主要有解除合同、损害赔偿、实际履行、禁令、违约金等几种方法。

(1) 解除合同。是指在合同尚未全部履行的情况下，受害方有权要求解除合同的效力，从而解除当事人约定的权利和义务关系。关于解除合同时能否同时请求损害赔偿的问题，各国法律的规定不一，有的可以要求损害赔偿，有的不可以要求损害赔偿。

(2) 损害赔偿。是指违约方就对方所受损害给予补偿的一种方法。损害赔偿涉及损害赔偿责任的成立、赔偿范围和方法等问题。损害赔偿责任的成立，一般应必须具备下列条件：第一，债务人须有过错，债务人只对故意或过失所造成的损害负责；第二，必须有损害的事实，如果没有发生损害，就谈不上赔偿，受损害的一方应能就其所受的损害提供事实证明；第三，损害行为与事实之间必须有因果关系，即损害是由债务人的过错行为所造成的。根据各国的法律规定，损害赔偿的方法一般有恢复原状和金钱赔偿两种。损害赔偿的范围，一般都由合同中双方所违约的违约方办理，如果在合同中没有规定，就按法律规定办理。

(3) 实际履行。是要求违约人按照合同的规定，切实履行所承担的合同义务。包括两种情况：一是债权人要求债务人按照合同的规定履行合同；二是债权人向法院提起实际履行诉讼，由法院配合强迫违约一方具体履行其合同规定的义务。

(4) 违约金。是指以保证合同履行为目的，经合同双方当事人同意约定，任何一方违反合同义务时，应向对方支付的金钱。

(5) 禁令。是英美法采取的一种特殊的救济方法。它是指由法院做出禁令，强制执行合同所规定的某项消极的义务，即由法院判令被告不许做某种行为。法院给予禁令救济时，有两条原则：一是采用一般损害赔偿的救济方法不足以补偿债权人所受的损失；二是禁令必须符合公平合理的原则。

合同有效成立之后，如果当事人不履行合同或者不适当地履行合同，都要负违约责任。但是，如果不是由于债务人的过错，而是发生了某种非常情况或意外事故，使合同不能履行、不能完成履行或者延期履行时，则可以作为例外处理，免除违约方的部分或全部责任，这种方法叫违约责任的免除。各国法律对违约责任的免除的成立条件的规定不尽相同。主要有情势变迁、合同落空和不可抗力等几种情况。

情势变迁是大陆法的一项法律原则，该原则规定在合同关系成立后，作为该项合同关系的基础及情势，由于不可归责于当事人的原因，发生了非当初所能预料到的变化，如果继续履行合同，将会产生显失公平的结果，有悖于诚实信用的原则，因此，应当允许变更或解除合同。

合同落空是英美法的一项法律原则，该原则规定在合同成立之后，不是由于当事人的过失而是发生了当事人不能预见的与订约时的情况不同的意外事件，使当事人订约时所谋求的商业目标受到挫折，造成合同的履行成为非法或不可能。在这种情况下，对于未履行的合同义务，当事人得以免除责任。

不可抗力是指在合同签订后，不是任何一方当事人的过错所造成的，而是由于发生了当事人不能预见、无法避免和无法预防的意外事故，致使合同不能履行或不能完全履行的情况。不可抗力事故引起的法律后果，主要有两种情况：一种是解除合同；另一种是延迟履行合同。

3. 合同的转让及终止

1) 合同的转让

合同的转让是指当事人一方将合同的权利和义务转让给第三人，由第三人直接享受权利和承担义务的法律行为。转让分为部分转让和全部转让。全部转让，实际上是合同一方当事人的变更，即主体的变更，而原合同约定的权利和义务依然存在，并未变动。随着合同的全部转让，原合同当事人之间的权利和义务关系消灭，与此同时又再为转让一方当事人与第三方之间形成新的权利义务关系。

根据各国的法律规定，合同的转让主要有两种情况：一种是债权让与；另一种是债务承担。

2) 合同的终止

合同的终止又称合同的消灭，它是指合同关系由于某种原因而不复存在。大陆法系国家把合同的终止包括在债的消灭的范畴之内，而没有就合同的终止做出专门规定。英美法国家有合同法和侵权行为法之分，因此有合同的消灭的法例。

4. 合同争议的解决

在国际工程项目事务中，合同各方之间订立的合同是多样而复杂的，因合同引起相互间权利和义务的争议是不能完全避免的。选择适当的解决方式，及时解决合同争议，可以维护合同各方的合同权益和避免损失的扩大。一般来讲，合同争议的解决方式主要有协商、调解、仲裁、诉讼等。

1) 协商

协商是争议当事人，依据有关的法律规定和合同约定，在互谅互让的基础上，经过谈判或磋商，自愿对争议事项达成一致意见，从而解决合同争议的一种办法。协商应以合法、自愿和平等为原则。磋商特点在于无须第三者的介入，简便易行，能灵活解决争议，并有利于双方的协作和合同的继续履行。但由于协商必须以双方自愿为前提，因此，当双发分歧严重，即一方或双方不愿协商解决争议时，此种方式往往受到局限。

《FIDIC土木工程施工合同条件》将协商(友好解决)规定为争夺提交仲裁前的必经程序。

2) 调解

调解是争议当事人在第三方的主持下，通过其劝说引导，在互谅互让的基础上自愿达成协议，以解决合同争议的一种方法。调解的原则也是以合法、自愿和平等为原则。事件中，依调解人的不同，合同争议的调解有民间调解、仲裁机构调解和法庭调解3种。民间调解是指当事人临时选任的社会组织或个人作为调解人对合同争议进行调解。通过调解人的调解，当事人达成协议，并制作调解协议书由双方签署。调解协议书对当事人具有与合同一样的法律约束力。仲裁机构调解是指在仲裁机构进行的调解。法庭调解，是指由法院主持进行的调解。调解解决合同争议，可以不伤和气，使双方当事人互相谅解，有利于促进合作，维护当事人的合法权益，但这种方法受到当事人自愿的局限，如果当事人不愿调解，或调解不成功时，则应采取仲裁或诉讼解决。

3) 仲裁

仲裁也称公断，是双方当事人通过协议自愿将争议提交第三者做出裁决，并负有自动履行裁决义务的一种解决争议的方式。仲裁具有自治性、快速性、中立性和非公开性，因而使仲裁更具有吸引力。

目前国际上处理对外经济贸易的仲裁机构，根据组织形式的不同，可分临时仲裁机构和常设仲裁机构。常设仲裁机构主要有国际性的常设仲裁机构、地区性常设仲裁机构和国家性的常设仲裁机构。在国际上重要的常设仲裁机构主要有、国际商会仲裁院、解决投资争议国际中心、瑞典斯德哥尔摩商会仲裁院、瑞士苏黎世商会仲裁院、英国伦敦仲裁院、美国仲裁协会和日本国际商事仲裁协会等。我国的常设国际仲裁机构有两个：一个是"中国国际经济贸易仲裁委员会"；另一个是"中国海事仲裁委员会"，两者都附设在中国国际商会内。

4) 诉讼

诉讼作为一种合同争议解决的方法，是指当事人相互间发生争议而在一国法院进行诉讼活动。在诉讼过程中，法院始终居于主导地位，代表国家行使审判权，是解决争议案件的主持者和审判者，而当事人则各自给予诉讼法所赋予的权利，在法院的主持下为维护自己的合法权益而活动。诉讼不同于仲裁的主要特点在于：它不必以当事人的相互统一为依据，只要不存在有效的仲裁协议，任何一方都可向有管辖权的法院起诉。尤其是在当事人不能通过协商或调解解决争议，而又缺少或达不成仲裁协议的情况下，诉讼也就成了必不可少的补救手段。

除了上述4种主要的合同争议解决方法外，在国际工程承包合同中，又出现了一些新的解决方法。比如，在《FIDIC土木工程施工合同条件》中有关"工程师的决定的"规定。按照该条件通用条件中的有关条款规定，业主和承包商之间发生的任何争端，均应首先提交工程师处理。工程师对争端的处理决定，通知双方后，在规定的期限内，双方均未发出仲裁意向通知，则工程师的决定即被视为最后的决定并对业主和承包商双方产生约束力。又如，在《HIDIC设计——建造与交钥匙工程合同条件》的第一部分中，规定了雇主和承包商之间产生的任何争端应首先以书面形式提交由合同双方共同任命的争端审议委员会(DRB)裁定。争端审议委员会对争端做出决定并通知雇主和承包商后，在规定的期限内，双方中的任何一方未将其不满事宜通知对方的话，则该决定应视为最终决定并对双方具有约束力。不论是工程师的决定，还是争议审议委员会的决定，与合同具有同等的约束力，任何一方不执行决定，另一方即可将此不执行决定行为提交仲裁解决。

以上介绍的几种合同争议解决的方法，对各种合同争议的及时解决各有利弊，不同的争议采用不同的方式解决，往往产生不同的效果。因此，当事人应针对不同争议，善于选择不同方法，以使争议得到迅速解决，维护自己的合法权益。

11.4.5 国际上常用的合同条件简介

国际上权威性的合同条件主要有 FIDIC、ICE 和 AIA 3 种，这些合同文件在国际工程项目中的应用是非常广泛的。

1. FIDIC 合同条件

FIDIC 是指国际咨询工程师联合会，是各国(或地区)的咨询工程师协会的国际联合会。最早成立于 1913 年，是由欧洲三个国家的咨询工程师协会组成的。目前其成员有 60 多个国家和地区，中国是在 1996 年正式加入的。FIDIC 代表了世界上大多数独立的咨询工程师，是最具有权威性的咨询工程师组织，它推动了全球范围内的高质量的工程咨询服务业的发展。

FIDIC 下属于两个地区成员协会[亚洲及太平洋地区成员协会(ASPAC)和非洲成员协会(CAMA)]和许多专业委员会。专业委员会包括业主咨询工程师关系委员会(CCRC)、合同委员会(CC)、执行委员会(EC)、分线管理委员会(RMC)、仲裁/裁决/调解审查委员会(ARB/MED/AU RC)、环境委员会(ENVC)、质量管理委员会(QMC)如 21 世纪工作组(Task Force 21)等。FIDIC 编织了许多规范性的文件，称为合同条件，被成员国、世界银行、亚洲开发银行和非洲开发银行等广泛采用。最常用的有《土木工程施工合同条件》(国际上通称 FIDIC"红皮书")、《电器和机械工程合同条件》(国际上通称 FIDIC"黄皮书")、《业主/咨询工程师标准服务协议书》(国际上通称 FIDIC"白皮书")、《设计—建造与交钥匙工程合同条件》(国际上通称 FIDIC"橘皮书")和《土木工程施工分包合同条件》等。这些 FIDIC 的合同条件都具有以下 4 个方面的特点。

(1) 国际性、通用性、权威性。
(2) 公正合理、职责分明。
(3) 程序严谨，易于操作。
(4) 通用条件和专用条件相互结合。

在 FIDIC 合同条件中，最常用的是《土木工程施工合同条件》，即"红皮书"。对此，我们进行非常简略的介绍。

FIDIC"红皮书"共有 4 版，分别制定于 1957 年、1963 年、1977 年和 1987 年。1988 年和 1992 年 FIDIC 对"红皮书"的第 4 版分别做了 17 处修订和 28 处修订，并在 1996 年又出版了增补本。

FIDIC "红皮书"的合同条件，适用于单价与自相包干混合式合同，适用于业主任命工程师监理合同的土木工程施工项目。合同条件规定了业主和承包商的职责、义务和权利以及监理工程师在根据业主和承包商的合同执行对工程的监理任务时的职责和权限。

FIDIC 合同条件一般都分为两个部分，第一部分是"通用条件"；第二部分是"特殊应用条件"，也可称为"专用条件"。通用条件是指对某一类工程都通用的合同条件，专用条件则是针对一个具体的工程项目，考虑到国家和地区的法律法规的不同，项目特点和业主对合同实施的不同要求，对通用条件进行的具体化、修改和补充。凡合同条件第二部分和第一部分不同之处均以第二部分为准。第二部分的条款和第一部分相同，第一部分和第二部分共同构成一个完整的合同条件。

FIDIC "红皮书"第一部分为通用条件，包括 25 节、72 条和 194 款，主要论述的是以下方面的问题：定义与解释，工程师及工程师代表，转让与分包，合同文件，一般义务，劳务，材料、工程设备和工艺，暂时停工、开工和延误，缺陷责任，变更、增添与省略，索赔程序，承包商的设备、临时工程和材料，计量，暂定金额，指定分包商，证书和支付，补救措施，特殊风险，解除履约合同，争端的解决，通知，业主的违约，费用和法规的变更，货币和汇率。通用条件后面附有投标书、投标书附录和协议书的范例格式等。

2. ICE 合同条件

ICE 是指英国土木工程师学会，是设于英国的国际性组织，创立于 1818 年，是根据英国法律具有注册资格的教育、学术研究与资质评定的团体。目前拥有专业土木工程师会员 8 万多人，来自 140 多个国家和地区。已经成为世界公认的学术中心、资质评定组织及专业代表机构。ICE 在土木工程建设合同方面具有高度的权威性。它编制的土木工程合同条件在土木工程界有广泛的应用。FIDIC "红皮书"的最早版本就来源于 ICE 合同条件，因此可以发现二者有很多相似之处。

ICE 合同条件属于单价合同格式，同 FIDIC "红皮书"一样是以实际完工的工程量和投标书中的单价来控制工程项目的总造价。ICE 也为设计—建造模式制定了专门的合同条件。

同 ICE 合同条件配套使用的还有一份《ICE 分包合同标准格式》，规定了总承包商与分包商签订分包合同时采用的标准格式。

3. AIA 合同条件

AIA 是指美国建筑师学会，是一个具有 140 多年历史的权威机构，会员总数达 56 000 人，来自世界大部分国家和地区。AIA 致力于提高建筑师的专业技术水平，促进其事业的成功，从而改善大众的居住环境，提高大众的生活水准。AIA 也出版了合同条件，主要用于私营的房屋建筑工程，在美国、美洲地区以及全世界国际工程领域都具有较高的权威性，应用非常广泛。

AIA 合同条件也是系列的合同条件，根据不同的工程项目及其管理模式，出版了多种形式的合同条件。其核心是"通用条件"，采用不同的工程项目管理模式及不同的计价方式时，只需选用不同"协议书格式"和不同的"通用条件"即可。AIA 的计价方式主要由总价法、成本补偿法和最高价格限定法等。AIA 系列合同条件包括 A、B、C、D、F 和 G 等，如表 11.1 所示。

A 系列——用于业主和承包商的标准合同义件，包括合同条件、承包商的资质报表和各类担保的标准格式等。

B系列——用于业主和建筑师间的标准合同文件,包括专门用于建筑设计、室内装饰装修工程等特定情况下的标准合同文件。

C系列——用于建筑师和专业咨询人员之间的标准合同文件。

D系列——建筑师行业内部使用的文件。

F系列——财务管理报表。

G系列——建筑企业及项目管理中使用的文件。

表11.1 AIA系列部分标准文件一览表

编号	文件内容
A101	业主与承包商协议书格式——总价
A101/CM_a	业主与承包商协议书——总价——CM_a
A105	业主与承包商协议书标准格式——用于小型项目
A205	施工合同一般条件——用于小型项目(与A105配售)
A107	业主与承包商协议书格式——总价——用于限定范围项目
A111	业主与承包商协议书格式——成本补偿(可采用最大成本保证)
A111/CM_C	业主与CM经理协议书格式(CM经理负责施工),AGC565
A131/CM_C	业主与CM经理协议书格式(CM经理负责施工),成本补偿(无最大成本保证),AGC566
A171	业主与承包商协议书格式——总价——用于装饰工程
A177	业主与承包商协议书简要格式——总价——用于装饰工程
A181	业主与建筑师协议书标准格式——用于房屋服务
A188	业主与建筑师协议书标准格式——限定在房屋项目的建筑服务
A191	业主与设计——建造承包商协议
A201	施工合同一般关系
A201/CM_a	施工合同一般关系——CM_a版
A271	施工合同一般条件——用于装饰工程
A401	承包商与分包商协议书标准格式
A491	设计——建造承包商与承包商协议书
B141	业主与建筑师协议书标准格式
B151	业主与建筑师协议书简要格式
B155	业主与建筑师协议书标准格式——用于小型项目
B163	业主与建筑师协议书标准格式——用于服务项目
B171	业主与建筑师协议书标准格式——用于室内设计服务
B177	业主与建筑师协议书简要格式——用于室内设计服务
B352	建筑师的项目代表的责任、义务与权限
B727	业主与建筑师协议书标准格式——用于特殊服务
B801/CM_a	业主与CM经理协议书标准格式——CM_a版

续表

编　号	文件内容
B901	设计——建造承包商与建筑师协议书标准格式
C141	建筑师与专业咨询人员协议书标准格式
C142	建筑师与专业咨询人员协议书简要格式
C727	建筑师与专业咨询人员协议书标准格式——用于特殊服务

11.5 国际工程的风险管理保险

11.5.1 风险管理概述

1. 国际工程的风险

国际工程承发包是一项重要的企业活动，无论是业主方还是承包方都不可避免地面临着风险。业主的风险主要在于投资会不会失败？投资失败了是否还会导致破产？投资的效益如何，是否能达到预期的效益等。而承包商的风险也不比业主方的小，主要在于能否按合同规定的条件完成合同的任务？工程实施期间是否能一帆风顺，会不会因为一些意想不到的事情而导致失败和破产？即使是工程完成了，又能否收到预期的经济效益等。

所谓的风险就是实际结果与主观意料之间的差异。人们对任何事物的未来结果不可能完全预料，因而在给定的情况下特定的时间内都可能发生结果的差异。对国际工程项目来讲，如果成功与失败的可能各占50%，就说明该工程项目的风险达到最大。

2. 国际工程风险的分类

风险可按其造成后果的不同分为纯风险和投机风险。纯风险是指只能造成损失而不能带来收益的风险，如自然灾害和重大事故等。投机风险是指极有可能造成损失，也有可能带来额外收益的风险，如房地产经营的风险等。投资风险具有极大的诱惑力，其发生的概率虽较低，却易使人"铤而走险"。

风险也可根据其产生的根源不同分成政治风险、经济风险、金融风险、管理风险、自然风险、社会风险等。政治风险是指因政治方面的各种事件和原因而导致企业蒙受的意外损失；经济风险则是指在经济领域潜在或出现的各种可导致企业的经营遭受厄运的风险；金融风险是指在财政金融方面内在的或因主客观因素而导致的各种风险；管理风险通常是指人们在经营过程中，因不能适应客观形势的变化或因主观判断失误或对已发生的事件处理欠妥而构成的威胁；自然风险是指因自然环境如气候、地理位置等构成的障碍或不利条件；社会风险包括企业所处的社会背景、秩序、宗教信仰、风俗习惯及人际关系等形成的影响企业经营的各种束缚或不便。

风险也可按分布情况分为国别风险和行业风险。国别风险是指在不同的国家从事经营或兴办企业可能遭受的风险。而行业风险则是因行业的特殊性可能面临的具有行业特征的风险。例如建筑也会出现房屋倒塌等。

3. 国际工程的工程风险

工程风险是指一项工程在设计、施工及移交运行各个阶段可能遭受的风险，所涉及的当事人主要是工程业主或投资商、工程承包商和设计咨询监理人。

1) 业主或投资商的风险

工程业主或投资商通常遇到的风险可归纳为 3 种类型，即伪风险、经济风险和自然风险。此外，还有承包商不能也无法承担责任的特殊风险，如战争、内乱或军事政变造成的风险等。

人为风险是指因人的主观因素导致的种种风险。这些风险虽然表现形式和影响的范围各不相同，但都离不开人的思想和行为。这类风险有些起因于工程业主的主管部门乃至政府，有些来自工程业主的合作者，还有些则应归咎于其内部人员。如：政府或主管部门的专职行为、体制法规不合理、主管部门设置障碍、融资措施不当或金融危机、不可预见事件的发生、合同条款不严谨、执行人员道德品行变化或群体行为的越轨以及承包商、分包商、供应商和设计、监理人员的合作诚意以及履约责任和能力方面的因素所引起的风险。

经济风险是指在经济领域潜在或出现的各种可导致企业的经营遭受厄运的风险。对于工程业主或投资商来说经济风险是难以避免的。在通常情况下，导致工程业主或投资商有经济风险的主要原因有：宏观形势的不利、投资环境差、市场物价异常波动和通货膨胀幅度过大、投资回收期过长、基础设施落后以及资金筹措困难等。

自然风险是指工程项目所在地区客观存在的恶劣自然条件，工程实施期间可能碰上的恶劣气候，工程项目所在地的周围环境和恶劣的现场条件等因素可能给工程业主或投资商构成的威胁。在通常情况下，自然风险的引起原因主要有：恶劣的自然条件、恶劣气候与环境、恶劣的现场条件以及地理环境的不利等。

2) 承包商的风险

承包商作为工程承包合同的一方当事人，所面临的风险并不比业主或投资商小。尤其是竞争日趋激烈的今天，承包商要图生存、求发展，不得不加强竞争，甚至冒险搏击。这样，其面临的风险也就大大增加了。

承包商与业主是合作者，双方既有共同利益，同样的风险，也有各自的利益和各自独特的风险。承包商的行为固然会对业主构成风险，但业主的行为也会威胁着承包商的利益。承包商所面临的风险主要有决策错误风险、缔约和履约风险及责任风险，贯穿于项目的始终。

4. 国际工程的工程风险管理

所谓国际工程项目的风险管理就是人们对国际工程项目事务中潜在的意外损失进行辨识和评估，并根据具体情况采取相应的措施进行处理，在主观上尽可能有备无患或在无法避免时也能寻求切实可行的补救措施，从而减少意外损失的一切管理行为。

风险管理的目标必须是与企业的总目标一致，同时也要保证企业总目标的实现。在国际工程项目中认真开展风险管理，使其与企业的环境和特有属性相一致。越是高风险的行业，越是高风险的项目，就越应该进行认真的风险管理。风险管理的目标可概括为：维持生存；安定局面；降低成本，提高利润，稳定收入；避免经营中断，并不断发展壮大；树立信誉，扩大影响；应付特殊变故和突发事件。

风险管理事关企业的生死存亡，直接影响企业的经济效益，做好风险管理有利于提高企业重大决策的质量，有助于确立企业的良好信誉和社会地位。因此，风险管理是建筑企业国际工程管理的重要环节。

11.5.2 国际工程的风险的防范与对策

1. 风险分析与评估的方法

风险分析是指应用各种风险分析技术并用定性、定量或两者相结合的分析方法处理不确定性的过程，以及国际工程项目中风险的影响。一般在国际工程项目中都要在风险分析的基础上进行项目的风险评估。风险分析和评估是风险辨识和管理之间联系的纽带，是风险决策的基础。

常见的风险分析方法有8种：即调查和专家打分法、层次分析法(AHP)、模糊数学法、统计概率法、敏感性分析法、蒙特卡罗模拟法、CIM 模型法和影响图法。其中前两种方法侧重定性分析，中间3种侧重定量分析，而后3种则侧重综合分析。本书直接介绍前两种方法。

1) 调查和专家打分法

调查和专家打分法是一种最常用的、最简单的和易于应用的分析方法，分三步进行。

(1) 确定每个风险因素的权重，以表征其对项目风险的影响程度。

(2) 确定每个风险因素的等级值，分别以 1.0、0.8、0.6、0.4 和 0.2 这 5 个等级进行打分。

(3) 将每项风险因素的权数与等级值相乘，求出该项目因素的得分。再求出此工程项目风险因素的总分。显然，总分越高说明风险越大。

在表 11.2 的风险调查表中 $\sum W \times C$ 叫作风险度，表示一个项目的风险程度。在表中 $\sum W \times C = 0.56$，说明该项目的风险属于中等水平，可以投标，报价时风险费也可取中等水平。

调查和专家打分法适用于决策前期。这个时期往往缺乏项目具体的数据资料，主要依据专家经验和决策者的意向，得出的结论也不要求是资金方面的具体值，而是一种大致的程度值。它只能是进一步分析的基础。

表 11.2 风险调查表

可能发生的风险因素	权数 (W)	风险因素发生的可能性(C)					W×C
		很大	比较大	中等	不大	较小	
		1.0	0.8	0.6	0.4	0.2	
政局不稳	0.05			√			0.03
物价上涨	0.15		√				0.11
业主支付能力	0.10			√			0.06

续表

可能发生的风险因素	权数(W)	风险因素发生的可能性(C)					W×C
		很大	比较大	中等	不大	较小	
		1.0	0.8	0.6	0.4	0.2	
技术难度	0.20	√				√	0.04
工期紧迫	0.15			√			0.09
材料供应	0.15		√				0.11
汇率浮动	0.10			√			0.06
无后续项目	0.10				√		0.04

$\sum W \times C = 0.56$

2) 层次分析法(AHP)

在工程风险分析中，AHP 提供了一种灵活的、易于理解的工程风险评价方法。一般都是在工程项目投标阶段使用 AHP 来评价工程风险。它使风险管理者能在投标前就对项目的风险情况有一个全面认识，判断出工程项目的风险程度，以决定是否投标。

应用 AHP 方法进行风险分析的过程如图 11.7 所示，共有 8 个步骤。

(1) 通过工作分解结构，按工作相似性质原则把整个项目分解成可管理的工作包，然后对每一个工作包进行风险分析。

(2) 对每一个特定的工作包进行风险分类和辨识，采用的方法是专家调查法，然后构造出该工作包的风险框架图，如图 11.7 所示。

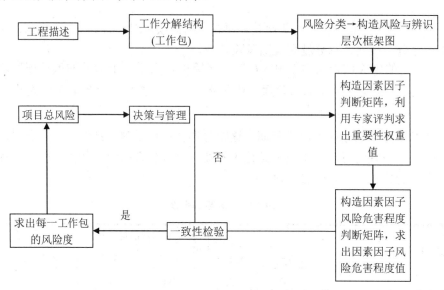

图 11.7　风险过程的分析

(3) 构造因素和子因素的判断矩阵，请专家按照表 11.3 几个原则的相对重要性给出评判，求出各元素的权重值。

(4) 构造反映各个风险因素危害的严重程度的判断矩阵，严重程度通常用高、中、低风险 3 个概念来表示，求出各自风险因素相对危害程度值。

(5) 利用 AHP 计算机软件，对专家评判的一致性加以检验。由于在第三、四步中，均采用专家凭经验和直觉的主观判断，那么就要对专家主观判断的一致性加以检验。如检验不通过，就要让专家重新做评价，调整其评价值，然后再检验，直至通过为止。

(6) 把所求出的各自因素相对危害程度值统一起来，就可求出该工作包风险处于高、中、低各等级的概率值大小，由于可判断该工作包的风险程度。

(7) 把组成项目的所有工作包都如此分析评价，并把各工作包的风险程度统一起来，就可得出项目总的风险水平。

表 11.3 风险的判别准则表

标 度	含 义
1	表示两因素相比，具有同样重要性
3	表示两因素相比，一个因素比另一个因素稍微重要
5	表示两因素相比，一个因素比另一个因素明显重要
7	表示两因素相比，一个因素比另一个因素强烈重要
9	表示两因素相比，一个因素比另一个因素极端重要
2、4、6、8	上述两相邻判断中间值，如 2 为属于同样重要和稍微重要之间

(8) 决策与管理，根据分析评估结果制定相应的决策并实行有效的管理。工程风险的分析和评价是个主观和客观结论相结合的过程，而对某些过程中潜在的风险因素或子因素的评价也很难用定量数字来描述。层次分析法用于工程风险分析与评价正好恰当解决了这个困难。它处理问题的程序与管理者的思维程序及分析解决问题的思路相一致，并用系统分析的方法，即把整个项目分解为若干工作包，再逐一考虑每一工作包的风险程度。在考虑过程中采用专家评判，并用定量原则检验这一评判的正确性，最后再综合成整个项目的风险，既有定性分析，又有定量结果，为管理者提供一个全面了解项目全过程中风险情况的机会，使其决策更为科学。

2. 风险防范的手段与对策

在国际工程事务中，风险的防范对策是多种多样的。对不同的风险可以有不同的对策，阻止风险的发生，遏制风险的恶化，拒绝承担风险，避离风险，放弃可能招致风险的意图等均有可能达到改变风险本身和减少损失的目的(见图 11.8)。风险决策的方法主要有 3 种，即定性分析决策法、定量分析决策法和资本预算决策法。而风险防范的主要手段归纳起来有如下两种最基本的手段。

第一，采用风险控制措施来降低企业预期损失或使这种损失更具有可测性，从而改变风险。这种手段包括风险回避、损失控制、风险分隔及风险转移等。

第二，采用财务措施处理已经发生的损失，包括购买保险、风险自留、自我保险等。

1) 风险回避

风险回避主要是中断风险源，使其不致发生或遏制其发展。一般是通过拒绝承担风险和放弃已经承担的风险两种办法来达到中断险源的目的。

采取拒绝承担风险这种手段有时可能不得不做出一些必要的牺牲，但较之承担的风险，这些牺牲比风险真正发生时可能造成的损失要小得多，甚至微不足道。例如，某业主方投资建造工厂，因选址不慎而建在一个政局非常动荡的国家，保险公司不愿为其承担保险责任。当投资人意识到工厂被战争摧毁的风险非常大又没有能力避免时，他只好放弃该建厂项目。虽然他在前期已耗费了不少投资，但与其厂房建成后被战火摧毁，还不如尽早改弦更张，另谋理想的厂址。

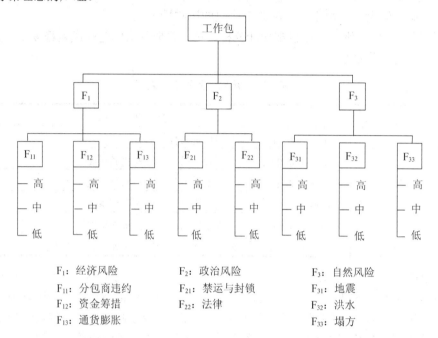

图 11.8 风险的框架图

采用放弃已经承担的风险以避免更大的损失这种手段在国际工程项目中是经常性的。事实证明这是紧急自救的最佳方法。例如，某承包商在投标承包一项皇宫建造项目时，误将纯金扶手译成镀金扶手，按镀金扶手报价，仅此一项就相差 100 多万美元，而承包商又不能以自己所犯的错误为由要求废约，否则要承担违约责任。风险已经注定，只有寻找机会让业主自动提出放弃该项目。于是他们通过各种途径，求助于第三者游说，使业主自己主动下令放弃该项工程。这样，承包商不仅避免了业已注定的风险，而且利用业主主动放弃项目进行索赔，从而获得一笔可观的额外收入。

回避风险虽然是一种消极的风险防范措施，在回避风险的同时，也有可能失去了获利的机会。如果一个企业想生存图发展，又想回避其预测的某种风险，最好的办法是采用其他的比较积极的风险防范手段。

2) 损失控制

损失控制包括两个方面的工作：减少损失发生的机会即损失预防；降低损失的严重性即遏制损失加剧，设法使损失最小化。

损失预防是指采取各种预防措施以杜绝损失发生的可能。例如，房屋建造者通过改变建筑设计和用料以防止房屋的倒塌；承包商通过提高质量控制标准以防止因质量不合格而返工或罚款等。

减少损失是指在风险损失已不可避免地发生的情况下，通过种种措施以遏制损失继续恶化或局限其扩展范围使其不再蔓延或扩展，也就是说使损失局部化。例如，承包商在业主付款误期超过合同规定期限情况下采取停工或撤出队伍并提出索赔要求甚至提起诉讼；业主在确信某承包商无力继续实施其委托的工程时立即撤换承包商等。

3) 风险分隔

风险分隔包括风险分离和风险分散两种。

(1) 风险分离是指将各风险单位分割，以避免连锁反应或相互牵连。这种处理可将风险局限在一定范围内，从而达到减少损失的目的。例如，承包商在工程的设备采购中，为了尽量减少因汇率波动而招致的风险，可在若干不同的国家用多种货币采购设备；又如，施工过程中，承包商对材料进行分隔存放避免材料集中于一处时可能导致的风险等。

(2) 风险分散则是通过增加风险单位以减轻总体风险的压力，达到共同分摊集体风险的目的。与风险分离不一样，分离是对风险单位进行分隔、限制以避免相互波及并发生连锁反应。例如，企业进行内部扩张，增设实体以分散风险或企业兼并从而加大风险承受能力。又如多揽项目，可避免单一项目上的过大风险。

4) 风险转移

风险转移是风险控制的另一种手段。经营实践中有些风险无法通过上述手段进行有效控制，经营者只好采取转移手段以保护自己。风险转移并非损失转嫁，因为有许多风险对一些人的确会造成损失，但转移后并不一定同样给他人造成损失。其原因是各人的优劣势不一样，因而对风险的承受能力也不一样。

风险转移的手段常用于工程承包中的分包和转包、技术转让或财产出租。合同、技术或财产的所有人通过分包或转包工程、转让技术或合同、出租设备或房屋等手段将应由其自身全部承担的风险部分或全部转移至他人，从而减轻自身的风险压力。

5) 所谓风险的财务转移，是指风险转移人寻求用外来资金补偿确实会发生或业已发生的风险。风险的财务转移包括保险的风险财务转移即通过保险进行转移，以及非保险的风险财务转移即通过合同条款达到转移之目的。

保险的风险财务转移的实施手段是购买保险。通过保险，投保人将自己本应承担的归咎责任(因他人过失而承担的责任)和赔偿责任(因本人过失或不可抗力所造成损失的赔偿责任)转嫁给保险公司，从而使自己免受风险损失。非保险的风险财务转移的实施和手段则是除保险以外的其他经济行为。例如，根据工程承包合同，业主可将其对公众在建筑物附近受到伤害的部分或全部责任转移至建筑承包商，这种转移属于非保险的风险财务转移；而建筑承包商则可以通过投保第三责任险又将这一风险转移至保险公司，这种风险转移属于保险的风险财务转移。

6) 风险自留

风险自留是将风险留给自己承担，不予转移。这种手段有时是无意识的，即当初并不曾预测到，不曾有意识地采取种种有效措施，以致最后只好由自己承受；但有时也可以是主动的，即经营者有意识、有计划地将若干风险主动留给自己。这种情况下，风险承受人通常已做好了处理风险的准备。

风险自留在一些情况下是唯一可能的对策。有时企业不可能预防损失，回避又不可能，且没有转移的可能性，企业别无选择，只能自留风险。

7) 自我保险

自我保险是指企业内部建立保险机制或保险机构，通过这种保险机制或由这种保险机构承担企业的各种可能风险。尽管这种办法属于购买保险范畴，但这种保险机制或机构终归属于企业内部，即使购买保险的开支有时可能大于自留风险所需开支，但因保险机构与企业利益一致，各家内部可能有盈有亏，而从总体上依然能取得平衡，肥水未流外人田。因此，自我保险决策在许多时候也具有相当重要的意义。

11.5.3 国际工程的保险

1. 保险概述

保险是风险转移的主要手段。保险的重要意义在于以极小的代价换取最大的安全，是迄今采用最普遍也是最有效的风险管理手段之一。通过保险，企业或个人可将许多威胁企业或个人利益的风险因素转移给保险公司，从而可通过取得损失赔偿以保证企业或个人的财产免受损失。然而，保险固然可以提供经济保障，但并非可以不花代价；而在许多情况下，投保人付出相当的代价，但却不一定能得到完全的补偿或赔偿。因此，是否投保？投保何种险别？何时投保？向谁投保？如何操作等是国际工程管理中必须认真研究的问题。

保险的基本常识包括以下几个方面。

1) 投保单与保险单

投保单又称投保申请书，是投保人申请保险的一种书面材料，通常由保险人提供。投保人必须在投保单中填明订立保险单所必需的项目。

保险单俗称保单，是保险人与被保险人之间订立保险合同的一种书面证明。保险单应当将保险合同的全部内容详尽列明，包括保险人和被保险人双方的一切权利与义务。

2) 保险责任与除外责任

保险责任是保险人根据合同的规定应予承担的责任。保险责任分为基本责任和特约责任。基本责任是指投保人要求保险人承担赔偿和给付的直接和间接责任；特约责任是指除外责任中不保的，但另经双方协议同意后特别注明承保负担的一种责任。

除外责任是指保险人不承担的责任。除外责任是为了明确保险人所负责任范围而特别列明的，即除了保险人承担的基本责任和特约责任范围外的其他损失。

3) 保险金额与保险价值

保险金额是指保险事故发生或保险期满时，保险人负责赔偿的最高金额。在财产保险中，保险金额以投保财产可能遭受损失的金额为限，但保险金额不得超过保险财产的价值。如果投保人蓄意超过保险财产的价值，则保险合同无效，即使并非蓄意，超过部分也是无效的。不过，不足额投保财产是允许的，只是在理赔时按投保金额与实际价值比例计算。

保险价值是指某项投保财产的经济价值。保险人的理赔以保险价值为最高限度。保险价值是确定保险金额的依据，可以用货币计算，亦可估算。保险价值只适用于财产保险，人身保险中的保险价值不能通过估算或货币计算确定。

4) 自愿保险与强制保险

自愿保险是指投保人和保险人自愿协议订立的保险。投保人是否投保全凭其自愿，任何组织和个人都不得强迫。保险人如果认为不符合投保条件的，也可以拒绝承保，但符合法律规定的自愿保险不得拒绝。

强制性保险是以国家的法律效力实施的，由国家用行政法令、条例等手段规定的必需保险。就保险人而言，强制性保险是一种自愿保险，因为他可以接受或拒绝承保；但对被保险人来说，则有必须投保的强制性。

2. 保险的应用原则

保险是一种契约行为，订立契约的双方对合同各负有一定的义务，享有一定的权利。因此，在签订保险合同时必须遵循一定的原则。

1) 诚信原则

诚信原则是在保险中要遵循的首要原则。这是因为合同当事人的一方是投保方，他想把风险转嫁出去，投保人对他要保财产的危险状况要非常清楚，要求被保险人必须诚实守信；当然，诚信是相互的，这一原则也适用于保险人。合同当事人的另一方是保险人，也要诚实守信，如果没有诚信，其保险合同就没有法律效力，保方的利益就无法保证，保险业务也无法开展。尽管如此，诚信原则主要还是对投保人而言的，要求投保人在申请保险时，必须向保险人陈述情况，凡与危险有关的实质性重要事实都要如实陈报。

2) 可保利益的原则

保险人要求被保险人对其投保的保险标的要具有可保利益，这是一项重要原则。

财产保险保障的目标即保险标的是财产，保险人所承保的是任何一种财产或与之相关联的利益；被保险人要求保险人保障的是他对保险标的具有的利益，这种可以进行保险的利益就叫作可保利益。被保险人所具有的这种可保利益是要为法律所承认，是客观存在的对于这一财产所具有的某种权利或利害关系。

可保利益的产生和存在概括起来有下列 3 方面的来源：一是所有权；二是据有权；三是按合同规定产生的利益。

所有权包含所有人、受托人和受益人 3 种情况。所有人是指财产的绝对所有人，所有人对其财产是具有可保利益的，不论这一财产是个人所有还是与他人所共有，均具有可保利益，即使其财产并不为他所据有(如故物在修理店或典当铺里)，但他对此财产仍具有可保利益。

当财产委托给某人保管时，受托人就是法定的所有人；享有别人利益的人叫受益人。他们都是有效的所有人，这两种人都是对财产具有可保利益。

据有权包括对财产的安全负有责任的人和对财产享有留置权的人两种情况。

对财产的安全负有责任的人是指财产虽非其所有，但他对于该项财产因一定的目的而据有，如建筑企业对自己所租用的机械设备具有可保利益。

对财产具有留置权的人，对该项财产也具有可保利益。

按合同规定产生的利益在国际工程领域是指承包商、业主、材料供应商对于建造或安装的工程都有各自的可保利益。

3) 赔偿责任原则

赔偿责任原则包括赔偿原则和赔偿方式。

保险合同是赔偿性质的合同，当被保险人的财产发生保险责任范围内的灾害事故而遭到损失时，保险人应当按合同所规定的条件进行赔偿。在履行赔偿责任时应掌握最重要的原则有 4 条：一是对被保险人按所遭受的实际损失给予赔偿；二是保险人对赔偿金额要有一定的限度，或以实际损失为限，或以保险金额为限，或已被保险对象标的可保利益为限；三是保险人对赔偿的方式可以选择，保险人可以选择有支付或修复原状或置换的方法来弥补被保险人的损失；四是被保险人不能通过赔偿而得到额外利益，又获得更多的好处。

根据不同的保险方式有不同的赔偿方式，主要的方式有比例分摊赔偿方式、第一位险赔偿方式、定值保险赔偿方式和限额赔偿方式等。

4) 权益转让原则

权益转让就是被保险人因财产受损失而取得保险人的赔偿后，将其原应享有的向他人(责任方)索赔的权益转让给保险人。权益获得是保险人赔偿后的必然结果。根据赔偿责任原则，保险人要对被保险人的损失进行补偿，但被保险人不能通过保险来获得额外利益，不能因一笔财产遭受了损失而从两个地方得到双份的补偿。如果被保险人的损失已经从第三者那里获得了补偿，那么，他就没有损失，不能再向保险人提出索赔要求。如果被保险人先从保险人那里获赔，那么他要将他可以享受的向第三者索赔的权益转让给保险人，保险人可以把自己放在被保险人的地位，向责任方追赔。

5) 重复保险情况下的分摊赔偿原则

重复保险是指被保险人以一个保险标的同时向两家以上的保险公司投保同一位险，其保险金额的综合往往超过保险标的的可保价值。在发生损失时，根据保险赔偿的原则，被保险人所能获得的最高赔偿金额不能超过可保价值。为了防止被保险人获得双份赔款，通常都采取各保险人之间分摊的办法。分摊是有比例分摊、限额分摊和顺序分摊 3 种方法。

3. 承包工程的强制险

工程保险是着眼于可能发生的不利情况和意外不测，从若干方面消除或补偿遭遇风险造成损失的一种特殊措施。国际工程的承包项目，由于规模较大、工期较长、涉外的业务面广泛，其潜伏的风险因素更多，承包商承担的风险也就更大，必须进行保险。尽管这种对于风险后果的补偿只能弥补整个工程项目损失的一部分，但在特定情况下却能保证承包商不致破产而获得生机。

1) 国际承包工程的保险的特点

(1) 有特定的保险内容。对承包商来说，有特定的投保险别和要求承担的相应责任；而保险受理机构对于承担保险项目的责任和补偿办法则通过保险条例和保险单做出了明确而具体的规定。

(2) 分段保险。在承包商实施工程的项目的合同期间，分阶段进行保险，各种险别可以衔接起来，构成工程建设的完整过程。承包商即可全部投保，也可以根据需要选择投保其中一种险或几种险。这是因为大多数承包工程项目从开工准备到竣工验收的施工周期较长，保险受理机构根据各个阶段具体情况考虑制定各种工程险别的投保办法，一方面有利于分散风险；另一方面也便于保险费的分段计算。

(3) 保险费率现开。保险公司对于工程保险的收费基础、计算程序和办法一般都是既定的，但没有规定一成不变的、对任何工程项目都适用的费率，而是根据工程项目所处地区和环境特点、工程风险因素做出的分析，以及要求承保的年限，结合当地保险条例并参照国际通行做法"现开"。一般来说，承保的风险责任大，时间长，保险费率就相应增高。

2) 强制保险和自愿保险

国际承包工程保险业务，在承包项目(险别)和具体方法方面都是大同小异的，主要涉及的保险有两大类型：强制保险和自愿保险。

强制保险是承包商必须按工程发包国的法律规定办理有关保险，具有强制性，不保就不能从事法律所许可的业务或活动。但是，向谁投保并不能强行指定，在许多情况下，被保险人可以在发包国内自由选择保险人，因此，从这个方面来说，又是自愿的。强制保险所订合同必须符合国家法律有关各项规定。

3) 承包工程强制险的主要内容

在国际工程承包领域，强制保险包括的主要内容有以下几个方面。

(1) 建筑工程一切险，包括建筑工程第三者责任险(亦称民事责任险)。
(2) 安装工程一切险，包括安装工程第三者责任险。
(3) 社会保险(包括人身意外伤害险)。
(4) 机动车辆险。
(5) 10年责任险(房屋建筑的主体工程)和两年责任险(细小工程)。

4) 建筑工程一切险(包括第三者责任险)

建筑工程一切险是对各种建筑工程项目提供的全面保障。既对在施工期间工程本身、施工机具或工地设备所遭受的损失予以赔偿，也对因施工而给第三者造成的物资损失或人员伤亡承担赔偿责任。建筑工程一切险多数由承包商负责投保。如果承包商因故未办理或拒不办理投保，业主可代为投保，费用由承包商负担。

建筑工程一切险的保险契约生效后，投保人就成为被保险人，但保险的受益人同样也是被保险人。该被保险人必须是在工程进行期间承担风险责任或具有利害关系即具有可保利益的人。如果被保险人不止一家，则各家接受赔偿的权利以不超过其对保险标的可保利益为限。

(1) 建筑工程一切险的被保险人。建筑工程一切险的被保险人可以包括：业主或工程所有人、总承包商、分包商、业主或工程所有人聘用的监理工程师和与工程有密切关系的单位或个人，如贷款银行或投资人等。

(2) 建筑工程一切险的承包范围。建筑工程一切险适用于所有房屋工程和公共工程，如住宅、商业用房、医院、学校、剧院、工业厂房、电站、公路、铁路、飞机场、桥梁、船闸、大坝、隧道、排灌工程、水渠及港埠等。其承包主要内容如下。

① 工程本身，指由总承包商和分包商为履行合同而实施的全部工程。包括预备工程、临时工程、施工材料等。

② 施工用设施和设备，包括施工设备、运输车辆、活动房、存料库、配料库、搅拌站、脚手架、水电供应及其他类似设施。

③ 场地清理费，这是指在发生灾害事故后为清理工地现场而必须支付的一笔费用。

④ 第三者责任(亦称民事责任)，是指在保险期内对因工程意外事故造成的依法应由被保险人负责的工地上及邻近地区的第三者人身伤亡、疾病或财产损失，以及被保险人因此而支付的诉讼费用和事先经保险公司书面同意支付的其他费用等赔偿责任。

⑤ 工地内现有的建筑物，是指不在承包的工程范围内的、所有人或承包人所有的工地内已有的建筑物或财产。

⑥ 其他由被保险人看管或监护的停放于工地的财产。

(3) 建筑工程一切险的除外责任。按照国际惯例，属于除建筑工程一切险的除外责任的情况通常有以下几个方面。

由军事行动、战争或其他类似事件，罢工、骚动、民众运动或当局命令停工等情况造成的损失；因被保险人的严重失职或蓄意破坏而造成的损失；由于合同罚款及其他非实质性损失；因施工设备和机具本身原因造成的损失；因设计错误(结构缺陷)而造成的损失；因纠正或修复工程差错而增加的支出；等等。

(4) 建筑工程一切险的保险期和保险金额。建筑工程一切险自工程开工之日或在开工之前，工程用料卸放于工地之日开始生效，两者以先发生者为准。开工日包括打地基在内(如果地基亦在保险范围内)。施工机具保险自其卸放于工地之日起生效。保险终止日应为工程竣工验收之日或者保险单上列出的终止日。同样，两者也以先发生者为准。

建筑工程一切险的保险金额按照不同的保险标的确定。

合同标的工程的保险总金额，就是建成该工程的总价值，包括设计费、材料费、设备费、施工费、保险费、税款以及其他有关费用在内，如有临时工程，还应注明临时工程部分的保险金额。

施工机具和设备及临时工程一般是承包商的财产，其价值不包括在承包工程合同的价格中，投保金额一般按重置价值计算。

建筑工程一切险范围内承保的安装工程，一般是建筑工程一切险的附带部分，其保险金额一般不超过整个工程项目保险金额的 20%。如果保险金额超过 20%，则应按安装工程保险费率计算保险费，如超过 50%，则应按安装工程险另行投保。

场地清理费的保险金额按工程的具体情况由保险公司与投保人协商确定。一般不超过工程总保额的 5%或 10%。

第三者责任险的投保金额，要根据在工程期间万一发生意外事故时，对工地现场和邻近地区的第三者可能造成的最大损害情况确定。

(5) 建筑工程一切险的免赔额。所谓的免赔额是工程保险的一个特点，指的是保险公司要求投保人根据其不同的损失，自负一定的责任，这笔由被保险人承担的损失额就成为免赔额。工程本身的免赔额为保险金额的 0.5%～2%；施工机具设备等的免赔额为保险金额的 5%，第三者责任险中财产损失的免赔额为每次事故赔偿限额的 1%～2%，人身伤害没有免赔额。在保险人向被保险人支付为修复保险标的遭受损失所需的费用时，必须扣除免赔额。

(6) 建筑工程一切险的保险费率。建筑工程一切险没有固定的费率表，其具体费率是根据以下因素结合参考费率表制定。

① 风险性质(气候影响和地质构造数据如地震、洪水或水灾等)。

② 工程本身的危险程度，工程的性质及建筑高度，工程的技术特征及所用的材料，工程的建造方法等。

③ 工地及邻近地区的自然地理条件，有无特别危险存在。

④ 巨灾的可能性，最大可能损失程度及工地现场管理和安全条件。

⑤ 工期(包括试车期)的长短及施工季节，保证期长短及其责任大小。

⑥ 承包人及其他与工程有直接关系的各方的资信、技术水平及经验。

⑦ 同类工程及以往的损失记录。

⑧ 免赔额的高低及特种危险的赔偿限额。

(7) 建筑工程一切险的保险费率通常由 5 个分项费率组成。

① 建筑工程、所有人提供的物料及项目、安装工程项目、场地清理费、工地内现存的建筑物、所有人或承包人在工地的其他财产等为一个总的费率，规定整个工期一次性费率。

② 建筑用机器、装置及设备为单独的年度费率，因为它们流动性大，一般为短期使用，旧机器多，损耗大，小事故多。因此，此项费率高于第 1 项费率。如保期不足 1 年，按短期费率计收保费。

③ 第三者责任险费率，按整个工期一次性费率计；保证性费率，按整个工期一次性费率计。

④ 各种附加保障增收费率或保费，也按整个工期一次性费率计。

⑤ 建筑工程一切险因保险期较长，保费数额大，可分期交纳保费，但出单后必须立即交纳第一期保费，而最后一笔保费必须在工程完工前半年交清。

(8) 注意事项及必备材料。办理建筑工程一切险必须注意以下事项。

① 一般不使用委托人，由承包商亲自办理。

② 建筑工程的名称一定要填写合同中指定的全称，不得缩写；地点一定要填写工地的详细地址及范围，因为保险公司对工地以外的损失如无特别加批是不予负责的。

③ 要写明保险期、试车期和维修担保期。

④ 保险金额、免赔额、费率和保费均应根据保险金额具体确定。工程结束时，应还根据工程最终建造价调整保额。若最终价额超过原始价额的 5%，应出具批单调整，保额按原费率按日比例增加或退还。

(9) 投保建筑工程一切险时承包商应提交以下文件：①投保单；②工程承包合同；③承包金额明细表；④工程设计文件；⑤工程进度表；⑥工地地质报告；⑦工地略图。

本 章 小 结

本章阐述了国际工程特点和国际工程的运行机制；国际工程承包的招投标；国际工程项目管理；国际工程合同管理；国际工程风险的防范与管理。

练 习 与 作 业

1. 国际工程的定义是什么？有什么特点？
2. 分析比较传统的项目管理模式、CM 模式和设计—建造模式的优缺点和应用条件。
3. 试比较分析按工程支付方式分类的三大类合同形式的特点和适用条件。
4. 什么是履约担保？其主要方式有哪些？
5. 如何运用 FIDIC 编制的合同条件？
6. 何谓风险？风险有哪些种类？风险在什么时候最大？
7. 何谓人为风险？工程业主或投资商通常会碰到哪些方面？
8. 对工程业主或投资商来说，经济风险通常表现在哪些方面？
9. 承包工程的强制保险包括哪些内容？
10. 建筑工程一切险的被保人包括哪些？投保人是谁？其承保范围是什么？

参 考 文 献

[1]孙兴民. 建筑企业管理[M]. 北京：科学出版社，2002.

[2]田金信. 建筑企业管理学[M]. 北京：中国建筑工业出版社，1998.

[3]银花，张家颖. 房地产经营与管理[M]. 北京：机械工业出版社，2003.

[4]时思. 工程经济学[M]. 北京：科学出版社，2004.

[5]王绪君. 管理学基础[M]. 北京：中国广播电视大学出版社，2001.

[6]弗兰克·哈里斯，罗纳德·麦卡弗. 现代建筑管理[M]. 毛磊，邓奇，朱涛，等，译. 北京：中国建筑工业出版社，2001.

[7]田金信. 建筑企业管理学[M]. 北京：中国建筑工业出版社，2004.

[8]刘伊生. 建筑企业管理[M]. 北京：北京交通大学出版社，2003.

[9]白福义. 建筑企业管理基础[M]. 北京：中国铁道出版社，1996.

[10]丹尼尔·W. 哈尔平，罗纳德·W. 伍德黑德. 建筑管理[M]. 关柯，李小东，关为泓，等译. 北京：中国建筑工业出版社，2004.

[11]王孟钧. 现代建筑企业管理理论与实践[M]. 北京：中国建材工业出版社，2001.

[12]张文祥. 建筑企业管理[M]. 武汉：武汉工业大学出版社，2002.

[13]许杰峰. 一体化管理体系的建立与实施[M]. 北京：中国建筑工业出版社，2004.

[14]赵彬，武育秦. 建筑工程经济与管理[M]. 武汉：武汉理工大学出版社，2003.